DESCRIPTIONS

DES ARTS

ET MÉTIERS.

DESCRIPTIONS
DES ARTS
ET MÉTIERS,

FAITES OU APPROUVÉES

PAR MESSIEURS

DE L'ACADÉMIE ROYALE
DES SCIENCES.

AVEC FIGURES EN TAILLE-DOUCE.

A PARIS,

Chez { SAILLANT & NYON, rue S. Jean de Beauvais;
{ DESAINT, rue du Foin Saint Jacques.

M. DCC. LXI.

Avec Approbation & Privilége du Roi.

L'ART DU COUTELIER.

PREMIERE PARTIE.

Par M. Jean-Jacques Perret, Maître Coutelier de Paris.

M. DCC. LXXI.

Extrait des Regiſtres de l'Académie Royale des Sciences.
Du 27 Avril 1771.

La Deſcription de l'Art du Coutelier qui a été préſentée à l'Académie par M. Perret, Maître Coutelier de Paris, & que nous avons été chargés d'examiner, eſt diviſée en trente-trois Chapitres.

Il s'agit dans le premier des différentes ſubſtances qu'on emploie pour polir les ouvrages de Coutellerie : l'Auteur explique comment on doit les pulvériſer, pour en faire ce qu'on nomme des *Potées très-fines*, & il parle d'abord de celles qui ſont propres à polir l'Ivoire, l'Ecaille, la Corne, & les différents Bois dont on fait les Manches : ces ſubſtances ſont, la Moulée, le Charbon, le Blanc d'Eſpagne, le Tripoli & la Pierre-Ponce. Il traite enſuite des Potées propres à polir les Métaux, qui ſont, l'Emeri, la Potée d'étain, le Rouge d'Angleterre, & la Potée d'acier, qui eſt de l'invention de M. Perret, & qui, étant employée convenablement, eſt plus propre que toute autre à donner à l'acier un poli noir.

On trouve dans le ſecond Chapitre une énumération de toutes les ſubſtances que les Couteliers emploient pour faire des Manches, la Corne de différents animaux, le Bois de cerf, l'Ecaille de tortue, la Baleine, les Bois de couleur, l'Ivoire, la Nacre de perles ; & il indique le choix qu'on doit faire de ces ſubſtances ſuivant différentes circonſtances.

Dans le troiſieme Chapitre, M. Perret paſſe en revue tous les Métaux qu'emploient les Couteliers, le Plomb, le Cuivre, le Fer, l'Acier, l'Argent & l'Or, & il indique l'uſage qu'on en doit faire.

Dans le quatrieme Chapitre, on trouve dans le plus grand détail tout ce qui concerne l'établiſſement de la Forge, de l'Enclume, & des Outils qui dépendent de l'un & de l'autre ; à quoi il a ajouté des inſtructions pour donner une bonne chaude, & pour bien forger.

La Meule eſt un inſtrument bien néceſſaire à un Coutelier. C'eſt pourquoi dans le cinquieme Chapitre M. Perret s'étend beaucoup ſur le choix des bonnes Meules ; & il fait appercevoir qu'il en faut de différents grains & de différentes grandeurs : il explique toutes les précautions qu'il faut prendre pour les bien monter, les proportions qu'il faut obſerver entre la grande Roue & les Poulies ajuſtées à l'arbre de la Meule, comment on doit tourner & arrondir la Meule, les moyens de prévenir les accidents qui peuvent bleſſer, même tuer les Emouleurs : il paſſe enſuite aux Poliſſoires ; il explique comment

il faut les faire, les entretenir en bon état, les dégraiſſer lorſqu'elles ne ſont plus leur devoir : enfin quelles ſont les différentes fonctions des Tourneurs de Meule ; & à cette occaſion, comment on doit réunir les bouts d'une corde de boyau, de ſorte qu'elle ſoit comme ſi elle étoit d'une ſeule piece.

Quand un tranchant a été formé ſur la meule, il faut le finir ſur une Pierre, ce qu'on appelle *affiler* ; & à cette occaſion M. Perret expoſe quelles ſont les différentes eſpeces de Pierres dont ſe ſervent les Couteliers, les cas où il convient de ſe ſervir des unes & des autres, & la maniere de les travailler, pour les mettre en état de ſervir. Tout cela eſt rapporté dans le ſixieme Chapitre.

Après avoir détaillé ce qui regarde les différents inſtrumens dont ſe ſervent les Couteliers, le ſeptieme Chapitre eſt deſtiné à l'établiſſement de la Boutique, où chaque choſe eſt dans la place qu'il convient.

Outre les principaux Outils, il y en a encore qui ſont deſtinés pour certains ouvrages ; & c'eſt de ceux-là dont il s'agit dans le huitieme Chapitre.

Les neuvieme, dixieme & onzieme Chapitres ſont deſtinés à expliquer comment il faut débiter avec économie les Bois de couleur, les Cornes, les Bois de cerf, l'Ivoire, l'Ecaille, la Baleine, la Nacre, enfin les matieres qu'on emploie pour faire les manches de différents inſtruments, moyennant quoi un Ouvrier intelligent gagne, où un autre perd.

La partie la plus eſſentielle des inſtruments de Coutellerie eſt faite avec le fer & l'acier ; c'eſt pourquoi on explique dans le douzieme Chapitre quelles chaudes conviennent aux fers & aux différents aciers ; comment on doit les forger ; la maniere de corroyer ces métaux & de faire de bonnes Etoffes : ce qui eſt un point très-important pour pluſieurs inſtruments tranchants.

Il s'agit dans le Chapitre treizieme de la maniere de bien limer ; & à cette occaſion, comment doivent être faits les Etablis, & de la poſition des Etaux.

La bonté d'un inſtrument tranchant dépend de la nature de l'acier, chacune devant avoir différentes deſtinations ; mais de plus ils doivent être trempés ſuivant leurs différentes qualités, & auſſi leur donner des recuits convenables. Tout cela eſt détaillé dans le quatorzieme Chapitre.

Quand on a beaucoup d'ouvrage d'un même genre & d'une même grandeur à faire,

on épargne bien du temps en faifant des modeles, comme on l'explique dans le Chapitre
quinzieme.

On dit dans le Chapitre feizieme comment il faut difpofer les meules & les poliffoires, & comment il faut tenir fur la meule
chaque inftrument différent, comme Couteaux, Cifeaux, Rafoirs, Canifs, Grattoirs,
&c : on explique enfuite dans le dix-feptieme
Chapitre la maniere d'affiler ces fortes d'inftruments.

Les Couteliers ornent leurs ouvrages avec
l'or & l'argent ; c'eft pourquoi on rapporte
dans les dix-huit, dix-neuf & vingtieme Chapitres la maniere de fondre & de fouder ces
Métaux.

Dans le Chapitre vingt-unieme M. Perret
explique particuliérement la maniere de faire
les Poinçons, les Fufils à repaffer les Couteaux, les Grattoirs, les Canifs, les Coupe-
cors, & particuliérement les Canifs où il fe
loge dans le manche un Poinçon & un Grattoir.

M. Perret expofe au Chapitre vingt-deu-
xieme la maniere de faire dix efpeces de Couteaux fermants ; & dans le Chapitre vingt-
troifieme, fix efpeces de Couteaux à gâine:

Ce qui regarde les Couteaux eft terminé
dans le Chapitre vingt-troifieme ; & l'on explique la façon d'incrufter en or & en argent
les Manches d'ivoire & de nacre, & ceux en
bois, en Burgos au Chapitre vingt-quatrieme.

M. Perret paffe enfuite à ce qui regarde
les Cifeaux, & dans le vingt-cinquieme Chapitre on trouve la maniere d'en faire de bien
des fortes différentes, même de ceux qu'on
nomme *Forces* : dans le vingt-fixieme on
trouve plufieurs manieres de faire des Cifeaux à branches d'or & d'argent, tant maffifs
que damafquinés fur les branches.

Le Chapitre vingt-feptieme traite de tout
ce qui regarde les Rafoirs, comment on doit
les limer, les émoudre & les polir ; à quoi

M. Perret a joint ce qu'il nomme *Rafoir à
rabot*, inftrument de fon invention très-
commode pour apprendre à fe rafer foi-même, fans crainte de fe couper.

Les Couteliers faifant plufieurs inftruments de Maréchal, M. Perret en parle dans
le Chapitre vingt-huitieme, & à cette occafion il explique la maniere de faire des Pinces
dont une des branches paffe au travers de
l'autre, ce qu'on appelle *Jonctions paffées*.

Dans le Chapitre vingt-neuvieme on voit
la façon de faire de l'Acier façon de Damas,
en corroyant du fer avec de l'acier.

On trouve Chapitres trente & trente-
unieme la façon de faire différents ouvrages
d'acier poli, comme des Boucles, des Chaînes de Montres à l'Angloife, des Tire-bouchons, des Mouchettes, &c. & comme le
principal mérite de ces ouvrages eft d'être
poli au noir, M. Pérret explique dans le
Chapitre trente-deuxieme comment on peut
donner ce poli noir diligemment.

L'ouvrage eft terminé au Chapitre trente-
troifieme par la façon de rétablir les ouvrages
de Coutellerie qui ont été rompus, ce qu'on
nomme *Rabillage*.

Par l'expofé que nous venons de faire, on
voit que M. Perret eft entré dans les plus
grands détails, & le tout accompagné de figures très-bien deffinées qui facilitent l'intelligence du difcours ; cependant l'Ouvrage
que nous avons été chargés d'examiner ne
forme encore que la premiere Partie de l'Art
du Coutelier, qui comprend tous les ouvrages
de la Coutellerie ordinaire : dans la feconde
Partie dont il s'occupe préfentement, il s'a-
gira des inftruments de Chirurgie qui, la
plupart, font des chefs-d'œuvre de cet Art,
& dont l'exécution eft très-difficile.

Nous jugeons que la Defcription de cet
Art mérite l'approbation de l'Académie, &
de paroître avec ceux qui ont déja été publiés.

Signé, DUHAMEL DU MONCEAU, & FOUGEROUX.

*Je certifie l'Extrait ci-deffus conforme à fon Original & au jugement de
l'Académie. A Paris, ce 18 Juin 1771.*

GRANDJEAN DE FOUCHY,
Secrétaire perpétuel de l'Académie Royale des Sciences.

AVANT-PROPOS.

On conviendra aifément que la Coutellerie eft un Art de premiere néceffité, puifque tous les Etats, toutes les Profeffions, tous les autres Arts, fans en excepter un feul, ont un befoin indifpenfable de quelques-unes de fes productions. Les ouvrages de Coutellerie ne fe bornent pas à ce qui regarde les tranchants; mais cette partie de la Coutellerie eft une des plus utiles & une des plus étendues, foit par rapport à la connoiffance des matieres que le Coutelier doit employer, foit à l'égard du nombre prodigieux des différents ouvrages qu'il doit exécuter, tant pour ceux qui font deftinés au fervice domeftique, que pour les inftruments de Chirurgie.

Quoique le fer & l'acier foient les métaux que les Couteliers emploient le plus ordinairement, & qu'ils foient comme la bafe de leur Art, néanmoins ils doivent avoir une connoiffance affez étendue de plufieurs autres matieres, telles que l'or, l'argent, le cuivre & le plomb, qui entrent dans leurs ouvrages. Il eft encore effentiel qu'ils connoiffent la nature de plufieurs autres matieres qui fervent à monter leurs inftruments, comme la nacre de perle, l'écaille de tortue, l'ivoire, la baleine, différentes efpeces de cornes, plufieurs fortes de bois des Indes, &c; car les Couteliers doivent favoir travailler toutes ces différentes fubftances.

On n'auroit pas une idée jufte de l'étendue de l'Art du Coutelier, fi on le croyoit borné à faire des Couteaux, des Cifeaux, des Canifs, des Rafoirs & autres ouvrages d'un ufage affez familier; mais il s'étend fur d'autres objets bien importants; je veux parler de la fabrication des inftruments de Chirurgie; cette partie a toujours fixé particuliérement mon attention. Sans cependant avoir négligé les ouvrages qui font d'un ufage plus commun, j'ai donné à la partie de la Coutellerie qui regarde les inftruments de Chirurgie, une attention toute particuliere : car c'eft dans cette vue, & pour me mettre plus en état d'entrer dans les intentions des Chirurgiens, que j'ai cru devoir opérer moi - même fur le cadavre ; ainfi j'ai fait prefque toutes les opérations de Chirurgie, en la préfence & fous les yeux d'habiles Maîtres, ce qui m'a donné néceffairement l'occafion de me fervir de prefque tous les inftruments qui compofent l'arfenal de Chirurgie.

On conviendra que c'étoit le vrai moyen de m'inftruire de toutes les propriétés que chaque inftrúment doit avoir, pour diftribuer, avec intelligence, la force & la délicateffe dans les parties d'un inftru. ment, fuivant la fonction à laquelle on le deftine ; la folidité dans ceux qui font des efforts confidérables ; la délicateffe, la douceur & la fineffe qui conviennent à d'autres inftruments, tranchants ou non ; & enfin une obfervation précife des regles de la Méchanique pour ceux qui font compofés de bafcules, de roues, de refforts, de vis, &c, afin de me conformer aux intentions des Chirurgiens qui doivent en faire ufage. On trouve, il eft vrai, dans plufieurs Traités d'O-pérations de Chirurgie, la defcription des inftruments & la maniere de s'en fervir ; mais ces Ouvrages, même les plus étendus, ne con-tiennent que ce qu'il importe au Chirurgien de favoir, & non ce qui regarde le Coutelier. On donne à la vérité les figures de ces inftru-ments, avec la maniere de s'en fervir : on fatisfait par-là à ce qui intéreffe les Eleves en Chirurgie ; mais on n'indique point la façon de les faire. D'où il fuit que, quoiqu'il fe rencontre dans les Pro-vinces des Ouvriers fort adroits, il eft bien rare d'en trouver qui puiffent exécuter les inftruments de Chirurgie qui font un peu com-pofés ; en un mot, tout ce qui eft dit dans les Ouvrages de Chirurgie, n'eft pas propre à former des Couteliers : les Chirurgiens y appren-nent ce qu'il leur importe de favoir ; mais ils ne peuvent fe procurer des inftruments qu'en s'adreffant à quelques Couteliers qui fe font adonnés à ces fortes d'ouvrages.

Je ne m'étendrai point fur l'antiquité de l'Art du Coutelier ; il eft probable qu'un Art auffi utile doit être très-ancien ; car il a toujours fallu des inftruments tranchants pour cultiver la terre (*) , tailler

(*) Le nom de *Coutelier*, vient de *Couteau*, dérivé du Latin *Cultellus*, qui eft un diminutif de *Culter*, coûtre, inftrument qui fert à cultiver la terre, & dont le nom vient du verbe *colere*, cultiver, d'où dérive le participe *cultus*, cultivé ; de-là *cultor*, le cultivateur ; de-là *culter*, coûtre,

les arbres , préparer les aliments , immoler des victimes, faire des habillements , &c.

IL est prouvé par les derniers Statuts, donnés à la Rochelle par Charles IX , Roi de France , en 1568, que l'Art du Coutelier s'étendoit généralement fur tous les Tranchants , tant ceux qui fervent à préparer les aliments, que ceux qui font néceffaires pour faire les vêtements, ainfi que les armes offenfives & défenfives. Dans ces Statuts, le Coutelier eft dénommé Graveur , Doreur , Argenteur; il eft avoué feul Faifeur d'inftruments de Chirurgie, de Mathématique, de Phyfique, d'Aftronomie, de Géométrie & de Fauconnerie. Il étoit donc Doreur, Graveur, Damafquineur, Cifeleur, Tourneur, Faifeur d'inftruments de Mathématique, Fourbiffeur, Arquebufier. Ainfi cet Art avoit une grande étendue, puifqu'on a formé, à fes dépens, plufieurs Corps de Métiers, qui font auffi confidérables & très-floriffants.

LE Coutelier occupé à faire des inftruments tranchants , s'eft conformé au goût de chaque fiécle ; car on voit encore de très-anciens ouvrages de Coutellerie qui font travaillés avec délicateffe & goût, même avec magnificence. Elle confiftoit alors à bien polir les ouvrages & les incrufter d'or ou d'argent, foudés où de rapport, ce qu'on appelle *damafquiner* ; & l'on voit de nos jours fortir des mains des Couteliers des ouvrages ornés & enrichis au point de mériter d'être mis dans la claffe des bijoux: ce qui fait regarder la Coutellerie comme un Art auffi agréable qu'utile.

JE me propofe de traiter cet Art à fond , & je ferai tous mes efforts pour répondre à l'honneur que l'Académie Royale des Sciences m'a fait d'agréer mon entreprife. Voici le plan de mon Ouvrage.

JE le diviferai en trois Parties ; dans la premiere, il s'agira de la Coutellerie proprement dite : je la traiterai auffi complettement qu'il me fera poffible.

---

inftrument pour cultiver ; de-là *culter venatorius*, couteau de chaffe ; *culter popinarius*, couteau de cuifine ; *culter futorius*, couteau à parer ; *culter tonforius*, rafoir ; *cultellus*, petit coûtre, couteau, canif : enforte que les noms de tous ces inftruments en latin, tirent leur origine de *culter*, & le nom du Coutelier en latin, eft *Cultrorum faber*. Tout cela remonte à la *culture* des terres, comme à la premiere origine de la *Coutellerie*.

DANS la feconde, je m'occuperai de tous les inftruments de Chirurgie connus jufqu'à préfent, en indiquant les Inventeurs, autant que je pourrai les connoître.

DANS la troifiéme, j'enfeignerai l'Art de faire les Cuirs ou Poliffoirs à repaffer les Rafoirs, l'Art du Gagne-petit, l'Art du Cifeleur & du Damafquineur, & enfin l'Art de faire les lames d'épées, de fabres & de fleurets : toutes ces chofes font du reffort de la Coutellerie. Je ne puis donc rendre mon Ouvrage complet, fans y comprendre des ouvrages qui font maintenant faits dans des Manufactures.

L'ART

L'ART

D U'

COUTELIER.

Par M. Jean-Jacques Perret, Maître Coutelier de Paris.

PREMIERE PARTIE.

La Coutellerie proprement dite.

ON comprend déja que j'ai deſſein de traiter, dans cette premiere Partie, de tous les ouvrages que font ordinairement les Couteliers, ou de la Coutellerie ſimple, qui conſiſte à faire toutes les eſpeces de Couteaux, de Ciſeaux, de Gratoirs, de Canifs, de Raſoirs, de Coupe-cors, de Serpettes, de Poinçons, de Fuſils à repaſſer, de Tirebouchons, tous les inſtruments de Maréchallerie, &c. Outre ces inſtruments, je donnerai encore, en terminant cette premiere Partie, la maniere de faire pluſieurs ouvrages qui nous viennent de l'Etranger, comme Boucles, Mouchettes, Chaînes de montres, &c, d'acier poli; il m'a paru convenable de donner une idée de ces ſortes d'ouvrages.

Mon but étant d'éviter, dans la deſcription, les épiſodes; pour en épargner le déſagrément au Lecteur, j'emploie les trois premiers Chapitres, pour faire connoître toutes les matieres dont les Couteliers font uſage, & j'explique comment on doit les travailler avec goût, ſolidité & économie: enſuite j'entre dans la connoiſſance des outils, en commençant par ceux de la forge; de-là je paſſe à expliquer comment il faut débiter & ſcier les cornes d'animaux, les bois des Indes, l'ivoire, & toutes les matieres qui ſervent à faire les manches des Couteaux & des autres inſtruments du reſſort de la Coutellerie. J'explique enſuite la maniere de forger, de limer, d'émoudre, de tremper & affiler les inſtruments tranchants, la maniere de fondre, ſouder & braſer les métaux.

Nous commencerons, ce qui regarde le travail, par les ouvrages les plus communs, c'est-à-dire, ceux dont la fabrication & les ajustements ne sont pas fort difficiles, tels qu'un Poinçon à percer le papier, ce qui nous conduira à faire des Fusils à repasser les couteaux & autres ouvrages à peu-près semblables; après quoi suivront les Canifs de toutes les especes.

Ensuite nous traiterons de toutes les especes de Couteaux, tant ceux qui se ferment dans leurs manches, que ceux qui se logent dans une gaîne; ce qui sera suivi de l'Art d'incruster & d'embellir les manches des Couteaux avec de l'or, sur la nacre & sur l'écaille, ou de la nacre incrustée sur les bois, &c.

Dans le Chapitre suivant, nous enseignerons à faire les Ciseaux de toutes les sortes, même à branche incrustée, & à branche & anneaux d'or & d'argent; à quoi nous ajouterons la maniere de faire les Rasoirs.

Un Chapitre sera destiné pour les instruments de Maréchallerie; je les ai placés dans cette premiere Partie, pour qu'on ne les confonde pas avec les instruments de Chirurgie. Nous détaillerons ensuite une quantité d'instruments qui sont d'un usage assez ordinaire, comme Tirebouchons, Coupe-hosties, Pinces, Rouanes pour les Marchands de vin, &c. Après viendra l'idée de faire des Boucles, des Mouchettes & des Chaînes de montre d'acier.

Le Poli de l'acier occupera un Chapitre; le Poli au bois, à la main, celui au buffle sur la polissoire & celui à la brosse, seront décrits avec clarté & netteté, c'est-à-dire, que le beau Poli noir, que les Anglois ont pratiqué les premiers, ne sera plus un secret pour les Artistes François. Enfin je terminerai cette premiere Partie par une instruction sur la maniere de faire ou repasser les Rabillages, ce qui est très-essentiel pour l'Art du Coutelier.

CHAPITRE PREMIER.

Description des différentes Matieres dont on se sert pour donner aux ouvrages de Coutellerie un beau Poli, avec la maniere de les réduire en poudre impalpable ou en potée, avec la distinction de celles qui sont propres, les substances dont on fait les Manches, & les Métaux qu'on emploie dans la Coutellerie.

ON appelle *Potées*, toutes les substances pulvérisées & préparées pour polir & donner du brillant à un ouvrage de Coutellerie, telles que les Lames, les Ressorts & les substances dont on forme les manches. Ces Potées sont au nombre de neuf. Nous allons les nommer & les ranger suivant le prix que les vendent les Marchands.

La Moulée ne coûte rien.

Le Charbon de bois est de fort peu de valeur.

Le Blanc d'Espagne coûte six deniers un pain.

Le Tripoli . . . . 4 ou 5 sols la livre.

La Pierre de Ponce . . . 6 ou 7 sols la livre.

L'Emeri . . . . 12 s. la livre en grains, & 30 s. broyé.

La Potée d'étain . . . . . 1 liv. 4 s. l'once, le superfin 8 s. le gros.

Le Rouge d'Angleterre . . 1 liv. 4 s. 5 den. l'once, le superfin 10 s. le gros.

A l'égard de la Potée d'acier, elle ne coûte que la façon de la faire, puisqu'on y emploie de petits bouts d'acier qui ne servent à rien : mais le temps de la broyer est considérable, & peut porter son prix à 18 ou 20 s. l'once.

La *Moulée*, qui est la boue qui se trouve au fond de l'auge de la meule, s'emploie la première, pour emporter les gros traits sur les cornes de bœuf, de mouton, de bouc & de cerf ; sur l'os, l'ivoire, l'écaille, ainsi que sur les bois d'ébene, des Indes, & le buis.

Le charbon de bois blanc sert à polir, après la moulée, les ouvrages de corne communs ; il est aussi très-bon pour le bois d'ébene & les métaux, l'or, l'argent & le cuivre.

Le blanc d'Espagne sert à finir toutes sortes d'ouvrages.

Le tripoli polit bien les cornes de toutes les especes, toutes sortes de bois, ainsi que les os, la baleine, l'ivoire, l'écaille, & la nacre de perle.

La pierre ponce est propre à adoucir en premier lieu l'ivoire, la nacre, l'écaille, quand on y fait des filets, moulures ou guillochis : il en est de même pour l'or, l'argent & le cuivre.

L'émeri sert principalement à polir le fer & l'acier ; on peut s'en servir aussi pour l'or, l'argent & le cuivre.

La potée d'étain polit en dernier lieu l'or, l'argent, le cuivre, le fer & l'acier.

Le rouge d'Angleterre polit bien le fer & l'acier.

La potée d'acier mêlée avec la potée d'étain, polit supérieurement l'acier trempé.

Indépendamment des potées, on se sert aussi de pierres du Levant, dispo-sées en forme de limes plates, quarrées & demi-rondes, pour polir des cise-lures, des filets, &c, sur le fer & l'acier.

La Bohême fournit une espece de pierre verdâtre, dont on se sert pour for-mer les Polissoirs pour l'or & l'argent.

Le Brunissoir, qui est un outil d'acier bien poli, sert à donner du brillant à tous les métaux ductiles, de même que la pierre qu'on nomme *Sanguine*.

ARTICLE PREMIER.

De la nature, des qualités & des préparations des différentes Potées propres à polir les manches des Couteaux & des autres instruments. Elles sont la Moulée, le Charbon, le Blanc d'Espagne, le Tripoli, & la Pierre-ponce.

CE que nous venons de dire de ces différentes Potées, est trop général ; il est bon d'en parler plus en détail, & d'insister sur leurs préparations.

La *Moulée* est une boue verte qui se trouve dans l'auge du Coutelier ; c'est un composé de fer, d'acier, de grez, & des filaments du chapeau qui sert à rabattre l'eau de la meule : le tout délayé dans l'eau. Elle n'a besoin d'aucune préparation ; on la prend dans l'auge avec la main ; on la met dans un tesson ou pot ; on a seulement le soin d'examiner s'il n'y a point de gros graviers, qu'il faut ôter, parce qu'ils feroient des traits sur l'ouvrage qu'on veut polir. On les sent aisément entre les doigts.

Le Charbon est une substance assez commune & à vil prix ; c'est pourquoi on s'en sert préférablement à la Pierre-ponce & au Tripoli : il est bon pour polir l'ébene & la corne ; il polit aussi l'or, l'argent & le cuivre ; mais il exige des préparations différentes.

PLANCHE
I.

Pour la corne, on le broye sur la plaque à l'émeri, *Fig.* 4, *Pl. I* (*), ou à la lime *Fig.* 8 ; on le passe au tamis, & on le mêle ensuite avec l'huile d'olive. Pour polir l'ébene, quand on veut réserver les pans bien vifs, il ne faut point le broyer : il suffit de choisir un charbon rond & de la grosseur du pouce ; on unit le bout avec une vieille lime bâtarde pour le faire porter d'à-plomb sur les pans qu'on se propose de polir : on trempe ensuite ce bout de charbon dans l'huile d'olive, & on frotte bien à plat.

Quand on veut polir l'or, l'argent & le cuivre, on prépare le charbon comme pour polir l'ébene.

Pour se servir du charbon avec succès, il faut le choisir bien brûlé, que dans le cœur il n'y ait point de vuide, & ôter l'écorce & les nœuds, s'il y en a. Le charbon fait avec le bois de chêne ne vaut rien ; celui de hêtre est meilleur ; mais celui de saule ou de quelqu'autre bois blanc, est le plus parfait.

Le Blanc, qu'on nomme *d'Espagne*, est une craie blanche assez tendre pour se réduire en poudre entre les doigts : elle n'a besoin d'aucune préparation ; on frotte seulement le petit pain de blanc sur une peau de buffle ou un morceau de chapeau qu'on a collé sur un morceau de bois. C'est avec cet outil qu'on acheve de donner le dernier lustre aux ouvrages ; on s'en sert aussi pour ôter les taches que font les doigts, quand on les a maniés.

(*) J'ai préféré de donner la description & l'explication de toutes les méthodes de piler, broyer & tamiser, à la Section où je traite de l'Emeri, afin d'éviter les répétitions.

Le

Le Tripoli eſt une pierre tendre dans l'intérieur ; elle eſt environnée d'une eſpece d'écorce rougeâtre, qui eſt plus dure que le centre.

L'Italie, l'Auvergne & la Bretagne en fourniſſent beaucoup ; celui que l'on emploie ici le plus communément, vient de Poligné, près de Rennes en Bretagne.

Le Tripoli qui nous vient d'Italie eſt très-bon ; mais il eſt difficile de s'en procurer : il eſt connu ſous le nom de *Tripoli de Veniſe*, parce qu'on le tire de cette ville, & les Vénitiens vont le chercher dans l'Iſle de Corfou, qui appartient à la République. Le plus parfait ſe trouve dans une montagne appellée *Epiro*, proche un Bourg connu ſous le nom de *Santiquaranta*.

J'ai vu des Tabletiers racler l'écorce ou les couches ſupérieures de celui de Bretagne avec un couteau, pour ne ſe ſervir que de l'intérieur du morceau ; je crois qu'ils ont tort ; car on ôte ainſi le meilleur, & ce qui avance le plus l'ouvrage. S'ils trouvent que cette écorce forme des raies, cela vient de ce qu'ils préparent mal leur Tripoli. Ils le paſſent ſur une rape à tabac ou ſur une lime, comme le repréſente la *Fig.* 8, *Pl. I.* Par cette opération, ils réduiſent bien en poudre fine l'intérieur ; mais l'écorce ſe trouvant plus dure, ſaute par petits grains, dont quelques-uns paſſent à travers le tamis, & lorſqu'ils veulent polir un ouvrage, ces grains y font des traits : c'eſt pour éviter ce défaut qu'ils ſuppriment l'écorce. Mais comme nous avons avancé que cette écorce étoit ce qu'il y avoit de meilleur dans le Tripoli, au lieu de la rejetter, il faut piler le Tripoli dans un mortier *Fig.* 1, & le broyer enſuite ſur la plaque de fer, comme le déſigne la Figure 4. Il eſt encore bon de le paſſer au tamis, afin qu'il n'y reſte aucun grain ſenſible ; alors il ne formera point de raies.

Il faut donner au Tripoli différentes préparations, ſuivant l'uſage qu'on en veut faire.

Pour la corne, il faut qu'il ſoit mêlé avec de l'huile d'olive dans un petit pot. La même préparation ſert pour l'ébene, le bois violet, la racine ou loupe de buis, & la nacre ; pour le bois roſe, il faut le mêler avec du ſuif ; pour le bois de la Chine, il faut le délayer avec de l'eau ; & pour l'écaille, la baleine, l'os & l'ivoire, avec de l'urine ou du vinaigre.

La *Pierre - Ponce* ſe trouve dans le voiſinage des Volcans ; ſouvent même on en rencontre par monceaux ſur les bords de la mer, où elles ſont portées par les ouragans. Cette eſpece de pierre eſt aſſez ſinguliere : elle eſt légere, tendre & nage ſur l'eau qu'elle boit comme une éponge, à laquelle elle reſſemble aſſez pour la forme. Quoique cette pierre ſoit tendre, les grains dont elle eſt formée ſont durs, & quand elle eſt broyée, ils préſentent des ſurfaces anguleuſes qui rongent la matiere que l'on veut polir ; auſſi eſt-elle rude au toucher, d'un tiſſu fibreux & luiſant. Il faut toujours choiſir la plus légere pour polir l'or, l'argent & le cuivre. On la réduit en poudre comme le tripoli, dans pluſieurs ſens que nous rapporterons dans la ſuite ; & dans certaines circonſtances on s'en ſert en morceaux comme d'un frottoir ou comme d'une broſſe : pour cet uſage , il faut la prendre à contre-fil ; car elle a des fils comme le bois. En l'examinant en différents ſens , on voit qu'elle eſt formée de feuillets : il s'y trouve auſſi quelquefois de petits grains de fer , qui approchent de la dureté de l'acier ; auſſi il ne faut point manquer de les retrancher avec la pointe d'un couteau , ſans cela on riſqueroit de faire à la piece , qu'on veut polir , des traits ſi gros , qu'il faudroit la repaſſer à la lime.

La Pierre-Ponce ſe prépare comme les autres poudres , dans le mortier *Fig.* **1,** ſur la plaque de fer *Fig.* 4 , & au tamis. On peut auſſi la réduire en poudre ſur une lime *Fig.* 8 , & la ramaſſer ſur un papier ; mais on ne doit s'en ſervir préparée ainſi , que pour des matieres dures , telles que les métaux. On la délaye avec de l'huile d'olive pour toutes les matieres qu'on veut polir ; cependant on l'emploie quelquefois à ſec & quelquefois à l'eau : ce n'eſt pas en vue de polir , mais ſeulement pour dreſſer une autre pierre & en unir les inégalités , comme nous l'indiquerons en ſon lieu.

ARTICLE SECOND.

Des Potées propres à polir les métaux ; ſavoir , l'Emeri, la Potée d'Etain , le Rouge d'Angleterre & la Potée d'acier.

§. I. *De l'Emeri.*

L'EMERI eſt la plus dure & la plus ſtérile des mines de fer , & l'une des plus réfractaires ; c'eſt une pierre cendrée ou grisâtre , quelquefois brune ou rougeâtre.

On le trouve dans les mines de fer : il y en a de deux eſpeces ; l'une vient d'Angleterre , pilée en grains de la groſſeur de la poudre à canon ; ſa couleur eſt d'un gris foncé ; mais à meſure qu'on le broye , il prend une couleur olivâtre.

L'autre eſpece eſt apportée du Pérou en pierre , dont la couleur & la forme varient beaucoup ; il y a de ces pierres qui peſent juſqu'à 15 & 20 livres , d'autres qui n'en peſent qu'une. Celles-ci ſe trouvent dans les mines d'or & d'argent. La couleur de cet Emeri n'eſt pas plus déterminée que ſa forme. Il y en a de ſemblables à celui d'Angleterre , & d'autres rougeâtres : ces derniers ſont veinés par couches ; il y a ordinairement trois couleurs dans la même pierre , le gris , le jaune & le rouge. Cet Emeri eſt plus léger , plus tendre que celui d'Angleterre , & par conſéquent d'une qualité inférieure ; il ne coupe pas vivement comme le gris , & le *poli* qu'il donne eſt d'un gris ſombre , au lieu que l'autre produit un poli vif & tirant ſur le noir.

La nature du bon Emeri eſt d'être plus dur que le fer : une lime y mord difficilement ; cependant il faut vaincre cette dureté , puiſque pour en faire uſage, il faut le réduire en poudre. Voici comme on le prépare (*).

Pour réduire en grains une forte pierre d'Emeri, il faut la mettre dans un mauvais mortier ; on couvre le mortier avec un morceau de peau ou de toile où il y a un trou pour paſſer le pilon ; enſuite à coups redoublés on écraſe l'Emeri, & on le réduit en grains. Si l'on n'a pas de mortier, il faut envelopper le morceau d'Emeri dans de la peau, à laquelle on ajoutera une ſeconde enveloppe formée de chiffons, de linge en trois ou quatre doubles. On lie enſuite ce paquet tout autour avec une corde, comme le déſigne la Figure 2, & on laiſſe trois ou quatre pieds de longueur de corde aux deux bouts *A*, *B* ; alors on poſe ce paquet ſur l'enclume : on donne les deux bouts de la corde à tenir à deux perſonnes, ou, ſi l'on veut, on attache les bouts de la corde aux murailles voiſines, ayant ſoin que la corde ſoit ſuffiſamment tendue, pour ne pas laiſſer varier le paquet. Tout étant ainſi diſpoſé, on prend un marteau à frapper devant, & l'on frappe à coups redoublés ſur le paquet *F*, juſqu'à ce qu'on ſente qu'il devient mol & qu'il ne renvoie plus le marteau ; alors il faut approcher un vaiſſeau de l'enclume & y mettre le paquet qu'on déliera, & dans lequel on trouvera la pierre réduite en morceaux, les uns gros comme des noix, les autres comme des pois, & beaucoup en grains comme la poudre à canon.

Pour accélérer le travail, il faut raſſembler tous les gros morceaux, les envelopper comme nous l'avons dit ci-deſſus, & les remettre ſur l'enclume pour les écraſer, & l'on aura à la fin toute la pierre d'Emeri, ſuppoſée de dix à douze livres, réduite en grains dans l'eſpace d'un quart d'heure.

Or, pour réduire ces grains en poudre fine, il faut en mettre la valeur d'une once & demie ſur une plaque de fonte *H*, *Fig.* 4 ; prendre une maſſe de fonte faite en forme de marteau à deux têtes, du poids de 15 à 20 livres, comme il eſt marqué en *I*. On prend cette maſſe d'une main par ſon manche *K* ; on approche l'autre main près la tête *I* : dans cette poſition on la promene ſur la plaque en appuyant avec la main en *I*, tandis que l'autre en *K* fait faire le mouvement d'aller & venir d'un bout à l'autre de la plaque.

Lorſque par ce travail la poudre s'éparpille, il faut la raſſembler dans le milieu de la plaque avec une patte de liévre *L*, afin de la rebroyer de nouveau,

---

(*) Je m'étends ſur cette matiere pour pluſieurs raiſons. La premiere, eſt que preſque aucun Ouvrage François n'en traite. La ſeconde, c'eſt que l'Emeri eſt indiſpenſablement néceſſaire à la plupart des Arts & Métiers. La troiſieme, parce qu'on le vend cher aux Ouvriers, & que le préparant ſoi-même, il ne revient pas à 12 ſols la livre, qui eſt le prix auquel les Marchands de Paris nous vendent l'Emeri apporté d'Angleterre en grains ſeulement. Mon Pere, Maître Coutelier à Beziers en Languedoc, ayant appris qu'un vaiſſeau marchand avoit débarqué des pierres d'Emeri au port de Cette, en fit venir qui ne lui coûta que deux ſols la livre. Il m'en envoya une pierre du poids de quatorze livres.

Je l'ai préparé ainſi que je le décris, il s'eſt trouvé parfait : il ne cédoit en rien à celui d'Angleterre. Nos vaiſſeaux marchands pourroient en faire le commerce avec l'aſſurance du débit, & l'Ouvrier l'auroit à meilleur marché. Cette branche de Commerce ne ſeroit pas ſi petite qu'on pourroit ſe l'imaginer ; car tous les Arts qui travaillent les métaux, ne peuvent abſolument s'en paſſer. De plus, les Lapidaires, les Lunetiers & les Manufacturiers de glaces en emploient une grande quantité : il y auroit un moyen d'en broyer beaucoup à la fois, en établiſſant un moulin, ſoit à l'eau ou à vent, qui feroit tourner deux meules de fer de fonte l'une ſur l'autre.

& l'on répétera cette manœuvre jufqu'à ce que l'Emeri foit réduit en poudre prefqu'impalpable, c'eft-à-dire, qu'on ne fente point de grains entre deux doigts. Alors on la ramaffe avec une carte & la patte de liévre, pour la mettre dans un pot *M*.

On peut accélérer ce travail de plufieurs manieres; par exemple, on peut piler dans un mortier les grains qui fortent de l'enveloppe de toile, puis paffer ce qu'on aura pilé au tamis, & broyer fur la plaque de fonte ce qui aura paffé par le tamis, & en très-peu de temps cette portion fera réduite au degré de fineffe qu'on defire : on pile & on broye à part ce qui n'a point paffé par le tamis.

Il faut de trois efpeces d'Emeri; favoir, du gros, du moyen & du fuperfin; il eft aifé de fe les procurer fans un grand travail. Pour cela on broye, par exemple, une livre d'Emeri jufqu'à ce qu'il foit au degré du plus gros, ce qu'on reconnoît en le maniant entre les doigts. Suppofons qu'il paroiffe au degré du gros, on trouvera dedans les trois efpeces, qu'il fera aifé de féparer au moyen de l'eau, comme nous allons l'expliquer. Il faut avoir trois vafes égaux, comme plats, terrines ou petits feaux de terre verniffés; on met l'Emeri dans un ; on verfe deffus de l'eau claire & propre en fuffifante quantité, pour que le vafe en foit rempli aux trois quarts. On agite enfuite avec la main l'eau & l'Emeri, afin qu'ils fe mêlent bien enfemble, & qu'il n'en refte point du tout au fond du vafe. Alors on ceffe de remuer, & on laiffe repofer le tout l'efpace d'une minute feulement : pendant ce temps les plus gros grains defcendront au fond du vafe par leur propre poids, tandis que les moins pefants refteront entre deux eaux. La minute expirée, verfez l'eau dans un fecond vafe, réfervez feulement tout le fond du premier, qui vous donnera la premiere efpece d'Emeri que nous appellons *le gros*; & laiffez repofer le fecond vafe pour en tirer la feconde efpece, qui fera *le moyen*.

Il n'a fallu qu'une minute pour laiffer tomber les plus gros grains ou la premiere efpece, au fond du vafe; les feconds étant plus fins, par conféquent moins pefants, ne peuvent defcendre auffi promptement; ainfi il faut les laiffer repofer quatre minutes. Après ce repos, il faut prendre le vafe fans fecouffe, & tranfvafer légérement l'eau dans un troifieme, en réfervant le fond qui donnera, comme nous venons de le dire, la feconde efpece, qui eft l'*Emeri moyen*. Laiffez maintenant repofer le troifieme vafe, jufqu'à ce que l'eau foit claire, ce qui n'arrivera que dans l'efpace de trois ou quatre heures : alors tout l'Emeri fe trouvera au fond du vafe, dont il faut verfer l'eau avec adreffe, afin de ne pas faire de mouvements irréguliers qui feroient mêler l'Emeri avec l'eau, en forte que vous le perdriez. Cet Emeri eft la troifieme efpece, c'eft-à-dire, celui que l'on appelle *fuperfin*.

On juge bien que par ce procédé fimple, & qui ne conftitue en aucune dépenfe, il eft aifé de fe procurer non-feulement trois efpeces d'Emeri, mais dix, s'il en étoit befoin; il ne faudroit pour cela que multiplier les vafes, & limiter

le

le temps pour chaque efpece ; par exemple, fi je veux en faire de fix degrés , je laifferai repofer le premier vafe 30 fecondes , le fecond une minute, le troifieme 2 minutes , le quatrieme 4 , le cinquieme 6 , & le fixieme jufqu'à ce que l'eau devienne claire. La Figure 6 repréfente cette opération : c'eft un vafe prefque plein d'eau fortant d'être battue avec l'Emeri, à compter 15 fecondes depuis l'opération ; le fuperfin eft en 1 , le fin en 2 , le moyen en 3 , le demi-gros en 4 , le gros en 5 , & le très-gros en 6. Il eft conftant que fix efpeces de poids différents, étant fufpendus dans l'eau, doivent fe mettre à leur vraie place, chacun proportionnellement à fa pefanteur fpécifique dans un temps donné , de telle forte qu'ils defcendent chacun dans des temps proportionnels à la gravité de chacun, jufqu'à ce qu'ils trouvent de la réfiftance au fond du vafe où fe fait le repos.

Après avoir féparé les différentes efpeces d'Emeri par le moyen de l'eau , il faut les laiffer fécher chacune dans leur vafe dans lequel on l'a laiffé dépofer, ayant foin de le couvrir avec un morceau de papier, afin que quelque gravier ou quelque ordure ne puiffe pas y entrer ; cependant il ne faut pas le boucher exactement, au contraire il faut y laiffer du jour, pour que l'eau puiffe s'évaporer promptement, comme au bout de deux ou trois heures de repos ; & pour accélérer l'évaporation, on peut verfer bien légérement l'eau qui fe trouve fur la furface de chaque vafe. Ceux qui font commerce d'Emeri, pourroient encore ramaffer toutes les égouttures & les mettre à profit.

Dans toutes les opérations de la Coutellerie, l'Emeri s'emploie mêlé avec de l'huile d'olive ; on le délaye bien dans un petit pot *Fig.* 7, avec la brochette.

Quand on s'eft fervi des Potées, il faut prendre garde de ne pas les laiffer traîner fur les établis ; il eft néceffaire de les mettre à couvert de la pouffiere & d'autres corps étrangers, fur-tout des grains de limaille de fer & d'acier.

§. II. *De la Potée d'Etain.*

O n nomme communément *Potée d'Etain* , ce que les Chymiftes appellent *Chaux.* Quand on fait fondre l'Etain , il y en a toujours une partie qui perd fon phlogiftique & qui devient Chaux, laquelle furnage fur l'Etain comme une pouffiere, quand il eft en fufion. Les Potiers d'Etain ont foin de la retirer avec une cuiller de fer, avant de jetter l'Etain fondu dans les moules.

Cette Potée demande beaucoup de préparations avant qu'on puiffe s'en fervir ; il faut d'abord la laver à l'eau bien claire plufieurs fois, & enfuite à l'eau-de-vie, & la paffer enfin à l'efprit-de-vin. Elle demande tant de préparations, qu'il vaut beaucoup mieux l'acheter toute préparée, que de la faire foi-même. Cependant fi quelqu'un étoit curieux d'en faire , en voici le procédé.

Mettez dans un creufet, fur un feu de charbon de bois, la quantité que vous voudrez d'Etain fin, & faites un feu violent; quand il eſt fondu, & que l'on pouſſe encore le feu, il devient rouge dans le creuſet; du rouge il paſſe au blanc; étant parvenu à cette couleur, il faut prendre une petite tringle de fer terminée en crochet par le bout, & plonger ce crochet dans le creuſet *O*, *Fig.* 9, pour remuer & tourmenter un peu la matiere en fuſion, ſans ceſſer de chauffer. Quand on voit que la Chaux ſe forme, on ſort le crochet, & l'on ramaſſe légérement la Potée avec une cuiller de fer *x*, & on la met dans un petit pot *y*. Lavez-la enſuite juſqu'à ce qu'elle ſoit bien nétoyée de toutes les craſſes, & qu'elle ſoit devenue d'un beau gris-blanc; ce qui exige qu'on y paſſe dix à douze eaux.

Lorſqu'elle eſt bien lavée, on la paſſe à l'eau-de-vie une fois ſeulement, & enſuite à l'eſprit-de-vin. On en vend de griſe qui ne coûte que 4 ou 5 ſols l'once; mais elle n'eſt point paſſée à l'eau-de-vie ni à l'eſprit-de-vin; & celle qui a paſſé par toutes ces opérations eſt blanche, & ſans contredit c'eſt la meilleure: mais on paye bien les frais, en l'achetant 24 ſols l'once.

La Potée d'Etain étant délayée dans l'eau-de-vie, donne à l'acier un poli brillant, mais blanchâtre. Pour avoir le poli noir, il faut la mêler avec la Potée d'acier, dont nous parlerons dans la ſuite.

§. III. *Du Rouge d'Angleterre.*

J'IGNORE abſolument la compoſition du Rouge d'Angleterre; j'ai cru qu'il pouvoit être du Colcotar ou Safran de Mars, avec quelque préparation; cependant par quelques expériences, je le ſoupçonne être plutôt du Précipité de cuivre: du moins ce dernier vaut le Rouge d'Angleterre. Ainſi pour le faire, il faut mettre du cuivre rouge dans un creuſet avec du ſoufre commun, faire un feu violent & couvrir le creuſet d'un couvercle qui ait quelques trous, pour laiſſer évaporer le ſoufre à meſure qu'il agit ſur le cuivre. Le cuivre étant diſſous, il ne faut que le broyer au ſuperfin, le tamiſer s'il le faut, c'eſt-à-dire, quand il ſe trouve des grains qui n'ont pas été bien diſſous, enfin le paſſer à l'eau.

§. IV. *Du Safran de Mars, & de la Potée d'acier.*

LE ſafran de Mars n'eſt autre choſe que la rouille du fer. On peut s'en procurer beaucoup en la ramaſſant ſur les plaques de fer qui ſont aux fourneaux où l'on fait l'eau-forte. On peut en faire ſoi-même, ſi l'on n'eſt pas à portée de s'en procurer: en voici les moyens.

Amaſſez de la limaille d'acier; nétoyez-la bien de toutes les ordures qu'il pourroit y avoir; mettez-la dans un pot de terre neuf; verſez ſur chaque livre de limaille une pinte de bon vinaigre, & laiſſez diſſoudre le tout à l'aide de l'acide, ce qui demande 15 ou 20 jours; au bout duquel temps on trouve le vinaigre confommé, & il ne refte dans le pot qu'une rouille rougeâtre, laquelle il faut mettre fur la plaque de fer pour la broyer : il faut fuivre pour cette Potée tout ce que nous avons dit pour broyer l'Emeri. On trouve cependant quelques grains de limaille qui ont réfifté à l'acide, & qui ne font point parfaitement réduits en rouille ; quand on s'en apperçoit, on peut les chercher avec fes doigts, & les jetter ; mais s'il y en a en trop grande quantité, (ce qu'on apperçoit quand on fent que la maffe gliffe & que la befogne n'avance pas) alors il faut néceffairement paffer toute cette rouille au tamis fin, & jetter tout ce qui n'a point paffé à travers ; enfuite on la broye fur la plaque jufqu'au fuperfin, ou du moins tel qu'on le defire. On peut auffi s'en procurer de plufieurs degrés de fineffe, en le féparant par la voie de l'eau, comme nous l'avons expliqué en parlant de l'Emeri.

§. V. *Autre Méthode pour faire de la Potée d'acier.*

Prenez des morceaux d'acier vieux ou neuf, il n'importe ; coupez-les par morceaux pour les mettre dans un creufet, que vous placerez au milieu d'un feu de charbons de bois ; quand les morceaux feront chauffés à blanc, le creufet reftant toujours pofé, comme le repréfente *O*, *Fig.* 9, il faut y mettre des morceaux de foufre concaffé, environ plein une coquille de noix. Cette premiere dofe étant confommée, il faut en remettre autant, & enfin par trois fois, laiffant feulement un intervalle d'une minute pour chaque projection ; mais il ne faut pas ceffer de faire jouer la branloire du foufflet ; & après avoir laiffé le creufet environ 9 ou 10 minutes, il faut jetter dans une lingotiere ce qui eft dans le creufet, en pinçant les bords du creufet avec de petites tenailles croches.

L'acier ayant été ainfi fondu avec le foufre, fe trouve décompofé. Quand le lingot eft refroidi, il faut le mettre dans le mortier *Fig.* 1, & le piler à demi (*) feulement ; mettez-le enfuite entre deux plaques de tôle fur un brafier de charbons de bois, tel que le repréfente *q*, *Fig.* 10, ayant foin de couvrir le tout avec du charbon qu'il faut bien allumer avec un foufflet à main, & laiffez le tout paffer la nuit dans le feu, afin que tout le paquet fe tienne rouge long-temps, & qu'il fe refroidiffe de lui-même.

Le lendemain le premier foin eft de fouffler fur la boîte de tôle avec le foufflet à main pour faire voler les cendres. On ôte la boîte, & l'on trouve la Potée brune, au lieu de grife qu'elle étoit auparavant. Il ne s'agit plus alors que de la faire paffer par toutes les préparations qui font indiquées pour l'Emeri, c'eft-à-dire, la broyer au fin fur la plaque de fer, *Fig.* 4, la paffer au tamis de foie, *Fig.* 5, & la graduer à l'eau, *Fig.* 6.

(*) Il n'eft pas douteux que, privé d'un mortier, la plaque de fer & la maffe fuffifent ; mais le mortier accélere l'opération, & l'on perd moins de matiere.

§. VI. *Autre Maniere de préparer la Potée d'acier.*

Il y a encore une autre façon de fondre l'acier au foufre fans le mettre dans le creufet ; c'eft de faire rougir le bout d'une barre d'acier ; lorfqu'il eft chauffé à blanc, préfentez ce bout à un bâton de foufre qui eft pofé fur une feuille de tôle ; auffi-tôt que l'acier touche le foufre, il fe décompofe à vue d'œil & fe détache de la barre ; enforte que fi l'on donne à la plaque un peu de pente, on voit l'acier couler deffus comme du plomb, & tomber à terre encore fluide : mais je difpofe un feau plein d'eau pour que l'acier tombe dedans ; on le retire de l'eau, & on le broye, &c, comme nous l'avons prefcrit ci-deffus.

La Potée faite de cette derniere façon, eft auffi bonne que de la premiere ; mais en la broyant fur la plaque, on trouve quantité de grains d'acier qui ne font pas diffous ni décompofés ; on eft donc obligé de paffer plufieurs fois cette Potée au tamis, ce qui multiplie les opérations. C'eft pourquoi je regarde la premiere méthode comme la meilleure, parce qu'elle eft la plus fimple.

Cette Potée eft excellente ; mais il faut corriger fa vivacité par le moyen de la Potée d'étain, en les mêlant enfemble à la dofe de deux tiers de Potée d'acier, & d'un tiers de celle d'étain. Lorfqu'elles font bien mêlées enfemble, il faut en faire une pâte avec de l'eau-de-vie. On la laiffe fécher fans couvrir le vaiffeau, & on la délaye avec de l'eau-de-vie à chaque fois qu'on veut polir.

Je n'ai rien vu de comparable à cette Potée pour polir l'acier ; le Rouge d'Angleterre, le Safran de Mars, la Rouille d'acier par le vinaigre poliffent, avec le temps, prefqu'auffi noir ; mais pas une ne vaut la Potée d'acier pour donner un beau poli, encore moins pour la diligence ; car dans un quart d'heure je fais plus d'ouvrage avec celle-ci, qu'avec aucune des autres dans une heure : elle mérite donc bien la préférence.

CHAPITRE

CHAPITRE SECOND.

Description de toutes les substances qu'on emploie ordinairement pour faire les Manches de tous les Instruments que fabriquent les Couteliers, comme les Cornes de bœuf, de bélier, & ce qu'on appelle Bois de cerf; *leurs qualités & leurs usages. Des Bois des Indes, comme l'Ebene, le Bois de rose, le Bois violet, le Palixandre & les Bois françois; leurs qualités & leurs usages. De la Baleine, de l'Ecaille de Tortue, de l'Ivoire, de la Nacre de perle, du Marbre & de la Porcelaine; leurs qualités & leurs usages.*

Il y a quatre sortes de cornes d'animaux, qui sont employées par le Coutelier pour faire les manches des Couteaux & instruments qu'il fabrique. En Languedoc, en Provence, en Auvergne & en Forez, les cornes de mouton sont beaucoup en usage pour monter des Couteaux & des Canifs appellés *à la Capucine*, & d'autres nommés *Eustache Dubois*.

PLANCHE 2.

La corne de bouc, ainsi que celle de bélier, sert à faire des chasses communes des Rasoirs.

La corne de bœuf sert à emmancher les Couteaux à ressort de poche, Tranche-lards, Couteaux de cuisine, &c.

La corne de cerf sert à faire les manches des Serpettes de Jardiniers, des Couteaux de Voituriers, Rouliers, qui ont un poinçon, & tous les Couteaux de fatigue.

ARTICLE PREMIER.

Du Choix des Cornes de bœuf, de mouton ou de bélier, de bouc & de cerf; leurs qualités & leurs usages.

Les Cornes de mouton & de bouc sont de même genre & de même qualité; l'une & l'autre prennent la couleur de l'animal; le bouc & le mouton noirs ont les cornes noires; les blancs les ont blanches; les tachetés de noir & de blanc, les ont de même noires & blanches : on les nomme *Perches*.

En général, quand les cornes sont un peu séches, il faut en faire sortir les *cornichons* ou *noyaux*, qui étant d'un genre osseux & spongieux, entretiennent la corne dans un état d'humidité nuisible à l'emploi qu'on en veut faire. La *Fig.* 1 représente la maniere de vuider ces cornes; ce qui se fait en tenant la corne par le petit bout, & frappant sur la bigorne de l'enclume avec la corne même, sur fa cavité ; alors le noyau tombe au pied de l'enclume, comme on voit *Fig.* 2. Il faut prendre cette précaution avec toutes les efpeces de cornes.

La corne de bouc eft très-peu courbe : on la voit *Fig.* 3. Celles de mouton ou de bélier font quelquefois tortillées en efcargot, & communément elles forment le croiffant, comme on le voit *Fig.* 4. Ces deux efpeces de cornes font d'une nature molle & fort fujette à fe déjetter ; quoique chauffées à propos & bien dreffées, leur molleffe les conferve toujours fouples & flexibles, mais leurs pores font fi ouverts, qu'après qu'elles font dreffées, elles fe retirent & fe raccourciffent beaucoup. Auffi la corne de mouton ne s'emploie-t-elle pas pour des manches de Couteaux à reffort, mais feulement pour des Euftache Dubois, & des Couteaux & Canifs à deux clous fans reffort, qu'on appelle *à la Capucine.*

La corne de bouc ne fert qu'à faire des chaffes de Rafoir communes ; il feroit même à fouhaiter qu'on cherchât un autre ufage pour employer ces cornes, parce que leur grande foupleffe faifant déjetter les chaffes, il arrive qu'en fermant le Rafoir, on ébreche le tranchant, à moins qu'on ne conduife ce dernier bien fûrement & adroitement dans fa chaffe. Cependant quand ces chaffes font bien faites, & que l'on conferve les Rafoirs dans des étuis ou des trouffes, elles durent long-temps fans fe déjetter.

La corne de bœuf eft de meilleure qualité que celle de mouton & de bouc ; les pores en font plus ferrés, auffi prend-elle un plus beau poli ; cependant elle a fon degré de molleffe & de foupleffe ; & pour l'employer à des ouvrages propres, il faut, pour qu'ils fubfiftent, prendre des précautions dont nous parlerons dans la fuite. Sa couleur dépend affez de celle de l'animal : un bœuf noir, ou même noir & blanc, a ordinairement le fond des cornes d'un noir de jais, parfemées de gris & de blanc ; ces trois couleurs bien nuancées préfentent un coup-d'œil fi agréable, que fi cette efpece de corne avoit le corps & la fermeté de l'ivoire, on la préféreroit à cette fubftance & à tous les bois des Indes.

Les belles cornes de bœuf font donc celles qu'on appelle *marbrées* : elles font employées pour faire des Couteaux de poche, de table, &c.

Les blanches ou grisâtres font les moins eftimées, & ne fervent qu'à emmancher les Couteaux de cuifine, les Tranche-lards, les Couteaux de Bouchers, de Chaircuitiers, & autres ouvrages auxquels la propreté n'eft pas effentielle.

La corne étoit autrefois d'un ufage général dans la Coutellerie ; après l'ivoire, la baleine, l'écaille & la nacre, on l'employoit pour les plus beaux Couteaux ; mais le tranfport des bois des Indes & de l'Amérique, en a bien diminué le débit, parce que ces bois n'ont pas les inconvénients des cornes, qui font fi fujettes à fe retirer, qu'il n'eft pas rare qu'une perfonne, qui aura porté un Couteau en corne deux heures dans la poche de la culotte ou auprès du feu, le trouve caffé vers l'un des clous qui fixent le Couteau aux deux bouts. On ne s'étonnera pas de cet accident, fi l'on fait réflexion que la chaleur

refferrant les pores de la corne, raccourcit le manche, & comme ce manche
eft fixé à chaque extrémité par deux clous qui s'oppofent au raccourciffement,
il faut qu'il éclatte & qu'il caffe (*). Cet inconvénient n'eft cependant pas fans
remede ; on peut le prévenir de plufieurs façons que j'ai promis d'indiquer.
1°. C'eft de ne jamais employer la corne avant qu'elle ait féché pendant trois
ou quatre mois, après qu'elle a été ôtée de l'animal. 2°. De la laiffer fécher
encore autant de temps, après l'avoir fciée & dreffée, avant de la mettre en
œuvre. 3°. C'eft de porter dans fa poche les manches dégroffis, avant de les
limer & de les affujétir par les clous. C'eft ainfi qu'ayant laiffé la corne fe retirer
dans tous les fens, on peut l'employer avec fûreté & fans craindre les accidents dont nous avons parlé.

Les principaux inconvénients de la corne, font les pailles, qui fe trouvent
intérieurement, & qui font fouvent la perte des manches ; ce défaut fe trouve
prefque à toutes celles de bœufs qui ont fervi à la charrue ou au charroi. Les
plus faines font les cornes des bœufs d'Irlande, auffi font-elles les plus cheres ;
car on les vend jufqu'à trois livres la paire, tandis que celles de pays ne
coûtent qu'aux environs de 20 à 30 livres le cent.

Il y a beaucoup de variété dans les figures des cornes de bœuf ; les unes font
prefque droites, & les autres prefque en croiffant ; & plus elles font tortillées,
plus elles donnent de peine à fcier & dreffer. La Figure 5 en préfente une de
la forme la plus ordinaire.

En général, les cornes de bouc, de mouton & de bœuf demandent à être
féchées avant de les travailler ; cependant pour les ouvrages propres, il ne faut
jamais les expofer au feu ni au foleil, parce qu'elles deviendroient pailleufes &
hors d'état d'être employées. Un grenier, dont la fenêtre n'eft point expofée
au foleil, eft le meilleur endroit pour les faire fécher.

La corne de cerf eft ferme & folide ; les pores en font ferrés : elle eft moins
fujette à fe retirer, & fa folidité naturelle fait qu'on la deftine aux ouvrages de
fatigue, comme aux Serpettes & Greffoirs de Jardiniers, aux Couteaux à poinçon pour les Rouliers, &c. La furface de cette corne eft grenée à peu-près
comme l'écorce du melon brodé ; la couleur de cette fuperficie eft brune & quelquefois noirâtre : fous fes grains elle eft d'un blanc fale ; l'intérieur eft rempli
d'une moëlle fpongieufe, mais qui a de la fermeté. De toutes les cornes, c'eft
celle de cerf qui eft la plus difficile à dreffer, & celle qui exige les plus grands
foins pour la chauffer à propos. En effet, fi dans la crainte de la brûler on ne la
chauffe pas affez, au lieu de refter droite, elle reviendra toujours dans fon même
pli, & caffera fi on la tourmente trop. Au contraire, fi on la chauffe trop &
qu'on la brûle, elle caffera au moindre effort.

(*) L'ivoire, l'écaille, la baleine & les os, éprouvent le même fort, mais pas fi confidé-rablement que la corne. Ce qui fait voir la diffé-rence qu'il y a entre les métaux & les animaux : les premiers fe dilatent à la chaleur, & ce qui provient des animaux fe refferre ; & de plus ce refferrement n'eft point ftable ; car après avoir expofé à la chaleur un morceau d'ivoire, ou de corne, ou d'écaille, &c, pour le faire reffer-rer, fi après on l'expofe à l'humidité, il revien-dra dans fa première longueur.

Comme les cerfs quittent leurs bois tous les ans, il n'est pas difficile d'en avoir ; les Paysans, & sur-tout les Gardes-chasse, en trouvent dans les bois, & les vendent depuis 6 jusqu'à 9 sols la livre ; cependant les cornes de cerf étant prises sur l'animal qui a été chassé, sont préférables, sur-tout quand elles sont bien mûres ; car elles sont molles & tendres pendant les quatre premiers mois de leur naissance. Il faut toujours choisir les plus pesantes, parce qu'elles ont plus d'épaisseur & moins de moëlle : elles sont bien plus faciles à dresser, & restent plus constamment droites. La Figure 6 représente un bois de cerf.

On en faisoit autrefois beaucoup d'usage pour les Couteaux de poche & de table, à cause de leur solidité ; mais il étoit désagréable de n'avoir jamais son Couteau propre ; car la graisse se loge tellement dans les grains de cette corne, qu'après avoir coupé un aloyau, un gigot, &c, il faudroit avoir une brosse pour nétoyer le manche de son Couteau.

ARTICLE SECOND.

Des Bois des Indes, comme l'Ebene, le Bois Rose, le Violet,
le Palixandre, & des Bois François.

LES différents Bois apportés des Indes & de l'Amérique, sont maintenant plus en usage que jamais, pour emmancher toutes sortes de Couteaux, Canifs, & plusieurs instruments de Chirurgie.

Sous le nom d'*Ebene*, on entend en général un bois noir ; il y en a cependant de trois especes, la noire, la verte & la rouge, appellée *Grenadille.*

L'Ebénier noir est un gros arbre & bien droit : il vient des Indes ; on embarque beaucoup d'Ebene à Madagascar. La plus belle se prend dans l'Isle Maurice, dans l'Isle de Tabago : elle est d'un beau noir ; son aubier est blanchâtre ; quoiqu'il soit assez dur, les Couteliers le rejettent, à moins que ce ne soit pour des ouvrages communs. Le bois d'Ebene est serré & uni, ce qui lui donne plus de corps que n'en ont la plupart des bois de couleur : c'est celui qui se finit le mieux, & qui prend le plus beau poli.

On trouve souvent des nœuds dans l'Ebene, ce qui est très-préjudiciable pour celui qui l'emploie, parce qu'auprès de ces nœuds il se trouve ordinairement des gerces qui occasionnent beaucoup de déchet. Il y a aussi des Ebenes très-noires qui sont comme brûlées, & dont, sur le tour, les copeaux s'en vont en poussiere : celles-là sont plus légeres que les Ebenes de bonne qualité.

Le prix de l'Ebene varie beaucoup ; elle se vend tantôt soixante francs le cent, & quelquefois elle n'en vaut que trente. C'est le plus pesant de tous les bois, après celui de fer.

Le Bois de rose est très beau ; & quoiqu'il suive de près le prix de l'Ebene, il est souvent plus cher ; c'est un arbre très-droit & très-haut ; mais il est souvent

creux

creux : il vient des Ifles de Chypre & de Rhodes. Il s'appelle *Bois de rofe*, parce qu'il a l'odeur de la rofe, fur-tout en le travaillant. Il eft diftingué des autres bois par fes couleurs & fes nuances ; il eft formé par couches différentes de couleur rouge foncé, de rofe, de petit jaune. Pour faire paroître toutes ces couleurs, on le fcie en chanfrein ou demi-travers. De tous les bois de couleur, c'eft celui qui conferve le plus long-temps fon éclat ; il fe travaille très-aifé-ment. Après l'Ebene c'eft le plus folide : il a beaucoup de corps ; les nœuds, loin de diminuer fa bonté, fervent à lui donner certaines nuances qui le rendent plus agréable ; fouvent même ils contribuent à le rendre plus folide ; cependant il eft un peu plus léger que l'Ebene.

Le bois de la Chine, appellé en quelques endroits *Serpentin*, eft un très-beau bois ; auffi eft-il le plus cher, puifqu'il fe vend quelquefois trente-fix fols la livre : ce font les Hollandois qui l'apportent en Europe. Le fond eft une couleur brune & luifante, mouchetée d'un rouge quelquefois pâle, mais quel-quefois vif, ce qui lui donne un coup-d'œil fort agréable. On emploie à pré-fent très-peu de ce bois, parce qu'il eft extrêmement caffant : il prend un très-beau poli, fes pores étant ferrés ; mais il eft fi fujet à fe fendre en le travaillant, qu'il éclatte entre les mains des meilleurs Ouvriers, fur-tout en le perçant ; fes fibres longitudinales ne font pas liées les unes aux autres ; auffi n'a-t-on pas befoin de fcie pour le débiter : une vieille lame de couteau & un marteau, fuffifent pour le fendre réguliérement. Il eft auffi pefant que l'Ebene ; mais fon rouge ne fe foutient pas long-temps ; il devient d'un brun noirâtre.

Le Bois violet eft un beau bois veiné par couches, comme le Bois de rofe ; fes couleurs font le brun, le rouge & le violet, d'où lui vient fon nom. Ce font les Hollandois qui l'apportent des Indes. Il eft, à quelque chofe près, égal en bonté au Bois de rofe ; cependant il lui eft inférieur en folidité : fon grand défaut, c'eft que fes couleurs ne fe foutiennent point : elles bruniffent, de forte qu'après deux ou trois mois de fervice, on a peine à diftinguer les veines rouges des violettes.

Il y a beaucoup de déchet en débitant ce bois, fi on ne le choifit pas avec attention ; outre que les nœuds caufent de la perte, l'intérieur des buches eft fouvent creux & carié, & l'on eft obligé de rejetter le bois qui environne la carie ; il eft un peu plus léger que le Bois de rofe, & fe vend depuis 15 juf-qu'à 25 livres le cent.

Le Palixandre eft un bois brun que les Hollandois nous apportent encore des Indes. Il s'en trouve d'auffi veiné que le bois violet, à qui il reffemble affez pour la couleur. En général, c'eft le plus mauvais des bois des Indes pour la Coutellerie, parce qu'il a peu de folidité & de grands pores ; auffi ne l'emploie-t-on dans notre Art, que pour faire des manches de Canifs & de Gratoirs ; il eft très-propre à ces ufages, parce qu'il fe fend aifément, & qu'au moyen de cette qualité il n'a pas befoin d'être fcié.

Ce bois nous vient en groſſes bûches, ou ſcié en planches de 10 à 12 pouces de large ſur 7 à 8 pieds de long. C'eſt un bois poreux & gras ; il ne peut ſe luſtrer qu'avec un bruniſſoir ou une défenſe de ſanglier ; c'eſt le plus léger de tous les bois des Indes, qu'on emploie en Coutellerie : auſſi eſt-il celui qui ſe vend le meilleur marché. Il coûte 12 à 15 francs le cent, & dans la diſette il va juſqu'à 25 livres. On ne peut lui refuſer un agrément, qui eſt d'avoir une odeur agréable, & qu'il conſerve toujours.

Indépendamment des bois des Indes, les Couteliers emploient auſſi des bois de Pays, comme l'Olivier, quelquefois du Noyer, du Buis & des racines, ou plutôt *loupes* de Buis de Provence, qui, étant polies avec de l'Indigo & du vinaigre, offrent des figures qui forment un aſſez beau coup-d'œil. De plus, ces loupes ſont très-ſolides, & ne ſont pas ſujettes à ſe fendre.

L'If, le Prunier, le Ceriſier & le Noyer noir, ſont des bois très-propres à faire des manches de Canifs, de Grattoirs & Poinçons ; ils ſont même plus ſolides que le Palixandre, parce qu'ils ne fendent pas ſi aiſément : on préfere cependant le Palixandre dans les Bureaux, à cauſe de ſon odeur, qui approche de celle du bois de Sainte-Lucie.

Article Troisieme.

De la Baleine, de l'Ecaille de Tortue, de l'Ivoire, de la Nacre de Perle, du Marbre & de la Porcelaine ; leurs qualités & leurs uſages.

La Baleine eſt d'uſage en Coutellerie pour les chaſſes de Raſoirs, pour des manches de Couteaux & d'inſtruments de Chirurgie.

L'Ecaille ſert auſſi à faire toutes ſortes de manches de Couteaux, des chaſſes de Raſoirs, Lancettes, Biſtouris, &c.

L'Ivoire eſt auſſi employé pour monter des Couteaux de différents prix, des Raſoirs & d'autres inſtruments.

La Nacre de Perle eſt deſtinée à garnir les plus beaux ouvrages, ſur-tout les Couteaux garnis & montés, ſoit à gaîne, ſoit à reſſort.

§. I. *De la Baleine.*

La Baleine eſt un poiſſon qui habite les mers du Nord. Cet animal marin eſt le plus grand des poiſſons ; ſa longueur eſt ordinairement de 130 à 150 pieds : il y en a qui vont juſqu'à 200. Sa machoire eſt garnie, haut & bas, de barbes nommées *fanons*. Quelques perſonnes peu verſées dans l'Hiſtoire Naturelle les regardent comme ſes nageoires.

Ces fanons, dont on ſe ſert à différents uſages, ont ordinairement 8 à 10 pieds de long, comme le repréſente la Figure 7. On emploie le côté du petit

bout à faire les corps d'enfants ; le milieu sert à faire des buscs pour les corsets ;
il n'y a guere que le gros bout qui puisse servir en Coutellerie.

La Baleine est une substance filandreuse, recouverte dessus & dessous d'une
matiere à peu-près semblable à la corne de bouc, d'un noir clair & agréable.
Il est très-essentiel de débiter la Baleine avec précaution, parce que l'intérieur
étant moins solide, il faut toujours faire ensorte qu'il se trouve en dedans de
l'ouvrage ; ainsi quand on veut faire des chasses de Rasoirs, il faut choisir sur la
longueur du fanon, l'endroit qui se trouve d'épaisseur suffisante, afin de ne pas
emporter la surface qui en est le plus beau & le meilleur ; car si on vouloit
amincir la piece en approchant du centre, on rencontreroit un corps composé
de fils qui s'enlevent lorsqu'on veut le polir.

La Baleine travaillée avec art, prend un poli luisant qu'elle conserve long-
temps, sur-tout la noire ; celle qui est un peu grisâtre & rayée ne reste pas
long-temps belle : on dit que celle-ci est pêchée par les Portugais.

La Baleine est légere, liante & souple à chaud comme à froid : son prix varie
selon que la pêche est plus ou moins heureuse ; s'il se rencontre deux années
mauvaises, son prix augmente du double.

§. II. *De l'Ecaille.*

L'Ecaille est la couverture d'un animal amphibie & ovipare, qu'on appelle
Tortue. Cet animal, dont quelques especes vivent sur terre, d'autres dans la
mer, & certaines dans l'eau douce, varie beaucoup par sa grosseur : il y en a de
monstrueuses.

Quoiqu'il y ait des Tortues dans beaucoup de pays, ce sont celles de l'Amérique qui donnent les plus belles Ecailles : on n'emploie que celles de la Tortue
appellée la *Corette.*

L'Ecaille de la Tortue est en feuillets ovales ; celles du dessus de l'animal sont
toujours les plus belles ; aussi ce sont celles dont on tire le meilleur parti, tant
par rapport à leur épaisseur, qui est toujours plus égale, que par rapport à sa
longueur & à sa largeur. La Figure 1 en représente une moyenne.

On ne se sert presque que de l'Ecaille de la Tortue, qu'on nomme *Corette,*
qui est par feuillets minces, & que les Tabletiers soudent les uns aux autres
pour leur donner de l'épaisseur.

L'Ecaille, quoique plus dure, est du genre de la corne : elle n'est pas aussi
liante ; au contraire, elle est fragile ; elle casse facilement quand elle est un
peu seche ; quoique ses pores paroissent serrés, néanmoins elle se resserre sur
son centre : un manche de Couteau de six pouces de long, porté à la chaleur
de la poche de la culotte, se raccourcit de plus d'une ligne dans 5 ou 6 heures
de temps.

On trouve des feuilles d'Ecaille de différente longueur, depuis 4 pouces jufqu'à 15 & même 18. La plus forte épaiffeur eft dans fon milieu de 4 ou 5 lignes au plus ; & elles vont en amincilfant infenfiblement jufqu'au bord , qui fe termine prefque en tranchant. On diftingue trois couleurs fur l'Ecaille , le blond, le noir clair, & le brun rougeâtre. L'Ecaille eft tranfparente, fur-tout les parties blondes. La plus belle eft celle où il y a le moins de brun ; communément on préfere la plus noire. Au refte, c'eft une affaire de mode ; car il y a eu un temps où l'on recherchoit la blonde. En général, les trois couleurs prennent un poli également beau, uni & luifant.

L'Ecaille fe dreffe facilement au feu & même à la chandelle ; elle devient affez fouple pour pouvoir la tourner fur tous les fens : elle a de plus une qualité finguliere, c'eft d'être fufceptible de fe fouder fans colle & fans aucun mordant, en rapprochant feulement les morceaux, & les expofant à un degré de chaleur convenable : ceci paffe pour un fecret que beaucoup d'Ouvriers ignorent. Mais nous l'expliquerons relativement à l'Art du Coutelier. Le prix de l'Ecaille varie depuis 10 liv. la livre, jufqu'à 18 & 20 liv.

§. III. *De l'Ivoire.*

PLANCHE 2.

L'IVOIRE eft la dent, ou, pour mieux dire, la défenfe de l'Eléphant : cet animal ne fe trouve que dans l'Afie & dans l'Afrique ; il a une défenfe de chaque côté de fa trompe. Elles font faites en forme de cornes de bœuf, mais d'une longueur bien différente ; celles qui ne pefent que 10 ou 12 livres font des plus petites ; les moyennes font de 40 à 60 livres : on en a vu aller jufqu'à 150 livres ; la groffeur eft toujours proportionnée à la longueur : la Figure 8 en repréfente une. Si la défenfe a 3 pouces de diametre par fon gros bout D, elle aura communément 5 pieds de longueur. Elle eft toujours courbée en arc ; elle eft creufe depuis fon gros bout jufques vers le milieu, ou feulement jufqu'au tiers E ; mais cette cavité diminue à proportion qu'elle s'éloigne du gros bout. Le prix varie depuis 3 jufqu'à 8 francs la livre.

L'Ivoire eft d'un genre offeux ; cependant il eft plus liant, & plus pefant que l'os ; fes pores ferrés & unis lui donnent beaucoup d'élafticité, & le rendent fufceptible de prendre un poli clair & brillant qu'il conferve toujours, à moins qu'il n'ait éprouvé un frottement contre quelque corps rude.

Il y en a de deux fortes, l'Ivoire vert & le blanc ; il eft difficile de décider, en examinant une défenfe , fi l'Ivoire eft vert ou blanc dans fon intérieur. On peut cependant donner pour regle affez conftante, que celui qui a l'écorce brune ou noirâtre (& l'un & l'autre un peu clair) eft vert ; & que celui dont l'écorce eft blanche ou citron (& fombre), eft blanc dans l'intérieur. Pour s'affurer davantage de la couleur, il faut en fcier un morceau du petit bout, on verra alors aifément ce qu'il eft (*) ; & de plus on découvre fi le grain eft fin ou

(*) Les Marchands difent, pour faire valoir le talent, que le vert eft pris fur l'animal vi- | vant , & qu'au contraire le blanc eft de l'animal mort ; il eft, ce me femble, plus probable

gros.

gros. L'Ivoire vert eſt préférable au blanc pour pluſieurs raiſons. 1º. Le blanc eſt plus poreux ; on y voit des grains qui ne flattent point la vue ; ils deviennent ſombres, & tout le corps de l'Ivoire devient jaune : couleur qui n'eſt point recherchée dans cette matiere.

Dans l'Ivoire vert les grains ne ſont point viſibles ; il eſt clair & tranſparent ; & lorſqu'il a été porté quelques jours dans la poche, ce verd, qui eſt très-foible, ſe paſſe, il devient d'un blanc de lait fort agréable, & il ne jaunit point.

Comme chaque choſe a ſon inconvénient, l'Ivoire vert, qui eſt préférable pour la beauté, eſt plus ſec, plus caſſant, & éprouve un raccourciſſement plus conſidérable que le blanc. Lorſque le Coutelier l'emploie ſans l'avoir porté dans ſes poches, ou tenu dans un lieu médiocrement chaud deux ou trois jours, les manches de Couteaux ſe trouvent bientôt caſſés dans les poches de ceux qui les ont achetés, ſans même qu'ils s'en ſoient ſervis, ſur-tout ſi c'eſt un Couteau à platines (*).

Comme l'Ivoire eſt d'une nature oſſeuſe, il ne ſouffre point le feu ſans altération ; ainſi il faut l'employer tel qu'il eſt ſcié : on n'a d'autre reſſource pour le dreſſer, que la rape & la lime, aux dépens de la largeur & de l'épaiſſeur.

§. IV. *De la Nacre de Perle.*

L A Nacre de Perle eſt un coquillage qui reſſemble à l'Huître. Elle ſe trouve dans les mers Orientales & dans l'Iſle de Tabago. On en pêche auſſi beaucoup dans le Golfe du Mexique, à Cubana, & même en Ecoſſe. Cette coquille eſt peſante, épaiſſe & très-dure ; le dehors en eſt gris, en tirant un peu ſur le citron : il eſt ridé ou ſillonné ; le dedans eſt blanc ou de couleur argentée, uni, luiſant, & avec des couleurs changeantes, ſemblables aux belles perles ; c'eſt ce qu'on appelle *avoir de l'Orient.* Il y en a de grandes & de petites, depuis 4 pouces de diametre juſqu'à 9 ou 10 pouces. Son prix varie depuis 130 juſqu'à 200 liv. le cent peſant. En général, c'eſt une matiere difficile à travailler, parce qu'elle eſt très-dure, fragile & caſſante. La Figure 2 préſente la forme d'une Nacre de Perle.

Il s'en trouve qui ont deux ſortes de défauts ; les unes ont des fentes naturelles, ce qui fait qu'elles ſe ſéparent en les travaillant ; les autres ſont remplies de piquures de vers qui forment des trous très-profonds, ce qui les empêche de pouvoir être employées en Coutellerie.

Le fond blanc de la Nacre eſt varié par tant de nuances différentes, qu'il

---

que cette couleur dépend de celle de l'animal, comme on le voit dans le bœuf & le mouton ; les blancs ont les cornes blanches, & les noirs les ont noires. Quelque doux que ſoit l'Eléphant, je ne crois pas qu'il ſouffrît qu'on lui arrachât ſes deux défenſes.

Nª. Je ne ſais pas ſi le dire des Marchands eſt faux ; car on trouve dans les bois des défenſes d'Eléphant, comme des bois de cerf.

(*) On appelle *Couteau à platines,* celui dont l'intérieur du manche eſt doublé par deux bandes d'acier.

offre à la vue quelque chofe de bien agréable & de bien féduifant. Quand elle eft belle , c'eft-à-dire , quand elle a un bel *orient* , alors en la regardant dans un fens , on y voit un beau blanc varié de toutes les nuances de cette couleur ; fi on fait quelque mouvement pour la voir fous un autre jour , on y voit du verd , du bleu , du violet , du couleur de feu , & toutes ces couleurs accompagnées de nuances & d'ondulations de la premiere beauté. Le nom d'*Orient* , qu'on lui donne alors , vient fans doute de ce que les plus belles viennent d'Orient , ou de ce qu'elles ont des couleurs femblables aux belles Perles orientales. Les Agates n'offrent point à la vue des couleurs auffi belles ni auffi variées ; mais ces variations ne font vifibles que fur les deux faces , & non pas fur l'épaiffeur ou fur les côtés , qui font toujours d'une couleur uniforme. On s'apperçoit fur cette tranche que la Nacre eft feuilletée , & que toutes fes couleurs dépendent d'un nombre de couches appliquées les unes fur les autres , qui réfléchiffent différemment la lumiere.

La Nacre ne fouffre point le feu & n'a point d'élafticité ; par conféquent elle n'eft ni ductile ni liante , & ne peut pas fe dreffer , fi elle eft déjettée ou voilée ou courbe ; on ne peut la dreffer qu'aux dépens de fon épaiffeur & de fa largeur.

Un grand défaut de la Nacre , fur-tout pour la Coutellerie , eft d'être très-pefante.

Le Burgos eft une forte de coquille en limaçon , dont l'intérieur eft nacré , & dont les couleurs font encore plus vives que celles de la Nacre , mais dont il eft difficile de trouver des morceaux affez épais & affez larges pour faire des manches de Couteaux ; ainfi on ne s'en fert guere en Coutellerie , que pour l'incrufter dans du bois , principalement dans l'Ebene.

§. V. *De plufieurs autres fubftances que les Couteliers travaillent.*

Indépendamment de la Nacre , de l'Ecaille , de l'Ivoire & de la Baleine , beaucoup d'autres matieres font d'ufage en Coutellerie ; la Laque & l'Avanturine font de très-beaux Couteaux garnis à platte-bande ; la dent de vache marine , les os des jambes de gros animaux , comme du bœuf & du cheval , & les pieds de chevreuil.

L'Agate , la Porcelaine , la Fayance & le Marbre que l'on achete dans les Manufactures où l'on travaille ces matieres , principalement à Séve , font auffi employés en Coutellerie ; mais ces matieres exigent beaucoup de dextérité de la part de l'Ouvrier. Nous donnerons par la fuite la maniere de les employer avec fuccès. Après avoir parlé de la nature & des qualités des différentes matieres que l'on emploie dans la Coutellerie pour faire des manches de différents inftruments , je vais expofer au Lecteur les Métaux.

CHAPITRE TROISIEME.

Idée générale des Métaux qu'emploient les Couteliers; leurs propriétés
& leurs divers ufages ; choix que l'on doit en faire
pour les différents Ouvrages.

En général, les Métaux font des corps ductiles, malléables, brillants,
opaques, plus ou moins folides, & durs & fixes au feu ; ils ne s'y volatilifent
point comme les demi-Métaux ; la plupart peuvent s'allier les uns avec les
autres.

Les Métaux qu'emploient les Couteliers, font le Fer, l'Acier, le Plomb, le
Cuivre rouge, le Cuivre jaune, l'Argent & l'Or.

Le Plomb fert à faire certains inftruments, comme des Sondes pleines &
des Sondes creufes, appellées *Algalies.*

Le Cuivre eft employé pour faire des garnitures, comme rofettes, viroles,
coquilles, clous, &c ; il fert auffi à faire plufieurs inftruments de Chirurgie,
quand on ne veut pas les faire en argent, pour éviter la dépenfe ; tels font les
Tubes, les Seringues pour l'Anatomie, les Poulies, les Tourniquets & d'autres
inftruments à peu-près femblables.

Le Fer eft employé en partie pour donner du corps & de la folidité aux
ouvrages, comme des *crampons*, & à faire des étoffes & plufieurs inftruments qu'il feroit inutile de faire d'acier pur, tels font les arbres des fcies,
les cauteres actuels, & beaucoup d'autres.

L'Acier, cet admirable métal, eft de la plus grande utilité, & la partie principale de tous les outils & de tous les inftruments tranchants.

On fe fert de l'Argent pour orner & embellir les manches, les lames & les
refforts : on en fait des branches de Cifeaux, des lames de Couteaux pour couper
les fruits, & un grand nombre d'inftruments de Chirurgie, pour lefquels le fer
& l'acier ne conviennent point, tant parce qu'ils font fufceptibles de fe gâter par
la rouille, que parce qu'ils ne font point auffi fouples ni auffi faciles à exécuter
qu'en argent, qui eft plus malléable.

L'Or fert à enrichir toutes fortes de Couteaux & de Cifeaux , & pour faire
des lames de Couteaux pour couper les fruits, des branches de Cifeaux maffives
ou non , &c. On en fait auffi plufieurs inftruments de Chirurgie, comme Epin-
gles pour le Bec-de-liévre, tuyaux de Seringue pour les points lacrymaux, &
d'autres.

En traitant des Métaux , je me bornerai à ne dire que ce qui regarde le Coutelier ; ainfi , fans entrer dans aucun détail fur les mines & fur leurs différentes

préparations, je prendrai les Métaux au fortir des Forges & des Fonderies. Nous avons plufieurs bons Traités de Métallurgie, qu'on peut confulter. Pour le Fer, par exemple, on lira avec fatisfaction les quatre Sections de l'Art des Forges, par M. le Marquis de Courtivron, & par M. Bouchu, Maître de Forges; la Converfion du Cuivre rouge en Laiton, par M. Duhamel, &c. Mon objet eft donc de prendre les Métaux extraits de leur mineret, pour les employer à faire les inftruments qui font du reffort de la Coutellerie.

ARTICLE PREMIER.

Du Plomb.

LE Plomb eft un métal d'une couleur blanche, plus fombre que celle de l'Etain. Il eft très-mol & très-pliant; il eft le moins fonore & le moins élaftique de tous les métaux. Il eft très-ductile, puifqu'il s'étend fous les rouleaux des laminoirs & fous le marteau; mais il n'eft pas affez liant pour être réduit en feuilles auffi minces que celles d'or & d'argent. Il eft après l'or & le mercure, le plus pefant des métaux. Outre fon utilité dans les Arts, il eft très-intéreffant pour la Chymie. Une de fes principales propriétés eft de purger l'or & l'argent du cuivre avec lequel il auroit été allié, & cela par la voie de la coupelle.

On trouve des mines de plomb dans plufieurs cantons de la France, en Angleterre, en Hongrie, &c. Ce métal contient le principe huileux ou le phlogiftique qui eft néceffaire pour lui donner fa forme métallique.

Le plomb fe fond plus promptement que les autres métaux, & vient en fufion fur un feu modéré avant même de rougir; fi l'on augmente le feu après qu'il eft fondu, il devient couleur de cerife, enfuite rouge clair; & en augmentant la chaleur il fe réduit en chaux, qui, à quelques degrés de chaleur plus forte, fe vitrifie.

Le plomb doit donc être fondu par un feu modéré; il fuffit de le mettre dans une cuiller de fer fur un feu de fourneau de cuifine, pour le fondre en bain; mais pour l'empêcher de fe convertir en chaux, il faut lui fournir du phlogiftique ou avec quelque graiffe, ou avec de la poix-réfine.

De quelque maniere qu'on forge ce métal, il eft toujours mol; les foibles coups de marteaux, comme les forts, n'y font rien: il refte conftamment dans fon état de foupleffe, & n'eft pas fufceptible du moindre degré d'élafticité; en un mot, il ne s'écrouït point fenfiblement: il eft fi fouple, qu'il s'allonge même fans le fecours du marteau. Prenez, par exemple, un fil de plomb fortant de la filiere, de la groffeur d'une ligne, (ce qui fuffit pour cette expérience) & de 9 à 10 pouces de long; paffez-le entre les doigts & avec ménagement, faites comme les Cordonniers quand ils cirent leur fil; vous alongerez le fil de plomb tant que vous voudrez, & il perdra de fa groffeur à proportion de fon alongement.

J'ai

J'ai dit qu'il falloit faire cette opération avec ménagement ; car si l'on brufquoit un peu, le fil de plomb romproit ; il ne casseroit pourtant pas net, mais il
se sépareroit en deux, en s'amincissant tellement, que les deux bouts séparés
formeroient chacun une pointe en grain d'orge. Le plomb s'allie très-intimement
avec l'étain ; il s'allie aussi avec le cuivre, ce qui fait le potin : il s'allie de même
avec l'argent ; mais comme il se vitrifie plus promptement, il est aisé de le
séparer de l'argent.

A R T I C L E   S E C O N D.

Du Cuivre rouge & du Cuivre jaune.

L e Cuivre est un métal d'une couleur rougeâtre éclatante ; il est dur, élasti-
que, sonore & un peu moins ductile que l'argent ; cependant on le tire à la
filiere en fils très-déliés, & on le bat en feuilles fort minces. Sa ténacité est considérable, puisqu'un fil d'un dixieme de pouce de diametre, est capable de
soutenir un poids de 290 livres sans se casser.

Ce métal pouvant être jetté en moule, est d'un grand secours pour les ouvrages
d'ornements. Il est un peu plus difficile à fondre que l'argent & l'or.

L'or & l'argent en feuilles s'attachent très-bien au cuivre, ainsi que l'or amal-
gamé avec le mercure, qu'on appelle l'*or moulu*. En le fondant avec la pierre
calaminaire, il devient jaune, alors on l'appelle *laiton* ; & quand on l'allie avec
le zinc, il prend une couleur très-approchante de l'or ; c'est ce qu'on appelle le
Tombac ; mais il devient d'autant plus aigre, qu'il est plus allié de zinc.

L'or étant allié avec le cuivre rouge, prend une couleur très-agréable ; cet
alliage augmente sa dureté & son élasticité ; cependant quand on ne force pas
trop cet alliage, l'or conserve assez de ductilité pour être travaillé au marteau &
avec le cifelet. Le laiton l'aigrit davantage, & ne lui donne pas cette couleur
vive qu'on desire. On allie l'argent avec le laiton, qui ternit moins sa blancheur
que ne feroit le cuivre rouge ; & quand on ne force pas cet alliage, il donne
de la fermeté & du ressort à l'argent, sans le rendre trop aigre.

Le cuivre rouge & le jaune sont à peu-près d'égale consistance quand on les
passe dans la filiere ; mais il n'en est pas de même pour la forge ; le rouge est plus
ductile, plus malléable, & se forge plus volontiers, soit pour le planer, soit
pour le contourner, soit pour le retraindre ou emboutir ; il souffre le marteau à
chaud & à froid, & il n'a pas besoin d'être aussi fréquemment recuit que le
laiton.

Il n'en est pas de même du cuivre jaune, parce que le zinc le rend aigre ; non-
seulement il ne se laisse point forger à chaud, mais encore il faut lui donner de
fréquentes recuites pour le travailler au marteau ; & comme il faut le laisser
refroidir, on le trempe dans l'eau lorsque le travail presse ; cependant il est

mieux de le laiſſer refroidir de lui-même, alors on le forge plus long-temps ſans le faire recuire.

Le cuivre rouge eſt plus gras à la lime que le jaune, que la calamine rend plus dur & plus aigre, ce qui l'empêche d'empâter les limes; pour cette même raiſon le laiton uſe plus promptement les limes; car auſſi-tôt que le morfil des dents eſt uſé, elles gliſſent deſſus ſans l'entamer.

C'eſt avec le cuivre corrodé & rouillé par l'acide du vin, qu'on fait le verd-de-gris ou verdet, qui fournit aux Peintres une très-belle couleur; mais cette propriété le rend très-dangereux, parce que les moindres acides ſont capables de former, avec le cuivre, du verdet qui eſt un poiſon, étant pris intérieurement; (le verdet ſe fait avec l'acide végétal;) c'eſt pourquoi j'évite autant que je le puis, d'employer du cuivre pour les inſtruments qui touchent aux aliments. J'exhorte même les Chirurgiens à ſe ſervir, autant qu'ils le pourront, d'inſtruments d'argent ou de fer, quoique le verdet ne ſoit pas, à beaucoup près, auſſi dangereux, étant appliqué ſur les plaies, qu'étant pris intérieurement, puiſqu'il entre dans quantité d'emplâtres. Je voudrois qu'on banît toutes les garnitures de cuivre, platines, viroles, &c, qu'on met aux Couteaux, ſurtout à ceux de cuiſine, qui étant fréquemment mouillés de vinaigre, de vin, de verjus, de ſaumures, &c, peuvent donner aux aliments une impreſſion de verd-de-gris qui ne peut être que malfaiſante; c'eſt, à la vérité, pouſſer le ſcrupule un peu loin: mais quand il s'agit de la ſanté, il vaut mieux excéder en plus, que de négliger des précautions qui peuvent être importantes.

A R T I C L E   T R O I S I E M E.

Du Fer.

Le Fer eſt un métal d'une couleur blanche, livide, tirant ſur le gris; c'eſt le plus dur & le plus élaſtique des métaux: il eſt difficile à fondre; ſes parties ont beaucoup de ténacité, puiſqu'un fil de fer d'un dixieme de pouce de diametre, peut ſoutenir un poids de 450 livres ſans ſe rompre.

C'eſt le métal le plus difficile à fondre quand il eſt affiné; car le fer de gueuſe ſe fond aiſément: cependant le fer affiné eſt très-malléable & très-ductile; c'eſt dommage que ce métal ſoit ſujet à la rouille.

Il eſt de l'adreſſe & de l'intelligence de l'Ouvrier, de ſavoir le chauffer à différents degrés ſuivant ſa qualité, & il conſerve ſa chaleur aſſez long-temps pour être forgé long-temps & à grands coups de marteau. Outre cela le bon fer peut être battu à froid; & quoiqu'il s'écrouiſſe il n'a pas beſoin d'être auſſi ſouvent recuit que le cuivre, & cela ſans éprouver d'altération: il en devient ſeulement plus dur & plus élaſtique (*).

____

(*) Au Chapitre qui traite l'Art de corroyer le fer, on verra ma façon de penſer ſur leseſſieux.

Cependant il ne faut pas abufer de la facilité que ce métal laiffe au Forgeron, de le chauffer & de le battre à volonté ; au contraire, il faut toujours facrifier la diligence à la folidité, en ménageant le degré de chaleur felon l'exigence des cas ; car en chauffant trop le fer, il s'altere un peu ; à un degré plus fort de chaleur, il fe grille ; à un degré encore plus fort, il fe brûle, fe décompofe par la perte de fon phlogiftique, ce qui ne produit qu'une efpece de mache-fer pefant, & dont on ne peut tirer aucune utilité.

On pourroit me demander ici pourquoi le fer eft fufceptible de fe brûler dans le feu, tandis qu'il faut un fi grand degré de chaleur pour le fondre, & qu'étant fondu il n'eft pas brûlé, au contraire il eft bon.

Je réponds que le contact immédiat du feu fur le fer, (ainfi que fur tous les métaux,) dévore fon phlogiftique & le décompofe ; ce qui n'arrive pas quand le métal eft à couvert du contact immédiat du feu par la terre des creufets.

Tous les fers ne font pas de la même qualité. Pour abréger, nous nous contenterons de les ranger en trois claffes. Premiérement le bon fer ; fecondement le fer très-doux & mol ; troifiémement le fer aigre. Le premier, qui n'eft ni auffi mol ni auffi aigre que les deux autres, eft, fans contredit, le meilleur ; on en trouve de cette qualité dans le Berry, le Nivernois & la Franche-Comté. Le Coutelier n'en doit point employer d'autre autant qu'il le peut ; lors même qu'il fe pique de faire des ouvrages bons & folides, il faut encore le corroyer, furtout s'il veut lui donner un beau poli ; il eft bon de prendre cette précaution, parce que le fer neuf eft rarement net : il eft ordinairement rempli de filandres, de cendrures, & même de pailles ; ces défauts ne paroiffent point aux gros ouvrages, qui ne font finis qu'à la lime ; mais comme le Coutelier finit tout à l'émeri & à la potée, l'œil ne feroit point flatté d'y voir des cendrures qui font comme des piquures d'épingle, & des filandres qui paroiffent comme fi l'on avoit collé deffus une multitude de cheveux : ces défauts rendent non-feulement les ouvrages de Coutellerie défagréables à la vue, mais encore ils nuifent à la folidité, & la rouille s'y attache auffi plutôt : on ne peut prévenir ces défauts, qu'en corroyant le fer avant de l'employer. Dans bien des cas, pour rendre les ouvrages folides, comme l'acier eft trop caffant & que le fer eft trop doux, il faut les réunir en faifant ce qu'on nomme *étoffe* ; alors l'acier qui eft trop caffant, étant foutenu par deux lames de fer, une de chaque côté, & pofées fur le plat ; on parvient à faire une lame tranchante qui réfiftera à des efforts confidérables ; mais pour cela il faut choifir de bon fer ; car il eft fenfible que fi l'on prenoit du fer aigre on n'avanceroit rien, parce que ce fer n'a pas plus de corps que l'acier.

Le fer aigre eft celui qui n'eft pas affez purgé de fon litier ; quand on a caffé une barre, on apperçoit fur la rupture, de gros grains brillants qui font percés les uns auprès des autres fans être entiérement unis ; en le corroyant on le décharge de ce litier, & il devient doux ; mais c'eft une dépenfe qu'on épargne quand on peut en trouver de bon chez les Marchands.

Le fer qui eſt trop doux a ſes grains noirâtres, petits, diſpoſés en lames; on a de la peine à le caſſer; mais quand il eſt en quelque façon feuilleté, la caſſure paroît formée de lames comme un gâteau. Il eſt donc ſujet à être pailleux, & on a de la peine à le bien ſouder avec l'acier.

Le bon fer a le grain griſâtre & ſerré; il eſt plùs tenace que celui dont les grains ſont gros & brillants, & il caſſe plus aiſément que celui qui eſt trop doux: il ſe déchire en quelque façon, ce qui le diſtingue de l'acier qui caſſe net.

Quand on choiſit une barre de fer chez les Marchands, il faut examiner s'il ne paroît point de crevaſſes en travers; car elles indiquent que le métal a été ſurchauffé & mal forgé. Lorſqu'on a choiſi une barre nette & forgée quarrément, il faut la plier pour connoître ſon degré de douceur ou d'aigreur; ſi à l'endroit plié, on voit que le fer découvre comme ſi on l'avoit trempé bien rouge dans l'eau, c'eſt une marque infaillible que le fer eſt excellent; cependant il peut être très-bon ſans découvrir : mais il y a une infinité d'autres manieres de connoître la nature du fer; ſur quoi on peut conſulter l'Art des Forges.

A R T I C L E   Q U A T R I E M E.

De l'Acier.

Quoique l'Acier ſoit originairement du fer, nous le regarderons comme un métal ineſtimable; c'eſt le plus dur de tous les métaux; c'eſt avec lui qu'on uſe, coupe, hache, taille & ſcie non-ſeulement le cuivre, l'or & l'argent, mais même le fer; & l'acier ſe travaille lui-même, quand l'inſtrument dont on ſe ſert eſt trempé, & que ce qu'on travaille ne l'eſt pas. L'acier ſe fait avec le fer, & pour opérer cette métamorphoſe, on ſtratifie enſemble des barres de fer avec de la poudre de charbon, de la ſuie, des cendres de bois neuf & du ſel marin. Ce *Cément*, ſelon M. de Réaumur, fait un bon acier; mais on peut faire de l'acier en chauffant le fer preſqu'à fondre dans un creuſet rempli de poudre de charbon & fermé dru. On peut inférer que l'acier eſt du fer ſurchargé de phlogiſtique (*).

Il y a pluſieurs eſpeces d'acier, & par conſéquent il faut beaucoup de connoiſſance & d'habitude pour en faire un bon choix. Il faut même, ſur-tout dans notre Art, une étude particuliere de ces différents degrés, afin de les employer chacun aux ouvrages où ils ſont propres, & varier la façon de les travailler ſuivant leurs différentes qualités. Cette diverſité d'acier peut bien dépendre en partie de la nature de la mine de fer, mais elle tient encore plus à la façon de le fabriquer. Rien ne varie tant que la façon de faire de l'acier : chaque pays adopte une méthode particuliere; par-tout on voit des procédés différents (**).

(*) Je penſe tout autrement ſur la nature de l'Acier; mais toutes mes opérations n'étant point finies, je me contente de ſuivre le ſyſtême ordinaire & commun.

(**) Voyez la quatrieme Section de l'Art des Forges, *page* 115 *& ſuiv.*

Je

Je dirai de plus qu'on voit chaque efpece d'acier changer de qualité tous les dix
ou douze ans, plus ou moins : il ne faut point croire que ce foit la mine de fer
qui occafionne ce changement ; cette variation vient inconteftablement du changement des Maîtres des Forges, ou de ceux qui gouvernent les fourneaux.

Autrefois, & même il n'y a qu'une vingtaine d'années, qu'il fortoit d'excellents aciers de plufieurs cantons d'Allemagne. On fabriquoit auffi anciennement
à Damas en Syrie, un acier (*) naturellement nuancé, fur lequel on diftin-
guoit différents branchages entrelacés. Cet acier n'étoit bon que pour faire des
tranchants forts, comme les Coutelas, les Sabres, les Couteaux - de - chaffe ;
moyennant qu'on ne lui faifoit pas un tranchant fin, il coupoit le fer ; mais fi
on lui avoit fait un tranchant fin, il auroit plié, ou il fe feroit très-ébréché.
L'acier qui vient de la Stirie eft meilleur que tous ceux qui nous viennent de
l'Allemagne & de la Suéde, quoiqu'il n'égale pas l'ancien. Il a dégénéré en
qualité, principalement pour les Rafoirs ; car il conferve toujours une bonté particuliere pour les Couteaux & pour tous les tranchants forts, parce qu'il a beaucoup de corps, c'eft-à-dire, qu'il eft dur, ferme & tenace, & qu'il fouffre plus
de recuit que beaucoup d'autres aciers ; par exemple, il eft auffi dur (pour un
tranchant fort) étant recuit couleur de cuivre rouge, que celui d'Angleterre
recuit couleur d'or, par conféquent il eft fupérieur pour des tranchants très-forts
qui ont befoin d'une bonne dureté, fans être trop fragiles ni trop faciles à
s'égrainer.

Un acier d'Allemagne, qu'on appelle *acier de Carme*, étoit auffi très-bon
anciennement : il a auffi dégénéré, au moins pour les Rafoirs, mais il eft encore
très-bon pour les Couteaux : il marque fouvent la rofe ; on regarde cette cir-
conftance comme une perfeftion, mais on fe trompe ; quand on caffe une barre
d'acier de Carme, fi le milieu eft bleu, ou noir ou violet, (c'eft ce qu'on
appelle *marquer la rofe*) c'eft une marque infaillible que le tiffu de cet acier eft
caffé intérieurement. L'expérience fait connoître que cette rofe ne fe trouve pas
tout le long de la barre, qu'un petit coup de marteau la fait caffer à l'endroit
où elle marquera la rofe, tandis qu'il faut un coup plus fort pour caffer la même
barre dans un autre endroit où elle ne marquera pas cette rofe ; & je penfe que
cette rofe provient en partie de la trempe, & en partie de la maniere de fabriquer l'acier ; fur quoi il faut remarquer que cet acier eft naturel, je veux dire
qu'il eft fait fans aucun cément, mais par la feule cuiffon. Or, je remarquerai,
pour expliquer comment fe forme la rofe, que l'on trempe certaines barres bien
plus chaudes que la plus forte couleur de cerife, & qu'on les plonge fubitement
dans une eau très-froide ; la furface fe refroidit fubitement, tandis que le centre
des barres refte encore chaud, ce centre étant plus long-temps à fe refroidir que
la fuperficie, & le rapprochement des parties devant s'opérer proportionnelle-

---

(*) Nous imitons en France la couleur du Damas : nous parlerons de la maniere de le faire, &
même meilleur que le Damas naturel, *Chapitre 28.*

ment au refroidiſſement, il faut que le centre ſe retire au même point que la ſurface ; mais comme la ſurface éprouve cet effet ſubitement, elle reſte dans la ſituation où elle doit être ; alors le centre ſe trouvant contraint de ſe reſſerrer lentement, les grains ſont obligés de ſe ſéparer ou écarter les uns des autres, pour céder à l'effort du reſſerrement. Dans cette opération, il ſe forme des caſ-ſures intérieures, ou, au moins en cet endroit, les parties ne ſont pas fort rapprochées, parce que la ſurface, qui s'eſt retirée auſſi, opere la premiere. Voilà comme je penſe que ſe forme la roſe ; & la plus grande preuve que je puiſſe en donner, c'eſt que quand on regarde à la lampe un bout d'acier qui marque cette roſe, on voit tout le tour de cet acier blanc, d'un tiſſu fort ſerré à une ou deux lignes d'épaiſſeur, & tout le reſte eſt bleu, ou violet ou noir, & d'un tiſſu plus lâche ; je penſe donc que la circonſtance de la roſe n'eſt pas auſſi importante qu'on veut le faire croire, & que les bons Couteliers ne doivent pas s'en tenir à un ſigne auſſi incertain, pour faire le choix d'une matiere d'où dépend leur réputation : ils ne doivent pas ſe laiſſer ſéduire par les diſcours des Marchands, qui ignorent preſque toujours ce qui conſtitue le bon acier, & qui ayant intérêt de vendre, eſſayent de faire paſſer les mauvaiſes qualités de leurs marchandiſes pour des perfections.

Dans le Tirol & à Dantzic, il ſe fabrique de l'acier en petites barres de 3 à 4 lignes en quarré : il n'eſt pas mauvais ; en le trempant avec attention, on en fait des Raſoirs au-deſſus du médiocre.

Un acier fort commun & bien néceſſaire, eſt celui qu'on appelle *étoffe de Pont* : il eſt très-commode, parce qu'on en trouve de différentes groſſeurs : il eſt bon pour toutes ſortes de Couteaux & de Ciſeaux, mais il eſt inférieur en bonté à celui de Styrie & de Carme, puiſqu'il ne ſouffre pas le recuit violet, ni même couleur de cuivre rouge, ſans perdre beaucoup de ſa dureté ; d'ailleurs il a les pores fort ouverts & il eſt filandreux, c'eſt pour cela qu'il n'eſt pas pro-pre à faire un tranchant de Raſoir doux & durable, ni de bonnes Lancettes, de bons Biſtouris, &c ; mais l'étoffe de Pont eſt propre particuliérement pour faire d'excellents reſſorts ; les reſſorts de pendules ſont même faits avec cet acier : il a dégénéré en qualité comme preſque tous les autres. Il n'y a pas un Faiſeur de reſſorts d'Horlogerie, qui ne convienne que l'acier marqué aux ſept étoiles & à l'ancre, étoit bien meilleur autrefois ; ce qui les oblige aujourd'hui d'em-ployer l'acier d'Angleterre pour les reſſorts de montre. Le même défaut que j'ai rencontré dans cet acier, lorſque j'ai voulu l'employer à faire des tranchants fins, l'empêche d'être propre à faire de bons reſſorts de montres, lorſqu'on veut les faire minces & déliés ; je m'explique, plus un reſſort eſt mince, plus il a beſoin que les parties qui le compoſent ſoient bien homogenes, bien reſſer-rées, & bien intimement unies les unes aux autres, afin qu'elles agiſſent uni-formément, & qu'elles produiſent une élaſticité parfaitement réguliere. Or, toutes ces qualités ſe trouvent dans un acier fin ; il préſente en effet un tiſſu ferré, uni & fin ; au lieu qu'on ne trouve dans un acier inférieur qu'un grain ouvert & gros ; il eft aifé de s'en convaincre, puifqu'on voit que 20 grains d'acier fin, n'occupent pas plus d'efpace que 10 d'un gros acier, & par une conféquence fenfible, les 10 grains de gros acier n'ont pas tant de force & d'élafticité que les 20 grains qui compofent le fin, puifqu'entre les gros grains il fe trouve des vuides, qui, fans être perceptibles aux yeux, n'en font pas moins réels, & que ces vuides diminuent la force & l'élafticité. Il eft donc conftant & démontré qu'un reffort de montre qui fera fait avec de gros acier, ne contenant pas autant de particules de matiere, n'aura jamais la même élafticité, & ne durera pas tant qu'étant fait avec un acier fin.

Il eft de la même néceffité de n'employer que de l'acier fin pour les tranchants des Rafoirs, des Lancettes, des Biftouris, des Canifs, & enfin pour tous les tranchants délicats, parce qu'un acier qui a les grains gros, fait un tranchant rude & en fcie, qui peut être bon pour couper de groffes viandes, mais point du tout pour les tranchants fins. Par exemple, on fent à un Canif un tranchant rude à la coupe, il racle & fait craquer fortement la plume, ce qui n'arrive pas lorfqu'il eft d'acier fin ; car alors il coupe en douceur fans trop crier, & ne laiffe aucune barbe ou filandre à la plume.

Si une Lancette eft faite avec du gros acier, il n'eft pas poffible de lui donner une pointe parfaitement aiguë, ni un tranchant doux : elle craque toujours fur le canepin ; c'eft une mauvaife Lancette dont on ne doit point faire ufage en Chirurgie.

L'acier à gros grains donne au Rafoir un tranchant toujours rude, qui écorche la peau & fait fouffrir celui qu'on rafe ; parce que tandis que la fuperficie des grains coupe les poils qu'ils rencontrent, l'entre-deux des grains n'étant pas affez tranchant, engage les poils qui fe trouvent vis à-vis, & les arrache en caufant beaucoup de douleur. Ainfi pour donner aux Rafoirs une coupe douce & uniforme, il faut les faire avec de l'acier très-fin.

Il faut abfolument rejetter de la Coutellerie, une efpece d'acier qui vient en longues barres de 7 à 8 lignes en quarré & même d'un pouce, & qu'on appelle *Acier de Hongrie* : fon grain eft trop gros & trop ouvert ; il ne peut faire qu'un très-mauvais tranchant : on peut tout au plus en faire de la couverture d'étoffe. Les Taillandiers s'en fervent pour acérer des marteaux qui ne valent rien ; ils l'emploient à des outils deftinés à tailler la pierre, qui n'en valent pas mieux, également pour les outils néceffaires à travailler la terre. Pour tous ces ufages l'étoffe de Pont lui eft préférable à tous égards.

L'acier de France qu'on fait à Rives eft en billes, c'eft-à-dire, en barres de la groffeur d'un pouce, lefquelles on coupe à moitié à chaud d'un coup de tranche de la longueur de 4 ou 6 pouces : on le trempe, enfuite on le caffe en billes. Sans être préférable à celui d'Allemagne, cet acier eft bon pour faire de la groffe Coutellerie, c'eft-à-dire, des Couteaux de Boucher, de Cuifine, &c. Il eſt préférable à celui de la Hongrie, mais un peu inférieur à l'étoffe de Pont.

L'acier qu'on fait en Dauphiné, dans le Comté de Foix, en Auvergne, dans le Limouſin, aux Pyrenées, eſt à peu-près de la même qualité que celui de Rives; s'il y a quelque différence, c'eſt que ce dernier lui eſt ſupérieur.

Il nous reſte à parler de l'acier d'Angleterre. On peut le regarder juſqu'à préſent, comme le meilleur de tous ceux dont nous avons connoiſſance, pour faire des tranchants fins. On ne trouve dans cet acier, ſur-tout dans celui qu'on appelle *acier fondu*, ni cendrures, ni filandres, ni grains ferreux. On aſſure qu'il eſt en effet fondu, & paſſé enſuite au laminoir par le moyen de l'eau.

Cet acier, qu'on nomme *fondu*, fait les meilleurs tranchants pour les Raſoirs, les Lancettes, les Canifs, les Biſtouris, les Lithotomes, les Ciſeaux, & généralement tous les inſtruments qui exigent un tranchant fin.

Il vient auſſi d'Angleterre de l'acier fait par cémentation, qui eſt très-bon. La quantité de phlogiſtique qui eſt dans l'acier, fait qu'il jette beaucoup d'étincelles quand on le frappe avec une pierre à fuſil; & l'on produit le même effet en frappant l'une contre l'autre, par les angles, deux barres d'acier fin & bien trempées; les étincelles produites par ce choc, ont même plus de force & de vivacité, car elles s'étendent plus au loin; ce qui prouve encore l'effet que produit l'abondance du phlogiſtique, c'eſt que l'acier s'échauffe promptement ſous le marteau. Il n'y a pas de Forgeron, pour peu qu'il ſoit vif à forger, qui ne tienne un morceau d'acier (gros comme une plume) chaud preſqu'à blanc pendant 8 ou 10 minutes, & même pendant une heure & plus, ſi l'acier ne devenoit pas trop mince, ou ſi la vivacité du Forgeron ne ſe rallentiſſoit pas; & il faut faire attention d'un côté, que ce n'eſt pas un frottement violent qui échauffe l'acier, mais ſeulement un choc précipité, & qu'alors le métal eſt entre deux aciers qui ſont froids au point de tremper l'acier qu'on entretient chaud, ſi on ne le forgeoit pas. Le gros acier (ainſi que le fer) s'échauffe auſſi ſous le marteau; mais lorſqu'il a reçu environ 15 ou 18 coups, il devient pailleux, parce que ſes parties ſont moins homogenes & moins adhérentes les unes aux autres, que celles de l'acier fin.

Après avoir examiné les différentes qualités des aciers, il eſt néceſſaire de parler de la maniere de les employer: connoiſſance bien eſſentielle au Coutelier. Comme on a vu que plus l'acier eſt fin, plutôt il s'échauffe, l'Ouvrier doit en conclure qu'il faut donner un degré convenable de chaleur à l'acier qu'il tient à la forge; il ne doit jamais oublier que plus l'acier eſt fin, & plus il faut le ménager à la forge; un ſeul coup de ſoufflet de trop ſuffit pour le brûler & le décompoſer; il eſt donc bien important d'étudier ſon acier avant de l'employer, afin de connoître le degré de chaleur qu'il exige ou qu'il peut ſoutenir, ſans ſouffrir aucune altération. Voici les moyens d'acquérir cette connoiſſance.

Mettez au feu, par le bout, une barre d'acier; forcez un peu le degré de chaleur vers la pointe; quand elle commence à fondre, trempez-la dans le

ſable

fable légerement, mais promptement, & remettez-la au feu ; donnez de petits coups de foufflet pour le laiffer, pour ainfi dire, mitonner ; portez-le enfuite fur l'enclume, & battez-le à petits coups de marteau, mais précipités ; alors vous connoîtrez le degré de chaleur qui lui convient, parce que ce qui aura été furchauffé à la pointe, tombera en étincelles ça & là, ou bien enfemble. Faites la pointe en pyramide, forgez-la bien quarrément jufqu'à ce qu'elle ne foit plus rouge, & même, pour éteindre plutôt cette chaleur, trempez le marteau dans l'eau, & battez-en l'acier. Après cette opération, faites chauffer la barre couleur de cerife au bas de la pyramide, de telle forte que le degré aille toujours en augmentant jufqu'à la pointe ; enfin trempez-la dans une eau propre, claire & fraîche.

Par ce procédé exécuté avec attention, on apprendra à la fois plufieurs chofes ; 1o. à connoître le degré de chaleur pour fouder l'acier ; 2o. le degré de chaleur qui lui convient pour le tremper avec avantage ; 3o. enfin on apprendra à connoître fa qualité par la beauté de fon grain, comme nous allons l'examiner.

Lorfqu'il eft trempé, il faut l'émoudre fur une meule de moyenne hauteur ; bien emporter le noir ou le feu de la forge, & bien blanchir les quatre faces de toute la longueur de la pyramide ; enfuite poliffez-le avec l'émeri fur la poliffoire, de telle forte qu'il n'y paroiffe aucun trait de la meule ; effuyez-le bien avec des cendres fur le tablier de peau ; après cela examinez-le au grand jour, pour découvrir les veines de fer s'il y en a ; vous les reconnoîtrez à la couleur blanchâtre & livide, au lieu que l'acier eft plutôt bleu que blanc quand il eft bien poli, tirant même un peu fur le noir : vous découvrirez les cendrures s'il y en a ; vous les reconnoîtrez à des efpeces de piquures d'épingles & en grand nombre : vous verrez auffi les filandres, qui reffembleront à des traits de burin très-fins, qui feront dirigés fuivant la longueur de la barre, & point en travers. Une autre comparaifon bien claire, c'eft qu'il fera femblable à une glace fur laquelle on auroit femé une multitude de cheveux, ayant tous la même direction de bas en haut.

Ayant reconnu & jugé des qualités extérieures, il en faut fonder l'intérieur.

Pour cet effet, commencez par caffer le petit bout de la pyramide avec un petit marteau : cette extrémité eft celle qui a été trempée à la plus grande chaleur ; fi l'on voit le grain gros, ouvert & luifant, c'eft un figne certain que cet acier a été trempé trop chaud. Si en caffant un autre petit morceau, on voit encore le grain gros, quoique plus fin que celui du premier bout, ce fecond a été encore trop chauffé ; continuez à caffer un troifieme & un quatrieme, enfin jufqu'à ce que vous trouviez le véritable degré de chaleur de la trempe ; ce qu'on connoîtra lorfqu'on verra un grain ferré, uni, blanc comme de l'argent, & point luifant, fur lequel on n'apperçoive aucune tache noirâtre ou grisâtre, tant fur les côtés qu'au centre. Ces épreuves ne font pas également importantes pour toutes fortes d'aciers ; car il faut avouer que l'acier qu'on nomme *fondu*, n'eſt point ſujet à toutes les défectuoſités de celui d'Allemagne ; toutes les parties de la barre ſont égales , mais il n'en eſt pas de même de l'acier d'Allemagne ; il eſt aſſez rare de trouver ſix barres ſur douze , ſans qu'elles aient le défaut d'être cendreuſes , ou filandreuſes , ou ferreuſes ; enforte qu'il faut eſſayer chaque barre que l'on veut employer. Lorſqu'on n'en avoit pas de meilleur que celui d'Allemagne , il falloit non-ſeulement eſſayer chaque barre que contenoit un baril , mais encore il falloit eſſayer chaque barre dans toute ſa longueur ; pour cet effet, quand on avoit eſſayé chaque barre , comme nous venons de l'expliquer , on le tiroit tout du long en baubeche (*) : on coupoit enſuite chaque baubeche à moitié d'épaiſſeur ſur la tranche , les laiſſant toutes tenir enſemble ; enſuite on faiſoit chauffer le tout couleur de ceriſe , & on le trempoit ; après cela on caſſoit les baubeches pour voir ſi le grain étoit par-tout égal ; perſonne n'étoit étonné de voir que dans un morceau d'acier contenant vingt baubeches , il s'en trouvoit quelquefois trois ou quatre de mauvaiſes , pleines de veines ferreuſes , & qu'il falloit jetter à la ferraille : ce grand défaut vient ſans doute de la méthode de faire cet acier. Comme le moyen de faire de bons ouvrages de Coutellerie , dépend eſſentiellement de bien étudier les matieres qu'on emploie , on ne doit rien épargner pour bien connoître les qualités des aciers , ſoit pour les chauffer à propos, ſoit pour les tremper. Il ſembleroit que l'acier d'Angleterre (auquel j'ai donné la préférence) devroit être bon à faire toutes ſortes de tranchants ; c'eſt une erreur : ceci demande à être expliqué.

Si cet acier, que nous regardons comme le meilleur, pouvoit s'employer ſans le ſurchauffer, il ſeroit bon pour toutes ſortes d'ouvrages, même ceux qui ſont deſtinés pour labourer la terre , parce qu'il conſerveroit ſa bonne qualité ; mais comme pour la plupart des tranchants, il faut allier l'acier fin avec d'autre acier inférieur , & même avec du fer , pour faire ce qu'on appelle des *étoffes* ou en baubeche, on eſt obligé de donner conſidérablement plus de chaleur , ce qui feroit que l'acier fin ſeroit ſurchauffé avant que l'autre fût à ſon degré de chaleur pour pouvoir ſe ſouder enſemble & ſe pêtrir au point de ne faire qu'un tout.

L'acier dit *fondu* , s'allie bien avec l'acier d'Allemagne , du Tirol , de Dantzick & de Stirie ; mais on ne peut pas l'allier avec ſuccès à ceux de Hongrie , du Dauphiné , &c ; & ne pouvant pas l'allier avec de trop gros acier , à plus forte raiſon on le peut encore moins avec du fer.

Il faut employer l'acier fondu pur & ſans alliage , pour faire des Lancettes , des Biſtouris , des Lithotomes , des Scapels , & tous les inſtruments tranchants pour l'opération de la cataracte.

Un Raſoir fait d'acier fondu pur & ſans couverture , eſt très-bon ; mais on en

---

(*) Une baubeche eſt la partie de bon acier qu'on met entre deux morceaux d'acier inférieur pour faire le tranchant d'un Raſoir , comme nous le démontrerons en parlant de la force du Raſoir ; nous parlerons dans la ſuite de ce qu'on appelle *acier de Damas* , qui eſt très-bon pour faire de forts tranchants.

caſſe beaucoup en les redreſſant après la trempe ; c'eſt pourquoi on l'emploie fréquemment en baubeche.

L'acier fondu fait des Ciſeaux excellents ; lorſqu'ils ſont bien travaillés & bien trempés, ils ſont en état de couper très-long-temps ſans qu'ils aient beſoin d'être repaſſés ; mais on éprouve bien des riſques en les travaillant : il n'eſt pas rare d'en gâter deux paires avant d'en avoir une de bonne : un léger coup de marteau donné à faux ſur les anneaux ou ſur les branches pour faire croiſer les pointes, (ce qui eſt indiſpenſable) fait caſſer l'acier comme du verre ; c'eſt pourquoi l'acier d'Allemagne, bien net & bien choiſi, eſt préférable pour les Ciſeaux ; à moins que ceux qui veulent en avoir, ne les payent proportionné-ment aux peines qu'ils donnent aux Ouvriers & aux riſques qu'ils courent.

A R T I C L E C I N Q U I E M E.

De l'Argent.

L'Argent eſt un métal médiocrement dur & peſant, ſuſceptible de prendre un poli blanc, brillant & éclattant ; il s'en trouve en pluſieurs pays. Après l'or c'eſt le métal le plus ductile, le plus fixe au feu , & le plus précieux : il eſt auſſi un peu plus ſonore que l'or.

Après le fer, c'eſt celui qui ſe travaille le mieux ſous le marteau ; il ſe forge à chaud & à froid, & il ſoutient le coup de marteau plus long-temps que l'or & que le cuivre : ſans exiger de fréquents recuits, il s'écrouit ſous le marteau & en devient plus élaſtique, pas cependant autant que l'or à égale portion d'alliage.

L'argent fin, c'eſt-à-dire, ſans alliage, eſt extrêmement mou, il a de la peine à s'écrouir, il faut qu'il ſoit allié avec le cuivre jaune en telle quantité, qu'il ſoit au moins au titre de onze deniers, pour lui procurer du corps & l'élaſticité qui convient pour faire des lames de Couteaux. L'or s'allie très-bien avec l'argent ; on ne fait pas uſage de cet alliage, parce que l'alliage ſeroit plus cher que la maſſe à laquelle on veut donner plus de force : c'eſt le cuivre jaune qu'on em-ploie pour allier & fortifier l'argent. L'étain eſt un mauvais alliage pour l'argent ; un demi-gros de ce métal ſur une once d'argent, ſuffit & au-delà pour empêcher de le forger ; chaque coup de marteau le fait crever ſur tous les angles, il eſt même très-difficile de l'en ſéparer ; on n'y parvient qu'en le refondant pluſieurs fois avec du ſalpêtre, & en éprouvant un déchet aſſez conſidérable. Comme l'é-tain ne ſe vitrifie qu'imparfaitement, on ne peut le ſéparer par la coupelle, & l'argent allié d'étain fond à une très-petite chaleur.

C'eſt avec raiſon qu'on donne à l'argent la préférence, après l'or, ſur tous les autres métaux, pour ſa blancheur & ſon éclat ; il ſe fond, on le ſoude, il ſe travaille très-bien ; on le bat en feuille, on le tire très-fin à la filiere ſous le marteau. Comme il ne fond point fur le feu des fourneaux, qu'il n'eft point attaqué par les acides végétaux, & qu'il ne rouille pas, il eft plus propre que tous autres pour faire la vaiffelle : il eft vrai cependant que fa furface eft fujette à fe ternir, à rougir, & même à noircir par les vapeurs fulphureufes & les mauvaifes odeurs ; il faut auffi remarquer que l'argent eft le feul des métaux forgeables à qui le feu ne faffe pas changer de couleur blanche : le fer & l'acier deviennent d'un gris noir ; le cuivre devient brun noirâtre, & l'or devient petit verd, & même approchant d'un noir fale ; mais l'argent, à quelque chaleur qu'on l'expofe, ne perd point fon blanc, pourvu qu'il foit bien au titre de onze deniers ; car à neuf deniers & plus bas, il perd fa blancheur en le faifant recuire ; mais alors c'eft l'alliage du cuivre qui lui communique la couleur noire, quoiqu'il n'ait qu'une partie de cuivre fur 8 d'argent ; le neuvieme de cuivre prévaut pour la couleur fur les huit parties d'argent.

Article Sixieme.

De l'Or.

L'O r eft le plus compacte, le plus pefant, le plus ductile & le plus précieux de tous les métaux ; il eft moins dur, moins fonore que quelques-uns : fa couleur eft d'un beau jaune éclatant, qui n'eft altérable ni par l'eau ni par l'air.

On trouve ce précieux métal dans les quatre parties du Monde ; mais l'Amérique eft celle qui en fournit le plus. Autrefois qu'on allioit l'or avec l'argent, il étoit pâle ; mais en l'alliant avec le cuivre rouge, il eft fort haut en couleur. Outre que la rareté de ce métal le rend fort cher, on peut dire qu'il a des perfections qui lui font propres. En effet, il n'eft point fujet à la rouille, & rien ne l'altere quand il n'eft pas allié avec quelque métal moins parfait. L'eau régale & le foie de foufre, ont feuls jufqu'ici la vertu de le diffoudre, mais fans le décompofer. Ces diffolvants ne font que le divifer, puifqu'après cette diffolution, fi on le fond, il reparoît fous fa premiere forme fans avoir fouffert aucune altération ; il reparoît comme auparavant, le plus pefant, le plus compacte & le plus ductile de tous les métaux.

Après le fer & l'acier, c'eft celui qui, par la voie du marteau & du laminoir, acquiert le plus d'élafticité, puifqu'étant allié convenablement avec le cuivre rouge, il devient propre à faire des refforts d'une moyenne force. Les Cifeaux faits d'or maffif, coupent le papier, la batifte, & toute autre fubftance à peu-près de la même confiftance ; mais il faut qu'il foit allié avec le cuivre rouge, & mis au titre de 20 karats au moins ; car il eft trop mou à 22 & à 23 karats, pour pouvoir former un tranchant. L'expérience prouve qu'à alliage égal l'or eft plus élaftique que l'argent, il fouffre plus de chaleur que l'argent, qui s'allie fi intimement avec lui fans le rendre aigre : alliage qui n'eft cependant pas fort ufité,

comme

comme je l'ai dit plus haut, fans doute parce que l'argent blanchit l'or, & lui ôte fa belle couleur ; on fe fert plus communément du bon cuivre rouge appellé *rofette.*

L'or avec toutes fes qualités excellentes, ne laiſſe pas d'avoir quelques imperfections ; 1°. il eſt ingrat à travailler, parce qu'il ne fe laiſſe pas forger à chaud fur les deux fens, ce qu'on appelle *contre-forger*, c'eſt-à-dire, donner un coup de marteau fur le plat, & alternativement un autre fur le côté ; 2°. il a le défaut de s'écrouir trop promptement, ce qui le rend aigre, caſſant & intraitable ; 3°. il exige des foins pour le rendre doux & malléable ; il arrive quelquefois qu'un Maître, quoique habile, eſt obligé de faire fondre fa matiere cinq ou fix fois différentes, fans être fouvent plus avancé à la fixieme qu'à la premiere. Je penfe qu'il faut attribuer cette derniere imperfection à quelques matieres étrangeres qui s'y trouvent mêlées.

Il y a cela d'avantageux à l'or, que le fublimé corrofif, qui détruit prefque tous les métaux, ne l'attaque point ; ainfi on a un moyen bien fimple de le purifier.

Je pourrois m'étendre davantage fur la nature des métaux ; mais, pour me renfermer dans mon objet, j'ai eu foin de n'expofer que ce qu'un Coutelier ne doit pas ignorer pour exercer fa profeſſion avec intelligence. D'ailleurs nous aurons encore occafion de parler des métaux en parlant de la forge.

CHAPITRE QUATRIEME.

Defcription des principaux Outils qui font néceſſaires au Coutelier.

Après avoir rapporté les différentes fubſtances que les Couteliers emploient, il convient, avant de parler de la façon de les travailler, d'expliquer les principaux Outils dont ils font ufage, & nous dirons enfuite un mot de la difpofition de la Boutique.

La Forge eſt le premier objet dont on doit s'occuper dans l'établiſſement d'une Boutique ; il eſt, par exemple, très-avantageux qu'une Boutique ait fuffifamment de jour par derriere pour pouvoir y placer la Forge & la Roue, parce que le Coutelier étant Maître & Marchand, il eſt dans le cas de recevoir toutes fortes de gens dans fa Boutique ; par conféquent une Boutique doit être propre & décente pour y recevoir d'honnêtes gens.

La Meule fournit de l'eau continuellement, & cette humidité rend le lieu non-feulement fale, mais encore elle contribue beaucoup à faire rouiller les ouvrages.

La Forge offre de fon côté un grand défagrément : qu'une perfonne bien vêtue entre dans la Boutique, pendant que le Maître lui parle au comptoir,

un Compagnon étant à la Forge, fort le fer du feu, le forge tout bouillant, les
étincelles fe répandent de toutes parts, & brûlent les habits de ceux qui fe
trouvent aux environs : voilà les défagréments qu'on éprouve. Quand on n'a
point d'arriere-Boutique capable de contenir la Forge, il faut au moins placer
l'Enclume de maniere qu'elle foit oppofée au comptoir.

ARTICLE PREMIER.

§. I. *De la Forge.*

LA Figure premiere repréfente une Forge de Coutelier. *A A* font deux
jambages de 5 pouces d'épaiffeur, montés à-plomb jufqu'en *b B b*. Là fe trouve
une plate-forme de 6 pouces d'épaiffeur & cintrée en *C*, pour loger le baquet au
charbon *E*, qui n'eft autre chofe qu'un tonneau fcié en deux, ce qui produit
deux baquets.

La Forge étant élevée jufqu'à *b B b*, on fcelle dans le mur une mentonniere
de fer, qu'on voit *Fig.* 2, *Pl.* 5, laquelle doit avoir 16 ou 18 lignes de largeur,
fur trois ou quatre d'épaiffeur, fur laquelle on met des fantons ou de vieilles
lames d'épées pour arrêter le plâtre, & donner de la folidité à la plate-forme.
La grandeur de la Forge doit être de 3 pieds en quarré dans œuvre, & l'intérieur
doit être carrelé.

Avant d'élever les deux murs, il faut établir le lieu du foyer : nous avons
fixé la profondeur à 3 pieds ; la tuyere doit être à 22 pouces de diftance du fond.
On a préparé une vieille bande de roue ou d'autre fer de femblable volume,
qu'on a plié quarrément en *i i*, *Fig.* 3 : les deux bouts font repliés en forme de
pattes pour être appliqués fur la plate-forme, comme on le voit en *G*, *Fig.* 5,
au raz intérieur du mur ; enfuite on éleve les deux murs *h h*, *Fig.* 1, *Pl.* 4, en
brique, en laiffant à jour, ou vuide, la partie du fer qu'on voit en *G*, *Fig.* 5,
Pl. 5.

Les deux murs étant montés, il faut fceller une autre mentonniere femblable
à la *Fig.* 2, *Pl.* 5 ; mais elle n'a pas befoin d'être auffi forte que la premiere :
5 ou 6 lignes en quarré fuffifent en la fcellée dans le mur. C'eft un linteau
qui fait la bafe & le guide de la voûte *i i L u*, *Pl.* 4, & forme un enta-
blement ou faillie de 5 à 6 pouces, qui regne tout autour de la voûte ; cette
efpece de manteau de cheminée fert à mettre toutes fortes de bouts de fer &
d'acier, de vieilles lames, de vieux refforts, &c, & l'on continue la voûte jufqu'en *D*, où commence le dévoiement de la cheminée de la Forge, que l'on
conduit jufqu'à la cheminée voifine.

Nous avons fixé à 3 pieds la profondeur de la Forge, & nous avons donné 22
pouces de diftance du mur du fond jufqu'à la tuyere : il ne refte donc que 14
pouces pour ce qu'on nomme le *porte-tenaille* ; ce n'eft pas affez : il convient,

pour l'élargir, de faire un morceau de fer de 3 ou 4 lignes de grosseur, & de 14 ou 15 pouces de longueur : pliez les deux bouts quarrément & le corps en demi-cercle, comme on le voit *Pl.* 4 & 5, en *M, Fig.* 1 & 5 : on l'applique entre la mentonniere & la maçonnerie, & après y avoir mis deux ou trois morceaux de fantons, on le garnit de plâtre, & l'on augmente le support des tenailles de 6 ou 7 pouces, comme le représente *M, Fig.* 5.

Nous n'avons donné que 22 pouces de profondeur depuis le foyer jusqu'au mur : c'est encore bien peu ; mais vis-à-vis le foyer on peut faire un trou de 5 à 6 pouces de profondeur sur autant de largeur, ce qui facilitera le chauffage de quelque longue barre d'acier. On ne fera le trou & le porte-tenaille dont nous venons de parler, que quand on fera logé un peu à l'étroit ; car en donnant 18 ou 20 pouces de largeur & de longueur à la Forge, cela pourroit suffire absolument ; mais le Coutelier a besoin de tant d'outils, qu'il n'a jamais trop de place pour les établir à l'aise : il a par conséquent besoin d'un peu de génie pour se procurer de l'aisance.

La Forge étant bâtie, il faut placer la tuyere, *Pl.* 4 & 5, qui est une piece de fer de fonte, *Fig.* 4, *Pl.* 5 : elle doit être placée dans le milieu de la bande de fer *G*, comme on la voit en *N, Fig.* 5, *Pl.* 5, affleurant le vif du mur ; & il faut que l'extrémité *a b, Fig.* 1, *Pl.* 4, soit plus élevée d'un pouce que la partie qui est en dedans de la Forge, afin que le vent soit porté en en-bas plutôt qu'en en-haut, sans quoi une piece ne chaufferoit pas bien ; il faut, de plus, faire ensorte que le trou de la tuyere soit placé de maniere que la piece qui chauffe, soit un pouce plus haute que le trou de la tuyere ; il faut donc combiner la hauteur du porte-tenaille *M* avec celle de la tuyere *O*, & que cette derniere soit plus basse que l'autre de 2 pouces.

La tuyere étant placée, il faut bâtir le mur du foyer dans l'intérieur de l'étrier de fer *G, Fig.* 5, *Pl.* 5, c'est ce que fait toujours le Forgeron ; il faut présenter les briques en place suivant leur longueur, avant de les maçonner ; on délaye ensuite de la terre grasse ou terre à four, avec très-peu d'eau ; on met une couche de terre & un lit de briques alternativement l'un sur l'autre, & étant arrivé à la derniere, on la fait entrer la plus juste qu'il est possible, pour former un trou solide. *Voyez la Fig.* 5, *Pl.* 5, *N G.* Afin que le charbon frais ne se mêle pas avec le mache-fer, *Pl.* 4 & 5, il faut un garde-fer ; plusieurs ont un pavé ; d'autres ont trois ou quatre briques posées l'une sur l'autre ; mais le mieux est d'avoir une bande de fer d'environ deux pouces de largeur, sur 4 ou 5 lignes d'épaisseur, & de 15 ou 16 pouces de longueur pliée par un bout en *L*, que l'on place à 4 ou 5 pouces de distance du mur : c'est là un vrai garde-feu.

L'emplacement du soufflet demande beaucoup d'exactitude ; il faut s'abstenir autant qu'il est possible de le suspendre en l'air, pour éviter une grande longueur de tuyau : car non-seulement le vent perd de la force par l'éloignement du corps du soufflet, & par deux coudes indispensables qu'il faut faire au tuyau, l'un près de la bafe du foufflet, l'autre près de la tuyere; mais encore le tuyau eft fujet à s'engorger par la pouffiere & le fraifil qui voltigent dans l'air lorfqu'on forge; le foufflet afpire continuellement cette matiere, & la dépofe dans le tuyau, tellement que j'en ai vu qui, quoique de deux pouces de diametre, étoient fi remplis de la rouille & de cette matiere, qu'il ne leur reftoit pas plus de vuide que de la groffeur du petit doigt. Il y a donc de l'avantage à placer le foufflet au niveau de la tuyere; mais lorfqu'on eft contraint par la place, il faut le fufpendre, ce qu'on fait par le moyen d'une potence fcellée dans le mur, & deux barres de fer attachées au plancher.

Pour placer le foufflet au niveau de la tuyere, on prépare deux poteaux de bois qu'on fcelle en terre *g*, de façon que les deux bouts de ces poteaux foient bien de niveau; fi le mur eft affez proche, un feul poteau fuffit, parce qu'on perce un trou dans le mur pour recevoir le boulon de fer; & pour que la direction du vent plonge un peu, il faut que le cul du foufflet foit plus élevé que le trou de la tuyere. Je fuppofe qu'un foufflet ait 4 pieds de longueur de *p* en *d*, *Pl.* 4, il faut 4 pouces de plus d'élévation en *p* qu'en *d*; car la regle eft de donner autant de pouces d'élévation à la partie *p*, que le foufflet a de pieds de longueur.

Le foufflet pofé, on prépare la chaîne de derriere & tout l'attirail appellé *la branloire* ou *brinque-balle*, repréfentée par *R R r*, *Pl.* 4. La douceur d'un foufflet dépend de bien placer le point fixe; 6 à 7 pouces de *V* en *s*, c'eft une longueur déterminée pour la longueur de 4 pieds de *V* à *r*.

Un bon foufflet mérite d'être confervé avec foin: les veilles de Fêtes principalement, il faut le monter & le tenir tendu; car s'il étoit toujours affaiffé fur lui-même, les plis fe preffant continuellement l'un fur l'autre, la peau fe deffécheroit & fe couperoit. Pour prévenir cet inconvénient, on cloue une traverfe de bois *y*, *Pl.* 4, fur la planche du foufflet; on y fait entrer un piton à vis, auquel on attache une corde qui va paffer dans une poulie attachée au plancher: alors faifant jouer la branloire, l'ame fupérieure du foufflet s'éleve; quand elle eft fuffifamment élevée, on arrête le bout de la corde à quelque clou qu'on a placé au mur voifin: il faut auffi mettre un contre-poids à l'ame inférieure du foufflet, afin que la branloire remonte auffi-tôt que l'on a donné le coup, & fans le contre-poids l'action eft trop lente: 6 ou 7 livres de poids fuffifent; cependant on l'augmente ou on le diminue fuivant la foupleffe de la peau; c'eft au Forgeron à régler lui-même la quantité de poids qu'il doit mettre en *q*; il faut de plus, pour bien entretenir le foufflet, le démonter tous les deux ou trois ans, l'expofer au foleil, en ôter la craffe, & le frotter avec de l'huile de poiffon, & on ne le remettra en place que lorfque la peau aura bû l'huile, le tenant toujours expofé à la chaleur du foleil.

§. II.

§. II. *De l'Enclume, & des Outils ordinaires pour forger.*

Il eſt de la derniere importance que le Coutelier ait une bonne Enclume, bien dure & bien unie ; que la table, qui doit être d'acier, ſoit élevée d'un pouce au moins au-deſſus des bigornes, comme on le voit en *g*, *Fig. 6*, *Pl. 5* ; que les deux talons de cette table ſoient arrondis en amande, pour évuider aiſément toutes ſortes d'ouvrages, & particuliérement pour les Raſoirs, pour leſquels ces talons arrondis ſont indiſpenſables.

L'Enclume de Coutelier doit avoir deux bigornes ; l'une ronde, pour bigorner & contourner les anneaux des Ciſeaux, & l'autre quarrée, pour quantité d'ouvrages dont nous parlerons lorſqu'il s'agira des inſtruments de Chirurgie. On ne peut ſuppléer à une telle Enclume, que par une petite Enclume appellée *Bigorne*, telle qu'on la repréſente *Fig. 7*, *Pl. 5*. L'Enclume doit avoir deux trous, un quarré en *u*, *Fig. 8*, qui ſert à placer une tranche qu'on voit en *T*, *Fig. 6*, placée contre le billot de l'Enclume. La lettre *t* repréſente auſſi une tranche faite ſimplement d'un morceau de lime à trois carres ; cet outil eſt excellent pour couper un morceau d'acier à froid, moyennant qu'on y donne le recuit couleur d'or, & qu'on lui donne un coup de meule pour emporter les dents de la lame. Le trou *f*, *Fig. 8*, ſert de tas propre, pour relever les mitres des Couteaux de table ; & lorſqu'on a omis de faire percer ce trou en faiſant faire l'Enclume, il faut avoir un autre outil appellé *Tas*, que nous déſignerons en ſon lieu.

En général, le Coutelier ne peut pas ſe paſſer d'avoir des marteaux de la premiere dureté, parce qu'il faut écrouir l'acier à froid, pour lui donner du corps ; il lui en faut auſſi de pluſieurs groſſeurs & de différentes formes, comme à tête plate pour planer, à tête ronde pour évuider, & enfin des panes de toutes les largeurs ; il faut auſſi deux marteaux à frapper devant, l'un *Fig. 8*, *Pl. 6*, à panes tranſverſales, & l'autre, *Fig. 9*, à panes verticales. Voyez la vignette de la *Pl. 4*, où la Forge eſt repréſentée avec ſes dépendances. Il faut auſſi pluſieurs poinçons, comme *Fig. 10*, *Pl. 5*, pour percer des trous à chaud, & des ciſeaux, *Fig. 11*, pour couper une piece moyenne. La Figure *12*, *vign.* *Pl. 4*, repréſente auſſi un fort ciſeau emmanché, comme un marteau, à un bout de carillon, ce qu'on appelle *tranche à refendre*.

Planche 6.

On doit avoir au moins douze paires de tenailles à forger, dont ſix croches, comme *Fig. 13*, *Pl. 5*, & ſix droites, comme *Fig. 14*. Les unes & les autres doivent être graduées quant à la force, pour qu'elles ſoient proportionnées à la groſſeur des pieces qu'elles doivent ſaiſir. La Figure *15*, *Pl. 5*, eſt un tiſonnier qui doit être fait en forme de pique ; il ſert à donner du jour au feu, & à déboucher la tuyere lorſque le mâche-fer s'y attache. La Figure *16* repréſente la ſervante qui ſert à raſſembler les charbons éloignés du foyer. La Figure *17* repréfente une petite pelle, & la Figure 18, le petit balai pour mouiller & arrofer le feu. On doit avoir un étau à portée de la Forge, pour fervir à dreffer & à limer certaines pieces à chaud. Voyez la *Fig.* 19, à la vignette, *Pl.* 4.

§. III. *Pofitions de l'Enclume; attitudes du Forgeron & du Frappeur.*

Il n'eft guere poffible de placer une Enclume qui puiffe convenir aux Ouvriers de différentes tailles ; la vraie hauteur d'une Enclume pour chaque Ouvrier, eft à la hauteur de la ceinture de la culotte : elle doit être placée à 4 ou cinq pieds du foyer ; cependant il faut, en fixant cet éloignement du foyer, faire enforte que le jour porte fur l'Enclume ; car il faut voir ce qu'on y travaille, & en même temps éviter de fe rôtir le dos, lorfqu'on donne une chaude de longue haleine.

C'eft toujours le Maître qui décide la hauteur de l'Enclume ; cependant il doit un peu facrifier de fon aifance pour en procurer à fes Compagnons. Je fuppofe un homme de 5 pieds 3 pouces ; s'il place l'Enclume *Fig.* 20, *Pl. 6*, à la hauteur de fa ceinture directement, alors tous les hommes d'un pouce plus hauts que lui s'en accommoderont, ainfi que ceux d'un pouce plus bas ; cependant il n'y a point d'inconvénient à mettre l'Enclume un peu élevée, parce qu'un petit homme peut, en mettant une planche fous fes pieds, s'élever affez pour forger commodément.

La pofition du Forgeron doit être à 4 ou 5 pouces du billot, les pieds écartés l'un de l'autre de 10 à 12 pouces & fur la même ligne, les pointes des pieds en dehors. *Voyez la Fig.* 21, *Pl. 6.* Le Forgeron doit tenir fon corps droit, furtout quand il étire de fortes pieces ; fon marteau doit toujours tomber d'àplomb, & en relevant fon coup pancher un peu la tête fur l'épaule gauche pour donner un peu d'efpace pour le paffage du marteau ; lorfqu'il veut entailler quarrément une piece à coups de la pane, il doit ferrer fes deux coudes & faire tomber la pane du marteau fur la même ligne de la carre de l'Enclume ; & pour que la piece qu'il entaille fe trouve bien entaillée d'équerre, il faut qu'il courbe un peu le corps fur la gauche, de maniere que le bout des tenailles ou le bout de la barre foit en face du nombril ; & au contraire quand c'eft pour élargir une piece, il doit appliquer des coups de pane bien différemment ; il ne faut point gêner le corps, mais écarter les bras en équerre ; alors en donnant les coups de la pane du marteau, elle tombe en long fur la largeur de la piece ; & comme le Coutelier fe trouve très-fréquemment dans le cas de prendre cette attitude, on peut l'examiner à la *Fig.* 22.

Le manche d'un marteau à main doit avoir un pied de longueur, & pour qu'il tienne bien dans la main, il ne faut pas qu'il foit rond, mais ovale, & plus gros du bout que vers le milieu ; alors il fouette & fatigue moins le Forgeron. *Voyez g, Pl. 6.* La bonne façon de l'empoigner eft à 4 pouces du bout, les quatre doigts faifant le tour du manche, & le pouce dirigé comme en *g.*

La situation du Frappeur est différente ; la pointe du pied gauche *H*, *Fig.* 23, doit être sur la ligne *K* ; il tient le bout du manche du marteau *L*, de la main gauche, à 3 pouces de distance du bout, & la main droite *m*, à 6 ou 7 pouces près du marteau, en l'élevant plus haut que la tête. Il faut qu'il panche un peu la tête sur la gauche, pour laisser un peu d'espace entre la tête & le marteau ; car il arrive souvent que les deux marteaux se rencontrant, le plus fort renvoie le plus foible, & ce dernier reçoit le coup de son propre marteau, tantôt sur la joue, tantôt au front, & le plus souvent à l'œil, & cet accident provient toujours de ce que celui qui reçoit le coup, n'a pas retiré son marteau assez vivement après le coup donné. Il faut donc retirer le marteau un peu à soi en levant un peu la main de derriere, sans quoi non-seulement on rencontre le marteau du Compagnon, mais encore on entraîne le fer à soi, parce que la carre du marteau qui s'imprime dans le fer, y fait une entaille & entraîne infailliblement la piece avec lui. Toutes ces positions sont décrites pour un Frappeur droitier : on nomme *Droitier*, celui qui tient son marteau de la main droite en *m* ; & on nomme *Gaucher*, celui qui place sa main gauche en *m*, au lieu de la main droite ; ainsi le Gaucher doit placer le pied gauche à la place du pied droit du Droitier, comme le désigne la *Fig.* 24. En un mot, un Frappeur doit avoir le pied droit dans la situation de la main : si la main droite est en avant, le pied doit y être aussi, de même pour la gauche.

CHAPITRE CINQUIEME.

Choix des Meules ; maniere de les monter sur leurs arbres, aussi bien que les Polissoires, & mettre les unes & les autres en état d'être tournées & arrondies.

Il y a quantité de carrieres de grais en France ; mais toutes ne sont point propres à faire des Meules à émoudre : il s'en trouve de passablement bonnes en Languedoc, en Auvergne, en Champagne ; mais les meilleures pour le Coutelier, se trouvent à la carriere de Sel près Langres. Elles sont d'un gris blanchâtre, d'un grain bien égal & tendre, & durcissent un peu quand elles sont imbibées d'eau.

Pour connoître si une Meule est bonne ou mauvaise, on en examine le grain ; s'il est serré, la Meule est dure ; s'il est ouvert & malgré cela fin & égal, la Meule est tendre. Ayant examiné ce que les yeux peuvent apprendre, il faut la sonder ; pour cela on la racle un peu avec le tranchant d'une lame de Couteau, & l'on juge par-là à quel degré elle est tendre.

Il faut, sur toutes choses, bien examiner s'il n'y a point de cassures ; car, si petite que foit une fente, il ne faut jamais rifquer de s'en fervir. Je fuppofe que quelque veine dénote une fente & que l'œil ne puiffe l'appercevoir, on n'a qu'à prendre de l'eau claire, en verfer un peu fur l'endroit, on verra s'il y a une fente, parce que l'eau s'imbibera plus vîte fur la fente même que fur le refte de la Meule.

Les Poliffoires fe font avec du bois de noyer le plus dur, le moins poreux & le plus égal en couleur; le noir ou brun eft préférable au blanc, parce que le blanc eft tendre & ne fe foutient pas affez long-temps rond; il fe trouve quelquefois dans le noir des nœuds qui nuifent à la bonne qualité, étant plus durs que les parties qui fe trouvent fans nœuds.

Il en eft de même des Poliffoires comme des Meules, par rapport aux fentes. Il eft de conféquence de ne pas fe fervir d'une Poliffoire qui feroit un peu fendue; fi petite que fût une fente, la Poliffoire ne pourroit réfifter à la rapidité du mouvement fans fe caffer, & par-là caufer quelquefois de grands accidents; car on a vu des Ouvriers tués par des éclats de Meule, & bleffés par ceux des Poliffoires.

§. I. *De l'Arbre de la Meule, & fes dépendances ; maniere de la bien monter.*

L'ESSIEU ou l'arbre de la Meule eft fait avec du fer de carillon, de 6 ou 7 lignes de groffeur en quarré pour des Meules de moyenne hauteur, & 9 ou 10 lignes pour les plus hautes.

PLANCHE
7.On prend un morceau de fer de 10 pouces de long, on lui donne une *chaudregraffe* à chaque bout; pour lui faire les deux pointes bien faines & fans aucune paille ni caffure, après les avoir bien arrondies à petits coups de marteau, on dreffe tout l'arbre à chaud le plus parfaitement qu'il eft poffible; enfuite on lime les deux pointes bien rondes & bien adoucies; on ne les apointira pas tout-à-fait; il faut que les extrémités foient mouffes: la Figure 16 repréfente cet arbre. Nous obferverons que l'ayant fait d'un morceau de fer qui portoit 10 pouces de longueur, les pointes étant faites, il fe trouve de 12 pouces; c'eft la longueur qu'il lui faut pour avoir l'aifance de placer la main entre la Meule & la poulie, pour monter la Meule fur l'auge.

On pofe la Meule à plat, & avec un compas on en cherche le centre. *Voyez la Fig.* 17: Ayant trouvé le point, on le marque avec la pointe du compas, & l'on prend un gros foret *Fig.* 1, *Pl.* 8, & à la main feulement on agrandit le

PLANCHE
8.trou.

La Figure 2 repréfente un outil qu'on appelle *Perce-meule*; il eft fait d'acier fans être trempé: cet outil porte 7 ou 8 pouces de longueur & un pouce de large; l'extrémité eft terminée par deux dents femblables à celles d'une fcie; les deux côtés de toute fa longueur font limés en bifeau pour lui former un tranchant. Le trou fert à l'accrocher dans la Boutique à un clou. On ferre ce Perce-meule

dans

dans l'étau bien droit *b*, *Fig.* 3 ; on pose le trou de la Meule sur les deux pointes de l'outil, & l'on fait tourner la Meule toujours horifontalement, comme si elle étoit sur un pivot ; les deux dents scient continuellement, & percent le trou en moins d'un quart-d'heure.

On a soin de mettre un petit chiffon sur l'étau, pour empêcher que le grais n'entre dans la boîte de l'étau, & n'use les filets de la vis.

Quand le trou se trouve percé à jour, il faut changer la Meule de face, remonter l'outil de l'étau, & pour que le trou soit égal en grandeur sur les deux faces, on fait passer l'outil au travers, alors la Meule est bien percée : il faut faire des coins pour la monter sur son essieu. On prend un morceau de bois de chêne bien sec de 6 ou 7 lignes d'épaisseur, & de 2 pouces & demi de longueur, qu'il soit de droit fil, lequel on serre dans l'étau pour le scier en coin. La Figure 4 fait voir ce bois tout tracé. Après avoir scié les coins, il faut les arrondir d'un côté & laisser l'autre plat, & sur-tout les mettre tous d'égale épaisseur. Toutes ces pieces étant disposées, il faut monter la Meule ; pour cela on la tient droite par terre ou sur l'établi ; on introduit l'arbre dans le trou, on regle la saillie de la pointe, qui est ordinairement de deux pouces au dehors : on commence par mettre le premier coin en *A*, *Fig.* 5, & le second en *B* ; le troisieme se place ensuite en *C*, & le quatrieme en *D*. Ces quatre coins étant mis sur les deux faces opposées, il faut regarder si l'arbre est droit ; s'il baisse plus d'un côté que de l'autre, il faut frapper légérement le coin avec un fort petit marteau de 3 ou 4 onces seulement, *Fig.* 6, pour faire relever l'arbre du côté qu'il baisse. On pose ensuite quatre autres coins de l'autre côté de la Meule, & toujours deux à deux : on remplit ainsi le trou de la Meule par huit coins. Nous avons dit ce qui regarde les quatre premiers coins ; pour que l'arbre soit droit, il faut en faire de même aux quatre derniers, en relevant l'arbre du côté qu'il baisse. Ayant jugé au coup-d'œil si l'arbre est droit, il faut donner 3 ou 4 coups de marteau à chaque coin, pour les serrer tous également, & ensuite il faut s'assurer méchaniquement si l'arbre est droit.

Pour cela on pose la pointe de l'essieu de la Meule dans un petit trou que l'on a pratiqué sur l'épaisseur de l'établi, comme on le voit en *E*, *Fig.* 7, la palette *F* étant appliquée sur le ventre pour recevoir & soutenir l'autre pointe de l'essieu ; on présente ensuite à la Meule en *G*, la queue d'une lime qu'on appuie sur l'établi, & faisant tourner la Meule avec l'autre main, le frottement de la lime indique si la Meule est montée droite ou non sur son essieu ; si elle est droite, la lime portera par-tout lorsqu'on fera tourner la Meule ; si elle est montée de travers, elle indiquera le côté qu'il faut relever ou baisser. Dans le cas où elle est beaucoup envoilée, on fait un peu sortir un coin, & l'on frappe celui qui lui est opposé. Lorsqu'on a bien dressé l'arbre, on resserre chaque coin bien également toujours à petits coups de marteau, & s'il reste des vuides, il faut les remplir avec d'autres petits coins faits en pyramide, & d'une forme à pouvoir rèmplir les trous : c'est une attention qu'il ne faut pas négliger ; car s'il restoit des vuides entre les coins, ils pourroient s'incliner vers ces vuides , & la Meule feroit dans le cas de se démettre en travaillant , & peut-être de se rompre. De plus , il faut que les coins soient placés dans le trou , comme l'indique la *Fig.* 8 , les deux pointes l'une sur l'autre ; car si elles se rencontroient bout à bout comme à la *Fig.* 9 , il ne seroit pas possible de les serrer bien également , l'une chasseroit l'autre. Enfin une Meule ne donne de la peine à bien monter , & ne cause des accidents , que quand on n'a pas pris toutes les mesures & toutes les attentions que nous avons indiquées. La Meule étant montée , il faut mettre en place la poulie.

Pour cela on serre la pointe de l'essieu dans l'étau *j*, *Fig.* 10. On fait entrer le bout de l'arbre *L*, *Fig.* 10 , dans le trou quarré de la poulie, *Fig.* 11 ; puis on frappe sur la poulie à petits coups de marteau ; si le trou est trop grand, mouillez une bande de linge , entortillez-en l'arbre , & faites-le entrer dans la poulie , jusqu'à ce que sa pointe excede la poulie d'un pouce & demi ; on la fixe ensuite avec de petits coins de bois ou de fer , que l'on enfonce à petits coups de marteau , faisant ensorte qu'elle soit montée droite : il faut ensuite porter la Meule à l'auge , prendre de la *moulée* fraîche & en couvrir les coins ; le gravier qui entre dans les petits vuides , & l'eau qui fait renfler les coins , rendent la Meule très-solidement établie sur son arbre.

Il est essentiel de bien proportionner le diametre de la poulie à celui de la Meule , parce que plus le diametre de la poulie est grand , plus la Meule a de force , & aussi moins elle prend de vîtesse ; par la même regle , plus la poulie est petite , plus la Meule a de vîtesse , en même temps moins de force. Pour avoir un milieu convenable , nous réduirons cette regle au tiers ou environ , c'est-à-dire , qu'une Meule de 24 pouces demande une poulie de 8 pouces ; celle de 15 en demande une de 5 ; celle de 9 en demande une de 3 , & ainsi des autres grandeurs ; mais il faut que la poulie excede le tiers plutôt que d'être moindre. En donnant aux poulies la forme qu'indique la *Fig.* 11 , où l'on voit trois poulies de grandeurs différentes $\frac{1}{1}, \frac{2}{2}, \frac{3}{3}$, on se procure des avantages considérables ; car quand on a un fort Tourneur qui imprime trop de vîtesse à la Meule , la corde étant sur la rainure $\frac{3}{3}$, pour modérer la vîtesse , on n'a qu'à faire passer la corde sur la rainure $\frac{2}{2}$; & enfin quand on veut arrondir une Meule , comme on a besoin de beaucoup de force & de peu de vîtesse , on fait passer la corde sur la rainure $\frac{1}{1}$.

Il faut au moins douze Meules à un Coutelier , une de 18 ou 20 pouces , & les autres depuis 4 jusqu'à 12 ou 13 de diametre.

§. II. *Maniere de monter les Poliſſoires ſur leur arbre.*

La maniere de monter les Poliſſoires eſt la même que celle de la Meule , tant
à l'égard de leur ſituation, que pour la façon de les aſſujettir , les régler & les
dreſſer. La différence conſiſte en ce que le trou de la Meule eſt rond , & celui
de la Poliſſoire eſt quarré. Pour monter la Meule les coins ſont de bois , & pour
la Poliſſoire ils ſe font de fer ; l'arbre d'une Poliſſoire eſt auſſi plus petit que
celui d'une Meule , parce que le bois eſt plus léger que le grais.

Sans ſe donner la peine de forger les coins de fer pour monter les Poliſſoires ,
on prend une vieille lame de couteau de 7 ou 8 lignes de large , portant au
moins une ligne & demie d'épaiſſeur ; on la fait rougir pour emporter le poli ,
(ſans quoi les coins gliſſeroient ;) on coupe à la tranche les 8 coins. *Voyez la*
Fig. 12. Comme il faut que la Poliſſoire tourne plus vîte que la Meule , il faut
que les poulies ſoient plus petites : une Poliſſoire de 4 & 5 pouces de diametre,
ne doit avoir qu'une poulie d'un pouce ; une de 12 pouces, une poulie de 2 ;
& une de 18 pouces , une poulie de 3 pouces , & ainſi des autres. On aura pour
les Poliſſoires, comme pour les Meules, des poulies de différents diametres,
comme on voit en *H , Fig.* 13.

Il eſt d'uſage de monter les grandes Poliſſoires à clavette ; cette précaution
eſt très-ſage , parce qu'une Poliſſoire de 18 ou 20 pouces , qui tourne avec rapidité , eſt dans le cas de ſe démonter à tout moment, de ſe caſſer & de cauſer de
grands accidents. Voici comment on doit les monter à clavette.

On fait un arbre avec du bon fer , & on le travaille comme celui de la
Meule ; on perce ſur cet arbre deux trous à chaud avec un poinçon plat *Fig.* 14,
laiſſant entre ces deux trous une diſtance égale à l'épaiſſeur de la Poliſſoire : après
qu'il eſt percé, il faut limer les quatre faces bien quarrément, & blanchir le
dedans des trous avec une lime plate. Cet arbre eſt repréſenté à la *Fig.* 15 : les
deux trous ſont *A b , c d.*

On forge deux plaques de fer de 3 pouces en quarré & d'une ligne d'épaiſſeur, au milieu deſquelles on perce un trou quarré qu'on ragrée à la lime , afin
qu'il ſoit juſte à l'arbre ; & l'on perce auſſi un petit trou auprès de chaque angle ,
comme le fait voir la *Fig.* 16.

On forge encore deux doubles clavettes que l'on fait en coin , comme la
Fig. 17 & la *Fig.* 18 les repréſentent ſur leur épaiſſeur, où l'on voit qu'elles
ſont doubles. Ces clavettes doivent entrer fort aiſément dans leurs trous juſqu'au tiers de leur longueur. Tout étant ainſi diſpoſé, il faut placer la premiere
plaque ſur la ligne *A B, Fig.* 15, & l'aſſurer un peu avec une clavette ; on préſente enſuite la Poliſſoire que l'on fait entrer ſur l'arbre juſte , & l'on garnit tous
les vuides avec de petits coins qu'on ne laiſſe pas déborder. La Poliſſoire étant
montée droite & aſſurée ſur l'arbre, on applique l'autre plaque *c d*, que l'on

ferre enfuite avec fa clavette ; & alternativement on donne un coup de marteau fur chaque clavette, fur la tête *E*, *Fig.* 19, jufqu'à ce qu'elles réfiftent à de petits coups de marteau, & qu'elles n'avancent plus, allant toujours doucement. On prend enfuite un petit cifeau pour faire ouvrir les deux pointes des clavettes : on les force pour les plier, comme on le voit en *G G*, *Fig.* 19, & on les rend ainfi inébranlables. Il refte à enfoncer un petit clou d'épingle dans chaque trou des quatre coins des deux plaques, *Fig.* 16.

On voit cette excellente façon de monter les Poliffoires, par la *Fig.* 13. Cette même Figure fait voir à la lettre *t*, une petite bande de plomb qui eft attachée avec des clous d'épingle : elle fert à mettre la Poliffoire d'équilibre ; car il arrive prefque toujours que dans une Poliffoire de grand diametre, un côté eft plus léger que l'autre ; il ne faut qu'un nœud pour caufer ce défaut d'équilibre ; le côté pefant & le côté léger ne peuvent point fe balancer également ; la Poliffoire ne tourne qu'avec grand bruit : elle fait trembler l'auge & l'Ouvrier. Or, par cette bande de plomb qu'on attache fur la partie légere, on rétablit l'équilibre, & on empêche ce tremblement.

Un Coutelier doit avoir au moins quinze Poliffoires montées & bien étagées de pouce en pouce, depuis 4 pouces pour la plus petite, jufqu'à 18.

§. III. *Maniere de monter les Meules & les Poliffoires à l'Auge.*

Avant de monter une Meule, on fait abattre la corde & on la place der-riere le fupport, comme on le voit en *i, i, i*, *Fig.* 20. On prend la Meule par fon arbre d'une main *K* ; on met la pointe du côté de la poulie dans le trou, en tenant la Meule comme fufpendue pendant qu'on ajufte l'autre pointe dans le trou de l'*aucet* ou billot *L*. Etant placée bien droite, on met le coin *O* ; on prend enfuite le marteau d'une autre main *M*, avec lequel on donne un coup au billot *L*, pour faire entrer la pointe fuffifamment dans le bois : pour l'ordinaire il y entre de 3 ou 4 lignes ; après quoi on frappe le coin *O*, jufqu'à ce que le tout tienne folidement ; & l'on ceffe de frapper quand la Meule ne balotte plus dans les trous, & que l'effort de la main *K*, qui tient toujours l'arbre, ne peut pas la faire branler fur aucun fens : alors la Meule eft montée. Il faut tout de fuite huiler les pointes, ce qui fe fait au moyen d'une plume qui trempe dans un petit cornet placé à demeure fur le haut bout du fupport, tel qu'il eft repréfenté par N, de la Figure 20.

Une Poliffoire fe monte à l'auge précifément comme la Meule, il n'y a aucune différence. Voici une remarque qui intéreffe la vie de l'Emouleur ; il arrive tou-jours que lorfqu'une Meule a travaillé pendant deux ou trois heures, les pointes fe lâchent dans leurs trous & la Meule tremble, gronde, & fouvent elle eft prête à fauter : il faut la raffurer en frappant deux ou trois petits coups de marteau fur le billot & fur le coin ; mais pour faire cette opération, il faut abfolument faire

arrêter

arrêter la roue ; car en frappant le billot pendant que la Meule tourne, on courroit rifque de la faire rompre. Comme bien des Couteliers ont été les victimes de leur inattention, on ne doit point négliger même les petites précautions.

§. IV. *Des Outils propres à arrondir les Meules & les Poliffoires.*

On prend un morceau de fer dans la ferraille ; on le forge quarrément de la longueur de 12 ou 14 pouces, & de 2 lignes en quarré ou environ, *Fig.* 21 ; on le met dans un fort manche de lime, & l'on nomme cet inftrument *fer à régler. Voyez la Fig.* 22 : il fert à arrondir la Meule & à la dégraiffer en l'aiguifant.

Pour arrondir une Poliffoire neuve, on a un outil à grains d'orge, *Fig.* 23, & un outil plat & à bifeau, *Fig.* 24.

Pour arrondir une Poliffoire qui a perdu fa rondeur par le travail, il ne faut pas que l'outil foit trempé, parce que l'émeri, dont la Poliffoire eft couverte & imprégnée, uferoit du premier coup le tranchant de l'outil fans prefque agir fur la Poliffoire : il faudroit à tout moment repaffer l'outil fur la Meule ; mais pour obvier à cela, il faut tout uniment prendre une vieille lime, rogner le petit bout de la queue, applatir un peu ce bout à froid, le plier un peu, & lui faire prendre la figure d'un grain d'orge en le limant avec une autre lime : on renverfe le morfil du côté plat. *Voyez la Fig.* 25 ; elle indique cette lime dont la queue eft en outil de tour ; & par la facilité qu'on a de lui faire fon tranchant à la lime, il devient meilleur que s'il étoit trempé, au moins pour dégroffir la Poliffoire.

La Figure 26 repréfente un morceau de bois de 14 ou 16 pouces de longueur, fur 3 ou 4 de largeur, & 18 ou 20 lignes d'épaiffeur ; il faut qu'il foit de chêne ou de quelque autre bois dur, parce qu'il fert de fupport ou de point d'appui au fer pour régler la Meule, & à l'outil pour arrondir les Poliffoires : il fe place en travers de l'auge & près de la Meule, comme on le voit en *q*, *Fig.* 27.

§. V. *Maniere d'arrondir les Meules.*

Il faut faire tourner la Meule rondement & fans beaucoup de vîteffe. Quand la pofition de l'auge le permet, on peut s'affeoir fur un tabouret, finon fur l'auge même, ou bien on met un genou à terre ; alors on prend le fer à régler d'une main *R*, *Fig.* 27 ; on le pofe fur le fupport *q* : on porte les deux doigts de l'autre main fur le bout du fer à régler, appuyant fur le fupport pour le contenir ferme, pendant qu'avec l'autre main *R*, on fait un petit mouvement pour entamer un peu la Meule, mais très-peu, parce que fi l'on en prenoit beaucoup, la Meule & le Tourneur s'arrêteroient tout court ; mais on tâte foi-même la force du Tourneur ainfi que celle de fa main, & l'on s'y conforme.

On doit commencer par le bord de la quarre de la Meule de droite, & la travailler jufques vers le milieu ; cette moitié étant faite, il faut changer la direction du fer à régler, pour lui donner celle qu'indique la lettre *S*, où l'outil eft feulement ponctué ; & commençant par le bord de la quarre de la gauche, on travaille la Meule jufqu'à ce qu'on ait joint la partie qu'on a dreffée en premier lieu.

Pour que le fer à régler prenne bien, il faut préfenter le bout de cet outil à la Meule fur fon plat, & alors faire un petit mouvement du poignet pour faire mordre la carre du fer à régler ; ce mouvement fe fait de telle forte, qu'à chaque coup qu'on donne fur la Meule, l'outil tourne un quart de tour de droite à gauche, quand on eft dans la pofition de *R*, & de gauche à droite, quand on eft dans celle de *S*. Ainfi quand on a donné quatre coups de fer à régler, il a tourné un tour entier fur le fupport *q* : cette attention eft effentielle ; car on n'avanceroit pas l'ouvrage fi l'on appuyoit l'outil fur la Meule, fans obferver les mouvements que nous venons d'expliquer : la Meule mangeroit le fer à régler, & ce dernier ne feroit prefque rien à la Meule, finon de petites rigoles noircies par le fer.

On arrondit la Meule en l'attaquant en deux fens différents, c'eft-à-dire, par deux pofitions différentes du fer à régler ; parce que fi l'on vouloit la travailler d'une feule pofition, il arriveroit qu'étant au bord oppofé à celui par lequel on a commencé, on éclatteroit les carres de la Meule, de forte qu'il faut rétrécir confidérablement la Meule, pour retrouver la vivacité des angles dont on a abfolument befoin.

Quand on voit que la furface de la Meule ne faute plus, elle approche d'être ronde ; alors on fait arrêter le Tourneur, & l'on regarde fi le fer à régler a mordu par-tout : fi elle n'eft pas ronde, on y voit des places que le fer n'a pas atteint ; il faut recommencer le travail en fuivant les mêmes procédés. En finiffant de l'arrondir, il faut la tourner à petits coups de fer pour unir la Meule le mieux qu'il eft poffible.

La furface de la Meule étant arrondie, il faut faire les angles des bords : quelques Couteliers l'appellent *faire les joues*.

Pour cela on porte le fer à régler fur le côté ou le plan de la Meule, à 2 ou 3 pouces du bord, ainfi que l'indique la lettre *T*, *Fig.* 20. Le fer étant ainfi pofé, on emporte toutes les inégalités des côtés de la Meule jufqu'aux angles, afin qu'il n'y refte ni trou ni breche ; alors la Meule eft prête à travailler.

§. VI. *Maniere d'arrondir les Poliffoires.*

Il n'eft point néceffaire d'avoir recours à de nouvelles Figures pour faire comprendre les moyens qu'on emploie pour monter les Poliffoires ; celles de la Meule doivent fuffire, parce qu'il n'y a point de différence pour leur pofition :

le même fupport fert pour les deux : la maniere de tenir l'outil eft la même ;
le point d'appui, qui fe fait avec les deux doigts fur le fer à régler, fe fait de
même fur l'outil de la Poliffoire ; toute la différence confifte à préfenter l'outil
plus légérement fur la Poliffoire que fur la Meule. On doit prendre bien moins
de bois, parce qu'il s'enleve en copeaux, au lieu que la Meule s'enleve en fable ;
de plus, l'outil doit tourner dans la main à la Meule, mais à la Poliffoire il eft
toujours fixe fur fon fupport : on y fait feulement faire de petits mouvements,
pour le faire mordre fur le bois ; mais ces mouvements font peu fenfibles : ils
doivent être produits par une efpece de roidiffement des mufcles.

Quand on arrondit une Poliffoire qui a fervi, pour emporter la couche d'é-
meri qui eft comme collée deffus, on fe fert, comme nous l'avons dit, d'une
queue de lime faite en grains d'orge, *Fig.* 25. Lorfqu'on a emporté toute la
furface noire, on prend le cifeau plat, *Fig.* 24, pour emportet les fillons,
l'unir & l'arrondir parfaitement.

La Poliffoire a befoin d'avoir les angles bien vifs ; pour cela on prend l'outil
à grain d'orge, *Fig.* 23, on fe met dans la fituation de l'outil *T*, *Fig.* 20 ; on
forme ainfi bien exactement les carres, angles ou joues de la Poliffoire ; on a
foin d'ébarber un peu de loin la Poliffoire fur le plan : 3 ou 4 pouces ne font pas
de trop, parce que quelquefois la main gliffe, & l'on fe bleffe les doigts par
quelque petite écharde.

Quand la Poliffoire eft arrondie, on y met une couche d'émeri, ce qui fe fait
avec une brochette de bois *V*, avec laquelle on prend de l'émeri délayé avec de
l'huile dans le pot *y*, & on l'applique fur la Poliffoire, comme l'indique la
Fig. 28, après quoi on le laiffe fécher, ou bien on s'en fert fur le champ, cela
eft indifférent.

Il faut remarquer une chofe fort effentielle, & qui regardé également la
Meule & la Poliffoire ; c'eft du fupport *q*, *Fig.* 27, que je veux parler.

Si le point d'appui ou fupport eft plus élevé que l'axe, l'outil ne mord point
fur la piece qu'on arrondit, ou s'il y mord, il n'y mord point affez pour opérer
un prompt arrondiffement ; & fi le point d'appui eft plus bas que l'axe, alors
l'outil mord trop profondément : il fait arrêter la Meule tout court. Ainfi de ces
deux extrémités le milieu eft facile à trouver ; on place le fupport en ligne
directe avec l'arbre ou l'axe de la Meule, (voyez la *Fig.* 9, *Pl.* 21 ; la ligne
horifontale 30 eft celle qui convient pour fixer le point d'appui :) alors l'ouvrage ira comme il faut. Cependant quand il n'y a qu'une petite différence, le
Coutelier peut y remédier en élevant ou en abaiffant la main qui tient le manche de l'outil ; enfin il faut que l'outil foit placé en ligne directe de l'arbre qui
eft le centre de la Meule.

§. VII. *Description de tout l'Equipage où l'on place la Meule & les Polissoires. Emplacement de l'Auge, & de ses dépendances.*

PLANCHE
7.

Tout l'attirail qui compose l'Auge est fort grand & embarrassant, vu qu'il y faut un jour franc & beau. Quand on n'a pas d'arriere-Boutique ou de Cave claire, c'est toujours auprès de l'entrée de la Boutique qu'on la place auprès du mur, & en ce cas, à moins que la Boutique ne soit grande, elle est fort embarrassée par la roue & ce qui en dépend.

L'Auge est un morceau de chêne de 4 pieds de long, sur 15 ou 18 pouces de largeur & autant d'épaisseur, représenté par la *Fig.* 1. Elle est creusée au milieu *A*, d'environ 10 ou 12 pouces de profondeur; il y a un autre enfoncement en *B*, de 7 ou 8 pouces de profondeur & autant de largeur, lequel contient l'eau qu'on jette avec la main sur la Meule; l'autre enfoncement *C* est semblable: il est fait par précaution en cas de déménagement d'un lieu à un autre; & s'il falloit changer l'Auge de la droite à la gauche, ou de la gauche à la droite; car il faut que l'Aucet soit toujours par devant; de plus, le support *D*, qui est scellé à demeure, doit être du côté du mur, parce qu'il faut assez de largeur du côté de l'Aucet ou billot *E*, pour pouvoir facilement frapper du marteau, pour monter & démonter chaque Meule & chaque Polissoire.

L'Auge étant construite, il faut commencer par forger une bride de fer de 4 à 5 lignes d'épaisseur, sur 2 pouces de large & 20 pouces de long, lequel on plie à chaud en quatre endroits quarrément, tel que le représente la *Fig.* 2, en *f*, *g*, *h*, *h*; & pour la commodité de changer le billot sur les quatre faces, il faut que cette bride ait 4 pouces d'ouverture intérieurement, c'est-à-dire, de *H* à *H*, & le quarré pris jusqu'à la ligne *i*, *i*, laissant un vuide en haut pour l'épaisseur du coin; & afin que cette bride s'adapte solidement sur l'Auge, il faut y percer quatre trous à chaque patte *K K*, pour recevoir de forts clous à large tête *L*, *Fig.* 2; & pour qu'elle soit assujettie plus solidement, il faut creuser l'épaisseur de l'Auge avec un ciseau en bois, pour noyer l'épaisseur des pattes, comme on le voit en *O*, *O*, *Fig.* 1. Ensuite on ajuste le billot, qui est un morceau de chêne dur & bien sain, *Fig.* 3, qui entre librement dans la bride de fer, sans cependant être trop lâche; on peut la laisser de 10 ou 12 pouces de longueur, parce que quand les trous se sont agrandis par le frottement des pointes, on en coupe à la fin l'extrémité de 4 à 5 lignes d'épaisseur. Pour assujettir le billot dans la bride, on ajuste un coin, qui est un morceau de bois *M*, de 3 pouces de large, sur 4 pouces environ de long, qui sert à serrer le billot: le tout est représenté ensemble en *E*, *O*, *O*, *Fig.* 1.

Ayant pris toutes les dimensions nécessaires, on place l'Auge à 8 ou 10 pouces de distance du mur où on la scelle. Plusieurs Couteliers enterrent

l'Auge

l'Auge dans la terre ; c'eſt une mauvaiſe pratique ; car l'Auge ſe pourrit bientôt, & l'eau ſe perd.

Il faut enſuite préparer ce qu'on nomme le *ſupport*, qui eſt un morceau de bois de chêne d'environ 5 pouces en quarré, & de 2 pieds de longueur, pointu par le bout qui doit entrer en terre ; & par deux traits de ſcie, on lui fait une entaille à queue d'aronde, comme on le voit en *p*, *Fig.* 4 : elle ſert à recevoir un morceau de chêne ſcié à contre-fil, & qui eſt percé de petits trous, tel qu'on le voit *Fig.* 5 ; il faut l'ajuſter ſolidement, parce qu'il doit porter la pointe de l'arbre de la Meule du côté de la poulie. Ce ſupport étant préparé, il faut le ſceller en terre à une hauteur convenable, pour que les trous de la queue d'a-ronde *D*, répondent exactement à ceux du billot *E*, *Fig.* 1 ; enſuite on aſſure le tout enſemble par le moyen de brides de fer *Q*, *R*, dont on cloue un bout à l'Auge & l'autre au ſupport, & de plus deux fortes pattes *s*, qui ſont clouées au ſupport & ſcellées dans le mur.

C'eſt avec raiſon que j'inſiſte ſur tout ce qui contribue à la ſolidité de cet outil ; il en a beſoin, puiſqu'il faut qu'il porte une Meule de 20 & juſqu'à 24 pouces de hauteur, qui, tournant avec rapidité, eſt capable de briſer toute la machine & de bleſſer non-ſeulement celui qui travaille, mais encore ceux qui ſont aux environs.

§. VIII. *Du Chevalet, de la Planche, du Rabat-eau, de la Roue & de ſes dépendances.*

L E Chevalet (ainſi nommé, parce qu'il porte la planche ſur laquelle ſe met l'Emouleur ;) eſt compoſé de deux planches de bois de chêne de 18 lignes d'é-paiſſeur ou environ, aſſemblées bien parallélement : leur forme ſe voit à la *Fig.* 6. Elles ſont jointes enſemble par une autre planche qu'on cloue en deſſus, comme le fait voir la ligne ponctuée 2, 2 ; le dedans eſt ſoutenu par une traverſe de bois auſſi ajuſtée quarrément, & placée dans la direction de la ligne *y y*. Ce chevalet ſe poſe ſur l'Auge *Fig.* 1, de maniere que le bout *T* ſoit ſur la ligne *X X* ponctuée, & l'autre bout *t*, ſur la ligne ʒ ʒ.

La Figure 7 eſt une planche de bois de 5 pieds de long ſur un pied de large, & un pouce d'épaiſſeur ou environ. On cloue en *u u*, une traverſe ou taſſeau de bois qui ſert à arrêter les pieds de l'Emouleur. Cette planche eſt échancrée en *V V* ſur ſa largeur, pour placer les bras, & leur laiſſer la liberté de s'appro-cher ou s'écarter du chevalet. Quand on repaſſe une piece un peu longue, comme un Tranche-lard, l'échancrure qui eſt au bout *P*, eſt pour placer le menton.

Il faut clouer ſur cette planche un petit couſſin, ou bien on prend du crin ; on le place un peu épais ſur le bord de la planche, & on le tient mince dans le milieu. On cloue enſuite un morceau de tapiſſerie (ou autre étoffe) ſur les

Planche
7.

bouts de la planche , & une autre rangée de clous en dedans qui empêche que le crin ne retombe au milieu , afin que les côtés portent plus que la poitrine. La Figure 8 repréſente l'Auge avec ſes dépendances , ſur laquelle eſt poſé le chevalet *N* ; & la planche *d* en *u* , eſt la traverſe qui ſert pour arrêter les pieds , afin que l'Ouvrier ne gliſſe pas , vu qu'il eſt ſur un plan incliné d'environ 30 degrés.

La Meule du Coutelier, qui trempe toujours dans l'eau , prend continuellement l'eau en tournant , & la jetteroit au viſage de l'Emouleur , ſi l'on ne mettoit pas en la *Fig.* 11 , un petit ajuſtement formé de trois pieces , qu'on a repréſentées à la *Fig.* 9. En voici le détail : *G* eſt un morceau de bois de 4 ou 5 pouces de large , ſur 12 ou 15 lignes d'épaiſſeur ; ſa largeur doit égaler celle de l'Auge : il ſe place devant la Meule , à la diſtance de 12 ou 14 lignes. Sur ce morceau de bois eſt poſé un morceau de chapeau *J*, qui doit toucher à la Meule , par conſéquent il le faut plus large que la Meule de 7 ou 8 lignes ; & pour que ce morceau de chapeau ne ſoit pas emporté par le tournant de la Meule , on le fixe avec une bande de fer *h* , laquelle doit être au moins du poids de 2 livres : ces trois pieces enſemble s'appellent le *Rabat-eau* , parce que le frottement du chapeau ſur la Meule arrête l'eau & l'oblige à retomber dans l'Auge d'où elle étoit ſortie. On voit le Rabat-eau en place *b* , *Fig.* 11.

La Roue du Coutelier doit avoir 6 pieds de diametre , ou tout au moins 5 pieds , & être ſolide. Il faut que la rainure où ſe loge la corde , ſoit bien unie , creuſée d'un pouce au moins , & dans la forme de la *Fig.* 10 , qui repréſente la coupe d'une jante. On abat en chanfrein l'angle de la gouttiere , comme on le voit en *r* , *Fig.* 11. Cette échancrure ou chanfrein ſert à monter la corde avec facilité.

La partie de l'arbre qui entre dans le moyeu , qu'on nomme *le corps de l'eſſieu de la Roue*, doit avoir 15 ou 16 lignes de groſſeur en quarré ; la partie de l'arbre de *ſ* en *e* , doit avoir 11 ou 12 pouces , c'eſt-à-dire , que pour une Roue de 6 pieds de hauteur , il lui faut 12 pouces , & pour une Roue de 5 pieds , il ne lui en faut que 11. La partie de la manivelle que le Tourneur tient dans ſa main , doit être arrondie pour recevoir un tuyau de bois que le Tourneur tient dans les mains.

La Roue eſt montée ſur un pied ſolide , qui eſt compoſé de 10 fortes pieces de bois *ſſ*, jointes par deux entretailles *g* ; ſur le milieu des ſolins *g* , ſont aſſemblés deux forts montants *h* , qui ſont affermis par des liens *j*, *j* , & il faut que toutes ces pieces ſoient groſſes , non-ſeulement pour que le pied ſoit ſolide , mais encore pour qu'étant d'un poids conſidérable , il reſte au lieu où on le met ; car il ne peut pas être ſcellé , puiſqu'il faut l'avancer & le reculer preſqu'autant de fois que l'on change de Meule.

§. IX. *Positions du Tourneur de Roue ; travail de sa compétence : avec la maniere de souder ou réunir le bout des cordes.*

L E premier soin du Tourneur, est de tenir le seau toujours plein d'eau, les Meules & les Polissoires toujours rangées & pendues en l'air à une planche, comme l'indiquent les *Fig.* 12 & 13. Il ne faut pas que les outils soient gênés à leur place, ni qu'ils portent l'un sur l'autre, parce que les coins se trouvant forcés par cette position gênée, cela les fait démonter, ou tout au moins se voiler.

PLANCHE
7.

Un Tourneur doit connoître le point de tension de la corde, & savoir que plus la corde est tendue, plus il a de peine à tourner, parce que le frottement est plus rude. Quand la corde est trop lâche, elle coule dans la roue & dans la poulie, de sorte que la Roue tourne tandis que la Meule s'arrête au moindre effort que l'Emouleur fait sur sa Meule. Ainsi il doit s'accoutumer à connoître au tact, le point où il faut que la corde soït pour être tendue comme il convient ; il doit savoir aussi que plus une Meule est haute, plus la corde a besoin d'être tendue, par la raison que le poids de la Meule est plus considérable, & l'ouvrage plus rude à vaincre. La Figure 14 est un levier de fer, qui sert à avancer, reculer & dresser le pied de la Roue, & dont la place ordinaire est toujours en *Q.*

Chaque fois qu'il faut changer de Meule ou de Polissoire, il faut abattre la corde : c'est l'ouvrage du Tourneur. Pour cela il prend la corde d'une main en *a*, & la tire un peu à lui pour l'approcher du bord de la gouttiere ; il fait tourner légérement la Roue à rebours, & la corde s'abat ; aussi-tôt qu'elle est abattue, il faut la placer dans l'écorchure ou encoche *r*. Quand il faut la monter, il doit faire attention qu'elle ne s'entrelasse pas avec l'arbre comme il arrive toujours, si on ne la met point dans l'encoche aussi-tôt qu'elle est abattue. Il doit regarder attentivement, avant de monter la corde, si elle est dans la gorge de la poulie, & si elle est croisée comme il faut.

Les Couteliers se servent toujours de cordes faites avec des boyaux ; un Tourneur doit savoir la maniere de les souder ; quelques-uns en font un secret : voici en quoi il consiste.

On défile & l'on peigne les deux bouts de la corde dans une longueur de 14 ou 15 pouces : il faut la décrasser & l'amincir avec un tranchant de Couteau un peu mousse, parce qu'il faut éviter de casser aucun fil ; il faut ensuite défiler ces deux bouts & les diviser en 7 ou 8 brins, chacun égaux en force & en longueur ; après cela on retord la corde un peu plus qu'elle ne l'est : on fait tenir les deux bouts par une Aide, & l'on prend soi-même deux brins bien étendus, un de chaque bout de la corde, & on les tord l'un sur l'autre jusqu'à un pouce près du bout ; les deux premiers brins étant tordus, on les fait tenir par l'Aide tandis qu'on en tord deux autres, & ainsi des autres, jusqu'à ce qu'ils le soient

Quand tous les brins font ainfi mariés deux à deux , on prend foi-même toute la corde , afin de renfermer entre ces brins les bouts des brins qu'on a unis deux à deux , pour que pas un ne forte en dehors. Il eft difficile de repréfenter cette opération par des figures bien intelligibles ; cependant voyez la *Fig.* 15. Elle repréfente *y* , *y* , les deux bouts de la corde qu'on veut réunir & qu'on fait tenir par un Aide ; *Z* , *Z* , les fils féparés ; *X* , deux fils qu'on a commencé à tordre l'un fur l'autre. Tout le fuccès de cette opération dépend de tordre bien réguliérement tous les brins deux à deux , & laiffer un pouce des brins *e* , *e* , de chaque bout , qui ne foit pas tordu , pour les renfermer bien adroitement entre les fils des parties *Y* , *Y* , qu'on détord un peu pour les recevoir , de forte qu'ils doivent fe trouver dans le centre de la corde , enveloppés par la corde même.

Quand elle eft ainfi foudée , il faut la monter tout de fuite fur la Roue & la laiffer un peu lâche : alors en ferrant la corde entre les mains , on tord la corde pour qu'elle foit bien forte : on le fait à l'endroit de la foudure , & avec les deux mains on force la foudure à prendre le même tour que le refte de la corde. Enfin en la preffant entre les doigts , on l'unit le plus qu'il eft poffible ; & fi la foudure étoit trop feche , il faudroit la mouiller un peu , pour que les mains puiffent la mieux unir. Il faut la laiffer fécher fans tourner de la journée. C'eft une petite manœuvre que beaucoup de Couteliers ignorent ; je fuis charmé de la leur faire connoître ; car c'eft un avantage réel de pouvoir travailler l'efpace de deux ou trois mois fans que la corde caffe ; au lieu que lorfqu'elle n'eft que nouée , on eft obligé de fe déranger quelquefois quatre ou cinq fois dans une heure pour la renouer.

On conferve la corde en la frottant de temps à autre avec du favon ou avec de l'ail ; mais le meilleur eft de la frotter avec du cambouis de la Roue , ce qui fe fait en prenant un peu de ce cambouis avec un morceau de peau , & en ayant entouré la corde , on fait tourner la Roue ; cette graiffe s'imprime dans la corde , forme une efpece de croûte , l'empêche de fe défiler : c'eft tout ce qu'il faut pour la conferver & la faire fervir long-temps. L'effieu de la Roue fe graiffe avec du vieux-oing , qu'on appelle auffi *flambart*.

La pofition du Tourneur doit être telle , qu'il foit toujours prêt à pouffer en avant & à tirer à foi ; pour cela il doit placer le pied de devant vis-à-vis l'axe de la Roue , l'autre pied en arriere , à 12 ou 13 pouces de diftance du premier. Quand la manivelle eft en bas , il faut roidir le pied de devant en même témps que les bras font effort pour tirer à foi. Quand la manivelle eft en haut , il faut au contraire roidir le jarret de derriere en lâchant un peu celui de devant dans le même inftant que les bras pouffent la manivelle en avant pour lui faire faire le tour , & répéter fucceffivement ces deux manœuvres.

Un Tourneur doit s'appliquer à augmenter la force , précifément à l'inftant que l'Emouleur appuie fur la Meule , parce qu'il n'eft pas poffible d'appliquer un coup vif , fi le Tourneur fléchit à mefure que l'Emouleur appuie fon coup.

La

La Polissoire demande plus de vîtesse de la part du Tourneur, que la Meule; en revanche la résistance de la Polissoire n'est pas si considérable; ainsi pour tourner plus vîte, sans se fatiguer davantage, un Tourneur doit s'accoutumer à ne tourner qu'avec une main pour polir, laquelle il peut changer autant de fois qu'il le veut, sans cependant changer de vîtesse. Or, pour ce travail, il convient d'avoir le pied droit devant, quand c'est la main droite qui tourne; & par la même raison quand c'est la main gauche qui tourne, c'est le pied gauche qui doit être devant, & le droit en arriere. La Figure 11 fait voir la position du Tourneur.

CHAPITRE SIXIEME.

*Choix des Pierres propres à affiler les Instruments tranchants;
différence des bonnes & des mauvaises; maniere de les mettre
en état d'affiler; leurs qualités & leurs usages.*

Le Coutelier doit avoir une parfaite connoissance des pierres qui sont propres à affiler toutes sortes de tranchants. Il y a entr'autres cinq sortes de pierres qui different les unes des autres par le grain & la qualité. Ces cinq especes sont, la *Pierre grise*, pour les Couteaux, la *Pierre blonde* du Levant, la *Pierre blanche* à Rasoir, celle de Lorraine, qui est brune, verte ou noire, & la *Pierre verte & dure*, qui ne sert que pour les Lancettes & d'autres instruments de Chirurgie.

Planche
9.

La premiere espece est d'un gris-blanc; il y en a de plusieurs longueurs : les unes portent 7 ou 8 pouces de long, sur 12 ou 14 lignes de large, & 7 ou 8 lignes d'épaisseur. Cette petite espece est d'un gris un peu foncé; on en trouve en Lorraine, en Auvergne : le pays de Liége en fournit de plus grandes, qui sont d'un gris blanchâtre : elles portent jusqu'à 20 pouces de longueur, 1 pouce d'épaisseur, & 18 lignes de largeur. En général il y en a de bonnes & de mauvaises dans tous ces Pays.

Les mauvaises ont les grains trop gros; on y apperçoit même de petits brillants : pour l'ordinaire elles sont ou trop dures ou trop tendres; cependant les dures sont préférables aux trop tendres.

Les bonnes ont les pores serrés; le grain est uni, égal & doux; par conséquent elles font un meilleur tranchant. Cette espece est bonne pour affiler les Couteaux & tous les forts tranchants qui doivent servir pour les Cuisines.

Pour mettre cette pierre en état de servir, on unit une de ses faces sur une pierre de taille jusqu'à ce qu'on ait emporté tous les creux & les bosses, & on finit de la rendre moins raboteuse avec un morceau de pierre - ponce. La

Figure 1 repréfente cette pierre ; on y perce à l'un des bouts un trou dans lequel on paffe une ficelle pour pouvoir l'accrocher à un clou.

La feconde efpece de pierre à affiler, eft celle qui porte le nom de *Pierre du Levant*, ou de *Pierre à l'huile* ; elle ne fe trouve que dans le Levant même. C'eft au port de Joppé que quelques vaiffeaux en prennent & en finiffent leur cargaifon pour venir en Europe. C'eft une pierre très-utile ; mais il y a beaucoup de choix à faire. En général, fa couleur eft blonde ; il y en a qui approchent du brun, d'autres du noir, & d'autres font olive ; la plus parfaite eft celle qui a la vraie couleur blonde, qui a un grain uni, ferré & égal : le plus grand défaut de cette pierre eft d'avoir des veines en travers & d'autres obliques : très-fouvent ces veines font dures ; ce font autant de durillons qui nuifent beaucoup à l'affilage d'un tranchant ; cependant toutes les veines ne fe trouvent pas mauvaifes, principalement quand elles font petites ; il faut toujours préférer celles qui portent les veines en long plutôt qu'en travers.

Il s'en trouve auffi qui font un peu marbrées, mais très-rarement ; ces dernieres font bonnes pour un Coutelier, parce que toutes les veines noirâtres font dures, tandis qu'à côté il y a une place blanchâtre qui fera fabloneufe ; il faut cependant fonder fi elles ont le degré de molleffe dont on a befoin ; pour cela prenez une lame de Couteau, faites comme fi vous vouliez l'affiler avec attention ; coulez le tranchant deffus en appuyant un peu ; fi les veines font dures, vous fentirez que le tranchant gliffera en paffant deffus, finon on éprouvera une petite réfiftance : c'eft ce qui convient.

S'il y a des moulieres, le tranchant les fera connoître, parce qu'il mordra plus fur le mol que fur le dur : il eft affez ordinaire auffi qu'il s'y rencontre des grains très-durs, qui font comme autant de petits clous ; toutes ces pierres doivent être rejettées : il faut qu'elle foit par-tout d'une égale dureté, que le tranchant du Couteau paffe uniment par-tout ; il faut au moins, s'il y a quelque petit durillon, pouvoir l'éviter dans l'affilage.

Pour mettre ces pierres en état d'affiler, il faut unir une face à plat, & qu'une autre face foit un peu arrondie. Afin de pouvoir affiler, par exemple, un Coupe-cors, une Serpette, cette préparation fe fait avec un grais à fec ; fi la pierre eft grande, il faut la donner à un Scieur de marbre, il l'enchaffera dans du plâtre, la fciera au fable (de même qu'on fcie le marbre) en autant de portions qu'on voudra ; enfuite on l'unit avec une pierre-ponce à l'eau.

C'eft une chofe précieufe pour un Coutelier, qu'une pierre du Levant ; quand il en a trouvé une bonne, il doit bien la conferver, fur-tout fi elle eft bonne pour les Lancettes ; car pour les bien affiler, elle doit être plus parfaite que pour toute autre chofe. Quand elles font petites, on les enchaffe comme on le voit *Fig.* 2, & on ne doit s'en fervir que pour cet inftrument. Chaque Coutelier a toujours deux ou trois pierres du Levant. Celle de la Boutique, comme je l'ai déja dit, doit avoir une face plane, laquelle fert à affiler tous les

Ciſeaux, les Grattoirs, beaucoup de petits outils ſervants à différents métiers, comme Couteaux de Fourreurs, de Peauſſiers, de Gaîniers, les Scapels à diſſéquer, &c, *Fig.* 3. Une autre face de cette pierre doit être un peu ronde, pour pouvoir affiler tous les tranchants courbes.

Le Coutelier a auſſi beſoin d'un morceau de pierre du Levant, pour polir les dos des Couteaux : celle-ci n'a pas beſoin d'être parfaite, la plus douce eſt la meilleure. *Voyez Fig.* 4 : on y voit deux rainures faites par le frottement des dos des lames. En général, cette pierre ne doit jamais ſervir qu'avec de l'huile, auſſi en porte-t-elle le nom ; elle a beſoin même d'en être imbibée pendant trois ou quatre mois avant de s'en ſervir, ſans quoi elle eſt ſabloneuſe & graveleuſe.

La troiſieme eſpece de pierre eſt celle que l'on nomme *à Raſoir* : elle ſe trouve dans le pays de Liége ſur le bord de la Meuſe, ſeules carrieres qui ſoient connues en Europe, pour bien affiler un Raſoir ; ordinairement ces pierres ſont blanches, les unes d'un blanc de lait, d'autres un peu jaunâtres, d'autres ſont tachetées de noir. En général, il s'en trouve de bonnes & de mauvaiſes dans chaque eſpece ; mais celles qu'on tire de la carrriere, qu'on appelle *la Vainette*, qui ſont d'un beau blanc de lait, leſquelles ſont tellement fendues, qu'il ſemble qu'elles aillent tomber par morceaux, *Fig.* 5, ſont cependant les meilleures ; il s'y trouve quelquefois de petits clous de fer qui nuiſent à l'affilage heureux ; encore quand ils ſont petits, on peut, à meſure qu'ils paroiſſent, les faire partir avec la pointe du Couteau.

Celles qu'on tire de la carriere qu'on appelle *vieille-Roche*, ſont jaunâtres : elles ſont très-bonnes ; il y en a auſſi de bien parfaites parmi celles qui ſont tachetées de noir, *Fig.* 7.

Enfin pour choiſir une bonne pierre, il faut qu'elle ait un grain doux & un peu tendre. Le gros grain & ouvert eſt quelquefois trop tendre ; mais le plus ſouvent il eſt d'une dureté inſupportable. En paſſant l'ongle ſur cette pierre, on ſent ſi elle a le grain égal ; mais il faut être connoiſſeur pour juger de ſa parfaite qualité. On connoît aiſément ſi elle n'eſt pas graveleuſe, quand l'ongle paſſe ſur la pierre avec une réſiſtance uniforme ; lorſqu'elle ne gliſſe pas plus dans un endroit que dans un autre, elle eſt bonne ; mais ſi elle gliſſe ſur un endroit, c'eſt un durillon, la pierre ne vaut rien ; mais quinze jours de ſervice aſſurent mieux de ſa bonne qualité.

Cette eſpece de pierre eſt ordinairement blanche d'un côté, & noire de l'autre ; mais rarement le noir eſt bon pour affiler : il eſt ou trop dur ou trop tendre. Cependant celles où il ſe trouve quantité de taches noires qui ſont parſemées ſur le blanc, n'en ſont pas moins bonnes : ces taches ne différent qu'en couleur, étant d'une dureté égale : elles n'en affilent pas moins bien.

Ces pierres s'enchaſſent dans du bois ; & pour les préparer, il faut les frotter avec un morceau de pierre-ponce à l'eau, afin d'en bien unir la ſurface blanche. Quand l'huile a ſéjourné deſſus, elle s'y coagule, il faut alors la dégraiſſer avec la pierre-ponce & à l'eau : c'eſt la ſeule pierre qui ſoit bonne pour donner un bon tranchant aux Raſoirs : elle affile auſſi quantité d'autres tranchants.

La quatrieme eſpece de pierre eſt une petite pierre qu'on trouve en Languedoc, en Auvergne, & la Lorraine fournit les meilleures ; elles ſont verdâtres : il en vient d'Angleterre qui ſont noires ; mais elles ne valent pas les vertes de la France. J'en ai qui ont été trouvées ſur le Mont Véſuve, qui ſont parfaites. La couleur verte eſt par-tout égale ; on n'y apperçoit ni veine ni nuance ; c'eſt un morceau d'une bonté rare pour ſon eſpece. C'eſt un Prêtre voyageur qui en apporta cinq ou ſix. Il eſt à déſirer que les Voiſins de ce Mont en faſſent de petits magaſins. Voici à quelles marques on peut les connoître : elles ſont couvertes d'une écorce cendreuſe, laquelle étant raclée avec une lame de Couteau, on découvre la pierre au milieu, d'une couleur de verd-pré.

Quant aux pierres que j'ai citées du Languedoc, de l'Auvergne & de la Lorraine, il faut les choiſir un peu dures préférablement aux tendres : quant au grain, il ne faut pas chercher le gros ; au contraire, le plus ſerré & le plus uni eſt le meilleur.

La maniere de les préparer eſt d'unir la face qui paroît la plus égale en couleur, avec une vieille lime, ſi elle eſt trop inégale, ou bien ſur un grais à ſec ; après quoi il faut la paſſer avec la pierre-ponce à l'eau, & enſuite finir d'unir tous les traits avec un morceau de pierre à Raſoir auſſi à l'eau.

Cette pierre eſt parfaite pour affiler les Canifs, les Coupes-cors, &c. Dans les inſtruments de Chirurgie, c'eſt la ſeconde où doit paſſer la Lancette & tous les inſtruments ſervant à faire l'opération de la Cataraĉte ; de plus, les Biſtouris, les Lithotomes, & enfin tous les tranchants délicats. Celle qui ſert aux Biſtouris courbes doit être un peu ronde. *Voyez les Fig.* 7 & 8. Si l'on manquoit de celle dont nous venons de parler, la troiſieme eſpece, qui eſt la pierre à Raſoir, peut ſuppléer à la quatrieme.

La cinquieme & derniere pierre à affiler eſt très-rare à trouver bonne ; ce ſont des cailloux verts : il s'en trouve quelquefois ſur le bord des rivieres qui ſont nuancées de bleu ; mais très-rarement elles ſe trouvent bonnes, quand elles ne ſont pas d'un verd pâle, égal & uni. Il y en a de très-bonnes en Eſpagne ; mais il s'en rencontre d'excellentes dans le pays d'Aunis : la ville de la Rochelle en eſt pavée ; mais elles ne ſont pas toutes bonnes. Quand il a fait un orage qui a lavé le pavé, on en diſtingue quelques-unes qu'on peut ſoupçonner bonnes, c'eſt-à-dire, qu'on voit celles qui ont un verd aſſez égal ſans nuances ni veines blanchâtres ; mieux encore, & à quoi l'on doit le plus s'attacher, c'eſt à regarder attentivement ſi l'on n'y apperçoit pas beaucoup de petits trous. Tout cela ne ſuffit pas encore ; après l'avoir examinée, il faut ſonder ſon degré de dureté.

Il faut être muni d'une lame de Couteau bien dure, appliquer le tranchant ſur le caillou, le racler un peu bruſquement, ſonder avec la pointe s'il n'y a point de moulieres ou de petits durillons ; enfin il faut que le grain ſoit uni,

doux

doux & ferré, qu'il ne differe aucunement d'un endroit à l'autre ; qu'elle foit dure au point qu'une lame de Rafoir ait peine à mordre fur la pierre, & cependant elle doit un peu l'entamer, mais (je le répete) difficilement.

Je fuppofe qu'on ait eu le bonheur d'en trouver une bonne, (ce qui eft affez difficile, mais point impoffible,) il faut la travailler pour la mettre en état de fervir. Le meilleur moyen que j'aie trouvé, eft d'enchaffer ce caillou dans du plâtre, & à force de temps le fcier au fable ou à l'émeri, comme on fcie le marbre avec une fcie fans dents ; étant fciée en deux ou en plufieurs parties, il faut emporter les traits de la fcie fur un grais avec de l'eau, enfuite avec la pierre-ponce à l'eau auffi pour emporter les traits du grais ; après quoi la pierre à Rafoir emporte ceux que fait la pierre-ponce.

Cette pierre mérite d'être enchaffée avec juftteffe dans du bois dur, comme du noyer, du buis, &c, *Fig. 9.*

Je répete ce que j'ai dit dans mon Ouvrage, *la Pogonotomie*, au Chapitre *des Pierres* : il n'eft pas néceffaire de recommander d'avoir des attentions pour conferver cette pierre ; il fuffit de l'avoir cherchée, appropriée & travaillée foi-même, pour la conferver avec le plus grand foin.

La propriété de cette pierre n'eft pas d'une grande étendue pour la quantité des tranchants qui ont befoin de fa vertu ; mais elle n'en eft pas moins précieufe : elle n'eft indifpenfable que pour les Lancettes, & tous les inftruments pour faire l'opération de la Cataracte : c'eft cette pierre qui unit fi bien les tranchants & les pointes, qu'elles exécutent les opérations fans fe faire prefque fentir.

J'ai dit le moyen de fe procurer cette pierre, (autant qu'il m'a été poffible) pour mettre tous les Couteliers en état de fe la procurer ; car j'ofe dire qu'il y en a qui ne favent où l'on peut trouver cette efpece de pierre, & pour cela ils renoncent à faire des Lancettes, qui font cependant l'inftrument le plus intéreffant de la Coutellerie & de la Chirurgie.

La Figure 10 fait voir la maniere de poncer & de graiffer toutes fortes de pierres ; ce qui fe fait en trempant la pierre & la ponce dans l'eau de temps à autre, & frottant les deux pierres enfemble dans toute la longueur.

La Figure 11 repréfente la façon de dreffer les pierres fur un grais, quand il faut ajufter une pierre à Rafoir dans un étui : cette pierre ne doit porter que le volume d'un Rafoir ou à peu-près ; pour cet ouvrage plufieurs Couteliers font ufage de la rape & de la lime, en attachant la pierre dans l'étau : par cette mé-thode on caffe fouvent des pierres. Voici la meilleure façon de la diminuer.

Prenez une Meule fans arbre, pofez-la bien à plat fur l'établi *A, Fig.* 11 ; mouillez-la fouvent, & frottez la pierre à Rafoir fur cette Meule ; en peu de temps vous parviendrez à la diminuer au point qu'il faudra.

On peut apprendre cet ouvrage à un Tourneur, en lui traçant l'épaiffeur & la largeur qu'il faut ôter, ou lui donnant un modele convenable, il s'en acquittera bien. D'ailleurs c'eſt un temps de gagné, parce qu'il n'eſt pas toujours occupé à la Roue.

CHAPITRE SEPTIEME.

De pluſieurs Outils qui ſervent à différents uſages.

PLANCHE
10 & 11.

LA Figure premiere repréſente un archet qui ſert à faire agir le foret pour percer toutes ſortes de matieres ; il eſt compoſé d'un manche de bois *A*, d'une corde *B* : le corps eſt fait avec une vieille lame d'épée ou de fléuret, au bout de laquelle on perce un trou *C*, pour arrêter un bout de la corde ; à l'autre bout eſt un anneau pour arrêter l'autre bout de la corde en *D.*

La Figure 2 repréſente la Palette qui ſert de plaſtron, l'appuyant ſur la poitrine ; le corps *A A* eſt de bois, ſur lequel on fixe un morceau d'acier *B*, qui eſt percé de pluſieurs trous avec une pointe à contre-marquer ſeulement, laquelle pointe à contre-marquer eſt repréſentée par la *Fig.* 43.

La Figure 3 repréſente un Chevalet qui porte le foret pour percer les manches des Couteaux à gaîne, &c. On voit des Chevalets de différentes conſtructions ; mais ils reviennent au même : il ſuffit que les deux montants ſoient de fer ; que l'un *E*, ſoit percé à la pointe à contre-marquer pour recevoir le bout du foret ; que l'autre montant ſoit briſé par une charniere *F*, pour qu'il puiſſe s'ouvrir ſuffiſamment pour recevoir le foret, & enſuite qu'il ſoit arrêté en *G* par une vis ou par un reſſort.

La Figure 4 repréſente une Boîte à foret, qu'on fait avec du bois de noyer ou autre bois dur, comme le buis.

La Figure 5 repréſente un Grattoir ; c'eſt un outil fait avec de bon acier forgé à quatre quarres : on le trempe dans l'eau bien fraîche, l'ayant chauffé un degré de plus que couleur de ceriſe, & on ne lui donne point de recuit : on l'emmanche dans un manche de lime ; on lui donne quelques coups de meule bien vivement, afin que les angles ſoient bien vifs & bien tranchants.

La Figure 6 repréſente un Tire-filet pour les métaux, lequel eſt fait avec de bon acier trempé couleur de ceriſe & point de recuit : il ſert à orner de filets pluſieurs inſtruments, comme les dos des Couteaux, &c.

La Figure 7 eſt un Tire-filet pour l'ivoire, l'écaille, le bois, &c, avec lequel on fait un filet ſur les quarres d'un ſeul trait ; il eſt courbé par le bout, comme l'indique la *Fig.* 8, qui repréſente ſon épaiſſeur. On peut ſe paſſer de le tremper ; mais ſi on le trempe, il faut lui donner le recuit violet.

La Figure 9 repréſente une autre eſpece de Tire-filet, qui ne ſert qu'à faire un filet ſur le bord du manche d'un Couteau à reſſort.

La Figure 10 eſt un Equarriſſoir, pour agrandir & arrondir les trous ; il eſt fait d'acier trempé, & recuit couleur d'or : il doit avoir 6 ou 8 quarres ; au reſte il doit être émoulu vivement.

La Figure 11 eſt un fer de foret propre à percer le fer & l'acier : il doit être trempé couleur de ceriſe, & recuit couleur de paille.

La Figure 12 eſt un fer de foret propre à percer au chevalet, l'ivoire, l'é-caille, les bois, les cornes, &c : il peut ſe paſſer de la trempe ; mais ſi on le trempe il faut le recuire bleu, parce qu'il riſque de s'engorger dans le trou & ſe rompre au fond : il ne doit avoir qu'un biſeau de chaque côté pour former le tranchant.

La Figure 13 repréſente un Foret propre à percer l'or, l'argent & le cuivre : il doit avoir quatre biſeaux, afin que le tranchant ſe trouve au milieu ; il doit être trempé & recuit violet, parce que ces trois métaux (ſur-tout l'argent) ſont gras au perforage, c'eſt-à-dire, que l'outil s'engage facilement & ſe caſſe dans le trou : or il faut que le foret puiſſe y réſiſter.

La Figure 14 repréſente un Bonnet-quarré ou un Foret à quatre quarres : on l'a repréſenté de face à la *Figure* 15. C'eſt un excellent outil pour dreſſer un trou : pluſieurs Ouvriers ne le connoiſſent pas ; il eſt cependant très-utile. Comme il eſt fait pour former un trou qu'on doit tarauder, on le fait bien juſte au trou de la filiere, de ſorte qu'il n'entre que dans le premier filet ; on eſt alors certain de bien tarauder un trou ſans accident ; ce bonnet-quarré ne peut pas percer un trou lui ſeul ; il faut avoir préparé le trou avec un foret ordinaire, comme *Fig.* 11 ; mais après ce foret on paſſe le bonnet-quarré, & on a un trou d'égale groſſeur en haut & en bas, de ſorte que le tarau n'eſt pas plus gêné au fond du trou qu'à ſon entrée. Je ne déſigne que quatre forets ; mais il en faut bien davantage, qui ne different de ceux dont je viens de parler, que par la groſſeur & la longueur. Ainſi en faiſant une piece qui exigera un foret particulier, on le trouvera près de la piece dans la même Planche.

La Figure 16 repréſente une Pointe à percer le fer & l'acier : elle doit être bien trempée & recuite couleur d'or ; on s'en ſert pour percer à froid de petites pieces, comme les *ſoyées* des Côuteaux de cuiſine, appellés auſſi *à plate-femelle*. On met ſous la pointe un morceau d'acier en lame, percé de pluſieurs trous *Fig.* 17.

La Figure 18 repréſente une Plaine ou Couteau à deux manches pour dé-groſſir le bois quand il ne l'a pas été par la ſcie.

La Figure 19 repréſente un grand Bruniſſoir ; ſon ſupport *H* eſt de bois, ſur lequel eſt rivé un anneau de fer en *I*, qui reçoit l'extrémité *K* de l'arbre du Bru-niſſoir, tandis que la partie *L* brunit l'ouvrage. Cette partie *L* doit être d'acier bien trempé, ſans recuit, & bien poli à l'émeri & à la potée. Il y a une autre eſpece de Bruniſſoir, qu'on appelle *Bruniſſoir à main*.

Les Figures 20 & 21 repréſentent deux Ecouaines, l'une plate, *Fig.* 20, l'autre triangulaire, *Fig.* 21. Elles servent à pousser des moulures sur l'ivoire, l'écaille & les bois; les dents sont faites avec une lime comme les dents d'une scie; mais elles doivent être bien régulieres, & ni l'une ni l'autre ne doivent être trempées.

Les Figures 22, 23, 24, 25 & 26, représentent différentes formes de Ciselets propres à tailler l'acier, ainsi que le fer: ils doivent être trempés couleur de cerise & recuits couleur de paille, ou tout au plus couleur d'or.

La Figure 27 fait voir une Estampe à 8 pans, pour estamper & couper en même temps une calotte de cuvette pour couvrir une virole n°. 3; & la Figure 28, dont la forme est appellée *à la Turque*, couvre la virole à 3 pans n°. 2.

La Figure 29 est la forme d'un Mandrin, propre à mandriner les viroles; il en faut de plusieurs formes, tels que les désignent les n°ˢ. 1, 2, 3, 4. Il faut que ces outils soient bien dressés, les pans vifs & réguliers: il est bon de les tremper; mais il faut les recuire au moins bleu.

Chaque Coutelier a sa marque ou poinçon pour marquer tous ses ouvrages; de plus, il met encore son nom & celui de la ville: l'un & l'autre sont faits avec de bon acier bien trempé couleur de cerise & recuit couleur d'or, afin qu'ils puissent marquer à chaud comme à froid sans s'égrainer ni se refouler. Tous les deux sont représentés par les *Figures* 30, qui est la marque, & 31, qui est le nom du Maître & celui de la ville, lesquels ne font qu'un seul poinçon, comme le fait voir la *Fig.* 32.

PLANCHE
11.

La Figure 33 est un petit Tas qu'on met dans l'étau pour y appliquer l'ouvrage qu'on veut marquer à froid.

La Figure 34 est une Filiere pour faire des vis; c'est un excellent instrument quand il est bien fait. Il n'est pas douteux qu'il faut le faire avec de bon acier, & même le corroyer trois lames ensemble (*) & le tremper couleur de cerise, puis le recuire couleur d'or. La grande épaisseur de cet instrument doit être en *m*, & il doit aller en diminuant jusqu'à *n*, comme l'indique *M N*. On conçoit bien que plus un trou est grand, plus la filiere doit avoir de force pour résister au taraudage d'une forte vis. Ainsi on perce les grands trous dans l'endroit le plus épais de la filiere; & à mesure qu'elle diminue en épaisseur, les trous diminuent aussi en grosseur.

Une Filiere complette doit porter son calibre: on entend par calibre un endroit *o o*, où il y ait des trous qui soient moins gros que ceux de la filiere, précisément de l'épaisseur du filet de la vis, afin que quand une piece, qui doit porter une vis, entre juste dans le trou de calibre, elle soit juste de grosseur, pour se bien tarauder net & sans se casser. Or, pour que ce trou soit tel, il faut que le foret, ou encore mieux le bonnet-quarré qui fait le trou, n'entre pas dans le

____

(*) Il y a des Filieres de plusieurs especes: pour s'en instruire, on peut consulter l'Ouvrage de M. Hulot, (l'*Art du Tourneur*) où elles sont traitées avec toute la précision possible.

trou

trous de la filiere, mais qu'il s'en faille de toute l'épaisseur du filet qui fait la vis.

Il doit y avoir fur une filiere deux trous femblables, fur-tout les petits, pour que fi une piece qu'on taraude vient à fe rompre dans le trou, on ait un trou femblable pour finir la vis diligemment. Au refte, tous les trous font numérotés, comme l'indique la *Fig.* 34.

Les Figures 35 & 36 repréfentent deux Taraux de la filiere, qui doivent porter des numéros correfpondants à ceux de la filiere. La meilleure maniere de tremper un tarau, c'eft, quand il eft couleur de cerife, de le tremper dans l'eau fraîche, enfuite le bien effuyer, le tremper dans l'huile, puis le pofer fur les charbons ardents, obfervant attentivement l'inftant où l'huile commence à flamber, le retirer au plus vîte du feu, le tenir en l'air avec les tenailles, jufqu'à ce que l'huile ait fini de brûler, alors le jetter dans l'eau. Ce recuit eft un violet parfait, & c'eft celui qui convient pour les petits taraux. Quand on trempe un fort tarau, qui ne rifque pas de caffer fi facilement qu'un petit, on peut lui con-ferver un degré de dureté de plus: pour cela on le plonge dans l'eau auffi-tôt que l'huile commence à flamber; alors il fera plus dur, parce qu'il ne prendra que la couleur d'or, ou tout au plus la couleur de cuivre rouge; par ce moyen il fera en état de tarauder le double de trous de plus, parce qu'étant plus dur, il réfiftera plus long-temps au frottement du taraudage.

Les petits trous fe taraudent toujours à la main, en faififfant la piece avec une pince; mais quand c'eft un gros trou, comme, par exemple, les nᵒˢ. 12 & 13 de la Figure 34, on taraude dans l'étau: pour cela on met la partie du tarau *p* dans la fente *q* d'un Tourne-à-gauche, *Fig.* 37; alors on tourne légérement pour ne vaincre la réfiftance que par de légeres fecouffes, toutefois plus ou moins, felon la groffeur des taraux; car plus un tarau eft petit, plus il faut ménager l'effort des fecouffes. Notez qu'il ne faut jamais tarauder à fec, mais toujours à l'huile, & en mettre plutôt trois fois qu'une, parce qu'à mefure que la vis travaille, la matiere s'échauffe; la chaleur la fait renfler au point qu'on fent tout-à-coup une réfiftance, de forte que fi l'huile manque, l'un ou l'autre caffe, foit la vis, ou le tarau ou la filiere.

La Figure 38 repréfente un Couteau à fcier: il eft ordinairement fait d'une vieille lame de Rafoir ou de Couteau. Cet outil eft emmanché dans un manche de lime, & fur fon tranchant on y fait de petites dents en frappant avec la quarre d'un gratteau ou d'une vieille lime à tiers-point. Cet outil fert à fcier prompte-ment les bouts des clous qui fe trouvent trop longs pour les rivures.

La Figure 39 eft une petite fcie à main, qui fert à rogner de petits bouts des manches, mais particuliérement pour refendre une chaffe de Rafoir, lorfque la lame eft plus longue que la chaffe n'eft fciée.

La Figure 40 repréfente une paire de petites Pinces propres à cimenter les Canifs, &c. Elles ont les bouts plats, comme le fait voir la *Fig.* 41. Il en faut aussi de pointues, comme le désigne la *Fig*. 42. La Figure 43 représente une Pointe à contre-marquer : elle doit être d'acier & trempée sans recuit.

Les Figures 44 & 45 font voir deux Fraises qui servent à fraiser un trou pour noyer une rivure ; & une Vis faite en goutte de suif, comme le fait voir la *Fig*. 48. La fraise, *Fig*. 44, est quarrée ; ses quatre tranchants sont faits à la meule : elle doit être trempée & sans recuit. Celle de la Figure 45 est taillée à la lime ; pour cet effet il faut qu'elle soit forgée & limée ronde, après quoi on y fait les dents tout autour & en long, avec une lime à tiers-point.

La Figure 47 représente aussi une Fraise en forme de foret : elle porte un pivot. Elle sert à faire une figure quarrée : alors la forme de la vis est aussi large en bas comme en haut de la tête. *Voyez la Fig*. 49.

La Figure 50 représente un Marteau à dresser des ouvrages trempés. Cet outil est composé d'un manche *r* & de son corps *s s*, qui est d'acier pur le plus fin & le plus dur : il a deux têtes égales en longueur & grosseur, sur lesquelles on forme un biseau de court & de chaque côté, pour faire le tranchant au milieu, comme on le voit *Fig*. 51. Il doit être trempé d'une exacte couleur de cerise, plutôt plus chaud que moins, & ne doit point avoir de recuit, parce qu'il faut qu'il entre même dans un Rasoir qui est trempé bien dur, mais qui a eu un petit recuit, ce qui suffit pour être entamé par un instrument qui n'est pas recuit du tout.

La Figure 52 représente un Tas à tête ronde pour redresser les ouvrages trempés. Ceux qui seront de mon sentiment sur le redressage de l'acier trempé, doivent convenir que ce tas ne doit point être trempé, parce qu'étant dur, il s'opposeroit à l'action du redressage, attendu qu'il forceroit la matiere à s'allonger du côté convexe, tandis qu'il ne faut faire allonger que le côté concave.

La Figure 53 représente un Compas d'épaisseur, qui sert à prendre, par exemple, l'épaisseur d'une boule ; mais lorsque le clou est bien placé au milieu, & qu'on veut s'assurer de l'épaisseur de quelque objet creux au centre & épais des bords, alors on porte la partie *R* sur l'endroit qu'on veut mesurer, & la partie *S* indique l'épaisseur juste.

CHAPITRE HUITIEME.

Description de la Boutique du Coutelier ; emplacement des Outils ; des Armoires, des Tiroirs à renfermer les Ouvrages ; maniere de marquer les Rabillages : attitudes des différents genres de travaux du Coutelier.

Il faut supposer que la Forge soit placée avec ses dépendances derriere la cloison dans l'arriere-Boutique, ainsi que les Roues & les Tourneurs ; du reste la Planche 12 fait voir la disposition de la Boutique du Coutelier, laquelle est tout ensemble laboratoire & marchande.

Planche 12.

L'entrée est au milieu en *A* ; de droit & de gauche sont placés deux Etablis, portant chacun deux étaux *b b, b b*.

La Figure 2 représente un Ouvrier qui taraude à la main une vis de Ciseau, ainsi que tous autres petits trous ou vis qui ont besoin d'être taraudés.

La Figure 4 représente les positions pour dresser une piece trempée & recuite. Cette opération se fait sur le petit tas à tête ronde qui est serré dans l'étau ; on pose le côté convexe de l'instrument sur le tas *C*, & l'on frappe à petits coups de marteau à dresser, sur le côté concave, observant toujours de faire bien porter la piece d'à-plomb, afin que le tranchant du marteau touche exactement la piece sur le point du support ; car il n'en est pas du redressage d'une piece d'acier trempée, comme d'une qui ne l'est pas, & comme un grand nombre de Couteliers le croient ; l'acier trempé n'obéit pas facilement : il faut le forcer à obéir au moyen d'un marteau dont la tête est à tranchant. Or, ce tranchant entre un peu dans la matiere, y fait de petites impressions qui étant multipliées sur le côté concave, ce côté s'allonge insensiblement, & devient d'égale longueur que le côté convexe : voilà comme se fait le redressement. Si l'on posoit la piece à faux sur le tas, elle se romproit.

En *B*, sont les limes rangées à un ratelier ; en *D*, sont tous les petits outils pour différents usages, comme Poinçons, Ciselets, petites Limes, Marteaux, &c. En *E*, sont les Forets avec leurs boîtes.

La Figure 5 fait voir la maniere de dégraisser les Meules. On tient le fer à régler d'une main *f*, les deux doigts de l'autre main sont appuyés sur le bout du fer à régler ; dans cette position on fait tourner l'outil sur la meule, le promenant d'un endroit à l'autre ; cela fait, il faut détacher les grains de limaille qui sont attachés sur la meule en grande quantité, & qui, sans cette maniere facile & prompte de les ôter, empêcheroient la meule de mordre.

La Figure 6 fait voir comment on polit en long, & nous donnons pour exemple le dos d'une lame de Ciseau ; une main tient l'anneau & la branche *i* en bas ; l'autre main en haut *K*, tient la pointe de lame entre le pouce & l'index seulement. Pour faire mieux appercevoir la position des mains & celle des Ciseaux & du fer à régler, on a mis la meule à découvert, en supprimant le chevalet & la planche.

A R T I C L E   P R E M I E R.

De la disposition de la Boutique des Couteliers.

COMME les Couteliers sont Maîtres & Marchands, ils doivent avoir un Attelier où plusieurs Ouvriers travaillent ; & en outre leur Boutique doit être un magasin où l'on trouve des ouvrages tout faits, & la Maîtresse doit veiller à ce que tout y soit en ordre avec propreté & décence ; pour cela il doit y avoir autour de la Boutique, des Armoires vitrées *M, M, M, M,* (*) fermantes à clef, dans lesquelles la poussiere & l'humidité ne pénetrent pas, afin que les ouvrages d'acier qui y sont exposés, ne rouillent pas : elles doivent être à 4 ou 5 pieds de terre, & avoir 3 ou 4 pouces de profondeur. C'est dans ces Armoires qu'on arrange avec goût les grands instruments, qui étant entretenus bien propres, font un bel effet.

A l'égard des instruments de petit volume, qu'on doit avoir en quantité, tels que les Couteaux de différentes sortes, les Ciseaux, les Canifs, les Rasoirs, &c ; on les met dans des tiroirs qui sont au-dessous des corps d'Armoires dont nous venons de parler, mettant chaque espece à part ; & afin de trouver promptement ce dont on a besoin, on colle sur chaque tiroir une étiquette qui indique ce qui y est renfermé. Ces tiroirs feront de différentes grandeurs, depuis un pouce d'épaisseur jusqu'à 4, suivant les instruments qui doivent y être renfermés.

La Maîtresse qui est au comptoir, doit avoir soin d'essuyer avec un linge fin & élimé, les instruments, sur-tout ceux qu'on a maniés, afin que la rouille ne les attaque pas. On peut consulter les *Fig.* 8 & 10, *Pl.* 12 ; & on voit *Fig.* 3, comment on doit arranger les ouvrages dans les tiroirs.

On apporte souvent chez les Couteliers des Ciseaux, des Canifs, des Couteaux, des Rasoirs à repasser, & il faut que la Maîtresse qui est au comptoir, les tienne en ordre pour les rendre à ceux qui les ont apportés ; pour éviter toute confusion, on doit marquer les Ciseaux en attachant avec un fil, à un des anneaux, ou le nom de celui qui les a apportés, ou un numéro qui soit relatif au nombre des pieces, ou le nom des propriétaires écrit en entier. A l'égard de plusieurs autres instruments, on met quelquefois le numéro sur le manche de l'instrument. Chacun peut adopter une maniere de marquer ces instruments ; mais il faut toujours être en état d'éviter la confusion, & de rendre à chacun l'instrument qu'il a apporté.

(*) On les appelle vulgairement *Montres*, ainsi que celles qu'on met sur l'appui de la Boutique en dehors ; le fond de ces Montres est garni avec du papier blanc cloué.

ARTICLE

ARTICLE SECOND.

Maniere de cimenter les Couteaux & les Canifs.

LA Figure 11 repréſente la maniere de cimenter ou de maſtiquer un Couteau à gaîne. On commence par mettre la queue de la lame au feu ; pendant qu'elle chauffe, on emplit le trou du manche avec du ciment en poudre tant qu'il en peut contenir, ce qu'on fait à l'aide d'une carte ; quand la queue eſt un peu chaude, on la préſente au trou, on la force d'entrer, parce que ſa chaleur fait fondre le ciment, & par ce moyen la queue ſe fait place.

Lorſque la mitre eſt arrivée ſur la virole, on reſſort la queue du trou, on la trempe dans le ciment *N*, pour qu'il s'y en attache ; on la remet dans le trou, & l'on réitere cette manœuvre juſqu'à ce qu'on ſente que le ciment s'épaiſſit ; quand il eſt parvenu à ce point, on ajuſte bien la mitre ſur la virole, de ſorte que tous les pans ſoient à leurs places : on la laiſſe un peu refroidir entre les mains en la tenant ferme. On obſerve dans cette opération de ne pas chauffer la queue à blanc, ni même couleur de ceriſe : il ſuffit qu'elle ſoit couleur de cuivre rouge, parce que l'acier ſe trempe dans le ciment auſſi dur que dans l'eau ; de ſorte que quand on va pour river la queue au bout du manche, ni la lime ni le marteau ne peuvent y mordre, & ſi l'on veut forcer, la queue caſſe dans le manche.

La Figure 12 repréſente la maniere de cimenter les Canifs, les Grattoirs, & tous les autres petits inſtruments de pareille force ou à-peu-près, parce qu'on ne peut pas faire chauffer de petites queues au feu, ſans détremper les lames. Pour obvier à cet inconvénient, on prend la lame avec une paire de pinces le plus près de la queue qu'il eſt poſſible ; on la chauffe à la flamme d'une chandelle ; quand elle eſt chaude, on la fait entrer dans le trou du manche déja plein de ciment : on la retire pour la tremper dans le ciment à deux ou trois repriſes, afin d'en faire entrer le plus qu'il eſt poſſible.

§. I. *Compoſition du Maſtic ou Ciment.*

LE *Maſtic* ou *Ciment* des Couteliers, ſe fait avec de la brique broyée aſſez fin ſur la plaque à l'émeri, & de la poix-réſine broyée de même : la doſe de l'une & de l'autre eſt quatre parties de réſine & une partie de brique, leſquelles ſont bien mêlées enſemble. On ajoute une partie de cire jaune, pour que le maſtic ſoit moins caſſant.

§. II. *Maniere de polir les Manches.*

L a Figure 13 repréfente la maniere de polir les Manches au frottoir. D'une main on tient la piece, on l'applique fur un morceau de chapeau qui eft pofé fur l'établi ; de l'autre main on tient le frottoir, on l'appuie & on le frotte vivement fur le Manche : ce frottoir eft fait avec une bande de chapeau de 2 ou 3 pouces de large, fur 8 ou 9 de long, qu'on roule fur lui-même fermement ; on fait à peu-près comme une partie de carotte de tabac, laquelle on lie avec une ficelle comme le défigne la *Fig. o* ; on a à côté de foi le pot *z*, où l'on prend la drogue propre à polir, avec une broche, on en met fur le frottoir & fur le Manche.

La Figure 14 fait voir la méthode de polir au buffle : on pofe fa piece fur un morceau de chapeau ; on prend le buffle fur lequel on a mis la drogue, & l'on en polit le Manche à force ; c'eft par cette méthode qu'on polit bien vivement, parce qu'on a l'aifance de frotter tantôt en long, tantôt en travers & en demi-travers ; mais il faut que la poudre avec quoi l'on polit, foit bien broyée, fans quoi on fait des traits fur tous les pans.

Le buffle n'eft autre chofe qu'une bande de chapeau ou de buffle, collée fur un morceau de bois qui porte 10 ou 12 pouces de longueur, fur un pouce de largeur ou environ, & qui a 4 ou 5 lignes d'épaiffeur. *Voyez la Figure P.*

§. III. *Maniere de couper & d'eftamper les Rofettes.*

L a Figure 15 repréfente la maniere de couper & d'eftamper des Rofettes, foit d'or, d'argent, de cuivre ou de fer-blanc ; ce qui fe fait fur un plomb de 12 ou 15 livres pefant, dans lequel il y a un peu d'étain ; pour qu'il foit plus dur, on met ce plomb fur l'enclume, le métal placé fur le plomb, le Rofetier à emporte-piece fur le plané, on donne un ou deux coups de marteau ; la Rofette s'eftampe & fe coupe : elle refte dans le plomb ; mais on la fait fortir avec la pointe d'un petit foret *R*, & on la met dans une boîte *S*, qui eft diftribuée par cafes, & dans chaque cafe on met enfemble chaque efpece de Rofette.

Plufieurs Couteliers font les Rofetiers eux-mêmes ; mais comme d'autres ont de la peine à s'en procurer, je vais donner la maniere de les faire. On forge un morceau d'acier bien fain de 6 ou 7 pouces de long, & de 8 ou 9 lignes de groffeur en quarré ; on le fait bien recuire au feu de charbon de bois ; enfuite on le lime à fa volonté ; mais il fuffit que le bout qu'on veut travailler foit limé d'équerre ; après quoi on prend un petit cifelet & l'on cifele tout le tour du pivot, comme on le voit en *t*, *Fig. 16.*

La Figure 17 repréfente une fraife propre à faire un Rofetier ; c'eft une efpece de foret fait avec de bon acier : fon épaiffeur eft repréfentée par la *Fig. 18.* On perce un trou au milieu, comme l'indique la ligne *u* ; après quoi on fixe la hauteur fuivant la profondeur qu'on veut donner au Rofetier, & l'on y fait autant de filets qu'on veut ; le bout de la fraife, en partant du ras du trou, eft tranchant des deux côtés, comme un foret ; enfuite on le trempe bien, & on lui donne un petit recuit couleur de paille feulement.

Cette fraife ainfi difpofée, on la met dans une boîte à foret : on ferre le Rofetier dans l'étau, & comme fi on vouloit faire un trou dans de l'acier, on fait mouvoir l'archet : on a foin de mettre le pivot, qu'on a réfervé au Rofettier *Fig.* 16, dans le trou *u* de la fraife *Fig.* 17, pour qu'il s'y tienne folidement. Les coups d'archet font tout l'ouvrage, parce que la fraife eft arrêtée par le pivot, tandis que les deux aîles *x x*, *Fig.* 17, font les fonctions du foret : il fuffit que ces deux aîles foient bien paralleles. Enfin fuppofons le Rofetier fuffifamment fraifé, il faut mettre une goutte d'huile à la fraife, donner cinq ou fix coups d'archet : cette opération avance beaucoup le poli ; ce qui étant fait, il faut faire le tranchant du Rofetier : il s'exécute en limant tout le tour jufqu'au filet, toujours en arrondiffant fur le bois à limer ; enfuite il faut tremper ce Rofetier couleur de cerife, & le recuire couleur de cuivre rouge : enfin il faut le polir. Pour cela on prend un morceau de bois blanc, on le difpofe comme un foret, pour le faire entrer dans une boîte ; on perce un petit trou, comme on a fait à la fraife, de forte que le bois fe modele dans le Rofetier même avec l'émeri ; on n'a qu'à faire jouer l'archet, & le Rofetier fe polit à merveille. Toutes fortes de Rofetiers fe font de même. On voit 1, 2, 3, 4, 5, des Rofetiers différents ; cependant toute la différence ne confifte que dans la fraife ; on lui fait les filets que l'on veut. Quand on veut faire un Rofetier goudronné comme nº. 5 ; après qu'on l'a fraifé, comme le précédent, on lui fait des goudrons avec un petit cifelet fait en gouge ; on rifle toutes fes gouttieres avec un petit rifloir fait exprès ; & enfin on polit le tout à la main avec de petits morceaux de bois de noyer. Les Rofettes pleines fe font au petit tour & à l'archet.

§. IV. *Maniere de percer à l'Archet.*

La Figure 19 repréfente la pofition pour percer & fraifer à l'Archet, en appuyant de la poitrine, foit fer, acier, or, argent, cuivre, bois, ivoire, &c ; toutes ces matieres fe percent de même. C'eft un grand Art de percer bien droit ; car la piece la mieux forgée, la mieux limée & la mieux polie, eft gâtée fi elle a un trou mal percé ; la plus grande attention qu'on doit porter, quand on perce un trou un peu profond, c'eft de changer fouvent la pofition de la piece qu'on perce. Je fuppofe qu'on ait une épaiffeur de 6 lignes à percer, il faut tourner fa piece du haut en bas dans l'étau, au moins quatre fois. J'ofe affurer qu'avec cette méthode je perce un trou de 6 pouces de longueur dans une piece de 4 lignes d'épaiffeur, bien entendu dans de l'acier, & dont le foret n'a que 2 lignes de large ; rarement il varie de plus d'une ligne, & quelquefois moins. Le Trois-

PLANCHE
14.

quarts de M. Foubert pour la taille, exige cet ouvrage, qui eſt peut-être le trou le plus difficile à percer qu'il y ait dans tous les Arts. On doit obſerver, en perçant, qu'il faut élever un peu la palette, parce que le foret monte plutôt que de deſcendre.

§. V. *Maniere de percer au Chevalet.*

La Figure 20 indique les poſitions pour percer au Chevalet. Cette méthode exige de ſe tenir ferme & droit, appuyant ſur le foret à meſure qu'on pouſſe l'archet en avant, & ne pas ceſſer de tourner le manche dans la main à chaque coup d'archet, & même pendant qu'on donne le coup, autrement on perceroit tout de travers. C'eſt ainſi qu'on perce tous les Manches de Couteaux de table & à gâine, dont la lame eſt à queue. On y perce auſſi les manches des Canifs, des Grattoirs & autres choſes ſemblables.

§. VI. *Maniere de percer à la Pointe.*

La Figure 21 montre la maniere de percer le fer, l'acier, & tous les autres métaux, au poinçon, appellé auſſi *la Pointe.* On tient la Pointe entre le pouce, l'index & celui du milieu; on la poſe perpendiculairement ſur le trou qui eſt déja contre-marqué; vis-à-vis eſt une piece de fer percée de pluſieurs trous pour recevoir le morceau que la pointe chaſſe, après un ou deux coups de marteau.

§. VII. *Maniere de gratteler les Manches.*

La Figure 22 montre la maniere de gratteler les Manches après qu'ils ſont limés : c'eſt avec cet outil qu'on emporte les traits de la lime ſur toutes les ma-tieres qu'on emploie pour faire les Manches, l'ivoire, la nacre, l'écaille, les bois, la corne, &c.

La Figure 23 indique la maniere de tirer des filets ſur les Manches, & la Fi-gure 24 celle de canneler ou ciſeler les métaux.

§. VIII. *Ce que c'eſt que Brunir.*

La Figure 25 enſeigne la maniere de brunir avec le grand Bruniſſoir, tenant d'une main le manche du Bruniſſoir qui eſt de bois; de l'autre main, qui eſt placée en avant, on fait marcher le Bruniſſoir, l'appuyant fortement ſur la piece : elle s'unit & devient luiſante. Pluſieurs Couteliers, pour accélérer l'ou-vrage, bruniſſent à l'eau, d'autres à la ſalive; mais ni l'un ni l'autre ne valent abſolument rien; l'ouvrage ſe rouille preſque auſſi-tôt qu'il eſt fini : il faut au contraire brunir à ſec, & que l'ouvrage poſe ſur un linge blanc & bien ſec : à meſure qu'on brunit, il faut eſſuyer l'ouvrage ainſi que l'outil.

§. IX.

§. IX. *Façon d'ébaucher les Manches à la Plaine.*

La Figure 26 indique la maniere de chapoter ou dégroſſir les Manches de bois à la plaine, bien entendu que c'eſt quand on n'a pas pris la peine de débiter le bois à la ſcie, mais qu'on l'a refendu au marteau & au couperet ou coutre.

§. X. *Maniere de mandriner les Viroles.*

La Figure 27 indique la maniere de mandriner les Viroles d'or, d'argent ou de cuivre, en frappant à petits coups de marteau ſur la virole dans laquelle eſt le mandrin. On fait attention à frapper plus légérement ſur la ſoudure qu'ailleurs, parce que la ſoudure eſt toujours plus aigre que la matiere même, de maniere qu'un coup de marteau appliqué trop bruſquement fait ſéparer la ſoudure, & par conſéquent caſſer la virole.

CHAPITRE NEUVIEME.

Maniere de ſcier, dreſſer & diſpoſer toutes les eſpeces de Cornes, pour les employer aux Manches de tous les Ouvrages de Coutellerie; avec la deſcription des Outils néceſſaires à ces opérations.

On débite les Cornes en les ſciant par morceaux pour en faire des Manches de Couteaux, &c; mais pour en tirer un parti convenable & économique, chaque eſpece de Corne demande des pratiques différentes, tant pour les ſcier que pour les chauffer & les dreſſer. C'eſt pourquoi nous traiterons ſéparément de chacune de ces opérations, après avoir fait connoître les Outils qui y ſont propres.

§. I. *Des Outils propres au ſciage des Cornes.*

Il faut un pied-de-Roi *g*, diviſé en pouces & en lignes, un crayon *H*, un étau fort, attaché ſolidement à l'établi, & une ſcie à feuillet étroit & à petites dents *R*. (*Voyez Fig. 9, Pl. 2*).

Planche 15.

Notez qu'un feuillet étroit eſt indiſpenſable, parce qu'il faut ſuivre les différents contours des cornes; car on les voit ſouvent qui repréſentent deux demi-cercles réunis bout-à-bout en ſens contraires.

Pour ôter les galles qui ſe trouvent aux cornes, il faut une rape, *Fig.* 10, ou une écouhaine *X*, une gouge *i*, pour les évuider en dedans, ce qu'on appelle *gouger*, un moyen maillet ou un marteau *K*, une forge complette allumée avec

COUTELIER. I. Part.　　　　　　　　V

du charbon de bois, *Fig.* 11, une paire de tenailles *M*, deux plaques de fer paralleles, *Fig.* 12, & un couteau, *Fig.* 13, monté sur un long manche de bois, dont l'usage est de donner à chaud la forme convenable aux Manches faits des cornes de mouton, de bélier & de bouc.

Pour dépecer une corne avec économie, il faut premiérement l'examiner & prendre ses dimensions pour tracer les Manches, commençant par avoir égard à leur longueur, ensuite à leur largeur ; & quand on a pris ses dimensions, il faut les tracer au crayon.

§. II. *Scier & dresser les Cornes de Mouton, de Bouc & de Bélier.*

Une corne de mouton, qui porte 12 pouces de longueur, peut faire quatre Manches, deux de 5 pouces par la convexité *H*, & deux de 4 par la concavité *K*, en dirigeant les lignes, ainsi qu'il est indiqué sur la *Fig.* 4, en *H* & en *K*, *Pl.* 2. Si la corne de bouc, *Fig.* 3, a la longueur de la précédente, savoir 12 pouces, elle produira la même quantité, & même les Manches se trouveront plus longs, parce que la corne est droite ; ainsi lorsqu'on a tracé les lignes, on met la corne dans l'étau, on suit exactement le trait du crayon avec la scie : avec cette attention on débite la corne avec avantage.

Quand ces cornes sont sciées, elles n'ont besoin ni d'être gougées ni d'être rapées ; il faut les prendre avec les tenailles *M*, & les chauffer au feu, comme il est représenté *Fig.* 11. *Pl.* 15.

La connoissance du dégré de chaleur est essentielle ; car si la corne est trop chauffée, elle se brûle & se casse en la travaillant ; si, craignant de la brûler, on la chauffe trop peu, il n'est pas possible de la faire rester droite ; une heure après ou environ, elle reprend sa premiere courbure, au moins en partie. Il est donc indispensable de bien connoître le juste degré de chaleur, non-seulement pour ménager sa solidité, mais encore pour accélérer l'opération : attachons-nous donc à ce point.

Ayant constamment une main à la branloire, on anime le feu lentement ; on a l'attention que la flamme ne fasse que paroître & disparoître alternativement : pendant ce temps on promene la corne sur le feu, & de temps à autre on tâte avec les doigts pour connoître si elle obéit un peu.

Pour qu'elle soit chaude comme il convient, il faut qu'elle paroisse un peu grillée sur la surface, qu'elle obéisse assez aisément aux efforts qu'on lui fait faire avec la main & les tenailles, que la chaleur soit telle, qu'on ne puisse pas la tenir dans la main plus de 4 ou 5 secondes sans sentir qu'on va se brûler si on ne la lâche.

Etant à ce point, on la porte dans l'étau, *Fig.* 9, pour lui donner la forme qu'elle doit avoir ; on la dégage avec le Couteau, *Fig.* 13 ; & quand tout l'excédent de la largeur en est ôté, on en prend un bout dans les tenailles, &

on la force à se redresser, ce qui s'exécute en donnant de petites secousses de droite à gauche, & de haut en bas. Le bout qu'on tient dans les tenailles étant droit, on le serre dans l'étau, & l'on redresse l'autre bout comme on a fait le premier. Enfin le Manche étant droit, on le met promptement entre deux plaques *c c*, *Fig.* 14, & l'on serre le tout dans l'étau pour laisser refroidir le Manche pendant qu'on en chauffe un autre.

En Languedoc & dans le Forez, sur-tout à Saint-Etienne, il y a des Ouvriers qu'on appelle *Cornassaires* : ils ne font que dresser des cornes pour faire des Manches de ces Couteaux appellés *à la Capucine* & *Eustache Dubois* ; ils font aussi des châsses de Rasoirs ; & au lieu de deux plaques de fer, ils ont des étaux faits exprès, dont les mâchoires portent 10 à 12 pouces de longueur sur 2 pouces d'épaisseur. Je ne m'étendrai pas davantage sur ce travail, M. Fougeroux de Bondaroy ayant pris la peine de le décrire sur les lieux.

§. III. *Scier & dresser les Cornes de Bœuf.*

Le débit des cornes de bœuf est tout différent de celui des cornes de mouton, &c. Je prends pour exemple la corne de bœuf, *Fig.* 5. Pour en tirer un parti avantageux, il faut d'abord emporter avec une lime toutes les petites galles & les pailles qui se rencontrent à la surface, ayant soin de ne pas limer plus qu'il ne faut, afin de conserver toute la marbrure qui fait toute la beauté de la corne. Il faut cependant en emporter suffisamment pour qu'il n'y reste point de galle, quand même on devroit y faire des cavités. L'essentiel est qu'elle ait assez d'épaisseur pour supporter le travail. Au reste, toutes ces précautions ne sont d'usage que pour les cornes marbrées.

Quand la corne est nétoyée, il faut commencer par scier la gorge marquée par la ligne *I L*, *Fig.* 5, *Pl.* 2, ce qui s'exécute en la serrant dans l'étau, comme l'indique la *Fig.* 15, *Pl.* 15 ; ensuite d'un trait de crayon on marque la première longueur qu'on veut lever : supposons-la sur la ligne *M N*. On trace ensuite une seconde longueur & une troisieme, si la corne le permet ; mais il y a toujours une fausse longueur qui se trouve au petit bout : on essaye toujours qu'elle puisse servir à quelque chose, comme un manche de fort Couteau de cuisine, ou s'il est trop petit, un manche de Poinçon.

La bonne économie exige qu'on détermine les largeurs des Manches, en traçant des lignes tout autour de la corne, pour déterminer la largeur qu'on veut donner aux Manches, & la quantité que la corne en peut fournir. Les lignes *g*, *H*, *j*, *Fig.* 16, *Pl.* 15, désignent ce que je veux dire. Ayant donc tracé ces lignes, on serre la corne dans l'étau *A*, *Fig.* 17, & l'on fait attention que le trait de la scie suive les lignes de crayon.

Une grosse corne permet quelquefois qu'on la scie de longueur ; mais le plus souvent on la scie en travers, l'ayant assujettie dans l'étau verticalement, comme à la *Fig.* 17.

Ayant débité toute la corne par Manches, il faut l'ébarber tout autour, afin qu'en la ferrant dans l'étau, les bords ne s'écaillent pas. Quand elle eſt ainſi préparée, il faut la travailler à la gouge en dedans, pour la mettre par-tout d'égale épaiſſeur. Pour cela on met la *côte* (*) dans l'étau *E*, *Fig.* 18 ; d'une main on prend la gouge, de l'autre le marteau, & l'on travaille à petits coups dans l'attitude repréſentée par la *Fig.* 18.

Il eſt bon de remarquer qu'avant de ſcier la corne, nous emportons toutes les galles ; & comme cela occaſionne des creux ſur la ſurface du dehors de la corne, il s'agit, en la gougeant, de rendre l'épaiſſeur égale par-tout ; & pour y réuſſir, il faut, avec la gouge, creuſer adroitement ſous les boſſes qu'on a laiſſées en deſſus, juſqu'à ce que les creux du deſſus faſſent boſſe en dedans ; alors la côte ſe dreſſera bien.

La corne de bœuf a beſoin d'un préſervatif ſur le feu ; pour cet effet il faut l'oindre d'un peu d'huile d'olive, enſuite la prendre avec les tenailles & la préſenter au feu dans l'attitude de la *Fig.* 11. Nous avons dit qu'il falloit un peu de flamme pour chauffer la corne de mouton ; mais il n'en faut point à celle de bœuf : la ſeule chaleur de braſier de charbon de bois ſuffit ; & ſi le feu flambe malgré ſoi, il faut en éloigner la corne : quand elle eſt courbe ſur tous les ſens, il faut la dreſſer un peu à la main ; pour y parvenir, quand elle eſt au degré de chaleur convenable, on la tourmente un peu en tenant un bout dans les tenailles, & l'autre avec la main enveloppée avec un coin du tablier, de peur de ſe brûler avec l'huile. On connoît que la corne de bœuf eſt chauffée à propos lorſqu'elle eſt ſouple & liante à volonté, ſans qu'elle ſoit grillée par l'action du feu ; quand elle eſt en cet état, on la met entre les deux plaques de fer, & l'on ſerre bien le tout dans l'étau, comme le repréſente la *Fig.* 14, ſuppoſant le Manche entre *C, C*.

§. IV. *Scier & dreſſer les Cornes* ou *Bois de Cerf.*

La corne de cerf exige des préparations particulieres. Je prens pour exemple le bois de cerf repréſenté par la *Fig.* 6, *Pl.* 2. Il faut commencer par le ſéparer en deux par un trait de ſcie ſur les lignes *O P* ; après quoi on ſcie tous les cornichons au raz de leur naiſſance, afin de les mettre à profit ; chacun fait ſouvent un Manche, moyennant qu'on les ſcie en deux bien au milieu. Les forts ſont propres à faire une Serpette de la premiere force ; les moyens le ſont pour une moyenne ; les longs donneront un Couteau à poinçon, & les petits un Manche de Greffoir. Il eſt inutile de faire des figures particulieres pour cette corne. Elle s'applique à l'étau comme une corne de bœuf. Pour ſcier les cornichons, on voit la poſition à la *Fig.* 17, *Pl.* 15. La corne étant dégarnie de

---

(*) Un Manche de Couteau à reſſort eſt fait de deux morceaux, &, en terme de l'Art, on appelle chaque morceau *côte.*

tous les cornichons, il faut, pour la débiter, commencer par faire les divisions pour les longueurs dont on a besoin, & les marquer avec un crayon ou avec la quarre d'une lime, ensuite la mettre dans l'étau en travers, de même que la corne de bœuf, *Fig.* 15, & scier tous les tronçons qu'on a marqués. Ces tronçons étant débités, il faut examiner la grosseur de la corne, pour voir si l'on peut faire quatre, trois, ou au moins deux côtes; après avoir tracé chaque côte avec le crayon par des lignes qui doivent servir de guide à la scie, serrez ensuite le morceau dans l'étau, & sciez les côtes verticalement, & suivant les divisions que vous aurez faites.

La corne & tous les cornichons étant débités, il faut les dégrossir tous à la rape, & les mettre à peu-près de la largeur de la forme qu'on les desire. Quant à l'épaisseur, il faut les amincir le plus qu'il est possible, en rapant au-dedans de la corne, pour en emporter presque toute la moëlle, autant que l'épaisseur le permet, parce que cette moëlle est toujours nuisible au dressage. Cependant il ne faut pas la creuser, mais donner ses coups de rape bien à plat, & avoir soin de les appareiller en mettant une courbe en dehors avec une semblable, ainsi des autres.

Chaque côte de manche ainsi disposée, il faut les mettre tremper dans de l'eau pendant deux ou trois jours avant de les dresser, parce que cette matiere, qui contient peu de parties huileuses, est fort dure au redressage; il est donc convenable de lui faire acquérir un degré de souplesse que l'eau lui communique.

Dans le cas où l'on n'a pas le temps de la faire tremper suffisamment, on peut la faire bouillir dans l'eau un instant, & l'exposer toute chaude à la chaleur du feu de charbon de bois, ou bien (ce qui est plus prompt) on enveloppe la côte dans un petit chiffon mouillé & on l'expose au feu. De tous ces moyens, le plus sûr est celui de la laisser tremper dans l'eau.

Quand la côte a bien trempé, il s'agit de la chauffer: cette opération, je l'avoue, demande beaucoup d'attention & d'adresse, sans quoi on est dans le cas de perdre la moitié de la corne: si on la chauffe trop, elle se brûle & se casse infailliblement en la dressant; si elle n'est pas chauffée à son point, elle casse également comme si elle étoit brûlée, parce qu'elle n'a pas atteint le degré de chaleur convenable pour la rendre assez souple, pour que l'Ouvrier la fasse obéir à son gré.

Tirons à présent une côte du seau *K, Pl.* 15, & toute mouillée, pinçons-la par un des bouts avec des tenailles, pour l'exposer au feu dans la position *M,* marquée par la *Fig.* 11; pendant qu'elle est exposée au feu, on donne de petits coups de soufflet; mais il faut éviter que la corne ne touche ni la flamme ni les charbons; pour cet effet il faut la promener continuellement d'un bout à l'autre, ayant soin de changer le bout qui est dans les tenailles, pour le faire chauffer à son tour. Quand l'eau est séchée, il faut retremper la corne dans l'eau & la rechauffer de nouveau pour faire sécher encore l'eau. Cette méthode est très-bonne, parce que l'eau empêche que la furface ne brûle, & le centre a le temps de s'échauffer. On peut la tremper & la chauffer quatre ou cinq fois ; mais dès la troifieme fois il faut la fonder, pour éprouver fi elle obéit un peu à la main. Lorfqu'elle eft parvenue à ce point, c'eft-à-dire, que l'on peut à peine en fupporter la chaleur à la main, & qu'elle obéit à de petits efforts, il eft temps de la retirer du feu pour la mettre dans l'étau par un bout, comme l'indique la *Fig.* 19, afin de la tourmenter par de légeres fecouffes de droit & de gauche, en la tenant par l'autre bout avec les tenailles *B*, *Fig.* 9. Il eft aifé de concevoir que par cette opération le côté concave doit s'allonger en même temps que le convexe fe raccourcit.

Il faut ici non-feulement de l'adreffe, mais encore beaucoup de diligence, afin de profiter de la chaleur, parce que s'il falloit faire chauffer une feconde fois la même côte, tout le temps qu'on y a employé avant feroit perdu, par la raifon qu'en la rechauffant, elle reprend la même forme qu'elle avoit au fortir de l'eau, ou à peu de chofe près. Enfin quand on voit que la côte eft droite, qu'on fent qu'elle n'obéit plus, & qu'elle eft prefque froide, il faut la mettre entre deux plaques de bois & la ferrer dans l'étau pour qu'elle acheve de fe refroidir : l'efpace de temps qu'on eft à en chauffer une autre fuffit.

Si la côte étoit bien courbée, foit en dehors ou en dedans de la moëlle, il faudroit deux plaques (toujours de bois pour la corne de cerf, parce que les plaques de fer écraferoient les grains qui font la beauté de ces cornes) ; deux plaques, dis-je, dont l'une eft concave & l'autre convexe, ayant foin de mettre les courbures à contre-fens, c'eft-à-dire, que le côté convexe de la côte pofe fur le côté concave de la platine, comme on le voit à la *Fig.* 20.

Beaucoup de Couteliers ont l'habitude de jetter les Manches dans l'eau à mefure qu'ils les dreffent, & les y laiffent fe refroidir ; mais rien de plus inutile : la corne une fois dreffée n'a plus befoin ni d'amolliffement, ni d'humidité ; au contraire il lui faut de la fechereffe pour l'employer folidement.

En général, pour l'honneur des Couteliers, & la folidité des ouvrages, (comme nous l'avons déja remarqué) on ne doit employer les cornes qu'après les avoir fait fécher étant dreffées, ce qui exige au moins l'efpace de trois mois ; après qu'elles feront dégroffies à la rape, & qu'on en aura emporté la craffe du redreffage & les inégalités, il faut les attacher enfemble par paquets de 12 ou 15, les lier avec une corde, & les mettre dans un grenier à l'abri du foleil & de la pluie.

CHAPITRE DIXIEME.

Maniere de débiter avec économie & de travailler les différentes especes de Bois des Indes, comme l'Ebene, le Bois de Rose, le Bois violet, le Palixandre, & les Bois François, pour en faire des Manches de Couteaux & des autres instruments de Coutellerie.

ON débite les Bois de quatre manieres; savoir, par tronçons, par planches, par côtes de droit fil, & par côtes à contre-fil.

PLANCHE 16.

L'Ebene étant noire dans tout son corps (du moins elle doit l'être), se débite d'abord par tronçons, ensuite par côtes ou Manches pleins, le tout de droit fil; il en est de même des Bois de la Chine, du Palixandre, de la Grenadille, de la racine de Buis, du Buis même, & de tous les autres Bois de pays.

Le bois Rose & le Violet se débitent comme l'Ebene, quand il est question de les employer de droit fil; mais la beauté des veines de ces bois, a engagé à faire sortir leurs couleurs sous un jour plus agréable. Pour cela il faut les débiter premiérement par planches, & ensuite à contre-fil. Les Couteliers n'emploient pas de ces bois en assez grande quantité, pour qu'ils soient munis de tréteaux, de grandes scies, & de tous les instruments propres aux Scieurs de long, ce qui nous dispense de mettre ces Figures sous les yeux (*) de nos Lecteurs. Pour éviter les embarras du sciage, on donne une bûche à des Scieurs, ayant soin de leur tracer exactement les épaisseurs des planches qui doivent être de l'épaisseur des Manches, & ils rendent les planches toutes sciées; mais avant de donner une bûche à scier, il faut bien examiner si elle est saine, si les couleurs en sont bien vives, si les veines concentriques sont petites, serrées, agréables, enfin si la bûche vaut la peine d'être employée à contre-fil. Pour s'en assûrer, il est bon de scier soi-même les deux bouts de la bûche (qu'on appelle les *bouts d'évent*) d'une longueur suffisante pour emporter les fentes & les gersures. La Figure 1 représente un bout de bûche de bois Rose, tracée pour être débitée en planches.

La bûche étant débitée par planches, les quatre du centre marquées par 1, 2, 3, 4, sont toujours les plus belles; les deux autres 5 & 6, leur sont inférieures, & les deux dernieres 7 & 8 ne sont pas assez belles pour mériter qu'on les débite à contre-fil; aussi les scie-t-on par tronçons pour être employées de droit fil à faire des Couteaux de table communs.

La Figure 2 représente un Scieur qui débite les bois par tronçons. Il faut avoir

(*) Ces Figures sont décrites par M. Roubo, dans l'Art du Menuisier.

grand ſoin de tracer la bûche au crayon avant de la ſcier, afin de bien diriger les longueurs dont on a beſoin, & de faire en ſorte que le dernier bout puiſſe ſervir à quelque choſe; deux pouces & demi, par exemple, donneront de petits Manches d'inſtruments pour les dents, & des Manches de fuſil, & trois pouces, des Manches de Poinçons.

Quand le bois eſt débité par tronçons, il faut examiner la direction des fentes intérieures; l'Ebene, par exemple, n'eſt jamais ſaine: il s'y trouve des vuides, des ſéparations & des gerçures. La Figure 3 repréſente les fentes qui ſe rencontrent ordinairement dans ce bois: elles partent toujours du centre où auprès; les unes s'étendent dans toute la groſſeur de la bûche *a a*, les autres ſe terminent entre le milieu ou le centre & le bord *b b*. Pour avoir des Manches ſains & ſans fentes, il faut abſolument, avec un marteau & un couperet, ou un morceau de vieux ſabre, ſéparer le bois à l'endroit de ces défauts, en appliquant le tranchant du couperet directement dans la fente, comme il eſt indiqué par la *Fig.* 4. Il faut enſuite mettre ces quartiers de bois dans l'étau *Fig.* 5, & les ſcier en lames de l'épaiſſeur dont on a beſoin. Après les avoir débités en lames, on les ſcie en côtes.

Tout autre bois quelconque, qui s'emploie de droit fil, doit être débité comme l'Ebene, ainſi que nous venons de l'expliquer.

Le bois Roſe & le Violet, méritent d'être employés à contre-fil: il faut, pour les débiter, ſerrer une planche dans l'étau, comme on le voit en *E, Fig.* 6, & en ſcier un bout obliquement, ainſi qu'on le voit en *f*, & l'on emploie ce bout à d'autres petits manches. Ce coin étant ôté, on débite les côtes de telle façon, que l'épaiſſeur de la planche produiſe la largeur de chaque Manche. En ſuivant cette même obliquité, on débite toute la planche à contre-fil. Cette opération produit des côtes *g g*, pour des Manches de Couteaux qui ont un coup-d'œil agréable, parce que les veines concentriques dans la bûche, étant verticales dans la planche, ſe trouvent en travers dans les Manches. Dans ceux qu'on arrondit en amande, les veines forment le croiſſant, dans d'autres elles forment un chevron briſé; c'eſt toujours l'obliquité plus ou moins étendue qui produit cet effet plus ou moins flatteur à la vue.

Beaucoup de Couteliers, croyant diligenter, ne ſe donnent pas la peine de débiter les bois à la ſcie; au contraire, après avoir ſcié leurs tronçons, ils prennent le couperet & le marteau, & fendent tous leurs bois. Cette méthode eſt très-blâmable pour pluſieurs raiſons.

1º. Les coups de marteau tourmentent les fibres du bois au point de lui occaſionner de petites fentes intérieures, qui ſe découvrent par une dilatation provenant de la chaleur cauſée par le foret en perçant les Manches.

2º. Il ſe rencontre preſque toujours au dedans quelques petits nœuds, de ſorte qu'on eſt ſouvent trompé en croyant que le ſecond morceau, que l'on va couper, ſe fendra auſſi bien que le premier: mais un nœud ſe trouve ſur le fil;
cela

cela suffit pour que le morceau se coupe mal : & voilà trois ou quatre Manches
gâtés quelquefois au point de ne pouvoir pas servir.

3°. Il n'est pas possible, par cette méthode, de dépecer les Manches précisément de la grosseur qu'il les faut ; car si l'on ne donne rien de plus que la di-
mension déterminée aux morceaux que l'on fend, les esquilles & les éclats, qui
sont inévitables, ne peuvent pas s'emporter à la rape, sans que le Manche se
trouve trop mince. Il faut donc, pour les avoir sains, les laisser très-gros & les
diminuer à la rape ; mais comme il est certain que l'action de la scie va le double
plus vîte que celle de la rape, & que se servant de la scie on épargne plus de
moitié de la matiere, je ne crois pas qu'après cet examen, mes Confreres restent
davantage dans cette erreur ; s'ils manquent d'outils, qu'ils fassent débiter les
bois par des Tabletiers, à un sol par Manche, comme plusieurs le font.

Il est d'usage de dépecer le bois de Palixandre, ainsi que tout autre bois commun, au couperet & au marteau. J'approuve, si l'on veut, cette méthode pour
les Manches de Canifs & de Grattoirs seulement. On y trouveroit cependant
bien son compte, si l'on vouloit se donner la peine de scier ces bois, on seroit
toujours récompensé par la quantité de Manches de plus qu'on trouveroit,
parce que les nœuds occasionnent toujours beaucoup de perte.

La racine de Buis ne peut pas se fendre au couperet, soit pour des Manches
pleins, soit pour des côtes : il faut la scier comme l'Ebene, ainsi que l'indique
la *Fig.* 5.

De tous les bois, c'est celui de la Chine qui se fend le mieux ; il se sépare
très-bien : malgré cette propriété, il y a toujours beaucoup d'avantages à le
débiter à la scie.

La principale science d'un Scieur, c'est d'avoir le coup d'œil juste pour suivre
toujours exactement le trait pour l'épaisseur ; il faut qu'il sache bien limer la
scie. Pour que cet outil passe bien, il faut un feuillet de 30 pouces de long, sur
2 de large, monté sur un fort arbre de fer, tel que le désigne la *Fig.* 10 de la
seconde Planche. Il faut que les dents ayent 3 lignes de hauteur sur autant de
largeur par leur base, voyez Q , *Fig.* 11 ; que le feuillet soit un peu plus épais
du côté des dents que de l'autre, parce qu'il ne faut point donner de voie aux
dents de ces sortes de scies, comme font les Menuisiers, les Charpentiers, &c,
parce que les dents écartées feroient enlever des esquilles au bois, ce qui importe
peu à l'égard du chêne & du sapin ; mais ce déchet seroit considérable pour
les bois des Indes, parce qu'une petite esquille ou un petit éclat peut occa-
sionner la perte de deux Manches. Les dents de la scie doivent être bien régulieres tant en grosseur qu'en hauteur ; deux inégales suffiroient pour rendre le
trait de scie irrégulier, de maniere, par exemple, que ce qui ne doit avoir
qu'une ligne d'épaisseur égale par-tout, se trouveroit avoir 2 ou 3 lignes dans
un endroit, & dans l'autre il seroit trop mince.

Le Scieur doit être muni de graisse de porc ou de suif, qu'il met sur un morceau de peau d'environ 4 pouces en quarré, le plier en deux, comme on le voit *Fig.* 10, *Pl.* 3, pour en frotter de temps en temps le feuillet, en l'embraffant, pour ainfi dire, dans la peau redoublée. Cette opération donne de la douceur à la fcie : la graiffe la fait mieux paffer, & l'Ouvrier la conduit facilement : il ne doit point appuyer, fon propre poids fuffit. Le Scieur doit fe tenir dans une pofition libre, ayant la main droite au manche de la fcie *i*, *Fig.* 2, *Pl.* 16, la gauche au porte-feuillet *K*, le pied droit derriere, le jarret tendu, le pied gauche devant, à 18 pouces ou environ de diftance l'un de l'autre ; que la pointe du pied de devant foit fur la ligne du pied de l'étau, & le talon en ligne directe avec la boucle du pied de derriere.

Il n'eft pas poffible de fixer ici toutes les longueurs qui font néceffaires pour les Couteaux ; car les goûts varient depuis 2 pouces jufqu'à 8, & même jufqu'à neuf.

Quand le bois eft débité, il faut le mettre dans un endroit qui ne foit ni chaud ni humide ; le feu & le foleil le feroient trop deffécher, il s'y feroit des fentes en quantité ; l'humidité dilateroit trop les pores, & maintiendroit le bois toujours gonflé, de maniere qu'en l'employant encore humide, il auroit le fort de la corne, il fe cafferoit en féchant dans la poche. Il faut donc conferver le bois débité dans une chambre où l'on fait du feu quelquefois, ou dans un endroit fec fans être trop chaud.

CHAPITRE ONZIEME.

Maniere de travailler & débiter la Baleine, l'Ivoire, l'Ecaille de Tortue, & la Nacre de Perle.

La Baleine, l'Ivoire, l'Ecaille & la Nacre de perle, exigent chacune des précautions différentes.

§. I. *De la Baleine.*

Planches 2 & 3.

La Baleine a moins de défauts que les autres matieres ; pour la débiter, on la fcie à peu-près fuivant la même méthode indiquée pour le bois. On commence par fcier le gros bout du fanon d'environ 4 pouces de long, parce qu'il eft toujours creux, par conféquent mauvais, comme on peut le voir en *O*, *Fig.* 7, *Pl.* 2 ; déterminez enfuite vos longueurs, tracez-les, & débitez enfuite tous les tronçons jufqu'à 8 ou 9 pouces de diftance du petit bout qui ne vaut rien, furtout en Coutellerie, parce qu'il fe termine à peu-près en filets.

Quand le fanon eft débité par tronçons, on trace les largeurs & on les débite à la fcie par lames, dans un petit étau ferré dans un gros, comme le défigne la *Fig.* 6. La Baleine ne fe redreffe point à chaud : elle eft ordinairement droite, ou du moins très-peu courbe ; étant débitée, s'il arrive, par exemple, qu'une chaffe de Rafoir foit un peu déjettée, on la force entre les doigts à fe redreffer, & elle obéit.

§. II. *Débit de l'Ivoire.*

L'Ivoire exige plus de foins que la Baleine. Prenons pour exemple la dent, *Fig.* 8, *Pl.* 2, & commençons par en fcier la gorge *D* de la longueur de 4 pouces & demi, parce qu'elle eft trop mince par ce bout, pour être employée à faire des Manches de Couteaux. Cependant cette gorge trouve fa place, parce qu'elle eft d'épaiffeur convenable pour les Manches de Scalpels propres à difféquer.

La gorge fciée, il faut mefurer avec une tringle de bois ou de fil de fer, pour favoir combien il y a de longueur de creux ; affuré de fa profondeur, fuppofons depuis *D* jufqu'en *E*, on a foin de la marquer. On fixe fes longueurs de 4 pouces en 4 pouces, pour faire des Couteaux de table ou d'autres à peuprès femblables. Lorfqu'on eft arrivé au plein, on détermine les longueurs qu'on veut fe procurer, foit de 4 ou 5 ou 6 pouces, &c ; on les marque jufqu'au bout de la dent à 2 pouces près : ce bout eft trop petit pour être débité par côtes ; il fert à un Manche de Poinçon propre à percer le papier, ou d'un autre inftrument qui ne demande pas un plus long Manche.

La dent étant débitée par tronçons, il faut la débiter par côtes & par Manches pleins ; pour cet effet il faut prendre un crayon & le pied-de-Roi, pour fervir de regle & tracer une ligne *A*, *Fig.* 3, fur les deux bouts, la faifant joindre par les côtés, de façon que cette ligne faffe tout le tour du tronçon, comme le fait voir la ligne ponctuée *B B*, à la *Fig.* 4. Enfuite on ferre le tronçon dans l'étau *C*, *Fig.* 5, & d'un trait de fcie l'on partage le tronçon en deux moitiés. Ceci étant exécuté, on trace l'épaiffeur des côtes ou des Manches pleins avec le crayon & le pied-de-Roi fervant de régle. La Figure 6 indique ces lignes qu'il faut fuivre exactement avec la fcie, & enfin débiter en plaques tous les tronçons.

Pour bien fcier l'Ivoire, fur-tout la verte, il ne faut jamais laiffer engager la fcie dans le trait, ce qui arrive très-fréquemment. A l'inftant où l'on fent une très-petite réfiftance, il faut graiffer la fcie. La meilleure méthode cependant eft de fcier l'Ivoire verte à l'eau, c'eft-à-dire, à l'inftant qu'on fent la moindre réfiftance, il faut verfer une cuillerée d'eau dans le trait fans fortir la fcie ; alors l'outil prend fa route. Pour cette méthode on a la précaution d'avoir fur l'établi un petit pot avec de l'eau, & une cuiller pour s'en fervir au befoin.

Il réfulte deux avantages de cette méthode ; l'un de faire couler la fcie plus parfaitement & avec plus de douceur ; l'autre de conferver l'Ivoire fraîche & faine, ce qui eft d'une grande conféquence ; parce que l'action de la fcie échauffe continuellement l'Ivoire, & la fait fendre au point même qu'elle éclatte quelquefois, fur-tout la belle ; mais fi on la fcie à fec, on a un morceau de peau , *Fig.* 10 , avec de la graiffe pour en frotter la fcie. Après avoir fcié tous les tronçons par plaques , il faut les débiter par côtes & par Manches , fuivant les largeurs convenables ; poùr cela il faut marquer les largeurs & ferrer chaque plaque dans l'étau , toujours comme l'indique la *Fig.* 5. On doit avoir foin de ferrer l'étau avec légéreté , & ne pas trop enfoncer les plaques , afin de ne pas gâter la fcie.

La fcie pour fcier l'Ivoire doit être femblable à celle dont on s'eft fervi pour le bois , je veux dire pour ce qui regarde l'arbre ; car il faut que le feuillet foit un peu plus mince , & les dents doivent être un tiers plus petites : deux lignes de hauteur fur autant de largeur dans leur bafe. Sur toutes chofes , fes dents doivent être limées bien réguliérement & avec beaucoup d'exactitude : il n'en faudroit que deux inégales pour faire mal fcier ; de même que quand on a limé chaque dent avec un tiers-point , il fe fait un morfil du côté de la gauche du feuillet ; il faut l'emporter néceffairement , parce qu'on ne feroit point maître de fcier droit fi on le laiffoit.

§. III. *Débit de l'Ecaille.*

Pour fcier l'Ecaille avec économie , il faut d'abord examiner les longueurs dont on a befoin , fi la feuille eft affez longue pour pouvoir produire deux longueurs ; après avoir auffi examiné fi l'épaiffeur des bords eft convenable , il faut commencer par donner le premier trait de fcie au milieu de la feuille & la partager en deux. Si au contraire la largeur de la feuille peut procurer deux longueurs , c'eft par la largeur qu'il faut la fcier en deux.

Pour fcier l'Ecaille , il faut ferrer la feuille dans un petit étau *f*, *Pl.* 3 , & ferrer ce petit étau dans un fort adapté à l'établi , le tout fuivant la *Fig.* 6 ; alors prenez la fcie de la main droite , & préfentez-la fur le trait qu'on a tracé , ayant foin de foutenir de la main gauche la partie *G* , de la feuille que vous voulez fcier. Cette précaution eft indifpenfable , parce que l'Ecaille eft fi mince & fi fragile , que fi l'on ne foutenoit pas chaque morceau , on n'en auroit pas un entier. Ainfi il faut que la main gauche faffe l'office d'un troifieme étau , pour s'oppofer au choc de la fcie. La Figure 6 indique affez clairement cette opération.

Quand on a fcié la feuille en deux , fi chaque moitié peut faire deux longueurs , on les partage en deux ; fi elles n'en peuvent faire qu'une , le bord fcié indique l'épaiffeur de toute la feuille , & par conféquent on eft en état de juger de la poffibilité des longueurs. Or , comme l'épaiffeur diminue jufques fur les bords , il faut rogner chaque bord pour découvrir l'épaiffeur dont on a befoin ; après cela il faut tracer les largeurs dont on a befoin , & débiter ainfi toutes les côtes.

Dans

Dans une feuille d'Ecaille rien n'eſt perdu , moyennant qu'on ait des modeles pour chaque eſpece de Manche ; (nous en parlerons en ſon lieu ;)
on préſente le modele ſur les rognures , & par ſes patrons on en tire un
bon parti : on juge, il eſt vrai, de l'épaiſſeur, au coup d'œil ; mais le patron eſt un juge certain pour la largeur ; d'un coup de pointe on trace le
Manche , & la ſcie fait le reſte. Or du milieu de la feuille on fait des
Manches de Couteaux, enſuite des Châſſes à Raſoir ; lorſque le bord eſt
trop mince pour cet uſage , il ſert pour un Lithotome, enſuite pour un Biſtouri , & enfin pour une Lancette.

PLANCHE
3.

Après le débit de l'Ecaille à la ſcie, il faut la dreſſer : cette opération
n'eſt pas difficile , il ne s'agit que de paſſer le Manche ſur la flamme d'une
chandelle ; il faut cependant prendre garde de ne pas la laiſſer griller : pour
prévenir cet accident , il ne faut pas laiſſer repoſer le Manche ſur la flamme , au contraire il faut le remuer avec vîteſſe : on connoît que l'Ecaille
eſt aſſez chaude , quand elle obéit au moindre effort des doigts ; car on re-
dreſſe l'Ecaille avec les doigts ſeuls , & on lui fait prendre telle forme que
l'on veut , & elle y reſte moyennant qu'on la ſoutienne un peu de temps,
c'eſt-à-dire , qu'elle ſe refroidiſſe un peu dans la forme qu'on déſire.

Comme mon intention eſt de ne rien cacher de tout ce qui peut ſervir
à la perfection de l'Art, je dois donner ici la maniere de ſouder enſemble
deux morceaux d'Ecaille. J'en ai déja parlé plus haut. Suppoſons donc qu'on
ait caſſé un côté de Manche en le débitant ; pour le ſouder , il faut amincir les deux bouts, de la longueur de trois ou quatre lignes, de ſorte que
les deux extrémités ſoient à tranchant, comme le déſigne la *Fig.* 7. dans
le milieu *H*, qui eſt l'endroit de réunion ; il faut que ces deux bouts ſoient
limés vivement & bien ajuſtés enſemble , de ſorte que le jour ne paroiſſe
pas au travers.

Prenez enſuite une bande de papier fort , & deux fois plus large que
l'endroit qu'il faut unir ; ſerrez la côte le plus qu'il ſera poſſible , huit ou
dix tours ſuffiſent ; couvrez enſuite le papier avec des révolutions d'un fil
fort ; faites après chauffer une paire de tenailles bien unies & qui ferment
bien ; quand elles feront au degré de chaleur qu'il faudroit pour paſſer
une papillotte , alors on pince l'Ecaille à l'endroit où doit être la ſoudure ;
appliquant le mors des tenailles ſur le fil ; pour cet effet on tient ces tenailles d'une main & de l'autre un bout de l'Ecaille que l'on balance un peu ,
mais légérement, juſqu'à ce qu'on ſente qu'elle eſt molle , au point de reſter
telle qu'on la met ; alors l'opération eſt finie : on la ſort des tenailles , on
la laiſſe refroidir, on la délie, on ôte le papier , & l'Ecaille eſt ſoudée.

Une feuille d'Ecaille toute blanche eſt très-difficile à trouver ; car elle eſt
toujours en partie blanche, noire & brune ; or ce feroit une perte de choiſir une longueur blanche & de rejetter les autres couleurs en morceaux.

Mais l'art de fouder plufieurs bouts enfemble vient ici à propos , pour fe procurer , à volonté , de l'Ecaille blanche , fans en facrifier d'autre qui a auffi fa beauté.

Pour fcier l'Ecaille , il faut fe fervir d'une fcie plus mince que pour l'Ivoire , parce que les morceaux de l'un ne font pas , à beaucoup près , auffi épais que ceux de l'autre.

Un morceau de reffort de pendule , auquel on fait des dents d'une ligne & demie de hauteur & d'autant de largeur par leur bafe , eft fuffifante pour débiter l'Ecaille.

L'Ecaille & l'Ivoire tendent à fe retirer fur elles-mêmes , & à fe raccourcir ; ainfi il ne faut point les employer en Coutellerie , fans leur avoir laiffé le temps de faire leurs effets par une féchereffe convenable , c'eft-à-dire en les tenant dans une chambre un peu chaude , & encore mieux en les portant dans les poches de la culotte pendant deux ou trois jours. Les Marchands de ces matieres , qui fe vendent à la livre , trouvent mieux leur compte en les tenant dans des caves ou dans des lieux humides , afin de leur procurer plus de pefanteur : mais le Coutelier , qui doit être curieux de la folidité de fon ouvrage , doit peu s'embarraffer d'une petite augmentation du volume & du poids.

§. IV. *Du débit de la Nacre de Perle.*

La Nacre fe débite à la fcie , comme l'Ecaille ; comme cette matiere eft beaucoup plus dure & plus caffante , il faut vaincre cette difficulté par un travail particulier & par beaucoup d'attention.

La *Fig.* 2. repréfente une coquille de Nacre vue intérieurement , & dont il faut tirer plufieurs efpeces de Manches , qui différent tous par leurs épaiffeurs , leurs longueurs , leurs largeurs & leurs formes. Les uns doivent avoir cinq pouces , & d'autres quatre pour des Couteaux de table & à gaîne , appellés *Manches pleins* , & dont ils portent depuis trois lignes d'épaiffeur jufqu'à quatre & cinq ; d'autres de trois pouces & de trois pouces & demi , pour des Couteaux de deffert , ou pour des Manches de fufil ; d'autres de cinq à fix pouces de longueur , mais minces & plats , appellés *côtes* , pour des Couteaux fermants ; d'autres enfin pour des Châffes de Biftouris & de Lancettes.

C'eft en *L* qu'eft l'union de deux coquilles par un ligament qui fert comme de charniere à l'animal pour ouvrir & fermer fa demeure ; ce côté eft le plus épais & le plus fort de toute la coquille ; cette épaiffeur commence en *M*, *P*, & va, en diminuant infenfiblement , fe terminer en *O*, *N*, par fon bord extérieur feulement & fuivant la direction des deux lignes *P*, *N*, & *M*, *O* ; car l'intérieur eft creux & mince.

Pour débiter cette matiere , il faut nécessairement un feuillet de scie trempé , c'est-à-dire , un morceau de ressort de pendule , & choisir le plus épais , lui faire des dents d'une ligne , ou, tout au plus, d'une ligne & demie de hauteur.

Pour scier cette coquille, il faut l'attacher dans le petit étau , & ce petit dans un gros, comme nous l'avons dit en parlant de l'Ecaille , & tel que le désigne la *Fig.* 8.

Après cette précaution , il faut commencer par tracer exactement vos divisions avec des modeles , puis scier le premier trait sur la ligne *M*, *O* , pour avoir le plus gros & le plus long Manche, qui sera de cinq pouces : continuez l'autre trait sur la ligne *P*, *N*, qui pourra fournir le second Manche , qu'il faut supposer de quatre pouces; ensuite, en donnant dans la même position un autre trait de scie sur les deux lignes ponctuées, on aura des Manches pleins de la seconde force.

Après avoir scié les quatre Manches pleins , il faut finir de débiter le reste de la coquille, & en faire des côtes de toute la longueur qu'elles pourront se trouver, ayant toujours soin de suivre les lignes qu'on aura tracées, pour ne pas trouver des Manches trop larges ; car on auroit la double peine de les diminuer : non-seulement la matiere est perdue , mais encore elle est dure & cassante , par conséquent difficile à travailler. La Nacre se scie à sec ; & lorsqu'elle est débitée, elle n'exige point d'attention pour sa conservation. Il faut pourtant avouer que c'est un corps aquatique ; il se plaît mieux dans un lieu humide que dans un chaud.

Il y a à Paris des Tabletiers qui font leur occupation du débit de la Nacre de perle ; & comme presque tous leurs ouvrages, tels que les Etuis, les Tabatieres , les Navettes, les Breloques, &c, n'exigent pas les plus forts morceaux de la Nacre, ils les vendent aux Couteliers 30 & 40 sols la piece , quelquefois 3 ou 4 livres , selon la force , la beauté du Manche & le besoin qu'on en a.

Quand les Tabletiers ont débité les Manches à la scie, ils les ébauchent sur une meule : pour cela ils ont un tonneau préparé pour recevoir une meule de la hauteur d'environ vingt pouces : *Voyez la Fig.* 9. La meule *q* est montée sur un arbre de fer, qu'un homme tourne par la manivelle *R* , qui fait corps avec l'arbre de la meule ; l'Emouleur applique d'une main *T* le morceau de Nacre sur la meule , disposée de façon qu'elle trempe toujours dans l'eau , afin de maintenir toujours la fraîcheur de la Nacre , précaution essentielle , pour que l'échauffement de la meule ne la fasse pas fendre & même jaunir ; car, pour accélérer l'opération, il se sert d'un levier de bois *V*, qu'il applique sur la Nacre, afin de manger plus vîte le superflu de la matiere.

Les Couteliers, qui débitent eux-mêmes , la Nacre , doivent se servir de la plus haute meule de la Boutique : l'effet est à peu-près égal ; il y a cependant cette différence, que le Tabletier appuie quatre fois plus fort avec son le-vier, sans trop fatiguer le Tourneur, parce que sa meule n'éprouve que deux frottements, celui de l'arbre de la meule sur le tonneau, & celui de l'action de la Nacre sur la meule ; au lieu que celle du Coutelier en éprouve six. 1°. Le frottement de l'arbre de la roue sur son pied ; 2°. celui de la corde dans la rainure de la roue ; 3°. celui de la corde dans la poulie de la meule ; 4°. celui des deux pointes de l'arbre de la meule, qui est considérable, 5°. celui du *Rabat-eau*, qui, quoique petit, n'en est pas moins réel ; 6°. enfin celui de l'action de la Nacre sur la meule : mais le Coutelier se trouve récompensé par la vîtesse de la meule, qui étant mue par une roue de six pieds de haut, fait vingt tours dans le même-temps que celle du Tabletier n'en fait que deux.

Après avoir traité de la façon de débiter les Manches, nous allons expli-quer ce qui regarde le fer & l'acier.

CHAPITRE DOUZIEME.

Instructions générales sur la maniere de forger le Fer & l'Acier : manieres de faire des Etoffes propres à quantité d'Instruments de Coutellerie.

PLANCHE 6.

LE fer neuf, comme nous l'avons déjà dit, est presque toujours poreux, pailleux, cendreux & filandreux ; c'est pourquoi il est d'usage en Coutelle-rie, (au moins pour ceux qui veulent se distinguer par la solidité & la beauté de leurs ouvrages) de le corroyer, pour le rendre plus net, plus robuste & beaucoup plus tenace ; (a) par conséquent cette opération lui don-ne des qualités qui sont importantes pour toutes sortes d'ouvrages.

On appelle *corroyer* le fer, l'action d'en souder plusieurs lames ensemble sur leur plat ; ainsi pour corroyer du fer vieux ou neuf, il faut l'étirer en lames à peu-près d'un pouce de largeur & quatre ou cinq lignes d'épaisseur, trois ou cinq lames toutes d'égale longueur & largeur, selon la force de la masse dont on a besoin : on peut en mettre plusieurs, mais de nombre im-pair (b).

Quand on a étiré la quantité de lames qu'on veut, quatre ou cinq ou trois morceaux au moins, on les applique l'une sur l'autre sur leur plat ; on les saisit vers le milieu *M, Fig. 21.* avec de fortes tenailles croches, & l'on tient les

---

(a) Je dis que le corroyage rend le fer plus net, plus robuste & plus tenace : cela est in-contestable.

(b) Je dis nombre impair 5, 7, 9, &c. parce que le centre d'une barre doit être d'une seule piece : or celle qu'on met de nombre impair se trouve dans le milieu, parce que sur neuf lames qu'on met, celle du milieu est enveloppée par quatre de chaque côté ; alors on fera un bon *Patai* ou une bonne *Etoffe* ; elle se soudera bien, parce que le centre, ou le milieu direct, est une lame pleine & non double.

tenailles

tenailles fermées au moyen d'une S , *Voyez F* : pendant qu'on chauffe &
qu'on foude le premier bout *N* , il faut que le paquet foit chauffé fagement
& à propos. Si je voulois entrer dans le détail des preuves de ce que j'avance , je pourrois en former un volume ; mais je me contente d'avancer , d'après
un grand nombre d'expériences , qu'un morceau de fer corroyé de la groffeur
d'un pouce en quarré , fouffrira plus d'efforts & de fatigues fans caffer , qu'un
morceau de deux pouces du même fer pris de la même barre , mais qui ne fera
pas corroyé : de là je conclus que tous les accidents qui arrivent par la rupture des aiffieux de charrettes & de carroffes , ont leur fource dans le fer
même qui n'a pas été corroyé ou qui l'a été très-mal. Le fer neuf eft toujours
aigre par places ; on trouve dans une barre de huit ou dix pieds trois ou quatre places où il eft doux , & quatre ou cinq autres places où il eft aigre : voici
pourquoi. Qu'on examine la façon de forger le fer dans les Forges où l'on fond
la mine , on verra que ce font des maffes de fer du poids de 400 livres , & qu'il
eft comme impoffible de chauffer cette maffe avec précifion : on eft obligé
de forcer la chaleur de façon que la matiere eft fondante ; enfuite le marteau
qui forge cette maffe , pefe 4 ou 500 livres : étant mû par la force de l'eau ,
il frappe des coups terribles fur cette matiere qui eft bouillante. Or cette manœuvre ne peut pas s'accorder avec celle qu'il faut pour fe procurer du fer
doux & tenace ; au contraire on ne peut en obtenir que du fer aigre & caffant ; car , pour l'avoir réellement bon , il faut qu'il foit chauffé à propos &
que les coups de marteau foient modérés pour la force du coup , mais accélérés
par la vîteffe : il n'eft donc pas étonnant de voir caffer un aiffieu d'une extrème
force , & , quoiqu'il s'en caffe beaucoup , je fuis étonné qu'il ne s'en rompe
pas beaucoup plus. Après avoir examiné la nature de ces fers , je conclus que ,
fi tous les aiffieux étoient faits de bon fer , & bien corroyé , il ne s'en cafferoit pas un. La meilleure méthode feroit de prendre quatre barres bien faines
par elles-mêmes , les affembler par quatre faces , comme le repréfente la *Fig. 25.*
& vues par le bout à la *Fig. 26* , *Pl. 6*, & attachées en *R R* avec un lien de
fer ; que le Forgeron prenne bien fes mefures , pour que les chaudes foient
données à propos ; retourner plufieurs fois la piece dans le feu , afin que l'une
ne chauffe pas plus promptement que l'autre , mais qu'elles fe trouvent chaudes
toutes à la fois. Il eft certain qu'un aiffieu fabriqué avec ces attentions & chauffé
au degré précis ne feroit pas en danger de caffer ; s'il recevoit un coup exceffif , il
plieroit , au lieu de rompre ; il eft vrai qu'il coûteroit plus que le double qu'il
ne coûte ; mais quel avantage d'être certain qu'il ne caffera jamais ! (*)

§. I. *Du chauffage du Fer & de l'Acier ; maniere de les corroyer.*

Tout étant difpofé comme je l'ai expliqué , il faut porter le pâté au feu.

(*) On peut confulter la Forge des Ancres par M. Duhamel.

Notez qu'il faut avoir eu foin de nettoyer le feu du *machefer* & de toute autre craffe ; il faut bien couvrir le feu avec du charbon frais & mouillé , chauffer à coups modérés en commençant, & peu-à-peu augmenter la force des coups de la branloire de temps à autre ; retourner le pâté dans le feu : lorfqu'il fe fait un petit jour au feu & que la croûte fe perce, il faut le reboucher promptement, & toujours travailler le feu avec la fervante *A* & le balai mouillé, *E*. Quand le pâté commence à chauffer au blanc , il faut le fortir un peu , pour voir fi les lames chauffent également ; car il arrive fouvent que celle de deffus eft blanche, tandis que celles du deffous ne font que rouges ; cela arrive quand on a laiffé du jour au feu, qu'on ne l'a pas rebouché affez promptement, ou bien quand le charbon eft craffeux, qu'il fe réduit trop vîte en machefer, il noircit autour de la tuyere & ne chauffe pas ; alors avec le bout du tifonnier il faut en tirer toute la craffe , ne dérangeant la difpofition du feu que le moins qu'il eft poffible , fans arrêter le foufflet, mais feulement le rallentiffant. On tourne le pâté au feu , on le couvre bien , & l'on ne force les coups de la branloire que quand on voit ou que l'on juge que toutes les lames font également chaudes. Il faut examiner fcrupuleufement quand le pâté commence à bouillir, comme difent les Forgerons ; on s'en apperçoit par la fortie de quelques petites étincelles ; il faut le fortir du feu, pour s'en mieux affurer, jetter deffus quelque peu de fable & recouvrir le feu légérement, tourner la piece deux ou trois fois dans le feu, avant de la fortir, en chauffant à petits coups de foufflet, quand on eft prêt à fortir la piece du feu. Lorfqu'elle eft fuffifamment & bien également chauffée, on la fort du feu & on la frappe avec promptitude en contre-forgeant pendant tout le temps qu'elle bouillonne ; &, quand on a donné la premiere chaude au bout *N*, on recule les tenailles jufqu'en *O*, & l'on remet ce pâté au feu, pour chauffer le milieu ; & enfin en donnant plufieurs chaudes de place en place, on parvient à fouder & corroyer le pâté dans toute fa longueur, ayant foin de le conferver de la groffeur qu'on a befoin, en réglant la force de la chaude & modérant les coups des Frappeurs.

Comme les vieux fers font auffi bons que le neuf, pour les corroyer, on fait fouvent des pâtés avec des morceaux de fer de chevaux ; pour cela il faut choifir les deux plus forts fers, les faire chauffer au blanc, fans fouder, les redreffer en lame & entre ces deux forts & longs morceaux, on y loge plufieurs moitiés & même tout autre petit bout de fer ; après quoi il faut les mettre au feu, les chauffer & les fouder comme nous l'avons dit pour le fer neuf. Si l'on ne veut pas faire un gros pâté, au lieu de redreffer le gros fer à cheval, pour fervir de couverture, on n'a qu'à faire chauffer un fort fer par fon milieu, le plier & le laiffer ouvert ; ainfi plié, on y fait entrer des moitiés & des morceaux tant qu'il peut en contenir, c'eft-à-dire ce qu'il en faut pour remplir les vuides le mieux qu'il eft poffible , même avec des rognures qui roulent dans la ferraille :

cependant il faut éviter d'y loger aucun morceau d'acier; enfuite on foude ce pâté, ainfi qu'il eft expliqué plus haut. Cependant il exige un foin de plus & qu'il ne faut point omettre: le voici; quand on a donné la premiere chaude, qu'on s'eft rendu maître de tous les morceaux, il faut à coups de pane de marteau refferrer tous les trous des cloux, afin qu'ils fe foudent & fe paitriffent bien; fans quoi, en limant une piece, on découvriroit des trous & des cavités, ce qu'on appelle, en terme de l'Art, *des chambres à louer*, qui font prefque toujours la caufe de la perte d'une piece.

§. II. *Maniere de faire les Etoffes.*

L A maniere de faire des étoffes eft affez femblable à celle de faire des pâtés, c'eft toujours en corroyant, avec cette différence, que l'autre eft tout fer, & que celui-ci eft partie fer & partie acier; c'eft ce qui exige de plus grandes attentions, tant pour chauffer que pour forger.

On commence à préparer le meilleur morceau d'acier qui fera le milieu de l'étoffe & qui doit faire le tranchant des outils. Suppofons donc cette lame de douze pouces de long, quinze lignes de large & quatre d'épaiffeur. Enfuite il faut préparer deux autres lames d'acier moins fin, les étirer de la même longueur & largeur que la premiere, mais environ une ligne moins épaiffe: ces deux dernieres doivent fervir de couverture à la premiere. Cela fait, il faut forger deux lames de fer de pareille longueur aux autres, mais environ d'une ligne moins larges, & de deux lignes moins épaiffes que les deux autres; ce qui étant exécuté, il faut couvrir les trois lames d'acier avec ces deux de fer, de forte qu'il y en ait une fur chaque face; enfuite on les pince avec les tenailles croches, comme on le voit *Fig.* 21. où l'on diftingue les cinq pieces; 1, eft l'acier fin, qu'il faut fuppofer d'acier d'Angleterre non fondu; 2, 2, les deux bandes d'acier inférieur au premier, & qu'il faut fuppofer de quelque acier de France ou d'étoffe de Pont; & 3, 3, les deux bandes de fer qui enveloppent les trois autres par leur plat.

L'étoffe ainfi préparée, il faut la mettre au feu par le bout *N* feulement, afin de fouder l'extrêmité pour fe rendre maître de tout ce paquet, lorfqu'il eft au feu: il faut la faire chauffer avec les mêmes précautions qui font indiquées pour le corroyage du fer, ayant foin de donner un feu vif & égal, tourner fouvent l'étoffe dans le feu, afin qu'elle chauffe également: aux premieres étincelles qu'on apperçoit, il faut y jetter quelques petites poignées de fable, qui eft dans le coin de la forge *E*, & cela en la fortant un peu du feu, parce qu'il faut néceffairement que le fable foit parfemé fur l'acier, & le renfoncer dans le feu, pour le laiffer un peu mitonner à coups de foufflet. Pour examiner l'état de la chaleur fans déranger l'économie du feu, portez une main aux tenailles *T*, *Fig.* 29. l'autre main à la fervante *V*, pour contenir les charbons pendant que vous fortez la piece; &, quand on la juge au degré convenable , il faut la fortir du feu avec vivacité , la paffer rapidement fur le fable , la porter fur l'enclume & la forger feule à petits coups de marteau , la paîtrir avec légéreté , tant que la matiere bouillonne ; & fi l'on ne juge pas la chaude affez bonne , que toutes les lames ne foient pas bien foudées enfemble , il faut remettre l'étoffe au feu , pour la rechauffer de nouveau dans le même endroit ; mais , fi elle eft bien foudée , il faut appeller les Frappeurs d'un coup de marteau fur l'enclume , en rappellant , ce qui eft le fignal ordinaire & connu de tous les Forgerons , battre à petits coups en commençant ; car c'eft un principe inconteftable , foit à feul ou avec les Frappeurs , de ne jamais frapper de forts coups de marteau , tant que l'acier foude ; il ne faut abfolument point voir fortir aucune étincelle , quand on fe difpofe à doubler la force des coups de marteau : il eft à obferver auffi que fi l'on voit un endroit de l'étoffe d'où les étincelles fortent plus pétillantes , plus luifantes & en plus grand nombre , c'eft un figne certain qu'il y a eu plus de chaleur là , qu'ailleurs , & dans ce cas , le feul moyen de remédier à ce grand défaut , c'eft de donner de très-legers coups de marteau en contre-forgeant (*a*) , mais avec vivacité. Ce procédé fait raffembler , refferrer & concentrer la matiere qui incline à fe décompofer; fans cette attention, quand on a fini une étoffe , qui a été furchauffée par places , on y voit des crevaffes & des gerfures parfemées çà & là qui nuifent extrémement à la bonté & à la folidité des ouvrages , quels qu'ils foient.

Une attention encore très-effentielle , c'eft qu'il faut abattre les carres de l'étoffe en la forgeant , fans quoi le fer , qui s'applatit plus vîte que l'acier , recouvre les bords de ce dernier , & quand l'ouvrage eft fini , on trouve des veines de fer fur le tranchant au lieu d'acier pur. Il eft aifé de juger que les attentions que j'indique , font de la derniere conféquence.

Quand le bout N , eft bien foudé , on eft alors maître de toutes fes lames ; on les fait un peu ouvrir , pour faire fortir la craffe qui s'eft logée entr'elles ; enfuite on refferre bien toutes les lames enfemble , ne laiffant de jour que le moins qu'on peut. On recule les tenailles en O , & l'on porte le milieu M , dans le feu , & enfin l'on foude l'étoffe de toute la longueur en plufieurs chaudes , avec la même précifion à chaque chaude ; car il fuffiroit d'en manquer une fur dix, pour gâter l'étoffe. Il eft inutile que je fixe ici la force que l'étoffe doit avoir pour chaque objet ; cela nous porteroit à des répétitions : le vrai lieu d'en parler eft de fixer la force de chaque objet , à mefure que nous le forgerons féparément : nous obferverons feulement ici qu'il faut la laiffer d'un pouce de large fur dix lignes d'épaiffeur , pour l'étirer dans le befoin , de la force que chaque Inftrument exige , & dans ce cas une étoffe eft comme un jambon , duquel on

---

(*a*) On appelle *contre-forger* , lorfqu'on donne alternativement un coup de marteau fur le plat, & un autre fur le côté. Nous nous fervirons fouvent de ce terme ; il faut en retenir la fignification.

coupe

coupe des morceaux à mesure qu'on en a besoin, & de la grosseur que le cas le requiert.

Quand une étoffe est faite, on lui fait des marques avec la quarre du marteau; elles forment de petites coches (*Voyez la Fig.* 28,) cela annonce que c'est une étoffe; de plus, s'il se trouve quelque endroit un peu surchauffé, ou que le fer ait coulé, se soit rabattu un peu plus d'un côté que de l'autre, c'est sur ce côté grillé ou ferreux qu'il faut faire les coches, parce que c'est un signe que ce côté doit servir pour faire les dos des ouvrages ; enfin c'est une indication générale que tous les Couteliers instruits connoissent, & que nous aurons souvent besoin de mettre en pratique.

CHAPITRE TREIZIEME.

Instructions générales sur les Etablis , pour limer, comme il faut, les Ouvrages de Coutellerie.

Q U A N D un ouvrage est forgé, il faut le perfectionner à la lime qui répare les défauts de la forge, fait ce qu'on n'a pas pu exécuter avec le marteau, & forme tous les ajustements.

PLANCHE 17.

La lime n'est autre chose qu'une lame d'acier bien dressée sur laquelle, avec un ciseau, on releve des barbes ou bavures, à tranchant sur toute la surface de la lame ; ces tranchants étant tous d'égale élévation forment une multitude de fers de rabots, qui par leur régularité & leur dureté entament la surface des Métaux.

Il y a bien des especes de limes, qui different entr'elles par la forme de la lame d'acier & la finesse des dents : les unes sont pour dégrossir, les autres pour abâtardir, & d'autres pour adoucir ; encore ces trois sortes de tailles sont-elles bien diversifiées, chaque espece en renferme trois au moins. Comme il y a trois degrés dans les limes à dégrossir, il y a aussi de trois grains dans les limes bâtardes , & aussi trois des limes douces ; ajoutons encore que de chacune de ces especes il en faut de différentes formes, les unes quarrées, d'autres plattes, des mi-plattes, de rondes, de demi-rondes, de triangulaires ou à tiers-point, d'ovales, d'autres à un ou à deux tranchants ; & enfin d'une quantité de formes & de grandeurs différentes qu'on distingue depuis n°. 1, jusqu'au n°. 16.

Chaque lime doit être emmanchée dans du bois (*Fig.* 14.) & soutenue par une virole de cuivre ou de tôle pour les petites ; mais les fortes ont besoin de bonnes viroles de fer, qu'on fait avec des bouts de canon de fusil. C'est par cet ouvrage qu'on apprend aux Apprentifs à mener la lime ; on leur fait serrer légérement le bout du canon dans l'étau, empoigner la lime comme il convient; (c'est ordinairement une lime à couteau, ou un tiers-point) on leur fait tracer la virole tout autour du canon , & enfin tenir la lime bien d'équerre , pour déta-cher la virole.

§. I. *De l'Etabli & de l'Etau.*

Il n'est pas douteux que la nécessité d'assujettir une piece , pour la limer avec sûreté , a fait imaginer un Etau , qui par deux mords ou mâchoires parallé-les *A* , *A* , *Fig.* 1 , qui sont taillés en lime en dedans , serre fortement l'ouvra-ge au moyen d'une vis *B* , qui est mue par un levier *C* : cet outil tient ferme-ment la piece qu'on veut travailler.

Dans toutes les Boutiques , on a soin d'avoir aussi un petit Etau à patte , com-me le représente la *Fig.* 2 ; on peut le transporter d'un établi à l'autre , & l'a-dapter facilement & promptement par le moyen d'une vis *D* , portant une agraffe *E* , qui par ses quatre pointes se fixe dessous l'Etabli , tandis que la patte *f* , s'accroche dessus , au moyen de trois ou quatre pointes pyramidales rivées sur la patte même , qui entrent dans le dessus de l'Etabli , à mesure qu'on fait marcher la vis *D* , par la manivelle *x*.

Pour faire un Etabli solide , il faut une planche de bois de chêne de deux pouces d'épaisseur & de quinze ou dix-huit pouces de largeur , scellée un peu dans le mur par un bout avec deux pattes , *Fig.* 4 ; si c'est un mur en pierre , on fait le bout de la patte à scellement , comme la *Fig.* 4 ; & si c'est un pan de bois , la patte est à pointes *Fig.* 5.

Le bout de l'Etabli du côté de la porte est soutenu par une forte planche de bois de la largeur de l'Etabli ; quand l'Etabli est scellé , il faut marquer la placé de chaque Etau : pour que les Limeurs soient à leur aise , il faut près de trois pieds de distance d'un Etau à l'autre , ou au moins deux pieds.

Pour procurer une bonne solidité à l'Etau , il faut prendre la mesure de l'é-paisseur du mors immobile , la marquer sur l'épaisseur de l'Etabli , & faire une entaille avec la scie & le ciseau , afin que l'Etau entre juste dans cette entaille.

Pour procurer à l'Etau une assiette solide & le mettre en état de n'être pas ébranlé par les coups de marteau , on fait un trou en terre pour recevoir un tas-seau de bois *L* , *Fig.* 3 , qui est percé , par le gros bout , d'un trou qui a seulement un pouce de profondeur pour recevoir le bout de l'Etau qu'on voit en *L* ; le haut s'adapte à l'Etabli au moyen d'une patte en fleur-de-lys *Fig.* 6 , qu'on assujettit avec de gros clous , & par la boucle *M* , qui embrasse la mâchoire immobile au-dessous de la boëte , & l'on fixe le tout par le moyen de la clavette *N* ; le tout est représenté en *P* , *Fig.* 7 : & pour qu'un Etau soit placé à la hauteur & à l'a-vantage du Limeur , il faut porter le coude sur l'Etau & la main sous le menton. Si pour cette position on n'a pas besoin de hausser ni de baisser le cou , on aura une hauteur précise & déterminée pour limer avec facilité. La *Fig.* 7. repré-sente un Ouvrier dans cette attitude.

Pour la commodité de chaque Limeur , il doit y avoir un tiroir auprès de chaque Etau, placé en deſſous l'établi, tel qu'il eſt déſigné par la *Fig.* 8 , ces tiroirs ſont utiles pour renfermer les Ouvrages les veilles de Fêtes : tant mieux s'ils ferment à la clef, parce que la jalouſie, toujours condamnable, engage quelquefois ſoit à caſſer quelque piece ou à s'emparer de quelque outil particulier. D'ailleurs la clef eſt très-utile pour ceux qui travaillent à la garniture ; ils y renferment les rognures, les limailles, la ſoudure, &c, pour en rendre un fidéle compte.

§. II. *Inſtructions ſur la façon de Limer.*

O n lime de pluſieurs manieres ; cependant toutes ſe réduiſent à trois principales, qui ſont *limer en long, limer en travers, limer à la main.*

Pour *limer en long*, on tient la lime ſur la piece, de façon que la lime & la piece qu'on travaille forment une croix de S. André, & même plus ſerrées autant qu'on le peut en ſerrant le côté contre l'établi, dans cette attitude on pouſſe la pointe de la lime *Fig.* 3 , ſur le bout de l'ouvrage, & enſuite toute la longueur de la lime ſur la piece, juſqu'à ce que le bout du Manche aille preſque toucher la piece : cette méthode convient pour dreſſer une piece quelconque. On appelle auſſi *limer en long*, quand on veut limer la piece, d'un ſeul trait, de toute ſa longueur. Pour cela on poſe la lime en croix ſur la piece, & on la pouſſe ſur la largeur ſans la promener ; au contraire on la laiſſe toujours dans la même place ; ce qu'on exécute en allongeant & raccourciſſant les deux bras bien parallélement enſemble, & en tenant la lime également ſerrée dans les deux mains.

Pour *limer en travers*, on poſe la lime bien en croix ou en équerre ſur la piece, & conſervant toujours cette poſition, tant en pouſſant la lime, qu'en la ramenant à ſoi : cette maniere de limer eſt néceſſaire pour limer d'équerre ; par exemple pour repouſſer une *Mitre* de Couteau à gaîne, voyez *la Fig.* 10.

Pour *limer à la main*, on ſaiſit la piece qu'on travaille dans un étau à main repréſenté *Fig.* 11 ; ſaiſiſſant cet étau, qui ſert de manche, de la main gauche, on porte la piece ſur un bois à limer *Fig.* 12, qui doit être ſerré dans l'étau ; on poſe la lime ſur la piece tantôt en long, quand c'eſt pour dreſſer, & tantôt en travers, quand c'eſt pour entailler d'équerre. La *Fig.* 13 indique la poſition mieux qu'on ne pourroit l'exprimer.

De quelque façon qu'on lime, la poſition du corps doit être telle que la pointe du pied gauche ſoit contre la jambe de l'étau *L, Fig.* 3 , le pied droit derriere à dix ou quinze pouces de diſtance l'un de l'autre, c'eſt-à-dire , que plus on veut forcer le coup de lime, plus on doit reculer le pied de derriere, parce qu'on a plus de force ; il faut que la boucle du pied de derriere ſoit ſur la même ligne du talon de celui de devant, comme l'indique la *Fig.* 3.

La main droite empoignant le manche de la lime *T*, de ſorte que le doigt index ſoit placé ſur la lime, moitié ſur la virole du manche, & le reſte ſur la queue de la lime ; les trois autres doigts pliés en deſſous, & le pouce embraſſant le manche en ſens contraire.

Que la paume de la main gauche du côté du pouce ſoit appliquée ſur la pointe de la lime *V*, que la pointe n'aille pas plus avant que le creux de la main. Dans cette poſition indiquée par la *Fig.* 3 , il faut donner les coups de lime en appuyant, en étendant les bras & roidiſſant la jambe gauche, quand on pouſſe la lime , & la lâcher en ramenant le coup à ſoi , & alternativement répéter cette marche : il faut en toute poſition que la tête ſoit droite , ſans cependant la gêner : le corps doit faire de très-petits mouvements, c'eſt-à-dire un en pouſſant le coup, & un autre en le ramenant.

On voit des Limeurs qui fatiguent plus du corps, que des bras ; c'eſt très-mal à propos : la lime ne coupe qu'en allant & non en revenant ; la force doit partir des épaules dégageant la charniere du coude, ſerrant la main en roidiſſant le poignet : c'eſt un bonheur pour un Apprenti d'avoir un Maître qui lui inculque ces bons principes , & aſſez d'intelligence pour les mettre en pratique ; il fatiguera moins, & ſon ouvrage en ſera plus parfait.

§. III. *Maniere d'abâtardir & d'adoucir les Ouvrages.*

O n appelle *abâtardir* un ouvrage , lorſque , l'ayant dreſſé & dégroſſi à forfait avec des limes rudes , toutes les inégalités & le feu de forge ſont emportées & enfin qu'une piece eſt ajuſtée.

On prend une lime bâtarde avec laquelle on emporte tous les traits qu'on a faits avec les limes rondes , pour qu'on n'apperçoive qu'un ſeul trait fait avec la lime bâtarde , ſoit en long ou en travers ſelon différentes circonſtances.

La lime bâtarde ayant parcouru toute la piece, il faut prendre la lime douce à gros grains , & avec celle-ci emporter tous les traits de la bâtarde , pour ne laiſſer à l'ouvrage que ceux que fait la douce ; mais cette douce à gros grains fait encore des traits trop gros, pour ſoumettre l'ouvrage au bois à polir : il faut donc , autant qu'il eſt poſſible, approcher du point de perfection , & accélérer l'ouvrage autant qu'on peut ; pour cela il faut avoir recours à une lime douce à grains fins , & ſouvent la plus vieille eſt la meilleure, parce qu'en emportant légérement les traits de la précédente , elle n'en fait que de très-fins. Par ce moyen, on parvient peu-à-peu à perfectionner l'ouvrage aſſez promptement.

Nous avons quelques remarques à faire ſur ces opérations , & qu'il ne faut pas omettre ; par exemple le pan demi-rond n'eſt pas difficile à abâtardir ou à adoucir ; on pouſſe la lime ſur un des bords, &, toujours l'œil attentif, on promene la lime un peu vivement en longueur, mais lentement, vers l'endroit prochain qu'on adoucit, de ſorte qu'il ne faut pas quitter une ligne , que les traits en longueur de cette même ligne ne ſoient tous emportés au point de n'y plus revenir ; mais il faut éviter d'appuyer plus dans un endroit que dans un autre , afin de ne pas y faire de petits pans irréguliers.   Le

Le rond eſt encore facile ; par exemple, une piece longue, on peut (autant pour abâtardir que pour adoucir,) prendre deux limes dont le grain eſt égal, embraſſer la piece avec les deux limes, ſerrer légérement les deux bouts des limes avec les deux mains, & promener les deux limes en long ſur la piece.

Le pan vif eſt toujours le plus difficile ; il faut poſer la lime ſur l'ouvrage, & conſerver toujours la même inclinaiſon. Pour y bien réuſſir, il faut avoir la main ſûre & ne pas balancer la lime, que l'effort des mains ſoit toujours uniforme & régulier, & viſer plutôt le milieu de la piece par ſa largeur, comme ſi l'on vouloit la creuſer, quoique l'intention ſoit de la limer à plat ſoit avec la lime bâtarde, ſoit avec la douce.

De plus, quand on a une lime douce neuve, & qu'on veut adoucir une piece, (ſur-tout de conſéquence) la ſuperficie des dents s'égraine toute au premier coup de lime, & il s'en imprime toujours quelques-unes dans l'ouvrage, qui ſont autant de petits grains, & qui, étant très-durs, nuiſent extrêmement à l'adouciſſement des ouvrages. Pour obvier à cet inconvénient, il faut frotter la lime avec un peu d'huile ; cela préſerve les dents de s'égrainer, parce que la limaille qui ſe lie avec le peu d'huile, forme avec elle une eſpece de pâte qui emplit toutes les entre-dents, & contribue non-ſeulement à ſoutenir les dents, mais encore à donner une eſpece de poli à l'acier, ce qui fait gagner beaucoup de temps qu'on trouve bien quand on prend le bois & l'émeri pour polir.

Enfin pour abâtardir & adoucir les ouvrages, il ne faut point les ſerrer dans les mâchoires de l'étau, parce qu'en les y ſerrant, on gâteroit tout ce qu'on auroit fini ; mais il faut avoir des mors-d'aches en bois, *Fig.* 15, qu'on met entre les deux mâchoires de l'étau, & s'en ſervir comme de l'étau, pour y contenir les ouvrages qu'on travaille.

CHAPITRE QUATORZIEME.

Inſtructions générales ſur la trempe & le recuit de l'Acier.

On appelle *tremper*, durcir l'acier ; ce qui s'exécute en faiſant chauffer la piece au feu, & la plongeant toute rouge dans l'eau fraîche pour la faire refroidir précipitamment.

PLANCHE 18.

Pour bien réuſſir à cette belle opération, il faut 1°. bien connoître la nature de l'acier pour lui donner le degré de chaleur convenable ; 2°. lui donner ce degré de chaleur avec préciſion ; 3°. lui donner le recuit qui convient à ſa qualité ; 4°. enfin il faut que ce recuit ſoit encore proportionné à l'eſpece d'outils ou d'inſtruments qu'on travaille.

Le temps influe beaucoup ſur la trempe. Il eſt certain que l'acier eſt plus dur dans le froid & dans la gelée, que quand le temps eft chaud; mais dans le premier cas la matiere eft plus fujette à fe caffer; le grand vent y eft auffi contraire: le temps le plus favorable eft lorfque le ciel eft nébuleux; le grand brouillard eft encore excellent.

Quant à l'eau, on eftime celle qui eft la plus légere & qui contient le moins de parties terreufes. Au refte, il n'y a point d'eau qui ne foit bonne pour la trempe, pourvu qu'elle foit propre & claire.

L'acier trempé trop chaud s'égraine facilement; quelques-uns prétendent qu'en augmentant un peu la couleur du recuit, on remédie à une trempe trop forte. Je ne le penfe pas; car nous verrons que l'acier trempé trop chaud conferve, malgré le recuit, un degré d'aigreur qui nuit fur-tout aux tranchants fins, tels que font les Rafoirs, les Biftouris, les Canifs, les Lancettes, & tous les autres inftruments à peu-près femblables.

Une autre erreur encore condamnable, c'eft qu'un Coutelier, ayant par inattention trop chauffé une piece, il croit y remédier en la tirant du feu & la laiffant refroidir à l'air jufqu'à la couleur de cerife, & y étant parvenu, il la plonge dans l'eau. Or, j'ofe dire que la trempe eft manquée; on ne gagne prefque rien de la laiffer refroidir hors du feu; le pores fe font trop dilatés; le degré d'aigreur y eft prefque toujours au même point. Ainfi le feul remede qu'on puiffe apporter dans cette occafion, pour parvenir à avoir une bonne trempe, eft de la laiffer refroidir fans la tremper dans l'eau; & lorfqu'elle l'eft affez pour être maniable, il faut la battre un peu à froid avec un marteau fur une enclume ou fur un tas, puis la chauffer convenablement pour la tremper.

Le Coutelier ne doit jamais oublier que de battre l'acier à froid, eft la premiere & la plus effentielle préparation pour faire une bonne trempe; car le récrouiffement équivaut en quelque façon à la trempe, & il faut le regarder comme indifpenfable pour faire un bon tranchant & un bon reffort.

La couleur familiere de la trempe eft appellée par tout le monde *couleur de cerife*; il y a cependant deux degrés différents, & que les bons Couteliers favent diftinguer. Or, j'appellerai la premiere *couleur de cerife*, qui eft la plus foible; & la feconde, *couleur de rofe*, qui eft plus forte: car cette couleur exige plus de chaleur.

Il faut auffi faire attention que la couleur d'une cerife bien mûre ne convient point du tout; il faut fe repréfenter une cerife d'un rouge clair; or, cette couleur convient à l'acier de Stirie, à celui de Dantzic & à celui du Tirol; mais l'acier d'Angleterre exige un degré de plus de chaleur, qui eft la couleur de la rofe. Cette même couleur convient à l'étoffe de Pont, ainfi qu'à l'acier de Hongrie, & généralement à tous nos aciers de France.

Beaucoup de Couteliers font dans l'ufage de faire rougir au feu une paire de tenailles ou un autre morceau de fer, & le plongent dans l'eau pour ôter, difent-ils, la crudité de l'eau; je ne puis m'empêcher de blâmer cette méthode. Ils prétendent qu'il fe fait moins de caffures aux tranchants ; c'eft une erreur, parce qu'on trempe fouvent vingt pieces fans qu'il en caffe une ; & l'on verra la vingt-unieme qui caffera, quoique ce foit dans la même eau. Or, pour peu qu'on veuille faire réflexion fur cette expérience, on fe convaincra aifément que les caffures qui fe font aux tranchants des ouvrages, ne proviennent nullement de la crudité de l'eau, ni de la trop grande fraîcheur (*).

L'acier trempé couleur de cerife dans l'eau bouillante, ne durcit que très-peu ; par cette même raifon, plus l'eau eft fraîche, plus la trempe eft dure. Ainfi (l'eau n'eft pas chere) il faut toujours tremper dans un baquet qui contienne deux ou trois feaux d'eau ; & même pour peu qu'on fente que l'eau perde fa fraîcheur, il faut en changer, autrement on trouvera que les pieces trempées les dernieres auront un degré de bonté de moins que les premieres. L'obfcurité eft bien meilleure que le grand jour pour tremper, parce qu'on découvre mieux la couleur de l'acier qu'on chauffe.

§. I. *Des Uftenciles propres pour la Trempe.*

LE feu & l'eau font ce qui importe le plus pour la trempe ; le feu ne doit pas être bien ardent ; auffi un fourneau à vent ne convient point du tout. Quelques Maîtres préferent la poële à la forge ; je dis à cela que les deux méthodes font également bonnes ; mais il faut en adopter une & ne la pas changer, afin de contracter l'habitude de connoître précifément le degré du feu. Le défaut de la forge eft fouvent le trop fort degré de feu, parce qu'il eft animé par le fouf-flet, & le défaut de la poële eft fouvent de ne pas tremper affez chaud : on voit que ce font les deux extrémités ; cependant il vaut mieux pécher pour donner un peu plus de chaleur de trop, que d'en donner trop peu ; cela eft inconteftable ; j'incline pour tremper au feu de la forge.

La Figure 3 repréfente une forge allumée avec de petits charbons de bois en *D*. On voit en *A*, *Fig.* 1, un baquet plein d'eau ; en *B* eft une cuiller à pot qui fert à remuer l'eau de temps à autre, parce que l'eau s'échauffe toujours beaucoup plus à la furface qu'au centre & qu'au fond.

En *C*, *Fig.* 2, on voit un efcabeau fur lequel font placés les ouvrages qu'on veut tremper. Il faut une paire de tenailles longues & déliées, pour tenir les ouvrages au feu, ainfi que le fait voir la *Fig. 6*, laquelle tient une lame de Couteau à gâine. Ainfi tous les ouvrages qui ont une queue, ou une foie ou un anneau, & dont il ne faut pas tremper la piece dans toute fa longueur, fe tiennent avec des tenailles femblables à la *Fig. 6*.

A l'égard des Canifs, des Grattoirs, & des autres petits inftruments à peu-

---

(*) La premiere caufe des caffures vient de l'action de forger ; l'endroit qui aura été plus battu à froid, caffera plutôt qu'un autre qui l'aura été moins. Ainfi on remarque toujours qu'un bon Forgeron perd moins de pieces par les caffures, qu'un médiocre Forgeron.

près semblables, qui ont une petite queue ou une tringle de fer, on perce un trou à un bout dans lequel on assujettit deux queues. *Voyez la Fig.* 5.

Pour les lames de Couteaux à ressort, auxquels il faut tremper les talons aussi bien que les lames, on prend un morceau de fil de fer, on plie le bout en crochet; on le fait entrer dans les trous des talons : on rabat le petit bout du fil pour contenir la lame ; c'est ainsi qu'on les porte au feu. *Voyez la Fig.* 4.

Pour les Rasoirs, on élargit le bout d'une tringle de fer à la largeur d'un pouce ; les bords étant comme en tranchants, on les replie pour se modeler à la forme d'un talon de Rasoir ; & enfin on y loge tous les talons pour tenir les lames au feu. *Voyez la Fig.* 7. Par ces quatre Figures, on apprend à contenir toutes les différentes pieces dans le feu.

§. II. *Explication du degré de chaleur convenable pour tremper plusieurs sortes d'Aciers, & la maniere de les tremper.*

Il faut un feu proportionné à la grandeur des ouvrages qu'on veut tremper ; il vaut mieux en avoir plus que moins, parce qu'il faut que la piece chauffe partout également, quand c'est une piece courte ; mais si c'est une piece longue, il faut la promener dans le feu ; or, si le brasier n'est pas un peu étendu, la piece est sujette à se déjetter ; de plus, elle s'échauffe plus dans un endroit que dans un autre, parce que le feu est toujours plus vif vis-à-vis la tuyere que partout ailleurs.

Supposons donc un brasier de petits charbons de bois bien allumé, prenez la branloire d'une main, & les tenailles avec la lame de Couteau, *Fig.* 4, de l'autre ; entrez légérement la piece par la pointe dans le feu ; commencez par faire chauffer le bas en *E*, qui est le plus épais de la lame ; pendant que celle-ci chauffe, vous pouvez en mettre une autre à côté, afin qu'elle puisse prendre une petite chaleur. Donnez de très-petits coups de soufflet ; ayez toujours l'œil sur la lame, pour qu'elle ne prenne pas plus de chaleur qu'il ne lui en faut ; faites attention de porter l'endroit qui n'est pas rouge, au lieu où le feu se trouve le plus vif : promenez bien lentement la piece dans le feu ; ne souffrez jamais le feu découvert, ni que le vent du soufflet donne sur la piece. Enfin la piece étant d'une bonne couleur de cerise (bien entendu d'un rouge clair,) sortez la lame du feu avec vîtesse ; plongez-la dans l'eau subitement, de telle maniere que ce soit toujours le dos qui entre le premier dans l'eau ; car si vous entriez le tranchant le premier dans l'eau, vous trouveriez ce tranchant tout crevé, ce qui s'appelle, en terme de l'Art, *des cassures.*

Il suffit d'avoir expliqué comment on doit tremper une piece ; on trempera les autres de même, pourvu qu'elles soient du même acier ; car, comme nous l'avons dit, chaque espece d'acier exige une couleur qui lui est particuliere entre la couleur de cerise & celle de rose. Qu'on ne croie donc plus que la trempe

d'une

d'une forte piece foit différente d'une autre qui feroit mince ; fi une Hache eft faite avec le même acier qu'une Lancette , tous les deux doivent être trempés de la même couleur ; mais il n'en eft pas de même du recuit qui fait la différence de tous les tranchants , comme nous le ferons voir.

A toutes les pieces que l'on trempe, il faut faire attention de ne plonger dans l'eau que ce qu'on veut qui durciffe. Par exemple , le Couteau à gaîne ; *Fig.* 4, ne doit être trempé que jufqu'à la mitre défignée par la ligne *e*, à moins que la mitre ne foit façonnée & adoucie. Le Canif, *Fig.* 5 , ne doit être trempé que jufqu'à l'entaille qui fépare la queue d'avec la lame indiquée par la ligne *g*. Le Rafoir, *Fig.* 7, ne doit être trempé que jufqu'aux environs de la marque jufqu'à la ligne *h*. Les Cifeaux, *Fig.* 8 , ne doivent être trempés précifément que jufqu'au trou *i*.

Il faut joindre à ces attentions celle de promener la piece dans l'eau, pour chercher la fraîcheur & faire refroidir la piece le plus promptement qu'il eft poffible ; car comme l'eau bouillonne toujours autour de la piece , il n'eft pas douteux que fi on ne la promenoit pas dans l'eau, le refroidiffement ne feroit pas fi fubit, & par conféquent la dureté ne feroit pas auffi grande ; mais auffi il ne faut pas la promener avec vîteffe : car il faut donner le temps à la liqueur de communiquer fa fraîcheur à la matiere qu'on trempe. C'eft une regle générale, qu'il faut laiffer bien éteindre & refroidir l'acier dans l'eau avant de l'en fortir ; il ne faut pas non plus le porter à l'air immédiatement en le fortant de l'eau, fur-tout dans les temps froids ou par un grand vent, parce que l'acier travaille pendant 3 ou 4 minutes après être refroidi : l'expérience le prouve bien clairement. Il n'y a peut-être pas un Coutelier à qui il ne foit arrivé de porter un Rafoir au grand jour pour examiner le grain de l'acier, & pendant qu'il le regarde, il entend un coup comme fi l'on frappoit fur un petit timbre, & en même temps il voit partir un morceau de la lame, à quoi on a donné le nom de *croiffant*, à caufe de la forme de cet éclat. Voyez la ligne *K K*, *Fig.* 9.

C'eft une bonne méthode de laiffer les ouvrages trempés fur la forge pendant 10 ou 12 minutes avant de les porter à l'air ; on peut auffi paffer la piece dans le frafier auffi-tôt qu'on l'a fortie de l'eau.

Quand les ouvrages font tous trempés, il faut les recuire chacun à la couleur que nous allons expliquer. Mais avant de le faire , il faut découvrir la blancheur de la piece, afin de lui donner le jufte degré de recuit dont l'acier a fi grand befoin. Pour cet effet on prend un morceau de grais à fec ; on pofe la piece bien d'à-plomb par le côté convexe fur une planche, & l'on blanchit toujours le côté concave, parce qu'il eft plus aifé de pofer le convexe fur un petit brafier, que le concave. La Figure 10 enfeigne la maniere de blanchir les ouvrages, ce qui s'appelle *récurer*.

§. III. *Maniere de donner le recuit convenable aux différents Ouvrages,
eu égard à l'espece des Tranchants, selon l'usage auquel ils sont
principalement destinés.*

Le grand Art de la trempe ne consiste pas seulement à donner à l'acier la plus
grande dureté possible ; car étant à ce point, il est plus dur que le verre, &
casse aussi facilement. En cet état il ne seroit pas propre à toutes sortes de tranchants ; mais le recuit qu'on donne après la trempe, corrige sa trop grande
dureté, & lui donne plus de corps, plus de ténacité pour résister à la dureté
des substances qu'on veut couper. Or, chaque espece de tranchant exige une
dureté convenable pour le service auquel on la destine ; ainsi pour atteindre à la
perfection, il faut que le recuit soit donné avec autant de précision qu'il est
possible, en comparant toujours le degré de dureté, que doit avoir l'outil, avec
la dureté de la matiere que l'outil doit travailler.

La maniere de recuire l'acier consiste en général à mettre les ouvrages sur de
la braise bien allumée, mais dont les charbons sont très-petits, & il faut se placer au grand jour, afin de bien voir le juste degré de recuit qu'on juge convenable. Tous les degrés du recuit se réduisent à six, & se font connoître par autant
de différentes couleurs, qui sont la *couleur de paille*, la *couleur d'or*, la *couleur
de cuivre rouge*, la *couleur violette*, la *couleur bleue*, & la *couleur d'eau*.

Celle qui laisse le plus de dureté à l'acier, c'est la couleur de paille ; & celle
qui la diminue le plus, est la couleur d'eau. Pour voir paroître toutes ces couleurs sur l'acier, mettez une lame de ce métal bien polie sur un feu de charbons
de bois bien ardents ; plus l'acier sera poli & plus les couleurs seront vives. En
examinant attentivement, vous verrez cette lame prendre d'abord la couleur
de paille, ensuite la couleur d'or, ensuite la couleur de cuivre rouge, ensuite la
couleur violette, puis la couleur bleue, & enfin la derniere, qui est la couleur
d'eau.

Les instruments qui n'ont pas besoin de recuit, & auxquels même il seroit
nuisible, sont les Grateaux, les Brunissoirs, & les Fusils à donner le fil à différents tranchants.

De tous les tranchants, celui qui exige les plus grands soins, c'est le Rasoir ;
il faut que sa dureté soit bien combinée entre la trempe, le recuit & la finesse
de son tranchant : s'il n'avoit pas du recuit, il s'égraineroit sur la barbe ; mais il
lui en faut peu ; ainsi c'est la couleur de paille qui lui convient le mieux :
cette même couleur de paille est convenable pour tous les outils du tour.

La seconde couleur, qui est la couleur d'or, donne plus de corps à l'acier,
& conséquemment elle convient à une infinité de tranchants, Bistouris, Lithotomes, Lancettes, Canifs, Grattoirs, toutes les especes de Ciseaux servants
à tous les Arts & Métiers, & enfin à tous les tranchants servant d'outils à couper
le cuir, le bois, &c.

La troisieme couleur, qui est celle du cuivre rouge, augmente encore plus le corps de l'acier que les deux autres; par conséquent elle est applicable à tous les tranchants robustes : c'est elle qui convient le mieux aux Couteaux qui sont exposés à rencontrer des os, ainsi qu'à tous les instruments des Jardiniers, Serpettes, Greffoirs, &c; enfin c'est la derniere couleur qui convienne aux tranchants.

La couleur violette & la couleur bleue sont absolument destinées aux ressorts; le violet donne un ressort vif, mais sujet à casser; par cette raison on ne doit en faire usage que pour des ressorts minces & bien déliés. Le bleu donne un ressort capable de résister à un effort considérable; il est si tenace qu'il a de la peine à se casser, & même il se plie à volonté & se remet dans sa direction, sans avoir perdu la moindre chose de la bande qu'on lui a donnée.

La couleur d'eau donne encore un ressort plus tenace, mais ce ressort ne garde pas sa bande; son élasticité se perd : il obéit un peu; c'est pourquoi cette couleur n'est guere en usage.

Ayant mis le feu dans une poële placée au grand jour, on arrange cinq ou six pieces sur la braise, assez proches les unes des autres, sans cependant qu'elles se touchent. Voyez en *L, Fig.* 11. D'une main on tient une paire de très-petites tenailles, pour être toujours prêt à pincer les ouvrages; de l'autre main *N*, on tient l'écran, pour agiter l'air avec égalité & accélérer l'action du feu. Soyez scrupuleusement attentif à examiner la couleur des pieces; & sitôt que vous appercevrez quelque changement à la couleur de l'acier, cessez de souffler, afin de laisser venir la couleur lentement; car il importe beaucoup de ne pas vous laisser surprendre. Lorsque la couleur est par-tout égale, prenez la piece & plongez-la dans l'eau pour la faire refroidir promptement; ce qu'il ne faut pas omettre, parce qu'une piece qui sort du feu étant à la couleur d'or, lorsqu'on la laisse refroidir d'elle-même sans la plonger dans l'eau, quand elle est froide, au lieu de la couleur d'or qu'elle avoit, on la trouve couleur de cuivre rouge: il en est de même des autres couleurs. La raison de ce que j'avance ici tombe même sous les sens; car une lame d'acier posée sur le feu, se trouve entre le feu & l'air; or, le côté qui pose sur le feu, est toujours d'un degré plus chaud que le côté qui est à l'air, & qui est celui qui est blanchi. Ainsi il faut convenir qu'une lame qui n'est que couleur de paille du côté de l'air, est à la couleur d'or du côté du feu; & si la matiere se refroidit d'elle-même, il n'est pas douteux que la chaleur d'un côté se communiquera bien-tôt à l'autre.

Pour éviter la surprise du feu, quand on veut recuire de petits ouvrages, comme par exemple, les Canifs, les Grattoirs & autres à peu-près semblables, il faut être muni d'un morceau de laiton ou de fer-blanc percé de plusieurs trous, comme le fait voir la *Fig.* 12 : c'est ordinairement un morceau de feuilles dont on a coupé de petites rosettes. On met cette bande sur de la petite braise *O, Fig.* 13, sur laquelle bande on arrange les ouvrages : on donne quelques petits coups de l'écran ; enfuite on laiffe prendre lentement, & à mefure qu'elles font recuites, on les plonge dans l'eau ; les Lancettes & les Scalpels fe recuifent de même, & demandent une attention particuliere en les travaillant ; & même les Chirurgiens en les effuyant, font dans le cas de caffer une Lancette. Pour cette raifon, comme pour beaucoup d'autres, il faut recuire une Lancette de telle maniere, que la partie du trou foit à la couleur bleue, que jufqu'à la marque elle foit violette, que 2 ou 3 lignes au-deffus de la marque elle foit comme le cuivre rouge, & que le refte, jufqu'à la pointe, foit de la couleur d'or.

Pour recuire de grandes pieces, comme, par exemple, de forts Couteaux de cuifine, de grands Cifeaux de Tailleur, de Bourfier, de Gantier, de Cartier, &c, on les recuit au feu de la forge qui eft bien allumé, & toujours de la petite braife ; on tient la piece dans les tenailles, comme en *E, Fig. 6.* On pofe le dos de la piece fur le feu ; on la promene lentement & continuellement, fans ceffer de donner de très-petits coups de foufflet. On regarde fouvent pour voir l'inftant où la couleur commence à paroître ; lorfqu'on voit la couleur de paille, on redouble d'attention ; on paffe un peu plus vîte fur le feu ; lorfqu'un endroit eft plus avancé en couleur qu'un autre, on a foin d'aller plus lentement dans l'endroit qui eft en retard ; enfin, pour tendre toujours à la perfection de chaque tranchant, quand on a fini de recuire tous les ouvrages, il faut exami- ner fi l'on n'a pas manqué quelque piece en partie, je veux dire fi le recuit n'eft pas égal : heureux quand cela arrive par le trop peu, parce qu'il y a du remede.

Je fuppofe que la lame d'un Couteau foit parfaitement recuite à la pointe & au bas, couleur de cuivre rouge, & que le milieu ne foit que couleur de paille ; il eft certain qu'elle s'ébréchera facilement dans cet endroit. Pour la perfection- ner, faites rougir une paire de tenailles très - fortes ; lorfqu'elles font bien rouges, pincez le dos de la lame dans l'endroit qui n'eft pas affez recuit, vous verrez dans un inftant que les tenailles communiqueront leur chaleur à la lame, & la feront venir au point que vous voudrez, & cela à vue d'œil : il n'y a pas à s'y tromper. *Voyez la Fig.* 14 : elle repréfente clairement cette méthode de recuire, laquelle eft très-recommandable, fur-tout pour les ouvrages forgés d'acier pur, ce qu'on appelle *au bout de la barre.* A de telles lames on donne un recuit couleur d'eau tout le long du dos ; le milieu fe trouve violet, & tout le tranchant, à 4 ou 5 lignes de large, eft de couleur de cuivre rouge. Il eft cer- tain qu'un Couteau recuit avec ces précautions, eft un excellent inftrument ; le bord du dos recuit couleur d'eau, procure une confiftance à la matiere capable de la faire réfifter à de bons efforts, tandis que le tranchant a la dureté requife pour foutenir la coupe.

Cette méthode de recuire m'eft familiere ; j'ai même des tenailles faites exprès qui font faites comme un gaufrier ; elles embraffent 3 pouces de longueur : elles font fortes, & par ce moyen elles gardent long-temps leur chaleur, & font capables de recuire trois ou quatre lames fans les chauffer plus d'une fois. Voyez

R, S, Fig. 14.

Il nous reste encore beaucoup de choses à dire sur la Trempe & sur le Recuit ; mais cette physique demande une étendue & une marche suivie, qui nous feroit sortir des bornes de notre Art ; c'est pourquoi je crois pouvoir me permettre un petit Ouvrage qui sera à la suite des Arts.

CHAPITRE QUINZIEME.

Des Modeles ; & comment on les fait.

R I E N ne concourt mieux à la régularité des ouvrages, & à en accélérer l'exécution, que de faire usage des Modeles ; ce sont autant de patrons qui, étant faits avec précision, servent de base à toutes les pieces semblables qu'on se propose de travailler.

Planches 19 & 20.

Chaque Modele est d'acier forgé de la longueur convenable à l'ouvrage qu'on veut faire ; leurs épaisseurs sont à-peu-près de celle d'une piece de 24 sols. Il ne faut pas manquer de les tremper ; mais il faut les recuire bleus & même couleur d'eau pour deux raisons essentielles ; s'ils n'étoient pas trempés, on pourroit les gâter par un léger coup de lime échappé de la piece, ou qu'on donneroit de trop ; mais s'ils étoient trop durs, ils feroient trop secs, & courroient risque de se casser en plusieurs morceaux en les serrant dans l'étau ; au lieu que l'on prévient ces accidents par une trempe couleur de cerise & un recuit presque couleur d'eau. Au reste, chaque Modele n'a besoin d'être limé que sur les côtés ; il suffit qu'ils soient forgés uniment au marteau, & qu'ils soient ce qu'on appelle *bien planés.* Il est de la derniere conséquence de les bien dresser, de bien diriger les longueurs & les largeurs ; car quand un Modele n'auroit qu'un seul défaut, ce même défaut régneroit dans chacun des ouvrages qui seroient faits sur ce Modele.

Quoique les Modeles soient d'un grand secours pour diligenter les ouvrages, on ne peut cependant pas les rendre généraux en Coutellerie. Nous allons détailler tous ceux dont on peut faire usage.

Le premier Modele est celui des Couteaux de table. Pour l'ordinaire, les Particuliers achetent une douzaine de Couteaux pour la table, ou six au moins ; il faut que tous ces Couteaux soient pareils en longueur comme en largeur, ce qui ne se peut faire diligemment qu'en limant toutes les lames sur un Modele. La Figure premiere représente un Modele de Couteau de table pointu, & la Figure 2, un autre à pointe ronde ; &, tant de l'une que de l'autre espece, il en faut de plusieurs longueurs & largeurs. La Figure 3 représente le Modele d'une lame de Couteau à ressort ; & la Figure 4, celui du ressort, desquels il en faut aussi de plusieurs grandeurs, comme depuis 3 pouces de longueur jusqu'à 6.

Mais la méthode de limer les Couteaux à reſſort ſur les Modeles, n'eſt applicable que ſur ceux à talon quarré & ſans aucun ſecret. Voyez le talon *A* , de la *Fig.* 3. On peut, par le moyen d'un Modele bien fait, limer deux pieces à la fois, en en mettant une de chaque côté, de telle ſorte que le Modele ſe trouve au milieu des deux. On fixe les talons par un faux clou, & l'étau à main fixe les pointes ; alors on donne ſans riſque les coups de lime juſqu'au Modele.

La Figure 5 repréſente le Modele d'un Biſtouri à tranchant convexe ; la Figure 6 , celui d'un tranchant concave ; & la Figure 7 , celui d'un tranchant droit.

La Figure 8 repréſente le Modele d'une Lancette à grain d'avoine ; la Figure 9 , celui d'un grain pyramidal ; la Figure 10 , celui d'un grain d'orge.

Tant des Lancettes que des Biſtouris, on en lime toujours deux à la fois, fixés ſeulement par un faux clou.

Un faux clou, c'eſt un clou d'acier, lequel on fait en diminuant inſenſiblement d'un bout à l'autre ; on l'arrondit bien ; on l'adoucit, on le trempe & on le recuit bleu. *Voyez les* nᵒˢ. 1 , 2 , 3 , *Pl.* 20.

La Figure 11 repréſente le reſſort d'un Canif à une lame ; & la Figure 12 , celui de la lame. La Figure 13 repréſente le Modele d'un reſſort de Canif à deux lames.

La Figure 14 repréſente le Modele d'un Manche de Canif à reſſort à une lame ; & la Figure 15 , celui d'un Canif à deux lames.

La Figure 16 repréſente le Modele d'un Couteau à reſſort à talon quarré ; c'eſt à celui-ci auquel il faut faire attention, parce qu'il ſert de baſe & de regle pour tous les autres.

Je démontre qu'en traçant les trous géométriquement, on parvient à faire un Couteau avec toutes les proportions requiſes d'un talon quarré, auquel on a beaucoup de peine à parvenir en ne plaçant les trous qu'au haſard.

La Figure 16 eſt diviſée en quatre parties égales dans ſa largeur ; ſur la ligne du milieu 1 , eſt placé le premier trou du bas du reſſort ; ſur la ligne 2 en *e*, on voit le trou du reſſort du milieu ; & dans le milieu, entre les deux lignes 1 & 3 , eſt placé le trou de la lame. Ne voit-on pas le talon de la lame bien quarré, & qu'il laiſſe une bonne largeur pour le reſſort ? Donc le Manche eſt diviſé en quatre parties égales. On donne trois parties de largeur au talon, & une pour la largeur du reſſort ; de plus, le trou du milieu exige auſſi l'obſervation du trait. Il faut diviſer la longueur du Modele en cinq parties égales, en donner trois depuis *e* juſqu'en *g*. Pour faire ſentir cette obſervation, il faut conſidérer que la partie élaſtique du reſſort eſt depuis *e* juſqu'en *f*, & la partie de réſiſtance eſt depuis *e* juſqu'en *g*. Or, ſi la partie élaſtique n'a pas un tiers d'étendue de plus que la partie de réſiſtance, le reſſort ne pourra pas ſoutenir l'effort qu'on lui fait ſupporter : il caſſera en *h* ; & ſi l'on donne plus de longueur que le tiers à la partie *e f*, on ſera obligé de donner plus de longueur au reſſort, ſans quoi il deviendroit trop foible au renvoi. Or cette largeur est en force nuisible, en ce que le tranchant de la lame portera sur le ressort & se gâtera à chaque fois qu'on voudra fermer le Couteau; ou bien il faut sortir des regles de l'Art, en faisant la lame plus étroite que le Manche. Ainsi c'est une regle, qu'à tel étage qu'on veuille faire un Couteau à talon quarré, il faut suivre les divisions des lignes & les dimensions des trous, comme elles sont marquées sur le Modele *Fig.* 16.

La Figure 17 représente le Modele d'un Couteau à deux pieces & à talon quarré; il semble être tracé différemment; cependant c'est à revenir au même. Au lieu que la Figure 16 est divisée en quatre parties, la Figure 17 l'est en huit; & c'est par cette derniere que je fais voir clairement la justesse du quarré du talon, lequel forme six parties égales sur tous les sens, le trou se trouve placé naturellement au centre, & deux parties sont réservées pour la largeur du ressort. Le bas du Modele en *B* se divise de même, parce qu'il porte aussi un talon quarré, tel que le désignent les *Fig.* 18, 19 & 20. La premiere est le Modele d'un Tire-bouchon à crochet; la seconde, celui d'un petit Poinçon; & la troisieme, celui d'un long Poinçon propre aux Voituriers.

La Figure 21 représente le Modele d'un ressort d'un Couteau à deux pieces.
La Figure 22 représente le Modele d'un Couteau appellé *à tête de compas.*

La division de ce dernier est différente des autres; le talon de la lame ne peut être fixé, étant ouvert ou fermé que par un crochet pratiqué au bout du ressort, comme on le voit en *C, Fig.* 23, lequel crochet s'ajuste dans l'une des deux encoches faites sur le talon de la lame en *D, Fig.* 24. Or, pour donner la force nécessaire à ce talon, il faut diviser la largeur de ce Modele en cinq parties, en prendre quatre pour le talon & une pour le ressort; percer le trou au milieu du trait du compas, limer la tête en rond jusqu'au trait, laisser le quarré en *K* pour le battement du ressort, qui est la cinquieme partie de la largeur du Modele. Alors on aura un Modele exact, moyennant que les deux autres trous seront placés sur la même direction de la Figure 16.

La Figure 25 représente le Modele d'un Couteau à manche. Celui-ci se divise aussi en cinq parties; on en donne quatre pour le talon, & une pour la largeur du ressort; & la partie de la largeur du ressort se divise en deux parties, dont une moitié est entaillée sur le dos du manche en *P*, pour loger la mouche du ressort, & l'autre moitié s'entaille pour loger dans le talon de la lame, comme un loquet de porte, ainsi que l'indique en *q* la *Fig.* 26.

Le Couteau à mouche se fait à talon quarré ou à tête de compas; mais il faut toujours prendre le quarré juste jusqu'aux angles *rr, Fig.* 26, & on laisse l'élévation du haut en *O*, qui forme la tête du compas.

La Figure 27 représente le Modele d'un Couteau à mouche, mais appellé aussi *Couteau en bayonnette*, parce qu'il peut se placer au bout d'un fusil. Celui-ci se divise de même que le précédent. Notez qu'on ne peut limer que les manches fur les Modeles , & non pas les lames ni les reſſorts , par rapport à l'a-juſtement du ſecret pour les ouvrir.

La Figure 28 repréſente un Modele droit , lequel peut ſervir à dreſſer pluſieurs ſortes de Manches , comme , par exemple , pour des Couteaux à pompe , à reſſort briſé au ſecret par la roſette , à la militaire , &c. Toutes ces conſtructions différentes ſeront détaillées dans la ſuite.

La Figure 29 repréſente le Modele d'un manche de Serpette qui ne doit jamais être à talon quarré : il faut laiſſer 3 ou 4 lignes de plus de hauteur en *r* , pour donner de la ſolidité à la lame , parce qu'elle en a beſoin. On ne peut fixer que les manches ſur le Modele , parce que le goût des lames varie trop ; cependant ſi l'on veut multiplier les Modeles , on y trouvera ſon compte.

La Figure 30 repréſente le Modele de la lame d'un Greffoir.

La Figure 31 celui du manche , & la Figure 32 , celui du reſſort.

Le Greffoir ſuit la diviſion du Modele , *Fig.* 16 , pour les trous de la lame & du reſſort ; mais il faut deux trous en bas en *x x* , pour porter un morceau d'ivoire qu'on appelle *écuſſon* , tel qu'il eſt repréſenté ponctué en *Z*.

La Figure 33 repréſente le Modele d'une châſſe de Biſtouri à tranchant concave.

La Figure 34 , celui d'une à tranchant droit ; & la Figure 35 , celui d'une à tranchant convexe.

La Figure 36 eſt le Modele d'une châſſe de Lancette.

La Figure 37 eſt celui d'une châſſe de Raſoir.

La Figure 38 eſt celui d'une châſſe de Lithotome fermant.

La Figure 39 repréſente le Modele d'un manche de Canif à reſſort , lequel manche eſt gros & à pleine main , ſemblablement à un Canif droit. La Figure 40 fait voir le Modele de la lame de ce Canif ; & la Figure 41 fait voir le Modele du reſſort.

La Figure 42 repréſente le Modele d'un Couteau à reſſort briſé.

La Figure 43 repréſente le Modele d'un Couteau à pompe , appellé *paſſe-par-tout.*

CHAPITRE SEIZIEME.

Inſtructions générales ſur la maniere d'émoudre les Ouvrages de Coutelier, & pour les polir ſur la Poliſſoire pour cinq eſpeces de tranchants, qui ſont le Couteau, les Ciſeaux, le Grattoir, le Canif & le Raſoir.

O N conviendra que la Meule eſt un inſtrument bien utile, quand on fera attention à la quantité d'outils & d'inſtruments tranchants qui doivent toute leur fineſſe, leur régularité & leur préciſion à la Meule & à la Poliſſoire. Il feroit bien difficile de s'en paſſer, pour exécuter toutes ſortes de tranchants, ſur-tout ceux qu'exécutent les Couteliers.

Dans pluſieurs Métiers où l'on fait des inſtruments peu délicats, on fait uſage d'une Meule dure, montée ſur un arbre placé au-deſſus d'une Auge, & qu'on fait tourner à la main ou au pied; mais le Coutelier, qui doit faire des tranchants vifs & réguliers, ſe ſert des Meules tendres qui n'ont pas le grain gros, comme celles des Taillandiers & des Gagne-petits. Les Apprentifs éprouvent bien des difficultés pour devenir bons Emouleurs; il faut 1°. qu'ils ſoient ambidextres parfaits; 2°. il faut qu'ils ayent la main bien ſûre & ferme; 3°. un bon eſtomach & une poitrine forte; car l'attitude de l'Emouleur fatigue beaucoup la poitrine; 4°. enfin une bonne vue.

Je dis qu'il faut être ambidextre, parce que telle piece que ce puiſſe être, ne peut pas couper parfaitement, ſi le tranchant n'eſt pas auſſi vif & auſſi régulier d'un côté que de l'autre, à quoi on ne peut parvenir, ſi l'on n'eſt pas également adroit des deux mains; ce qui prouve en même temps la ſeconde difficulté, quand je dis qu'il faut avoir la main ſûre & ferme, parce qu'un tranchant fait en tremblant, ne peut jamais couper nettement.

Je dis qu'il faut avoir une bonne poitrine : ce n'eſt pas qu'il meure plus de poitrinaires parmi les Couteliers que dans les autres Profeſſions; mais la ſituation d'être toujours couché à plat-ventre ſur une planche, ne convient point à toutes les poitrines: on a vu des jeunes gens cracher le ſang; il n'eſt pas douteux que ceux-là doivent renoncer au Métier, quoique d'ailleurs ils fuſſent fort adroits.

Je dis qu'il faut avoir une bonne vue, parce qu'il y a néceſſairement quinze pouces de diſtance de l'œil à la piece qu'on travaille ſur la Meule, & qu'il faut voir parfaitement le tranchant, pour appercevoir tout le travail que la Meule fait ſur lui. Ainſi une vue courte ne parviendra jamais à faire un bon Emouleur.

Six points principaux ſont indiſpenſables pour bien émoudre; 1°. il faut bien

COUTELIER, I. Part.   F f monter les Meules; 2o. les faire tremper toujours dans l'eau; 3o. les savoir bien arrondir; 4o. bien saisir la maniere & l'attitude de tenir l'instrument sur la Meule; 5o. dégraisser la Meule souvent, & l'arroser en y jettant dessus de l'eau avec la main; 6o. enfin éloigner de l'eau toute huile, toute graisse, & généralement toute matiere grasse.

Je dis qu'il faut bien monter la Meule pour deux raisons essentielles; 1_0. si elle est montée trop lâche, elle se démonte & se casse, & chaque éclat est capable de tuer un homme: on n'a que trop d'exemples de pareils accidents. 2o. Si les pointes sont trop enfoncées dans le bois, le Tourneur fatigue extrémement, il tourne par secousses, ce qui est très-nuisible au travail; car pour bien émoudre, il faut que la Meule tourne rondement & avec régularité, par conséquent les pointes de l'arbre doivent être justes dans les trous des bois, tellement que la Meule puisse tourner à la main; cependant elle ne doit pas balotter, & pour la solidité il faut serrer le coin à force. Il est bon d'observer que la Meule doit toujours tremper dans l'eau de l'Auge, pour laver continuellement la crasse qui se forme sur la Meule, & de plus, pour prévenir que les tranchants ne s'échauffent au point d'affoiblir la trempe.

Il faut tenir la Meule bien ronde, parce que quand elle ne l'est pas elle fait des sauts; les secousses font trembler la main, & ce tremblement empêche la vivacité du coup de Meule.

Il faut saisir scrupuleusement les principes pour tenir & appliquer les instruments sur la Meule, parce que pour peu qu'on s'en écarte & qu'on varie les points d'appui, on gâte le tranchant & on s'estropie les doigts. Or, il faut tenir la piece ferme entre les doigts, donner un peu de liberté aux poignets, placer la piece toujours bien d'équerre sur la Meule, & sur toutes choses, poser toujours le dos en en-bas, & le tranchant en en-haut.

Il faut souvent dégraisser la Meule, parce que des parties des métaux que la Meule emporte, la plus grosse tombe dans l'Auge, mais la plus déliée s'attache sur la Meule, la noircit, & forme une espece de glacis qui l'empêche de mordre. Or, autant pour la bonté de l'opération que pour la célérité, il faut faire partir cette crasse soit par un coup de grais, soit avec le fer à régler, (nous avons expliqué comment cela se fait au *Chapitre VIII. & Pl.* 12.) & jetter souvent de petites poignées d'eau, quoique la Meule trempe continuellement, parce que le frottement est si rapide, que pour peu qu'elle noircisse ou que le coup soit trop lent, le tranchant de l'instrument *se brûle*, (c'est le terme de l'Art) il devient bleu, & même couleur d'eau dans un clin d'œil (*).

Enfin il faut éloigner de l'eau & de la Meule toute espece d'huile & de matiere grasse, parce que non-seulement ces substances empêcheroient la Meule

---

(*) On doit juger par-là que tout ce qu'on fait repasser par ces Rémouleurs dans les rues, qui repassent à sec sur de petites Meules, est autant d'ouvrages brûlés, & s'ils n'avoient l'atten- tion de polir l'endroit qui a été échauffé, on verroit tous les tranchants, qui sortent de leurs mains, tout bleus.

de mordre, mais encore la piece, qui glisseroit avec une vivacité à laquelle l'Ouvrier ne s'attend pas, le blesseroit : on a vu un doigt emporté net (*). Il n'y a pas un Coutelier qui n'ait été blessé lui-même par ce seul inconvénient ; mais tout homme prudent, aussi-tôt qu'il voit ou qu'il sent l'eau un peu grasse, fait vuider l'Auge, & l'emplit avec de nouvelle eau.

§. I. *Principes généraux sur la maniere d'Emoudre.*

L'Art d'Emoudre ou repasser un instrument tranchant, est de le former plus ou moins fin, suivant l'usage auquel il est destiné. Or, la Meule est un outil propre à produire cet effet ; de sorte qu'en appliquant les instruments dessus avec adresse, la vivacité avec laquelle la Meule tourne, use promptement ce qu'il y a de trop de métal, fait venir un petit morfil au bout, & procure par-là le tranchant à l'outil ; mais ce coup de Meule exige des attentions particulieres & propres à chaque espece de tranchants ; c'est à quoi nous allons nous appliquer.

La Meule tournant avec rapidité emporteroit la piece des mains de l'Emouleur, s'il ne la tenoit pas avec art ; je dis avec art, parce qu'il faut qu'il se rende maître du danger qu'il y a à tenir une piece avec les mains nues, laquelle piece est pointue & souvent à deux tranchants ; c'est les pouces qu'il faut regarder comme les préservatifs principaux, & en même temps comme ce qui agit principalement dans ce genre de travail.

Planche
21.

§. II. *Du Couteau.*

La Figure 8 représente un Couteau tenu comme il convient pour l'appliquer sur la Meule ; les quatre doigts environnent le manche du côté du dos *D D D*, le pouce *C* est placé sur le côté du tranchant *T T* ; ce pouce doit être appuyé ferme en cette place ; c'est lui qui, sans s'opposer au tournant de la Meule, tient malgré elle le Couteau toujours sur la même ligne, & qui en même temps regle les mouvements qu'il faut faire en allant & en revenant.

L'autre main est occupée à tenir la pointe du Couteau embrassée par le pouce & l'index ; mais il faut que l'index soit soutenu par le doigt du milieu, que ce dernier le soit par l'annulaire, & l'annulaire par le petit doigt : c'est ainsi que tous les doigts sont appuyés l'un sur l'autre, & s'aident mutuellement pour soutenir le pouce.

Dans cette attitude on porte le Couteau sur la Meule *E*, *Fig.* 10, le tran-

Planche
21.

(*) Comme les coupures sont fréquentes en travaillant les tranchants, il est bon d'avoir des remedes qui operent promptement. Or, je me suis toujours bien trouvé, ainsi que tous ceux à qui je l'ai appris, de me servir de l'Essence de Thérébentine. Si-tôt qu'on est coupé, il faut tremper l'endroit dans cette Essence l'espace de 7 ou 8 minutes ; on est certain qu'elle se guérit sur le champ, & qu'elle ne vient jamais en suppuration : bien entendu de légeres coupures.

chant en en-haut, & on commence le coup au bas près du manche; on le conduit lentement jufqu'à la pointe; mais en y arrivant il faut faire un petit mouvement infenfible en tournant la main, & faire enforte qu'il n'y ait que le coin
du pouce qui porte fur la pointe du Couteau, afin d'avoir l'aifance de faire le
tranchant à la pointe auffi bon qu'ailleurs, & fans ufer le pouce fur la Meule;
il fuffit de favoir donner un coup, pour en donner de femblables autant qu'il en
faut; quand on a fait un côté, on change le Couteau de main pour faire l'autre:
faire faire à la main gauche ce que nous avons expliqué pour la droite, & à la
droite ce que nous avons dit de la gauche; voilà le cas où le Coutelier doit être
ambidextre parfait. Quant à la connoiffance de l'action, il eft effentiel de fe faire
la loi foi-même par une étude raifonnée, d'appuyer les coups de Meule avec
égalité de poids des deux mains, pas plus dans un endroit que dans un autre,
afin de ne pas faire de boffes: défaut toujours grand, & qu'on ne peut éviter
qu'en obfervant une marche réguliere.

Comme la délicateffe & la fûreté du coup de Meule dépendent de la maniere
de tenir l'inftrument ferme entre le pouce & l'index, il ne faut pas, pour le bien
de l'opération, gêner le coude ni le poignet; enfin pour ne rien négliger de ce
qui eft capable d'inftruire, le corps étant couché à plat-ventre, comme le
repréfente la *Fig.* 11, *Pl.* 7, fur un plan incliné fous un angle de 20 degrés
environ, (*Voyez* 1, 20, *Fig.* 9, *Pl.* 21), cette attitude exige que les pieds foient
arrêtés au bout de la planche à la traverfe de bois *u*, *Fig.* 11, *Pl.* 7; le corps
doit être d'ailleurs libre, afin qu'il puiffe fe prêter aifément à l'écartement des
bras dans le temps qu'on donne un long coup de Meule, comme pour un long
Tranche-lard, &c; alors le mouvement des bras doit être toujours libre, pour
fe prêter à l'étendue du tranchant qui eft long: il ne doit point y avoir de roi-
deur dans le bras, l'avant-bras ni le poignet; en un mot, je le répete, toute la
force & l'adreffe ne doivent dépendre que des pouces & des index foutenus des
autres doigts.

A chaque coup de Meule il convient de regarder l'ouvrage qu'on a fait, fi l'on
a pefé dans un endroit plus que dans un autre, il faut le repaffer par un fecond
coup, en appuyant plus fur la boffe & légérement fur le creux; car la bonne
émouture confifte à bien dreffer la piece & à la maintenir toujours dans cet état.

Après avoir blanchi un Couteau, on leve un bifeau fur le tranchant; ce bifeau
fait lever un petit morfil, lequel doit être égal, vif & régulier: après cela on
arrondit ce petit bifeau; on affemble bien tous les coups de Meule, pour n'en
faire qu'un; enfuite on abat légérement les angles du côté du dos.

§. III. *Des Ciseaux.*

Les Ciseaux ne different point du Couteau pour les coups de Meule ; les principes des doigts & du pouce font les mêmes , parce que chaque lame de Ciseau s'émoud féparément ; ainfi il faut tenir l'anneau & la branche des Ciseaux, comme nous avons dit qu'il convenoit de tenir le manche du Couteau , & la pointe des Ciseaux comme la pointe du Couteau. Tenant ainfi la branche de Ciseau , il faut appliquer le coup de Meule fur le dedans de la lame pour le blanchir & le bien dreffer ; il faut donner , de la même main , un coup de Meule fur l'entablure , changer enfuite de main pour lever le morfil par un bifeau ; pour cela il eft néceffaire de pofer le tranchant fur la Meule , de telle forte qu'il n'y ait que le tranchant qui porte feul fur la Meule : & comme il faut que ce bifeau foit régulier , c'eft-à-dire, pas trop de court ni trop de loin : voici le point fixe. Suppofant que la Figure 9 foit la Meule, couchez la lame fur la ligne *G h* , que le tranchant foit en *h*, & le dos en *G*; tenez la lame jufte dans cette pofition , & tirez le bifeau d'un feul trait ; car la moindre variation y cauferoit des creux , ce qui feroit un défaut très-confidérable.

Il eft bien effentiel d'obferver ce degré d'inclinaifon ; car s'il eft plus de court que je ne viens de l'indiquer, le tranchant hache & ne coupe pas : s'il eft au contraire tiré de trop loin, il coupera plus net, il eft vrai, mais il s'ébréchera facilement , parce que l'action des deux lames , qui fe frottent enfemble , occafionnent cet accident ; d'ailleurs, en examinant chaque efpece de Ciseaux , nous lui indiquerons la force qui convient à leur bifeau , le proportionnant à la matiere qu'ils doivent couper.

Il faut obferver que les pointes des Ciseaux peuvent être tellement endommagées fur la Meule , qu'elles ne pourroient rien couper ; pour éviter ce défaut , 1°. il convient que la Meule foit bien ronde , & que la face qui émout ou aiguife ne foit pas plate , mais un peu bombée ou en dos d'âne arrondi ; 2°. il faut que la main qui tient l'anneau foit toujours dans la même direction , & ne pas lui faire faire un mouvement irrégulier en finiffant le coup de Meule du côté de la pointe ; 3° enfin ne pas abandonner la pointe avec le pouce , que le coup de Meule ne foit tout-à-fait accompli.

Il faut arrondir le bifeau des Ciseaux après qu'on a dreffé le tranchant & levé le morfil ; cependant cette regle ne convient que pour les Ciseaux de poche, pour ceux à découper, ceux à rogner les ongles, ceux à cheveux, ceux des Couturieres, des Tailleurs, des Marchands, des Ouvrieres en linge, des Tapiffiers , & enfin tous ceux qui font deftinés à couper des chofes minces , délicates & de peu de confiftance ; mais il faut laiffer le bifeau à tous ceux qui fervent à couper des chofes fortes , comme les grands Ciseaux & les Carrelets des Tailleurs, ceux pour les Cartiers, ceux pour couper les cuirs, comme Cordonniers, Culottiers, ceux à faire les gros crins, enfin tous Ciseaux & Cisailles à couper les métaux, &c.

§. IV. *Des Canifs & des Grattoirs.*

Le Canif est un instrument difficile à bien émoudre, parce qu'il est petit, & qu'un seul coup de Meule mal appliqué peut l'user au point de ne pouvoir plus servir. Examinons les moyens les plus propres & les plus faciles pour s'en bien acquitter. Comme la lame du Canif est courte, quand on veut l'émoudre au pouce, sa largeur, si peu qu'il tienne de cette petite lame, en cache la moitié, & de plus empêche que l'œil ne puisse voir l'opération. D'ailleurs la Meule mange le pouce; on sent qu'on se fait mal; on lâche le coup, & le Canif est manqué ou gâté : pour éviter cet inconvénient, il faut prendre une broche de bois de la longueur de 5 ou 6 pouces, & de 3 ou 4 lignes de grosseur, l'arrondir, y faire une pointe un peu mousse : *voyez la Fig.* 11. On la prend entre les doigts comme on tient une plume pour écrire; prenez le Canif de l'autre main, que les quatre doigts empoignent le manche du côté du dos, que le pouce soit placé du côté du tranchant; appliquez la pointe de la broche sur la lame de Canif vers la pointe, comme le démontre la *Fig.* 12; portez le Canif sur la Meule dans cette situation, en commençant le coup au bas près le manche; donnez le coup légérement tout le long de la lame, & ne l'abandonnez point que le coup de *Meule* ne soit terminé à l'extrémité de la pointe; changez ensuite de main, & faites l'autre côté de même; regardez ensuite le point où est le morfil : s'il est égal d'un bout à l'autre, le Canif est bien. On tire ensuite un biseau de chaque côté du dos, pour former un tranchant de court, pour racler l'encre séchée sur la plume.

Il faut remarquer que la broche ne fait que soutenir le coup, & que toute la sûreté de ce coup dépend de la main qui tient le manche; ainsi si l'on veut tenir la main trop ferme, le poignet se roidit & l'on manque le coup; or, le poignet doit être lâche & comme demi-mort, mais que le manche soit tenu avec assez de fermeté entre les doigts & sans qu'il soit gêné; je veux dire, qu'il ne doit point toucher le creux de la main; étant tenu de cette maniere, en le posant sur la Meule, on sent si l'on est d'à-plomb sur le plat, de sorte que si l'on n'y est pas parfaitement, on entend un coup qui porte à faux, & l'ouie ne peut pas le soutenir; alors le manche étant tenu à main morte entre les doigts, on lâche un peu l'appui du pouce, & par ce petit mouvement on prend la direction qu'il faut, & laquelle est indispensable, parce que le coup de Meule doit être donné vif & d'un seul trait.

La Meule au Canif ne doit pas être épaisse; plus elle est étroite, meilleure elle est; d'ailleurs elle doit être bien arrondie : il y a quantité de petits instruments qui se repassent avec la broche comme le Canif, tels sont le Coupe-cors, les petits Bistouris pour l'opération de la cataracte, pour celle de la fistule lacrymale, &

généralement tous les petits inftruments qui ne portent pas plus de 18 lignes de longueur, & 4 ou 5 lignes de largeur, donc nous y comprendrons les petits Ciſeaux pour faire des découpures.

Le Grattoir, plus large, donne la facilité d'appuyer le pouce ſur la pointe, pour pouvoir le repaſſer comme il faut ; on peut donc le tenir ſur la Meule dans les mêmes poſitions des Couteaux, tant par le manche que par la pointe ; on porte le coup de Meule entre la vive-arête & le tranchant ; on donne un ou deux coups ſur chacune des faces du tranchant, & l'on a grand ſoin de ne pas manquer une des faces, parce qu'il faut réſerver la vive-arête bien dans le milieu, qu'elle ſoit viſible, droite, & qu'elle ſe termine directement à la pointe du Grattoir.

§. V. *Du Raſoir.*

Il faut repaſſer un Raſoir, quand le tranchant eſt groſſi par le ſervice, par l'affilage de la pierre & par le repaſſage ſur le cuir ; ces trois cauſes arrondiſſent le tranchant au point de ne pouvoir plus couper le poil ; il faut donc le repaſſer ſur la Meule, afin de manger ce qu'il a de trop, & lui rendre un tranchant fin.

Le Raſoir n'eſt tenu à la châſſe que par un ſeul clou ; en cela il exige une attention de plus que le Couteau, pour le tenir ferme en appliquant le coup de Meule ; ainſi il faut tenir la lame & la châſſe tout enſemble, afin qu'aucun des deux ne varie en appliquant le coup de Meule.

Planche 21.

La Figure 13 repréſente la maniere de tenir le Raſoir pour le repaſſer ; une main eſt occupée à tenir la pointe, le pouce appuyé ſur le plat du côté du dos M ; l'autre main tient la lame & la châſſe tout enſemble ; par cette poſition des doigts, le pouce O eſt appuyé fermement ſur le talon du côté du tranchant ; l'index I fait parallele au pouce étant plié en deſſous ſur le dos ; le doigt du milieu étant appuyé ſur le clou, une moitié porte ſur la lame, l'autre moitié ſur la châſſe ; l'annulaire & le petit doigt embraſſent la châſſe : ces poſitions ſont repréſentées par la *Fig.* 13. On conçoit aiſément que le Raſoir eſt tenu auſſi ferme qu'on puiſſe le tenir. Obſervant bien cette poſition, portez le Raſoir ſur la Meule de la maniere dont eſt poſé le Couteau à la *Fig.* 10, le tranchant en haut & le dos en bas, & donnez les coups de Meule en commençant toujours par le bas près de l'entaille, au raz du talon O.

Les coups de Meule doivent être appliqués dans le milieu de la lame, entre le bifeau & le tranchant ; c'eſt en ſuivant la même ligne, qu'on évuide réguliérement un Raſoir, & qu'on parvient à emporter l'ancien bifeau du tranchant & l'épaiſſeur qu'il a de trop ; quand on voit qu'il n'y a que très-peu de bifeau d'un côté, on change le Raſoir de main pour faire une pareille opération à l'autre côté.

Lorſque le petit bifeau eſt égal d'un côté comme de l'autre, on porte le tranchant ſur l'ongle du pouce, & l'on regarde s'il plie également d'un bout à l'autre ;

par-là on fait s'il eft plus épais dans un endroit que dans un autre, parce que le tranchant plie plus durement dans l'endroit épais, qu'il faut porter fur la Meule pour l'amincir à l'égalité du plus mince.

Je fuppofe qu'un Rafoir n'a ni creux, ni boffes, ni breches, alors on n'a pas befoin d'y lever du morfil ; il fuffit d'emporter le bifeau de la pierre : par cette attention on gagne le temps qu'il faut pour emporter le morfil avec la pierre à l'eau.

Lorfqu'il y a des breches, ou des creux, ou des boffes au tranchant du Rafoir, il faut lever un morfil par un petit bifeau qu'on tire de court, pour emporter toutes les inégalités qui fe trouvent fur le tranchant, même avant de commencer à l'évuider. Enfin foit que le morfil naiffe fur le tranchant par la force du coup de Meule, ou par la néceffité de dreffer le tranchant, il faut toujours emporter ce morfil fur la pierre à l'eau, comme l'indique la *Fig.* 14. Pour cela on prend une pierre à Rafoir un peu dure, on la mouille dans l'eau, ainfi que le Rafoir ; on applique 7 ou 8 coups de pierre en tenant le Rafoir bien à plat ; fi la pierre feche, il faut la tremper dans l'eau, & même plufieurs fois s'il le faut.

Après cet affilage, il faut regarder fi le bifeau qu'on a fait, eft égal par-tout ; s'il eft plus large dans un endroit que dans l'autre, il faut lui donner un coup de Meule, pour mettre l'endroit le plus large à l'égalité du plus fin, afin que le tranchant plie également par-tout fur l'ongle ; après quoi on dreffe l'épaiffeur du dos par le moyen d'un bon coup de Meule, qui s'applique fur le bifeau du dos. Par rapport au dernier coup de pierre à l'huile, ce bifeau doit être vif & régulier du haut en bas ; on applique le coup de Meule fur la marque du Rafoir ; on le pourfuit vif jufqu'à la pointe, en obfervant que fi le dos eft trop épais pour la largeur de la lame, il faut l'amincir par 3 ou 4 bons coups de Meule de chaque côté ; fi au contraire le dos eft mince, il faut dreffer le bifeau bien légérement. Enfin le Rafoir émoulu, il faut abattre les angles du dos bien légérement.

§. VI. *Remarques particulieres fur l'Emoulure & le Poliffage.*

J'ai dit à chaque piece qu'il falloit rabattre les angles du dos ; ce n'eft pas fans raifon, puifque tous les Apprentifs, & même des Maîtres s'eftropient les mains & endommagent la Poliffoire, quand ils ont oublié d'abattre les angles, parce que la Meule, en ufant le plat des lames pour amincir les tranchants, ufe en même temps le côté du dos des différents inftruments, rend les quarres ou angles auffi vifs que le tranchant même ; de forte qu'en portant l'inftrument fur la Poliffoire, du premier coup ces parties tranchantes entrent dans le bois, y font une entaille ; le plus fouvent cette entaille eft fuivie d'un éclat du bois, qui, fautant rapidement, fait du fracas ; de plus le choc emporte l'inftrument des mains, ce qui eft toujours fuivi de quelque accident très-fâcheux.

La

La maniere d'abattre les quarres ou angles, est de porter bien adroitement le tranchant de l'instrument (quel qu'il soit) en bas ; donner un léger coup de Meule le long des quarres du dos & de chaque côté en suivant la direction de la ligne *G h*, *Fig. 9*, en supposant que *G* soit le tranchant, & que *h* soit le dos.

On repasse ensuite le Rasoir sur la pierre à l'eau, parce que cet instrument a besoin d'une extrême régularité dans son tranchant. Or, pour avoir cette régularité, il faut emporter le morfil qu'a fait la Meule ; quand ce morfil est abattu, le tranchant reste net, & laisse appercevoir toutes les inégalités qu'il peut avoir, & on peut réparer les défauts avec plus de sûreté.

Quand on repasse une paire de Ciseaux, de telle espece que ce puisse être, il ne faut jamais laisser la moindre hauteur ou bosse sur le trou ; il faut au contraire que les lames soient évuidées jusques sous le clou, comme le reste du dedans des lames. Ainsi en portant le coup de Meule, il faut le commencer à 3 lignes par derriere le trou ; il ne faut pas non plus passer d'une extrémité à l'autre en les creusant trop, parce que le mal seroit aussi grand ; la bosse empêche que les Ciseaux ne puissent couper du bas, & le creux les fait mordre du milieu au point de s'égrainer considérablement.

A mesure qu'on émout les ouvrages, on les dresse sur une planche en les adossant au mur, afin que l'eau s'écoule de dessus l'ouvrage. *Voyez la Fig. 16.*

Quand tous les ouvrages sont émoulus, il faut essuyer chaque piece & les arranger toutes sur une planche, que les tranchants ne puissent pas s'ébrécher les uns sur les autres ; ensuite on met de l'émeri sur chaque piece & des deux côtés : la *Fig. 17* fait voir ce travail. On prend l'instrument d'une main, & de l'autre on trempe la brochette dans le pot à l'émeri *q* ; on en frotte l'instrument avec, en étendant l'émeri plus du côté du dos que du tranchant, & l'on arrange les pieces séparément comme l'on voit : en *P*, sont les Rasoirs ; en *R*, sont les Canifs ; en *V*, sont les Ciseaux, & en *S*, sont les Couteaux, laquelle planche est posée sur l'auge ou à côté. *Voyez la Fig. 15.*

§. VII. *Maniere de polir les Ouvrages de Coutellerie sur la Polissoire.*

Pour polir les instruments tranchants, il faut emporter les traits que la Meule a faits sur les ouvrages, pour leur procurer une douceur & une vivacité qui est nécessaire pour qu'ils coupent bien ; de plus ils en sont plus agréables à la vue, & on leur procure un petit préservatif contre la rouille.

Il est inutile de répéter ce que nous avons dit au sujet des positions du corps sur la planche, de celles des bras, de celles des pouces, & enfin des doigts, parce que, généralement parlant, il faut observer les mêmes positions & les mêmes indications pour appliquer un instrument sur une Meule de grès ou sur la Meule de bois qui fait la Polissoire ; ainsi les mêmes Figures nous serviront. Nous allons polir chaque piece séparément, comme nous avons fait pour les passer sur la Meule.

Coutelier, I. Part.   H h

PLANCHE
21.

Comme la Poliſſoire n'agit que par l'émeri délayé avec l'huile, la piece s'é-
chauffe, parce qu'elle ne trempe point dans l'eau comme la Meule, & l'ouvrage
s'échauffe au point de brûler les doigts qui poſent à nud ſur l'ouvrage. Pour
obvier à cela, il faut avoir une petite rognure de chapeau qu'on appelle *curé*;
on le tient entre le pouce & l'index, & la pointe de l'inſtrument qu'on polit
poſe deſſus: on en fait de formes différentes, de ronds, de quarrés & de triangulaires; leur grandeur eſt comme une piece de deux liards: leurs figures ſont
repréſentées par 1, 2, 3, 4, de la *Pl.* 21, *Fig.* 17.

Quand les angles ont été abattus ſur la Meule, il eſt inutile de les abattre ſur
la Poliſſoire; 1°. ce ſeroit un temps perdu; 2°. le quarre racle la Poliſſoire au
point d'en emporter l'émeri dont il faut que la Poliſſoire ſoit chargée; ainſi à tous
égards c'eſt une mauvaiſe méthode; cependant elle eſt uſitée par plus de la
moitié des Ouvriers.

On polit un Couteau en le tenant avec les deux mains, comme pour la
Meule; on le poſe ſur la Poliſſoire *E*, *Fig.* 10; on frotte le Couteau ſur cette
Poliſſoire, allant & venant du bas du manche à la pointe, environ ſept ou huit
fois, ce que l'on appelle *frayer*: ce mouvement emporte les plus gros traits,
& en même temps il éparpille l'émeri ſur toute la circonférence de la Poliſſoire,
ainſi que ſur toute la ſurface du Couteau; après ces coups on les raſſemble lentement comme je vais l'expliquer. En frayant, chaque coup de Poliſſoire fait une
ondulation déſagréable à la vue; c'eſt pourquoi il faut raſſembler toutes ces
ondes en une ſeule; la maniere d'aſſembler, c'eſt d'appliquer le Couteau ſur la
Poliſſoire tout près du manche, & donner le coup tout le long du dos juſqu'à la
pointe; mais il faut ſuivre une marche réguliere & lente. Le premier coup ayant
aſſemblé le bord du dos, on donne le ſecond coup dans le milieu; le troiſieme
ſe donne près du tranchant; alors le Couteau eſt poli d'un côté: il faut en faire
de même pour l'autre côté. Un ouvrage eſt bien aſſemblé quand on n'y voit aucune ondulation, qu'il ne reſte point d'émeri ſur la lame, & qu'elle paroît
comme ſi elle étoit eſſuyée.

Les Ciſeaux ſe poliſſent comme le Couteau; on les tient tout de même avec
le curé; on a ſoin de bien polir la face du dedans des lames, afin que les tranchants ſe frottent enſemble avec douceur: on tient l'anneau de la main gauche
pour polir le dedans des lames. L'écuſſon indiqué par *Z*, *Fig.* 2, ſe polit auſſi
de la main gauche: le deſſus des lames ſe polit en tenant l'anneau de la main
droite, également pour polir le dos en long. *Voyez I*, *K*, *Fig. 8*, *Pl. 12.*

Le Grattoir exige beaucoup d'attention pour le polir, parce qu'il a deux
tranchants, ce qui met en riſque de ſe bleſſer. On le tient ferme entre le pouce
& l'index; on porte le coup de Poliſſoire bien d'à-plomb ſur la face entre le biſeau & le tranchant, mais ſans frayer, donnant le coup, depuis le bas juſqu'à
la pointe, un peu lentement, ayant ſoin de conſerver la vive arête dans le
milieu.

Le Canif fe polit auffi fans frayer ; on le polit fur la Poliffoire bien d'à-plomb en le tenant d'une main par fon manche, & de l'autre avec la broche fur la pointe, de même que pour la Meule, ainfi que l'indique la *Fig.* 12. Il faut bien emporter tous les traits du Canif, fans cela il coupe rudement, & même il fait craquer la plume : il faut qu'il foit poli bien vivement & d'un feul trait.

Le Rafoir fe polit en le tenant comme il eft indiqué pour la Meule, *Fig.* 13. On commence à polir le milieu de la lame *K*, *Fig.* 5 ; il faut frayer quelques coups pour éparpiller l'émeri ; enfuite emporter tous les traits du tranchant, en faifant attention de ne pas faire venir du morfil ; car s'il s'en leve un peu dans un endroit, il faut abfolument en faire venir tout le long du tranchant ; on porte enfuite le coup de Poliffoire fur la facette du talon ; & d'un feul trait, qu'on donne lentement, on pourfuit toute la longueur du bifeau jufqu'à la pointe ; on donne enfuite un coup fur la facette du devant, & après ce coup il faut raffembler toutes les ondulations de l'évuidement de la lame *K*, par trois coups de Poliffoire, & enfin changer le Rafoir de main, pour polir pareillement l'autre côté.

J'ai dit qu'il falloit polir le Rafoir, fans faire venir du morfil au tranchant fur la Poliffoire ; ce fentiment eft tout-à-fait oppofé à plus de la moitié des Couteliers ; » Le bifeau, difent-ils, eft l'ennemi du tranchant ; ainfi il faut du morfil » au tranchant ». Il faut donc éclaircir cela. Je dis : Lorfqu'un Rafoir fera repaffé fur la pierre à l'eau tenu bien à plat, le bifeau fe formera vif & égal d'un bout à l'autre ; alors laiffant fubfifter la moitié de ce bifeau fans l'emporter fur la Poliffoire, qu'on aille après repaffer ce Rafoir fur la pierre à l'huile, en cinq ou fix coups de pierre on aura affilé le Rafoir, & il aura un tranchant bien doux, fuppofant toutefois qu'il fera affilé raifonnablement.

Si je fais venir du morfil au tranchant du Rafoir, lorfque je veux l'affiler il faut que je commence par donner 10 ou 12 coups de pierre, pour former un petit bifeau fur le tranchant ; le bifeau étant fait, je trouve un morfil large, lequel il faut abattre ; à mefure que le morfil tombe, il fe colle fur la pierre ; & lorfque je veux affembler les coups de pierre pour égalifer le bifeau & faire le tranchant vif, je trouve la pierre couverte de morfil ; le tranchant fe frottant fur les brins de ce morfil, s'ébréche, forme une fcie, & ne peut jamais couper doux, à moins qu'on n'ait la précaution d'effuyer la pierre 2 ou 3 fois, & de changer d'huile.

On me répondra peut-être que le morfil eft indifpenfable, & puifqu'il en faut faire venir à la pierre, on peut en faire venir à la Poliffoire ; mais je réponds que le morfil que je fuis obligé de faire venir à la pierre, eft très-fin & uni ; au lieu que celui qui provient de la Poliffoire eft gros & fort, puifqu'il reffemble affez à de la dentelle, & par conféquent il eft bien capable d'ébrécher le tranchant en l'affilant. De plus, puifqu'il faut abfolument du bifeau fur le tranchant du Rafoir, pourquoi emporter celui qui eft fait par la pierre à l'eau ? il eft certain qu'on ne feroit pas obligé de forcer ou multiplier les coups de pierre, pour en faire venir un autre qui ne fera pas meilleur. Je laiſſe au Lecteur à juger laquelle de ces deux méthodes eſt préférable.

Quand on a fini de polir tous les ouvrages, il faut les eſſuyer, pour emporter l'émeri qui y eſt reſté ; cette opération ſe fait en frottant les inſtruments ſur un morceau de peau, ſur lequel on met de la cendre fine, de laquelle on a ſoin d'ôter les petits charbons. La Figure 18 montre la maniere de faire ce travail ; c'eſt principalement pour cette opération, que les Couteliers portent un tablier de peau.

CHAPITRE DIX-SEPTIEME.

Maniere de monter les Ciſeaux ; & les Principes généraux pour l'affilage des Ciſeaux, des Couteaux, des Grattoirs, des Canifs & des Raſoirs.

PLANCHE 22.

Quand les ouvrages qui étoient ſur la planche, ſont finis & qu'ils ſont eſſuyés de l'émeri, on fait la ſéparation de chaque eſpece ; on les prépare pour les affiler chacun ſur la pierre qui lui convient ; on les range tous devant l'Affileur, *Fig.* 19 ; les Couteaux ſur une file ; les Ciſeaux devant la Figure 21 ; les Canifs & les Grattoirs encore devant la Figure 20 ; & les Raſoirs au dernier rang, la Figure 33.

§. I. *Des Ciſeaux.*

On commence par donner un coup de lime pour blanchir les entablures des Ciſeaux, & emporter en même temps les inégalités, s'il y en a ; on appareille les lames & l'on abat le morfil qu'il y a ſur les tranchants, ce qui s'appelle *affiler.*

Les Ciſeaux s'affilent comme l'indique la *Fig.* 21 ; on prend la pierre du Levant & à l'huile, on la poſe en croix ſur le tranchant du côté du biſeau, mais un peu obliquement ; on donne deux ou trois coups de pierre, en faiſant marcher la pierre ſur le tranchant ; on tourne enſuite la lame des Ciſeaux, on donne deux légers coups ſur le dedans du tranchant, & l'on finit par donner un ou deux petits coups ſur le biſeau, & enfin chaque lame s'affile pareillement tout de ſuite.

Comme ſur 20 ou 30 paires de Ciſeaux il y a différentes grandeurs de trous, le Coutelier eſt muni de pluſieurs morceaux de fil de fer de différentes groſſeurs qu'on voit en *A, Fig.* 22 ; un morceau de ce fil eſt dans l'étau à main *B,* lequel eſt porté ſur un bois à limer, qui eſt un morceau de bois de 2 pouces ou environ en quarré, comme le repréſente la lettre *C,* ſur lequel on donne pluſieurs coups de ſcie, afin de loger différentes longueurs de fil d'archal ; on ſerre le bois à limer dans l'étau; on met le fil de fer dans une des rainures qu'on fait à la scie; on tient l'étau à main, je suppose de la main gauche, & avec la droite on lime la pointe du fil de fer toujours en arrondissant; on le présente de temps à autre au trou : notez qu'il faut choisir le petit trou des deux lames : on coupe ensuite le clou de la longueur convenable à pouvoir faire deux rivures, & l'on fait entrer le clou à force avec le marteau. Toutes sortes de clous se font ainsi. *Voyez la Fig.* 22 : elle enseigne toutes les positions du Faiseur de clous.

C'est une bonne méthode de faire de suite tous les clous des Ciseaux, qu'on ajuste pour entrer à force dans le petit trou seulement ; car dans l'autre il faut qu'il y soit bien à l'aise : on donne un coup de lime sur les deux pointes du clou, pour en rogner ce qu'il y a de trop pour faire une bonne rivure, & enfin on rive le clou à petits coups de marteau. Quand on a trop serré la rivure, on la rend lâche en ouvrant les Ciseaux en croix, les posant sur l'étau qui est ouvert à pouvoir recevoir la rivure bien à l'aise, & l'on donne quelques petits coups de marteau sur les deux rivures, commençant par le côté mobile, & finissant par celle dont le clou est entré à force dans le trou.

Quand les Ciseaux sont trop en dehors, les tranchants ne se frottant pas vers la pointe, ne peuvent point couper, il faut nécessairement les jetter en dedans ; cela se fait en posant le dedans de la lame bien à plat sur un petit tas, lequel a la face ronde & se serre dans l'étau ; on donne de petits coups de marteau sur la vive-arête ; cette opération fait jetter les lames en dedans, & l'on vient à bout de faire bien couper les Ciseaux.

On essaye si les Ciseaux coupent bien sur un chiffon de linge ; on examine si les pointes coupent bien franchement, qu'elles n'entraînent point le linge, & lorsqu'ils vont bien, on emporte les coups de marteau à redresser, avec une lime douce, on les polit & l'on adoucit également la rivure du clou, & les Ciseaux sont finis.

Les Ciseaux à vis se montent en suivant la même méthode que nous venons d'expliquer. *Voyez la Fig.* 7, *Pl.* 21. On présente la vis dans le trou, on pose le tourne-vis dans la fente, & l'on fait tourner la vis à droite, & elle se monte d'elle-même.

La monture d'une paire de Ciseaux à moulette est différente ; le clou est composé de deux pieces que représente la *Fig.* 24 ; sa partie *G* est le clou, & celle *g* est la moulette, laquelle est percée à travers pour recevoir la partie supérieure du clou; on en fait déborder environ une ligne de hauteur, pour faire la rivure : notez qu'à mesure que la moulette s'use, le trou s'agrandit, & quand on veut couper elle tourne dans le clou, ce qui est fort mauvais pour les Tailleurs; mais on répare ce défaut en donnant deux coups de quarres de lime en croix sur la partie de la moulette qui tient à la rivure : la *Fig.* 23 le fait voir; de plus, quand le clou est usé & qu'il est trop lâche dans le trou de la lame, on y rapporte une petite garniture, qui est faite avec un morceau de cuivre mince ou de fer-blanc, lequel on coupe triangulairement, comme on voit par la *Fig* 25 ; on le plie fur le clou, & enfin on monte les Cifeaux folidement, moyennant que le clou foit bien jufte dans le trou *H.* Il y a une autre efpece de Cifeaux appellés *Forces*, *Fig.* 27 ; les deux lames font montées par deux vis *J, J,* fur un anneau qui eft élaftique. Pour les repaffer, on démonte les deux vis ; & enfin quand les lames font repaffées, elles fe remontent chacune à leur branche & avec la même vis.

Il y a encore une autre efpece de petites *Forces*, lefquelles font d'une feule piece, les lames & l'anneau ne font qu'un : elles font repréfentées par la *Fig.* 37. Pour repaffer & affiler cet inftrument, il faut lier les deux branches à l'endroit indiqué par la ligne *x x*, avec une ficelle, pour faire déborder le tranchant fuffifamment, pour pouvoir faire le bifeau, & enfin faire chevaucher les deux lames l'une fur l'autre, pour faire le dedans & le dehors, & les lier à chaque fois.

Les trois Figures 28, 29, 30, repréfentent trois manieres différentes pour rapporter des anneaux caffés aux Cifeaux. La Figure 28 eft un pivot au bout de la branche qui eft taraudé, lequel entre à vis dans l'anneau. La Figure 29 eft une branche caffée dans le milieu ; on applatit les deux bouts, on les ajufte bien enfemble ; après quoi on perce un trou au milieu, on y met un clou & on le rive.

La Figure 30 eft un anneau caffé au bas de la branche ; cette branche eft fendue en fourche avec une lime, dans laquelle on ajufte une piece qui tient à l'anneau ; on y perce un trou, on y met un clou & on le rive.

Malgré que ces trois manieres foient bien ajuftées, bien clouées, bien viffées, elles ne feroient point folides ; mais en les brafant avec du cuivre, elles reprennent tout autant de force comme fi elles étoient d'une feule piece ; auffi il faut faire attention, en les brafant, que les lames ne fe détrempent pas ; pour cela on enterre la lame jufqu'au trou dans quelque chofe humide, foit dans un navet ou dans une carotte, ou dans un oignon, dans un trognon de chou, ou enfin enveloppée dans un chiffon de linge bien imbibé d'eau. Nous traiterons des manieres de chauffer, de brafer & de fouder, au Chapitre des foudures ci-après.

§. II. *De l'affilage du Couteau, du Grattoir, du Canif & du Rafoir.*

TOUTES fortes de tranchants quelconques doivent être affilés fur une piece convenable à la douceur que le tranchant doit avoir, afin d'abattre le morfil que la Meule & la Poliffoire ont fait lever fur le tranchant : ce morfil eft très-mince ; & lorfqu'il eft féparé de l'inftrument, il fait un corps dont toutes les faces font anguleufes. Si, par exemple, on n'abattoit pas ce morfil au Couteau, il n'eft pas douteux qu'il s'abattroit de lui-même en coupant les viandes, il fe logeroit même dans le pain, ce qui pourroit être fujet à des inconvénients très-graves. Il eſt donc indiſpenſable d'abattre ce morfil ſur l'eſpece de grains de pierre qui convient pour l'uſage auquel l'inſtrument eſt deſtiné.

Le Couteau s'affile à ſec ſur une pierre griſe qu'on nomme *pierre à affiler* : il s'affile auſſi à l'huile, quand on prend la pierre du Levant; on prend le Couteau d'une main, de l'autre main la pierre, *Fig.* 19; on poſe le Couteau en croix ſur la pierre, obſervant qu'il faut qu'il n'y ait que le tranchant qui porte ſur la pierre, & que le dos en ſoit élevé de la hauteur du quart de la largeur de la lame (*). Alors tenant ſolidement la pierre, on fait marcher le tranchant ſur la pierre, comme ſi l'on vouloit la racler avec le Couteau, en ſuivant la marche de la ligne ponctuée *M N*, *Fig.* 19; de maniere que quand on a donné le coup de pierre, la pointe du Couteau, qui eſt en *M* en commençant, ſe trouve en *N* quand le coup eſt fini. On poſe enſuite le Couteau ſur la pierre, pour donner un ſemblable coup ſur l'autre côté du tranchant; en répétant ces deux marches cinq ou ſix fois de chaque côté, & appuyant toujours également d'un côté comme de l'autre, afin que les deux biſeaux ſe trouvent égaux. Il faut prendre garde auſſi de ne point balancer la main à l'égard de l'élévation du dos, qui eſt fixé au quart de la largeur de l'inſtrument; & enfin donnant deux derniers coups bien légérement, on juge ſi un Couteau eſt bien affilé, en poſant le tranchant ſur la peau de la main en en levant un peu, ſinon on eſſaye ſi le tranchant racle finement l'ongle du pouce.

§. III. *Du Canif & du Grattoir.*

On peut affiler un Canif ſur une pierre à Raſoir; mais il ſera mieux affilé ſur une pierre verdâtre venant de l'Auvergne ou de la Lorraine. On verſe un peu d'huile ſur cette pierre, on l'étend avec le doigt; on tient la pierre de la main gauche entre le pouce & l'index, & l'on tient le manche du Canif dans la main droite. Le tout eſt indiqué par la *Fig.* 20. On applique le tranchant du Canif ſur la pierre, faiſant enſorte que le dos ſoit élevé du quart de la largeur de la lame, tenant le Canif fixe dans cette poſition qu'on voit en *O* : on donne le premier coup en faiſant marcher le tranchant devant, & parcourant la longueur de la pierre ſuivant la direction de la ligne ponctuée *O*, juſqu'à ce que la pointe ſoit parvenue à l'autre bout de la ligne *P*; enſuite on tourne le Canif pour affiler l'autre côté, le plaçant comme l'indique *q R*. Dans cette poſition, on donne le coup de pierre en ſuivant la direction de la ligne *R*, en faiſant toujours marcher le tranchant devant, c'eſt-à-dire, qu'il doit toujours racler la pierre.

Il eſt très-important de ſe placer, à chaque coup de pierre, ſur le même

---

(*) Il faut faire une attention ſinguliere à ce dégré d'élévation, qui eſt préciſément le quart de la largeur de l'inſtrument qu'on affile. C'eſt-là le principe réel de l'affilage, lequel eſt applicable ſur tous les inſtruments tranchants; ſi l'on donne un coup plus ou moins élevé, on arrondit le biſeau de ſorte qu'on ne peut pas parvenir à faire couper le tranchant; enfin tout le ſuccès de l'affilage dépend de la vivacité du biſeau qu'on fait au tranchant ſur la pierre à affiler.

bifeau ; car fi l'on chancelle un peu, on ne parviendra jamais à faire bien couper un Canif. Quand on a donné 5 ou 6 coups de chaque côté, il faut paffer le Canif bien légérement fur l'ongle ; s'il paffe en douceur & qu'on le fente mordre, il coupera bien ; mais s'il marche fur l'ongle irréguliérement, s'il ne mord qu'en un endroit, qu'il racle dans un autre, ou enfin qu'il gliffe, ce font des fignes certains qu'il y a du morfil ; il faut le repaffer encore fur l'ongle pour faire coucher le morfil, lui redonner 3 ou 4 légers coups de pierre de chaque côté, pour ragréer le tranchant ; enfin pour que le Canif foit bien affilé, il faut qu'il prenne bien vivement la peau de la main, même après qu'on aura paffé légérement le tranchant fur l'ongle.

Il faut encore examiner que pour la perfection du Canif, le dernier coup de la pierre doit être donné du côté droit de la lame (*), quand il eft pour un Droitier, & pour un Gaucher, il faut le donner du côté gauche ; de plus encore, il faut appuyer un peu plus fortement le Canif du côté droit fur la pierre, & paffer plus légérement fur le gauche, quand c'eft pour un Droitier ; & enfin faire le contraire pour un Gaucher.

Le Grattoir s'affile comme le Canif ; il ne differe de ce dernier, qu'en ce qu'il a deux tranchants ; du refte, obfervant la même pofition du Canif, & les mêmes directions des lignes indiquées par la *Fig.* 20, il peut s'affiler fur une pierre du Levant ou fur une pierre à Rafoir, plutôt dure que trop tendre, ou enfin fur celle du Canif : que ce foit fur l'une ou fur l'autre, il faut toujours l'affiler à l'huile d'olive.

Quand les Canifs & les Grattoirs font affilés, on les effuie de l'huile ; on enveloppe les lames de ceux qui ne fe ferment pas, avec un morceau de papier, afin que les tranchants ne fe gâtent pas l'un contre l'autre dans le tiroir.

§. IV. *Du Rafoir.*

UNE bonne pierre à Rafoir eft néceffaire au Coutelier ; auffi doit-il en avoir foin : elle doit être enchâffée dans du bois, comme le repréfente la *Fig.* 30, ou dans une châffe de fer-blanc, *Fig.* 31. Dans cette derniere, il y a un double fond percé comme un crible, lequel eft porté fur quatre pivots fur le vrai fond, de forte que l'huile, qui tombe continuellement en affilant, fe filtre à travers ces trous, tombe au fond, & cette même huile fert à autre chofe : la pierre fe trouve portée fur deux traverfes de fer-blanc. La Figure 32 repréfente la burette à l'huile, laquelle doit être tenue proprement, parce que le tranchant du Rafoir ne peut pas fouffrir le moindre gravier ; avec la pierre enchâffée dans le bois, on affile à la main ; & avec celle qui eft dans la châffe de

______

(*) En termes de l'Art, on appelle *le côté droit* d'un inftrument, le côté qu'on examine quand le tranchant eft à gauche ; & *le côté gauche* eft celui qu'on voit quand le tranchant eft à la droite.

fer-blanc,

fer-blanc, on affile à pierre pofée ; c'eft la plus familiere au Coutelier, parce qu'ayant très-fouvent pour deux ou trois heures d'affilage, il feroit fatiguant & même infoutenable de tenir la pierre à la main fi long-temps ; enfin de quelque pierre qu'on veuille fe fervir, les principes de l'affilage font toujours les mêmes. Nous allons affiler fur la pierre à main qu'on voit *Fig. 33.*

Pofez le Rafoir en croix fur la pierre bien à plat, que le dos & le tranchant portent également, que le talon de la lame foit tenu par le pouce & l'index ; les autres doigts tiennent la châffe avec liberté, parce qu'il faut avoir la facilité de tourner le Rafoir dans la main pour travailler les deux côtés ; enfin le Rafoir pofé fur la pierre en *T*, faites marcher le Rafoir fur la pierre, comme fi vous vouliez racler la pierre avec le tranchant du Rafoir, & fuivant la direction de la ligne, de maniere que la pointe du Rafoir, en partant de *T*, à la fin du coup de pierre, fe trouve au bout de la ligne *t*. Ce premier coup de pierre étant donné, tournez le poignet, ou bien tournez le Rafoir dans la main pour faire l'autre côté, & placez-vous de la maniere qu'indique le Rafoir ponctué *v*, *u*, le tranchant tourné en avant ; faites-le marcher fur la pierre, le tranchant toujours devant ; donnez le coup en fuivant la direction de la ligne ponctuée *v*, *x*, jufqu'à ce que la pointe du Rafoir foit parvenue en *x* : voilà les deux coups de pierre expliqués.

Il ne faut que répéter ces mêmes coups autant de fois qu'il eft néceffaire. Pour affiler un Rafoir, il faut fe faire une regle de ne pas plus appuyer d'un côté que de l'autre, & pas plus en haut qu'en bas.

Ayant donné 7 ou 8 coups de chaque côté pour former un petit bifeau tout le long du tranchant, on donne un léger coup de revers pour faire coucher le petit morfil tout fur un côté ; ce coup fe donne en tenant le dos détaché de la pierre, & en faifant marcher le dos en avant ; enfuite on fait tomber le morfil par un coup contraire à ce dernier. Pofez le tranchant de l'autre côté fur la pierre, que le dos en foit élevé ; faites comme fi vous vouliez racler la pierre avec le tranchant, le morfil tombe tout fi le Rafoir eft bon ; mais s'il eft un peu mou, le morfil eft plus tenace : il faut répéter cette manœuvre jufqu'à trois fois.

Après cette opération le Rafoir ne coupe point la peau ; pourquoi, me dira-t-on ? il n'y a point de morfil, le tranchant eft aigu, il devroit couper net. Non, il ne peut pas couper, parce qu'il a deux bifeaux fur le tranchant, c'eft-à-dire, le bifeau fait par le Rafoir tenu à plat fur la pierre, & le bifeau fait pour abattre le morfil. J'ai dit, & la regle eft invariable, qu'un tranchant quelconque, ne peut jamais bien couper, fi le bifeau que fait la pierre fur le tranchant, n'eft pas exactement vif, égal & régulier.

Donc, après avoir abattu le morfil, pofez le Rafoir à plat fur la pierre, pour emporter le petit bifeau ; prenez garde de ne pas lui donner plus de coups qu'il ne faut, parce que le morfil renaîtroit de nouveau, lequel il faudroit abattre, & ce feroit toujours à recommencer. Pour éviter cet inconvénient, il faut donner les derniers coups de pierre bien légérement, paffer fouvent le tran-

chant fur l'ongle , pour vous affurer du degré où il eſt par le taƈt. Cette opération eſt indiquée par la *Fig.* 34. Si le tranchant gliſſe fur l'ongle , il n'eſt pas
encore parfait ; s'il racle & marche irréguliérement, il y a du morfil ; mais quand
on ſent que le tranchant coule réguliérement fur l'ongle , qu'on le ſent mordre
avec douceur , il eſt bien ; enfin un Raſoir raſera bien , ſi après avoir paſſé deux
fois fur l'ongle toujours avec la même douceur , il prend la peau de la main
avec douceur & vivacité.

L'uſage de paſſer le tranchant fur l'ongle eſt de conféquence pour le Coutelier ; il doit ſe familiariſer à la connoiſſance de ce taƈt , parce qu'il peut juger,
fur l'ongle , du degré de perfeƈtion de toutes fortes de tranchants , à l'exception de la Lancette. D'ailleurs , un bon Raſoir qui auroit un peu de morfil fin ,
en le paſſant deux fois fur l'ongle , le morfil tombe. Il ne faut , après cette opération , que donner 4 ou 5 coups de pierre de chaque côté , & le tranchant ſera
bien fait.

La deſcription que nous venons de donner pour l'affilage du Couteau , des
Ciſeaux , du Grattoir , du Canif & des Raſoirs , ſuffit pour toutes les autres
eſpeces de tranchants , à l'exception de la Lancette & de quelques autres inſtruments de Chirurgie ; du reſte , tous les tranchants ſuivent les principes de l'un
des cinq que nous venons de décrire.

Nous n'avons rien dit des pierres à affiler. Voyez le *Chapitre VI.* & *Pl. 9.*

CHAPITRE DIX-HUITIEME.

Maniere de fondre l'Or, l'Argent & le Cuivre, de forger ces Métaux & de les paſſer à la Filiere.

O N fond les Métaux pour en raſſembler les morceaux qui ont été ſéparés en
faiſant différents ouvrages ; que ce ſoit des rognures ou de la limaille , cela eſt
indifférent pour les fondre en lingot : il eſt queſtion d'aſſembler le tout pour n'en
faire qu'un ſeul morceau , ce qu'on appelle *Lingot.* Cette opération conſiſte à
mettre les matieres dans un creuſet fait avec de la terre cuite , expoſé enſuite au
milieu d'un feu ſuffiſamment ardent , pour réduire les Métaux en fonte.

§. I. *Des Outils pour fondre les Métaux.*

O N peut fondre le cuivre , l'argent & l'or dans un fourneau de cuiſine aſſez
profond ; quand il eſt trop petit , on peut l'élever par quatre briques arrangées
une fur chaque face ; on met enſuite une terrinée d'eau direƈtement ſous le
feu ; l'eau s'échauffe , & la fumée qui en ſort anime le feu avec aſſez de force

pour produire la fufion. J'indique cette méthode, parce qu'on peut y avoir recours. J'ai éprouvé ce moyen avec fuccès, fur-tout en mettant fur le Fourneau une cappe de terre cuite, au haut de laquelle on ajufte un tuyau de poële de 2 ou 3 pieds de haut (*) fi l'on veut. Cependant nous préférons de fondre à la Forge, & c'eft la méthode la plus ufitée par les Couteliers.

La Figure 1 repréfente une Forge ordinaire. On commence par ôter tout le brafier du charbon de terre des environs de la tuyere, & l'on pofe le culot *A*, *Fig.* 2, en face de la tuyere, mais plus élevé que le trou, parce qu'il faut que le vent fouffle plus bas que le creufet : ce culot, qui eft fait de terre cuite, fert de fupport au creufet. Après avoir placé le culot, il faut mettre le garde-feu : on fait que c'eft un demi-cercle de fer repréfenté par la *Fig.* 3. Il y en a de fer, d'autres de fonte, & d'autres de terre cuite : tous font également bons.

On met la matiere dans un creufet qui doit être couvert, lorfqu'il eft au feu, avec un couvercle fait comme le creufet, avec de la terre cuite. La Figure 4 repréfente un creufet d'Allemagne, qui eft préférable à ceux que font les François, & la Figure 5 le couvercle.

Les Métaux ne fe fondent qu'avec du charbon de bois ; le meilleur eft celui qui ne pétille pas & qui ne jette point d'étincelles ; il faut qu'il foit fec, & on doit animer le feu avec le foufflet ; quand la matiere eft fondue, on la jette dans une Lingotiere, *Fig.* 7. Elle eft faite d'un morceau de fer de 15 ou 18 lignes en quarré ; fur une de fes faces on fait une gouttiere de 6 ou 7 lignes de profondeur & d'autant de largeur ; d'ailleurs, il en faut de plufieurs grandeurs pour la proportionner à la quantité de métal qu'on veut fondre à la fois. En *g* eft un anneau fait pour l'attacher à un clou.

§. II. *Du Feu & de la Fufion.*

Après avoir amaffé toutes les rognures & les limailles qu'on veut fondre, il faut, comme nous l'avons dit, les mettre dans le creufet & prendre garde à n'en pas mettre jufqu'au bord : on met enfuite du falpêtre pour aider la fufion des Métaux, les rendre plus fluides, & fcorifier les craffes ou toutes les matieres étrangeres au métal. Quant au cuivre, plufieurs y mettent du borax, d'autres du verre pilé, & d'autres rien du tout.

Le creufet étant placé fur fon culot au milieu du garde-feu, & couvert de fon couvercle, on met auprès du creufet une pelletée de braife allumée, & l'on garnit tout l'intérieur du garde-feu avec du charbon de bois, de maniere qu'on ne voie ni le creufet ni le couvercle ; le tout eft repréfenté par la *Fig.* 1, en *B*.

On laiffe d'abord allumer le feu de lui-même, afin que le creufet & la matiere s'échauffent doucement ; car, quand on brufque la chaleur, il arrive fouvent que le creufet fe fend.

(*) On trouve ces efpeces de Fourneaux tout faits à Paris, chez un Potier de terre rue Mazarine, derriere le Collége des Quatre Nations.

Lorfqu'on voit que le feu s'anime & que le creufet commence à rougir, on anime le feu avec le foufflet, en commençant toujours lentement , & augmentant par degré. Ayant chauffé environ 12 ou 15 minutes, on voit que le creufet eft chaud à blanc ; alors la matiere eft fondue. Pour s'en affurer, on découvre le feu & le creufet à l'aide des pincettes *c*, & l'on voit fi la matiere eft en bain : fi l'on foupçonnoit que la matiere fût chargée d'un peu de limaille de fer, on jetteroit encore dans le creufet quelques pincées de falpêtre ; (la boëte au falpêtre fe met toujours fur la tablette de la Forge en *D* ;) il faut recouvrir le creufet & continuer à chauffer. Si vous voulez avoir l'argent doux & épuré en ne le fondant qu'une fois, il faut encore découvrir le creufet, y faire entrer les pincettes de maniere que les mâchoires paffent légérement fur la furface du métal fondu, pour le nétoyer de fes craffes qui s'attachent aux pincettes ; on les fort, on les fecoue, les craffes tombent, on les replonge une feconde & une troifieme fois, & plus, s'il le faut, enfin jufqu'à ce qu'on voie l'argent net & clair ; alors jettez du borax dans le creufet, la valeur de 2 ou 3 prifes de tabac ; recouvrez le creufet encore, ranimez le feu, parce que l'argent veut être jetté bien chaud ; enfin pour profiter de la chaleur, pofez en *E* la Lingotiere que vous avez fait chauffer , & dans laquelle vous aurez mis un peu d'huile d'olive ; découvrez le creufet, pincez-le par un des parois avec les tenailles croches, telles que le repréfente la *Fig.* 6 , & verfez le métal fondu dans la Lingotiere *E*.

Nous avons indiqué la maniere de fondre l'argent d'une feule fufion ; mais lorfque la mitraille eft chargée de beaucoup de limaille ou de plufieurs fortes d'argent, il faut le fondre deux fois, une avec le falpêtre , & l'autre avec le borax ; & quand on le fond en deux fois, on n'a pas befoin de nétoyer les craffes avec la pincette. Quand la matiere eft fondue , il faut la jetter dans la Lingotiere ; alors les craffes reftent attachées au creufet. Quand le lingot eft refroidi, on le coupe en morceaux fur une tranche, enfuite on les met dans un creufet neuf : on met du borax deffus ; on met le tout au feu, on chauffe ; enfin quand il eft en fufion, on le jette dans la Lingotiere.

L'or & le cuivre ne fe fondent (*) pas autrement que l'argent. Les mêmes outils & les mêmes indications , que nous avons données pour l'argent, fervent pour l'or & pour le cuivre. Si l'on avoit de l'argent très-fin , il feroit trop mou, il n'auroit point de corps ; il faut le mettre au titre de Paris ; pour cet effet mettez enfemble dans le creufet 11 parties d'argent vierge, & une partie de cuivre jaune ; fondez-les enfemble & jettez cette matiere, vous aurez de bon argent & au titre de 11 deniers.

____

(*) On purifie bien l'or avec du fel de nitre, quelques pincées mifes dans le creufet en mettant le métal au feu ; & ce qui le purifie le mieux, c'eft l'antimoine.

§. III. *De la Forge de l'Or & de l'Argent ; maniere de les paffer à la Filiere.*

Quand on jette l'argent dans la Lingotiere, il eft chaud à blanc ; la chaleur diminue par degrés, & lorfqu'il eft d'un rouge bruni, il n'eft plus liquide, mais il eft en maffe ; alors fi le lingot eft fort, on peut profiter de cette chaude pour le forger.

Il n'eft pas néceffaire d'expofer fous les yeux des figures & des pofitions exprès pour forger l'argent ; toutes celles que nous avons montrées pour le fer & l'acier fuffifent, parce que toute la différence de la maniere de forger les métaux, ne confifte entr'eux que dans le degré de chaleur ; le fer & l'acier exigent plufieurs degrés de chaleur, comme nous l'avons dit ; mais l'argent ne peut foutenir que le rouge brun ; car fi on le chauffoit un peu à blanc, il fe diviferoit & fe cafferoit même du premier coup de marteau.

L'or peut fe forger à chaud, mais toujours fur la même face ; car à chaque fois qu'on veut changer de côté pour le forger, il faut le faire recuire au feu. On peut traiter à peu-près de même le cuivre rouge ; mais le cuivre jaune ne peut fouffrir le coup de marteau à chaud, il faut le laiffer refroidir après l'avoir fait recuire. Un argent qui en feroit trop chargé, par exemple, à 8 deniers, ne pourroit pas non plus fouffrir aifément le marteau à chaud, il faudroit le laiffer refroidir ou tremper dans l'eau.

En forgeant les matieres, il faut éviter de les battre au point de les faire crever ; c'eft l'argent qui fe forge le plus long-temps fans s'écrouir & s'aigrir ; & c'eft l'or qui fe forge le moins ; la différence même eft grande : de deux lingots de la même force, celui d'argent fouffrira 40 coups de marteau, tandis que l'or n'en fouffrira que 10. Le cuivre rouge fuit affez le degré de l'or.

Quand on forge ces métaux, auffi-tôt qu'on apperçoit une petite crevaffe, il faut ceffer de les forger & avoir recours à la lime, pour emporter les crevaffes même, fi j'ofe le dire, jufqu'à la racine ; car je fuppofe qu'une crevaffe paroiffe avoir une ligne de profondeur, la matiere fe trouve corrompue une bonne demi-ligne au-delà de la caffure. Ainfi après avoir emporté la crevaffe, il faut limer la demi-ligne au-delà, fans quoi elle reparoîtroit toujours. Au refte, l'enclume & les marteaux, pour forger l'or & l'argent, doivent être bien acérés & polis.

Comme l'Art du Coutelier eft confidérable & exige beaucoup d'outils, il faut des Laboratoires fpacieux ; il arrive très-fouvent qu'on n'a pas une petite place pour pofer un établi féparé pour travailler l'or & l'argent ; cette néceffité a fait imaginer un établi ambulant : il eft compofé d'une piece de bois de 2 pieds de longueur fur 3 pouces d'épaiffeur en quarré *j i, Fig.* 8, fur laquelle eft attaché un petit étau *H*, un cercle de fer *K K, L L*, qui traverfe les deux bouts de la table de bois en *j i*, lequel porte une peau paffée à l'huile qui l'environne formant une grande poche ; l'étau se trouvant au milieu, les limailles tombent dans la poche, d'où on les ramasse aisément avec une carte.

Cet établi se peut transporter où l'on veut, & on le met dans le besoin à tous les étaux de la Boutique ; les deux bouts de bois *j i*, qui débordent la poche, servent à la serrer entre les deux mâchoires d'un fort étau ; par ce moyen les rognures & les limailles d'or & d'argent ne sont pas sujettes à être mêlées avec du fer, de l'acier, du bois, de la corne, de l'ivoire, de l'écaille, de la nacre, &c.

La Figure 9 représente une Filiere à passer l'or, l'argent & le cuivre : pour les réduire en fils ronds, tous les trous sont gradués en grosseur. *O* est le plus gros, & *P* est le plus petit ; de sorte que depuis le premier jusqu'au dernier ils vont tous en diminuant de l'épaisseur d'un parchemin, & même pour les petits l'épaisseur differe moins que celle du parchemin le plus mince.

Avant de passer le métal à la Filiere, il faut qu'il soit préparé au marteau & qu'il se termine en pointe par les deux bouts, comme le représente la *Fig.* 10. Tout le corps est arrondi au marteau le mieux qu'on le peut ; après quoi on le fait rougir pour le recuire & le rendre mou. On peut, à ce sujet, consulter l'Art de la Tréfilerie donné par M. Duhamel.

La Figure 11 représente le banc ou moulin à passer à la Filiere. Cette machine est composée d'un moulinet *qqqq*, qui embrasse l'extrémité du rouleau *M* qui est quarré, & autour duquel est attachée la sangle *N* ; au bout de cette sangle est un anneau de fer *P*, qui sert de bride aux tenailles en les fixant par les deux crochets *S S* ; les deux mâchoires de ces tenailles *T*, sont acérées en dedans & taillées comme une lime bâtarde, pour tenir sûrement le métal par le bout.

Deux hommes font ordinairement ce travail (un seul peut le faire) ; l'Ouvrier tient la Filiere d'une main, fait entrer le bout du métal, par exemple, dans le trou *O* ; il place ensuite la Filiere contre les deux poupées ou points d'appui *t t*, qu'il tient toujours d'une main ; de l'autre il ouvre les tenailles, pour saisir la pointe du métal ; il tient toujours sa main sur les crochets *S S* des tenailles, de l'autre il prend un morceau de cire jaune, en frotte un peu le métal à l'instant qu'il va passer au trou ; pendant ce temps il commande au Tourneur ; ce dernier tourne le moulinet *q q q q* ; le métal passe au travers le trou, s'arrondit & s'allonge. Le tour étant fait, le Tourneur arrête tout court & sur le champ détourne le moulinet, pour faire rapprocher les tenailles du point d'appui ; l'Ouvrier reprend le métal qui a passé par le trou *O*, & le met dans le second trou, remet la Filiere contre le point d'appui, pince le bout du fil avec les tenailles, & enfin répete la manœuvre précédente : du second trou il va au troisieme, ensuite au quatrieme, & enfin jusqu'à celui qui doit donner au fil la grosseur convenable.

Notez que dans cette opération le métal s'écrouit aussi fortement que si on le frappoit au marteau ; par conséquent il faut le recuire au feu après qu'il a passé dans 5 ou 6 trous. Ce travail exige l'attention de l'Ouvrier, pour ne pas casser la pointe du fil, ce qui arrive prefque toujours quand il veut fauter un ou deux trous ; alors le fil éprouvant trop d'efforts, fe trouve forcé & l'opération eſt interrompue par la pointe du fil qui fe caffe.

Dans l'action de paſſer le fil, on tâche toujours d'embraſſer la pointe le plus avant qu'il eſt poſſible, pour trouver de la force ; pour cet effet on fait donner de petits coups de moulinet ; on le fait arrêter pour avancer les tenailles, & l'on prend ainſi plus de matiere.

Il n'eſt pas poſſible de fixer le nombre des groſſeurs du fil qu'il faut, c'eſt quand nous en ferons uſage, que nous indiquerons la groſſeur du fil qui convient.

Quand le fil eſt menu, je ſuppoſe à la groſſeur un peu moins qu'une ligne, (ſi on veut l'étirer plus fin, on n'a pas befoin du moulin), il ſuffit de mettre la Filiere dans l'étau, comme on le voit en *u*, *Fig.* 12, préſenter la pointe du fil dans le trou, là pincer avec une paire de pinces plates & fortes *x*, lefquelles font taillées en dedans comme une lime douce ; étant dans la poſition qu'indique la *Fig.* 12, on tire le fil à la ſeule force des bras, & l'opération ſe fait très-bien, même avec plus de ménagement qu'au banc ; c'eſt ainſi qu'on peut réduire le fil de métal jufqu'à la groſſeur d'un cheveu, moyennant, bien entendu, qu'on le fait recuire quand il en eſt befoin.

Une attention qu'il faut avoir, c'eſt que les trous de la Filiere foient faits en entonnoir, & qu'il ne faut pas faire entrer le fil par le côté du petit trou, mais toujours le faire entrer par le grand, pour le faire fortir par le petit. *Voyez la Fig.* 13. Le trou eſt ponctué & laiſſe voir que le trou va toujours en diminuant, c'eſt ce qui fait reſſerrer la matiere peu-à-peu & la fait allonger. Au reſte, on trouvera tout ce qui regarde la façon de traire les métaux, expoſée dans le plus grand détail dans l'Art de la Tréfilerie, publié par M. Duhamel ; ainſi je me borne à rapporter ce que les Couteliers ne doivent pas ignorer.

CHAPITRE DIX-NEUVIEME.

Introduction à ce qui regarde les Soudures & les Braſures : compoſition de pluſieurs eſpeces de Soudures.

Il n'y a guere d'ouvrages auxquels il ne faille fouder quelque partie plus ou moins conſidérable, ſoit pour une piece de rapport indiſpenfable, ou pour remédier à un accident qui furvient en travaillant, tantôt à une piece qui caſſera par un coup de marteau donné à faux, ou à quelques crevaſſes qu'on voudra cacher ; tout cela eſt permis, quand la bonté & la folidité de l'ouvrage n'en ſouffrent pas. Ainſi je crois devoir traiter un peu en détail de ces deux opérations ; car la Brasure à l'égard du fer, est peu différente de ce que l'on nomme *Soudure* à l'égard du cuivre, de l'argent & de l'or. On appelle *Braser*, lorsqu'on ajuste deux pieces de fer ou d'acier dans la vue de les joindre ensemble pour n'en faire qu'une au moyen du cuivre jaune, qui, dans cette occasion, forme la Soudure.

On appelle *Souder*, joindre ensemble deux morceaux d'or ou d'argent, &c, au moyen d'un métal plus fusible qu'eux, & qui s'unit avec eux. Ce métal s'appelle *la Soudure* ; il en faut de différentes especes, suivant les métaux qu'on veut réunir, & d'autres circonstances dont nous parlerons ci-après.

Le premier point & le plus essentiel de l'Art de Souder, c'est de bien ajuster les deux pieces ensemble, afin qu'il reste très-peu de vuide entr'elles ; mais on désirera peut-être avoir une idée précise de la maniere dont se réunissent deux morceaux de métal qu'on soude ; si c'étoit deux pieces de fer ou d'acier, on leur donneroit une chaude suante, telle que les deux surfaces qu'on veut réunir, soient très-attendries & prêtes à couler ; alors en les posant l'une sur l'autre & les comprimant à coups de marteau, ces deux surfaces, qui font comme une pâte, s'unissent & ne font plus, quand les barres font refroidies, qu'un seul corps.

Il n'en est pas de même de la Soudure de l'or, de l'argent & du cuivre ; je crois que j'en donnerai une idée plus forte en la comparant avec deux morceaux de bois qu'on réunit avec de la colle-forte ; quand ils font ajustés de façon que les faces, qu'on veut réunir, se touchent exactement, comme on doit le faire pour les pieces d'or ou d'argent, on fait fondre la colle, qui tient bien ici de la Soudure dont nous parlerons, & en ayant mis entre les deux morceaux de bois, ils se trouvent exactement joints l'un à l'autre, quand la colle, étant froide, a repris sa dureté.

Revenons à la Soudure des métaux ; quand les morceaux qu'on veut réunir font bien ajustés, on met dessus des paillettes de Soudure, qui doivent être faites d'un métal plus fusible que celui qu'on veut souder ; on met le tout entre les charbons, & on anime le feu avec un soufflet à main, les pieces qu'on veut souder s'échauffent, la Soudure fond, elle s'y attache, & quand le tout est refroidi, les pieces qu'on a soudées ne forment plus qu'un seul morceau.

Comme la Soudure qui est fondue est très-coulante, s'il y avoit beaucoup de jour entre les jonctions, elle passeroit au travers du vuide sans s'arrêter ; il est donc de la derniere conséquence que les pieces soient bien ajustées.

Il est aussi très-essentiel de placer les paillons de Soudure directement sur les jonctions, afin qu'à l'instant qu'elle devient fusible, elle s'insinue entre les deux pieces, & qu'elle remplisse tous les vuides. Il n'est pas moins important, pour que la Soudure soit plus coulante, de la couvrir avec du borax & d'en répandre un peu tout autour des jonctions ; car le borax produit trois effets : 1°. il préserve la Soudure de se brûler, de se griller & de se calciner avant de devenir fusible ; 2°. il

accélere

accélere de beaucoup la fufion; 3°. enfin il rend la Soudure coulante & il l'attire à lui : une petite expérience rendra ceci plus fenfible.

Prenez un morceau d'argent de la grandeur d'un écu de trois livres, & un autre de la grandeur d'une piece de 24 fols; l'un & l'autre étant limés vivement, appliquez-les l'un fur l'autre, liez-les avec un fil d'archal pour les bien affujettir l'un fur l'autre, & ne mettez qu'un paillon de Soudure; mais mettez du borax tout autour de la petite piece, pofez les pieces fur le feu, foufflez jufqu'au degré de chaleur convenable; à l'inftant que la Soudure fondra, vous la verrez parcourir & s'étendre fur toute la circonférence de la jonction; au lieu que fi vous ne mettez du borax que fur la Soudure, elle fe fondra en reftant en grain fur la placé où elle a été mife, ou bien fi elle s'étend, elle ne s'étendra qu'à une petite diftance de la circonférence de la petite piece.

La régularité du feu eft auffi de grande conféquence pour bien fouder; foit qu'on foude au chalumeau, ou à la poële ou à la forge, il faut toujours diriger le vent & le feu avec précifion, & choifir de petits charbons bien allumés.

Ce qui eft encore de grande conféquence, c'eft de bien blanchir, adoucir & aviver les pieces qu'on veut réunir, ainfi que les environs des jonctions, & ne pas y laiffer la moindre bavure; car il fuffit qu'il fe trouve une petite craffe ou un peu de bavure, pour arrêter la Soudure & l'empêcher de couler; il faut auffi mouiller la piece que l'on veut fouder, pour faire tenir le borax : quelquefois on mouille avec de la falive, mais l'eau claire & propre y convient beaucoup mieux.

Il faut faire fon poffible pour que la Soudure réuffiffe dès la premiere fois; car quand on manque la premiere fois, rarement on réuffit bien à la feconde, & très-fouvent même à une troifieme, parce qu'il s'y loge quelque fcorie ou quelque craffe qui s'oppofent totalement au bon fuccès de la Soudure. Ainfi quand il arrive qu'on a manqué la premiere fois, on ne peut bien réuffir à la feconde qu'après avoir délié les pieces pour en ôter toutes les craffes, & les relier enfuite.

§. I. *Compofition de plufieurs efpeces de Soudures.*

Pour faire la Soudure de cuivre, on prend neuf parties de cuivre rouge du plus pur, qui eft la rofette; mettez-le dans un creufet neuf, faites fondre le cuivre, & lorfqu'il eft en bain, jettez-y trois parties de bon zinc; jettez enfuite ce mélange dans une Lingotiere.

PLANCHES 22 & 23.

Le lingot étant froid, battez-le fur l'enclume pour l'applatir. On peut auffi la réduire en lames minces en la paffant au moulin ou laminoir; après quoi on peut laver cette Soudure à plufieurs eaux; & quand on la met fur la piece qu'on veut fouder, il faut qu'elle forte de l'eau : on voit qu'elle eft compofée de neuf parties de cuivre & de trois parties de zinc. Il eft vrai qu'elle fe fait de plufieurs degrés & de plufieurs manieres; mais fi on la fait plus fufible, elle fe trouve

COUTELIER, I. Part.   M m

plus aigre. Or une telle Soudure se fait avec huit parties de cuivre & quatre de zinc; & si on veut la faire même plus forte & moins aigre que la premiere, il faut mettre dix parties de cuivre & deux parties de zinc: cette Soudure n'est propre qu'à souder le cuivre & le laiton; elle est même fantasque, & pour peu qu'une piece soit de conséquence, on évite bien des inconvénients en se servant de Soudure d'argent.

La Soudure d'argent se fait en prenant trois parties de bon argent & une partie de cuivre jaune; mettez-les ensemble dans un creuset neuf, faites-les fondre; quand ils sont en fusion, jettez le tout dans la Lingotiere (c'est la Soudure qu'on appelle *au tiers*); quand le lingot est froid, battez-le sur l'enclume pour l'applatir; mais il faut le forger avec modération; aussi-tôt que vous y voyez la moindre crevasse, il faut la mettre au feu, la faire un peu rougir, & sur-tout il ne faut pas la battre à chaud; car elle se diviseroit par-tout; mais laissez-la refroidir avant de la forger, ou, pour précipiter le refroidissement, plongez-la dans l'eau; il faut répéter cette manœuvre autant de fois qu'il sera nécessaire pour réduire cette Soudure jusqu'à l'épaisseur d'une carte ou environ.

On fait de la Soudure d'argent au tiers, au quart & au sixieme; mais le Coutelier qui emploie de l'argent à 11 deniers, doit se servir de celle au quart; parce que comme l'argent ne peut être employé, pour garnir l'acier & le fer, qu'étant au titre de Paris, on a beaucoup d'avantage à se servir de Soudure plus forte, parce qu'elle ronge moins; mais aussi je le répete, l'argent doit être au titre de 11 deniers, sans quoi la garniture seroit fondue avant que la lame d'acier fût suffisamment chaude pour recevoir la Soudure dans ses pores; car il est bon de savoir qu'il faut un degré de plus de chaleur à l'acier qu'à l'argent & qu'à l'or, pour que la Soudure coule dessus; c'est faute de prêter attention à cette circonstance, que des Couteliers sont étonnés de voir la Soudure fondue & restée sur l'acier comme une goutte de suif, sans avoir coulé; & d'un autre côté on verra un autre grain qui aura coulé, parce que ce dernier touchoit à de l'argent, & que l'autre, portant sur le fer, n'a pu couler, parce que l'acier n'avoit pas un degré de chaleur suffisant. Or, la Soudure au tiers se fait de trois parties d'argent & une partie de cuivre; celle au quart, de quatre parties d'argent & une de cuivre; & celle au sixieme, six parties d'argent & une partie de cuivre.

La Soudure d'or se fait comme celle d'argent; mais cette Soudure se fait avec une partie d'or, deux parties d'argent, avec une partie de cuivre rouge (de rosette); on met le tout dans un creuset neuf, &c; on suit les mêmes procédés que nous nous avons indiqués pour la Soudure d'argent. Si l'on veut faire une Soudure plus colorée, on mettra deux parties d'or, &c, au lieu d'une.

§. II. *De la façon de faire une Soudure.*

Après avoir ajusté les pieces soit pour les brafer ou pour les fouder, il faut les lier enfemble avec du fil d'archal, qu'on appelle auffi *fil à lier.* On fait recuire ce fil, enfuite on l'entortille ou dévide autour d'une bobine: *voyez la Fig.* 1. Il faut une paire de pinces plates que nous avons repréfentées ailleurs; on lie les deux bouts du fil à lier, afin que tout foit bien affujetti. La Figure 2 repréfente une petite pince à reffort, qui fert par le bout *A*, à prendre les paillons de Soudure pour les pofer fur la jonction. Le bout *B*, qui eft fait en aiguille, fert à arranger les paillons, quand on ne les a pas bien pofés à leur place.

La Figure 3 repréfente un morceau de Soudure, & la Figure 4 une paire de petites Cifailles qui fervent à couper les paillons des Soudures; on les coupe étroits, mais longs proportionnellement à la longueur des jonctions. *Voyez les* nᵒˢ. 1, 2, 3, 4, 5.

La Figure 5 repréfente une boëte de cuivre appellée *Rochoir*, dans laquelle on met le borax en poudre; & la Figure 6 fait voir un pot plein d'eau, dans lequel on trempe la piece avant de mettre le borax.

La Figure 7 repréfente un Chalumeau pour fouder à la lampe; il eft fait d'une lame de cuivre pliée fur un mandrin & foudée: on plie le petit bout plus ou moins & felon les cas, pour diriger le vent qui porte la flamme fur la piece qu'on foude.

On voit à la *Fig.* 8, un gros charbon creufé par un bout, qui fert à fouder des viroles & autres femblables petits ouvrages, avec le chalumeau; & la Figure 9 eft une petite poële de fer, dans laquelle on met de petits charbons bien allumés, pour fouder des ouvrages qui font trop forts pour l'être au chalumeau fur un feul charbon.

La Figure 11 repréfente une autre efpece de Chalumeau; c'eft un morceau de canon de fufil coudé; le bout *t* s'ajufte dans le trou de la tuyere de la Forge, & le bout *Q* fe dirige fur la flamme. Cet inftrument eft bon, fur-tout pour ceux qui ont la poitrine foible, parce qu'on fouffle avec le fouflet de la Forge.

La Figure 12 eft une lampe à fouder; & la Figure 13 une paire de tenailles croches & légeres, avec lefquelles on arrange les charbons fur les ouvrages, & encore à placer les ouvrages fur le feu, & à les retirer quand ils font foudés.

La Figure 14 repréfente une poële propre à fouder au feu.

La Figure 15 fait voir une Forge pour brafer de groffes pieces; & la Figure 16, repréfente une *Bigorne* pour plier des ouvrages en rond, tels que des viroles & des anneaux de Cifeaux.

CHAPITRE VINGTIEME.

Maniere de souder & de braser plusieurs Pieces ensemble, au moyen des Soudures qui leur sont propres.

La Figure 17 représente une bande d'argent propre à faire une virole de Couteau. On plie les deux bouts parallélement sur la bigorne, ensuite on la plie en forme d'ovale ; après quoi on passe un morceau de fil à lier sur le pourtour ; on joint les deux bouts : on les serre ensemble en les tortillant avec une paire de pinces. *Voyez la Fig.* 18.

Quand on voit que les deux bouts de la virole sont bien ajustés l'un contre l'autre, on trempe la virole dans l'eau ; on applique un paillon de Soudure sur la jointure ; ensuite on y met du borax : après quoi l'on pose la virole sur le charbon, comme le représente la Figure 8. Prenez ce charbon d'une main, portez-le au côté gauche de la lampe allumée, *Fig.* 12. Prenez le chalumeau de l'autre main ; portez le gros bout à la bouche & le petit bout sur la flamme de la lampe & du côté droit ; alors soufflant dans le chalumeau, dirigez la flamme directement sur la virole ; faites-la rougir ; soufflez sur la Soudure, dans un instant vous la verrez fondre & couler ; il ne faut pas manquer d'arrêter le souffle à l'instant même que la Soudure part, sinon la Soudure & la virole fondroient presqu'aussi-tôt l'un que l'autre.

Ce que nous venons de dire de la façon de faire une virole, enseigne aussi la maniere de faire une cuvette ; car pour cette derniere il faut commencer par faire la virole telle que nous venons de l'enseigner. On la mandrine juste à la grandeur qu'il la faut ; ensuite on l'ajuste sur un morceau d'argent plané de l'épaisseur de deux cartes : on lie ce plané avec la virole par deux fils d'archal placés en croix, comme l'indique la *Fig.* 19 ; lorsqu'elle est serrée, on met deux paillons de Soudure, un en *C*, l'autre en *D* ; on pose la cuvette à plat sur le charbon, & on la soude en soufflant comme pour la virole.

Ayant expliqué comment on soude une virole & une cuvette d'argent, il est inutile de répéter les mêmes choses pour les autres matieres, c'est-à-dire, que le cuivre, l'argent & l'or sont trois métaux qui different peu l'un de l'autre, à l'égard du degré de chaleur pour les souder ; & d'ailleurs les principes sont partout les mêmes. Il est bon de faire usage de la méthode de souder au chalumeau pour tous les petits objets, parce qu'on a toujours l'œil fixe sur la Soudure : on voit l'instant qu'elle part, & l'on est plus sûr de son opération, parce qu'on est maître d'arrêter le vent bien plus promptement que celui d'un soufflet.

Les Soudures les plus difficiles à faire, sont sans doute celles où il faut faire

avec

avec l'or & l'argent fur l'acier : commençons toujours par le plus aifé. La Figure
20 repréfente une platine de Couteau préparée pour fouder un bout d'argent
repréfenté par la *Fig.* 21. Ce bout s'appelle *cachet* : on l'ajufte fur la platine *E E* ;
on le lie fermement avec le fil d'archal en le faifant paffer dans le trou à chaque
tour. *Voyez la Fig.* 21. Cette façon de lier eft la même pour toutes fortes de
cachets. Voyez auffi la *Fig.* 22 : elle repréfente un reffort fur lequel eft ajufté
& lié un cachet *g g*. La Figure 23 repréfente une platine fur laquelle eft ajufté
le cachet ou la demi-virole telle qu'on la fait à cette façon de Couteau appellée
à la Militaire. **H H,** *Fig.* 24, eft la largeur de l'argent, lequel eft plié en
quart de cercle, comme le fait voir *h h*.

La Figure 25 repréfente une platine, fur laquelle eft ajuftée une bande d'argent tout autour, d'une ligne & demie ou deux de largeur ; on la lie bien étroitement, afin qu'on n'y voie pas le jour au travers : cette efpece de Couteau
s'appelle *à platte-bande*.

La Figure 26 fait voir comment on lie un reffort pour le garnir d'une bande
d'argent ; & la Figure 27 repréfente la lame pour y faire le même ouvrage ;
& tant à la lame qu'au reffort, on laiffe déborder la garniture d'une bonne
demi - ligne de chaque côté, & cela pour pouvoir placer plus aifément la
Soudure.

La Figure 28 repréfente la maniere de lier la garniture fur les dehors d'une
lame de Cifeau. Pour l'ajufter exactement avant de la lier, mettez la lame du Cifeau fur la garniture, & faites comme fi vous vouliez les faire entrer toutes deux
dans le plomb, en frappant à petits coups de marteau fur la lame, jufqu'à ce que
vous voyiez que la garniture eft bien modélée ou étampée ; après quoi prenez
une paire de Cifailles, ébarbez un peu les bords ; cependant laiffez toujours une
demi-ligne de largeur de plus à la garniture, afin de pouvoir placer aifément la
Soudure ; on voit auffi la garniture liée fur le dehors de l'anneau.

La Figure 29 fait voir la maniere de garnir un Couteau à gaîne, de mitres
d'or ou d'argent : on voit en *K K,* *Fig.* 30, la forme de ces mitres, & on les
voit en *i i*, liées en leur place.

Si l'on veut donner une bonne folidité à un Couteau à gaîne pour couper les
fruits, & dont la lame eft d'argent ou d'or, il faut y rapporter une queue d'a-
cier ; or la Figure 31 fait voir clairement comment il faut ajufter cette queue
à queue d'aronde, comme on voit en *L* ; c'eft le moyen de faire un Couteau
folide : après qu'elle eft ajuftée ainfi, on place la mitre comme à la *Fig.* 30, &
l'on foude le tout enfemble. Prefque tous les ouvrages fe rapportent à l'une des
Figures que nous avons expofées fous les yeux. Le cuivre, l'argent & l'or exigent les mêmes attentions pour l'ajuftement & la façon de les lier. Je répéterai
feulement qu'il eft effentiel de bien pofer les paillons de Soudure fur la jonction des deux matieres, & que la plus forte partie touche la garniture. La Figure 27 fait voir la maniere de placer les paillons : on les fait entrer en *M,* &

l'on preſſe le bout *N*, de façon qu'elle puiſſe couler juſqu'à l'extrémité de la pointe de la lame. Le premier étant placé, on en fait entrer un ſecond, enſuite un troiſieme, & de même dans toute la longueur de la garniture.

Quand la Soudure eſt placée, trempez la lame dans l'eau ; après quoi commencez à mettre un peu de borax ſur le côté oppoſé à la Soudure ; enſuite couvrez toute la Soudure avec du borax, ſans cependant en mettre en quantité : portez alors la lame ſur le feu pour la ſouder.

La Figure 32 repréſente la maniere de lier les ouvrages avec le fil d'archal ; & la Figure 33 fait voir comment on y met le borax.

Le feu étant préparé dans la poële avec de petits charbons bien allumés, poſez la lame ſur la braiſe & ſur un plan incliné, le dos en bas & le tranchant en haut ; couvrez enſuite la lame avec des charbons de la longueur & de la groſſeur du petit doigt, que vous placerez en travers de la lame ; ayez ſoin auſſi de faire toucher les charbons l'un contre l'autre : portez les plus gros du côté du talon de la lame ; comme c'eſt la partie la plus forte, il faut auſſi y porter la plus forte chaleur. Tout étant ainſi diſpoſé, prenez l'éventouſe ou l'écran, *Fig.* 34 ; agitez l'air au-deſſus du feu, juſqu'à ce que vous voyiez la lame commencer à rougir ; ſi vous appercevez que la chaleur ſoit plus forte dans un endroit que dans l'autre, portez le vent ou le ſouffle ſur l'endroit qui eſt en retard ; car il faut de néceſſité que la piece rougiſſe également par-tout.

Quoique les charbons ſoient placés l'un contre l'autre, il y a toujours un peu de vuide, & il en faut pour voir l'inſtant où la Soudure va partir ; & ſitôt qu'on voit la Soudure blanchir, (ce qui eſt un ſigne certain qu'elle eſt prête à fondre), il faut ſubitement arrêter le vent ; car à l'inſtant on voit la Soudure fondre, partir & couler dans les jonctions auſſi promptement qu'un éclair. Or cet inſtant eſt précieux à ſaiſir ; un ſeul coup de vent de trop, ſuffiroit pour faire fondre la garniture avec la Soudure.

Il eſt auſſi néceſſaire de découvrir le feu diligemment & adroitement, auſſitôt que la Soudure a coulé, que d'arrêter le vent : on prend la lame par le bout du talon, ou bien par le bout du fil à lier *f*, *Fig.* 27, & l'on ſort la lame du feu avec les tenailles, *Fig.* 13.

Un Coutelier conſommé dans la garniture, fait d'excellents Couteaux garnis d'argent : voici pourquoi. Quand il a pris toutes les précautions requiſes pour ne pas manquer les Soudures, il eſt comme ſûr de ſon coup ; par conſéquent il ſe prépare à tremper la lame immédiatement auſſi-tôt que la Soudure a coulé, ſans être obligé de rechauffer une ſeconde fois. Or, deux raiſons ſont cauſe de la bonté de cette lame ; la premiere, c'eſt que n'étant chauffée qu'une fois, l'acier ne perd point le corps qu'il perdroit par une ſeconde chauffe ; & la ſeconde, c'eſt que l'acier eſt à ſon véritable degré. Pour le tremper, il n'eſt pas poſſible de trouver un degré plus juſte que celui où il eſt, quand la Soudure d'argent fond & coule ; mais il faut, comme je l'ai dit, être bien au fait ; car ſi la garniture n'eſt pas bien ſoudée, il eſt néceſſaire de remettre la lame au feu pour la reſſouder & la retremper. Or, une ſeconde trempe donnée, ſans avoir rabattu à chaud une piece, fait faire une quantité de caſſures, même ſur tous les ſens, de ſorte que la piece eſt défectueuſe & d'un mauvais ſervice.

Pour tremper une piece quelconque, lorſqu'elle eſt garnie d'argent ou d'or, il faut délayer un peu de blanc d'Eſpagne dans de l'eau, en faire comme une pâte, & avec une petite broche de bois en couvrir toute la garniture, qui eſt obligée de ſouffrir le degré de chaleur qu'il faut pour durcir l'acier : moyennant cette précaution rien ne s'altere, pas même la Soudure.

Il nous ſuffit de bien détailler la maniere de ſouder une piece pour mettre un Eleve en état d'en ſouder toute autre à peu-près ſemblable ; lorſque les matieres en ſont les mêmes, c'eſt par-tout les mêmes attentions, le même degré de chaleur, en un mot les mêmes procédés. Il ne faut pas oublier de donner de l'inclinaiſon à la piece qu'on ſoude, afin de procurer une pente à la Soudure. Or cette inclinaiſon eſt indiquée par la *Fig.* 35, en ſuppoſant que la ligne *p p* ſoit le feu, que la ligne *R* ſoit la lame du Couteau, que la lettre *q* en ſoit le tranchant, & que la lettre *R* en ſoit le dos, ſur lequel on ſoude la garniture. Il faut partir de ce principe pour tous les ouvrages ; par conſéquent une platine de Couteau à platte-bande, qui eſt repréſentée par la *Fig.* 25, ne peut pas être ſoudée d'une ſeule chaude, il faut la ſouder en deux temps à cauſe de l'inclinaiſon ; mais il n'en eſt pas de même pour l'argent & l'or purs : on peut ſouder deux jonctions à la fois en les poſant horiſontalement ſur le feu. Ainſi l'inclinaiſon n'eſt eſſentielle que pour le fer & l'acier qu'on veut garnir d'un autre métal, tel que l'or, l'argent & le cuivre.

Pour ſouder une mitre de Couteau à gaîne ou de table, on place un fort paillon de Soudure de chaque côté, par exemple, ſur la ligne ponctuée *S, Fig.* 29. Lorſqu'il y en a un ſur chaque mitre, il faut placer le Couteau fort droit dans le feu la queue en bas, parce qu'étant d'acier, elle ne riſque point d'être altérée ; au contraire, la forte chaleur qu'elle prend, accélere la fuſion de la Soudure.

Nous avons une remarque bien eſſentielle à faire touchant l'or ; il arrive très-ſouvent qu'on ne peut pas l'unir à l'acier. Cette difficulté auroit beſoin d'être éclaircie ; mais elle nous entraîneroit dans un trop long détail. Ainſi je me contenterai de dire comment on peut ſe tirer de cet embarras. Pour cela prenez du cuivre rouge appellé *roſette*, étirez-le au marteau de l'épaiſſeur qu'il le faudroit pour faire une virole ; enſuite appliquez-le ſur la lame d'acier, liez-le, ſoudez-le comme ſi c'étoit une garniture d'argent ; étant ſoudé, déliez le fil, blanchiſſez votre lame d'acier par-tout ; amincissez le cuivre que vous avez ſoudé, n'en laiſſez ſeulement que de l'épaiſſeur d'un parchemin ; enſuite ajuſtez l'or ſur le dos couvert de cuivre, & ſoudez-le avec de la Soudure d'or, comme nous l'avons détaillé pour la garniture de la lame de Couteau garnie en argent, *Fig.* 27, & dans la poële, *Fig.* 13. Ce moyen eſt ignoré de grand nombre d'Ouvriers ; mais il ne le ſera pas de mes Lecteurs.

§. I. *Des Brafures.*

J E prends pour exemple une lame de Cifeaux qu'on a caffée ; il faut raccourcir le bout de la lame caffée jufqu'à 2 lignes ou environ du trou, comme
on le voit en la *Fig.* 36, en *y y*, enfuite amincir l'entablure tout le long de
l'écuffon, depuis le bas de la ligne ponctuée *V u*, jufqu'au bout *y y* ; mais pour
donner de la force à la lame que nous allons rapporter, il faut amincir le bout
y y jufqu'à l'épaiffeur d'une demi-ligne feulement, & laiffer tout le refte plus
fort, mais en mourant (*), de forte que le plus épais foit à la pointe de l'é-
cuffon *u*, & le plus mince vers le trou *y y*.

La Figure 37 repréfente la lame forgée dans la largeur convenable ; & la
Figure 38 fait voir cette lame réduite à l'épaiffeur qu'elle doit avoir par le dos.
On voit que l'épaiffeur de l'entaille *r*, répond à la petite épaiffeur du haut de
l'écuffon *y y*, *Fig.* 36. Cette entaille eft repréfentée de face par la ligne *x x*,
Fig. 37. Le tranchant du Cifeau commence à l'entaille *z*, & continue jufqu'à la
pointe.

Les deux pieces étant ajuftées proprement & limées bien vivement, on pofe
la Figure 37 fur la Figure 36, de forte que *y y* réponde jufte à la ligne *x x* ;
alors on prend une branche de Cifeaux entiers, comme la repréfente la *Fig.* 39.
Pour bien affujettir la piece qu'on veut brafer, percez deux trous en *e e*, clouez-
les ; percez enfuite le trou *j* qui doit porter le clou ou la vis qui doit joindre les
deux lames de Cifeau, & enfin limez cette lame parallélement en longueur &
en largeur avec fa camarade, & enfin travaillez-la prête à tremper.

Prenez enfuite un morceau de fil de cuivre repréfenté par la *Fig.* 40 ; ajuftez-
le fur la jonction du côté du dos ; liez-le avec le fil à lier, trempez le tout dans
l'eau ; mettez du borax tout autour de la jonction & fur la Soudure ; enfin portez
la piece au feu pour la fouder, le tranchant en en-bas & le dos en en-haut. La
Figure 15 fait voir la piece dans le feu couverte avec de petits charbons, de
forte que l'air n'y pénetre que le moins qu'il eft poffible. Il faut auffi éviter que
le vent du foufflet ne donne fur la piece ; or, le feu étant bien couvert, la
Soudure ne tarde pas à couler : on ne peut pas la voir couler ; mais une flamme
bleue, qui paroît à l'inftant que le cuivre entre en fufion, indique que la piece
eft foudée. Alors retirez la lame du feu, laiffez-la refroidir, battez-la un peu à
froid, & remettez-la au feu pour la tremper & la recuire. Après cela finiffez
cette lame à la Meule & à la Poliffoire ; relimez la branche & l'anneau avec la
lime douce, poliffez-la ou la bruniffez, & la lame eft finie.

(*) Terme d'Artifte, qui fignifie émincer de loin, comme, par exemple, une pyramide.

CHAPITRE VINGT-UNIEME.

Maniere de faire des Poinçons, des Fusils, des Grattoirs, des Canifs, des Coupe - cors, & autres Instruments à-peu-près semblables (*).

Après avoir exposé les positions & les attitudes les plus usitées pour les différentes façons de travailler, ainsi que la maniere de chauffer l'acier, de le gouverner soit au feu ou sous le marteau, il nous reste à prendre l'un après l'autre, tous les ouvrages qui dépendent de l'Art du Coutelier.

Nous allons commencer par les pieces les plus aisées à travailler, & par degrés nous traiterons de celles qui font les plus difficiles.

§. I. *Des Poinçons.*

Pour faire un Poinçon, on commence par étirer l'acier en quarré de la grosseur de 4 lignes ; ensuite il faut donner une chaude grasse à la pointe, & l'étirer en pyramide de la longueur de 3 pouces ; on abat ensuite les quatre quarres à petits coups de marteau, afin de ne pas rendre le Poinçon pailleux, qui pour lors ne vaudroit rien ; étant arrondi il faut le couper d'un coup de tranche.

Planches 26 & 27.

Cette opération se fait en mettant la piece sur la tranche *e*, *Fig.* 1, à l'endroit où l'on veut la couper, sur lequel on donne un coup de marteau bien d'à-plomb ; on la retourne pour donner un coup de tranche vis-à-vis le premier ; mais il ne faut jamais la couper tout-à-fait sur la tranche, parce que la piece, en se séparant, pourroit blesser ceux qui seroient à portée ; ainsi il faut la laisser tenir à la barre, porter la coupure que fait la tranche, sur la quarre de l'enclume, & la faire séparer par un coup de marteau. On prend ensuite le Poinçon avec les tenailles, pour faire chauffer le gros bout, & par cette petite chaude grasse on fait la queue ; alors le Poinçon est forgé tel que le désigne la *Fig.* 2, *Pl.* 27.

Il y a des Poinçons sans manche ; pour lors on laisse le bout du côté de la queue plus gros que le corps du Poinçon ; on n'y fait point la queue, au contraire on l'arrondit, & en le limant on lui fait une petite pomme qui sert à prendre le Poinçon, & à le faire entrer pour percer. *Voyez la Fig.* 3. Quand on a forgé la quantité de Poinçons dont on a besoin, on les met au feu avec du charbon de bois, on les fait rougir & on les laisse consommer le feu & se refroidir d'eux-mêmes pour les bien recuire.

(*) Les Planches de ce Chapitre n'ont point d'Echelle, parce que toutes les Pieces y font dans leur grandeur effective.

Coutelier, I. Part.   O o

Alors on commence par limer la queue du Poinçon quarrément, en réfervant l'embafe qui doit porter fur le manche ; enfuite tenant la queue dans l'étau à main, on le pofe fur le bois à limer, comme fi l'on vouloit faire un clou, limant le Poinçon toujours en arrondiffant ; puis d'un coup de la quarre d'une lime demi-ronde, on fait au bas l'entaille *A A*, en réfervant de l'épaiffeur pour l'embafe. *Voyez la Fig.* 4, où le Poinçon eft dégroffi à la lime rude : il faut l'abâtardir & l'adoucir avec une lime douce ; après quoi il faut le tremper & le recuire bleu, excepté la longueur de 3 ou 4 lignes à la pointe, qui n'a befoin que de la couleur de cuivre rouge, s'il eft fait avec de l'acier d'Angleterre, & violet s'il eft d'acier d'Allemagne.

Pour faire le manche, on prend un morceau de bois de 3 pouces de longueur, & d'un pouce de groffeur en quarré ; on l'ébauche avec la plaine, on le dégroffit avec la rape & on le façonne en long avec la lime ; on le contre-marque bien au milieu pour le percer affez avant, pour loger une queue de 15 ou 18 lignes de longueur ; enfuite il faut le cimenter ; pour cet effet on emplit le trou, *Fig.* 4, avec du ciment en poudre, pendant que la queue chauffe un peu : après quoi on fait entrer la queue dans le trou ; la chaleur fait fondre le ciment, & lorfque l'embafe touche au manche, on fort la queue pour la tremper dans le ciment, en répétant cette manœuvre deux ou trois fois avec promptitude ; après quoi on laiffe refroidir le tout. Il ne s'agit pour le finir, que de polir le Poinçon avec un morceau de bois & de l'émeri, ou avec le Grattoir & le Bruniffoir. A l'égard du manche, il faut le gratteler & enfuite le brunir à la dent, s'il eft en bois de Palixandre ; à la moulée & au tripoli, s'il eft en Ebene ou en Ivoire, &c.

La Figure 5 fait voir un Poinçon dont le manche eft fait au tour.

Cet outil fert aux Procureurs, aux Avocats, aux Notaires, &c, pour percer les papiers & les mettre en liaffes.

La Figure 6 fait voir un Poinçon dont le manche eft différent : il eft fait de buis, & eft gros par le bout *B*. C'eft l'outil des Tailleurs, pour les corps des Enfants, avec lequel ils percent les œillets, & le bout du manche leur fert à abattre les coutures.

La Figure 7 repréfente un Tirebouton : il fe fait de même que le Poinçon ; étant limé tout droit, le bout arrondi, on le plie à froid fur une petite bigorne ; on laiffe une petite ouverture en *b*, pour prendre le bouton & le laiffer fortir de même. Cet inftrument doit être recuit bleu.

La Figure 8 repréfente un Repouffoir de Tailleur pour les corps ; il leur fert à forcer les lames de baleine dans leurs places. Cet outil fe forge comme un Poinçon, excepté qu'on réferve fur la quarre de l'enclume, une platine derriere en *a*, de l'épaiffeur d'une piece de douze fols, laquelle leur fert comme de crayon pour marquer les étoffes à la regle. Le bout de cet outil fe termine par deux pointes qu'on voit en *c* : elles font faites avec une petite lime à Couteau, mince ; le manche eft fait au tour & en buis.

§. II. *Des Fusils propres à donner le fil aux Couteaux* (*).

Le Fusil rond ne diffère point du Poinçon pour la forge. On en fait de quarrés, d'hexagones & d'octogones : toutes ces especes se forgent de même, & on les forge proprement en marquant tous les pans au marteau. La Figure 10 en fait voir un à 8 pans sans manche.

La Figure 13 en fait voir un à 4 pans monté avec la virole : ces deux derniers se font à la meule & à la polissoire. Celui à quatre quarres s'émoud sur une meule de 10 à 12 pouces de hauteur, & la polissoire un peu plus basse, mais bien ronde ; celui à huit quarres s'émoud sur une meule de 4 à 5 pouces, & la polissoire de la même hauteur : l'un & l'autre doivent être émoulus bien vivement, pour que les angles soient bien vifs.

La Figure 14 fait voir un Fusil rond servant aux Corroyeurs & aux Parcheminiers, pour donner le fil aux Lunettes. Cet outil, à proprement parler, est un Brunissoir : il est poli à traits perdus, & la moindre paille ou cassure, ou faute de la trempe, le rend incapable de servir ; c'est pourquoi il faut prendre de l'acier naturellement bien sain : l'acier fondu y est propre.

Généralement parlant, tous les Fusils doivent être trempés dans toute leur force, & il ne faut leur donner aucun recuit, parce qu'ils sont destinés à entamer les tranchants des Couteaux qui sont trempés ; mais ayant du recuit, ils cedent à un outil qui est plus dur, parce qu'il n'a pas été recuit.

La Figure 15 fait voir un Fusil de Boucher, rond, auquel on fait des dents en longueur avec la quarre d'une vieille rape ou d'une lime taillée à gros grains. Comme ces Fusils sont sujets à frapper contre les tables, ils sont sujets à casser, parce que la matiere ne doit point avoir de recuit. Pour obvier à cet inconvénient, on les fait avec du fer ; pour cet effet on prend du carillon de 6 lignes d'épaisseur en quarré ; on le forge bien, on l'arrondit ; & après qu'il est limé, on le trempe en paquet.

La trempe en paquet se fait avec plusieurs choses ; quelquefois on y emploie des ingrédients qui n'ont aucune vertu pour durcir le fer. Nous pensons que trois drogues suffisent ; savoir, une partie de suie de cheminée, une demi-partie de cendres de bois-neuf, & une demi-partie de charbon de bois pilé, c'est-à-dire, une livre de suie, demi-livre de cendres, & demi-livre de charbon ; le tout étant pulvérisé & mêlé ensemble dans un pot de terre, on en fait une pâte avec de l'urine ; on l'étend sur une demi-feuille de tôle ; on arrange les Fusils sur cette composition, de sorte qu'ils ne se touchent pas, mais qu'il y ait de la pâte entr'eux : on met même une couche de cette pâte sur les Fusils, une autre rangée de Fusils, & enfin autant de rangées de pieces, autant de couches de pâte ; on couvre ensuite la derniere rangée avec une autre tôle ; on lie ce paquet

(*) Toutes les Planches des Chapitres suivants n'ont point d'Echelle, parce que tous les objets sont au naturel.

avec un peu de fil d'archal ; on expofe ce paquet à un feu de fourneau à vent : il ne faut qu'une heure & demie de chaleur pour durcir le fer de l'épaiſſeur d'une piece de douze fols ; & bien plus, ſi la boëte de tôle, qui renferme le tout, eſt bien cloſe, qu'on ait mis de la terre à four tout autour, qu'elle ſoit, comme on dit, bien lutée, il ne faut que huit heures de temps pour changer tout le fer en acier, étant de 3 ou 4 lignes de groſſeur, pourvu que le feu ſoit pouſſé vivement.

On profite de la chaude du paquet pour tremper les pieces qui ſont dedans : quand les Fuſils ſont trempés, on y met des manches de corne tenus par trois clous, & on laiſſe l'anneau *d* à jour, parce qu'il ſert à y paſſer un cordon pour le pendre au côté.

§. III. *Du Grattoir.*

Pour forger les Grattoirs, il faut étirer d'abord tout l'acier à 4 lignes de large, & de 2 lignes d'épaiſſeur ; pour lors on ne fait que donner une petite chaude graſſe à la pointe, laquelle on allonge de court & bien pointue ; enſuite on entaille la queue ſur la quarre de l'enclume, comme l'indique la *Fig.* 1, à la lettre *D* ; on fait tomber la pane du marteau ſur la ligne ponctuée : (c'eſt ainſi que s'entaillent toutes les queues des outils dont les lames ſe forgent au bout de la barre) ; ayant entaillé la queue, le Grattoir ſe trouve formé, mais il eſt moitié plus étroit qu'il ne le faut ; alors on l'élargit avec la pane du marteau, pour amincir le bord du tranchant ; & l'on a ſoin de réſerver la vive-arête du milieu, ce qui partage la lame à deux tranchants ; après cela il faut le rabattre, c'eſt-à-dire, le parer avec une tête de marteau un peu ronde, & on finit par allonger la queue à coups de pane de marteau, dans la même poſition qu'elle a été entaillée en *D*, & on la coupe par un coup de la quarre de l'enclume, ou par un coup de tranche, comme l'indique la lettre *e*. Tous les Grattoirs étant forgés, on les met à recuire (*).

On commence par les marquer ; enſuite on dreſſe la queue, & l'on bat la lame un peu à froid, tant pour faire ſauter les écailles que le recuit occaſionne ſur l'acier, que pour reſſerrer les pores de l'acier que le recuit a un peu trop dilaté. Pour limer le Grattoir, on commence par dreſſer le tranchant, lui faiſant faire un ventre régulier ; enſuite on lime les quatre faces du tranchant par le plat, après quoi on lime la queue ſur le bois à limer ; la lame étant ſaiſie dans l'étau à main, on la trempe & on la recuit couleur de paille.

Le manche du Grattoir s'ébauche à la plaine, on le dégroſſit à la rape, & on le finit à la lime ; après quoi on le perce & on cimente la lame ſur le manche ; puis on l'émoud, on le polit, enſuite on grattele le manche & on le finit à la dent.

(*) Pour ne pas répéter à chaque ouvrage qu'il faut le faire recuire, je dis ici que généralement tous les ouvrages d'acier, (à l'exception du Ra- | ſoir), ſe font recuire ; ainſi nous ne ferons plus mention du recuit.

La Figure 11 repréfente un Grattoir prêt à être cimenté ; & la Figure 12 ; un Grattoir à un feul tranchant fur fa convexité, qu'on appelle *à la Régence.*

Le Grattoir ne fauroit être trop dur ; auffi nous fixons le recuit à la couleur de paille ; comme il fert à gratter une lettre ou un mot fur le papier ou le parchemin, il lui faut de la dureté pour réfifter long-temps.

Le Grattoir indique comme il faut travailler quantité d'autres outils qui font compofés de deux tranchants. La Figure 4 & 5 ne differe du Grattoir que par fa force & fa longueur. C'eft un Couteau à plomb de Vitrier ; fon tranchant doit être auffi dur, mais plus fort & plus nourri que celui du Grattoir ; fon manche eft comme celui d'une lime avec une bonne virole de fer, & au bout c'eft une mife de plomb que les Vitriers arrangent eux-mêmes, & qui leur fert de marteau.

§. IV. *Des Canifs droits, fermants, & de toutes les façons, & des Coupe-cors.*

LES premiers Canifs ont été faits avec deux clous & fans reffort : c'eft par-là que nous allons commencer. Il faut étirer l'acier d'une ligne & demie d'épaiffeur, & de 3 lignes de large, bien entendu que c'eft pour le Canif fermant, dont la lame eft plus forte & plus large que celle du Canif droit.

PLANCHES
26 & 27.

On donne une petite chaude graffe en faifant la pointe ; enfuite on porte l'acier fur la quarre de l'enclume, comme pour faire une queue ; mais on jette toute la lame d'un côté ; cette entaille eft repréfentée en *f*, *Fig.* 16 : elle fait le battement du clou ; après cela on porte le côté du tranchant fur la tranche, comme en *e*, *Fig.* 9, & l'on donne un petit coup de marteau pour former l'évuidement qu'on voit en *g*, *Fig.* 16 ; enfuite on élargit le tranchant avec la pane du marteau ; on le rabat avec la tête, & l'on coupe la queue d'un coup de tranche.

On marque les Canifs fur un petit tas ; on perce enfuite le trou d'un coup de pointe ou au foret (*), & on le lime entiérement, en commençant toujours par dreffer le tranchant ; on fait une entaille en *h*, pour former un bifeau fur chaque côté, & former au dos un tranchant fait de court, lequel fert à racler les plumes, quand l'encre y eft attachée & féchée ; étant tout limé, on le trempe ; enfuite on l'émoud, on le polit, l'ayant monté fur un faux manche ou dans des tenailles de bois.

Le manche de ce Canif étant dégroffi avec la rape, il faut lui donner un trait de fcie bien au milieu de fon épaiffeur & bien droit, pour y loger la lame ; ce trait eft indiqué tel qu'il le faut par la ligne ponctuée *H H*, après quoi on préfente la lame fur le manche pour contre-marquer les deux trous & les percer

(*) On voit bien que fi nous étions obligés de faire voir les Figures exprès pour chaque ouvrage, cela iroit à une quantité prodigieufe de Planches ; mais comme toutes les pofitions & les différences de travailler font décrites à la page 75 & fuivantes, & démontrées par les Figures des Planches 12, 13 & 14, cela doit fuffire : on peut les confulter felon que le cas l'exige.

tout de fuite ; puis on monte la lame fur le manche avec deux faux clous : on lime la longueur & la largeur qui font de trop au manche ; on ôte les faux clous ; on abat les pans du manche, on le façonne, on le grattele & on le finit à la dent.

Toutes les autres efpeces de Canifs ne different de celui-ci que par le manche, le talon de la lame & le reffort ; ainfi au Chapitre XV, qui traite des Modeles, on trouve ceux des Canifs à reffort bien détaillés & repréfentés par les Figures de la Planches 19 & 20. Après avoir forgé les lames & les refforts, on lime chacun fur leur modele ; on les trempe, &c.

Les Figures 17 & 18 repréfentent deux manches de Canif à reffort qui font d'un feul morceau ; on leur donne un trait de fcie de chaque côté en *i i*, pour le reffort, & en *j j*, pour loger la lame : ces deux Canifs font repréfentés tout montés par les *Fig.* 19 *&* 20. Les talons des lames, ainfi que les refforts, font ponctués pour faire voir la place qu'ils occupent.

La Figure 21 repréfente un Canif à deux lames, dont une eft courbe pour couper les cors des pieds.

La Figure 22 fait voir un Canif portatif, dont le manche eft d'ivoire & à tranchant fur les deux côtés, lequel fert à couper les feuilles d'une brochure.

La Figure 23 repréfente un Coupe-cors fixé fur fon manche ; & la Figure 24 en fait voir un fermant, & dont le manche eft, par fuppofition, les trois quarts d'une châffe de Rafoir. Le Coupe-cors doit être bien trempé & recuit couleur de paille, ou tout au plus couleur d'or ; ils ne different du Canif que par la courbure, & doivent être faits d'acier pur.

Le Canif qui eft le plus en ufage dans les Bureaux & pour les Ecrivains, eft celui qui ne ferme pas, & qu'on appelle *Canif droit*, parce que la lame eft fixe. On commence par faire tous les manches tels que nous avons fait ceux du Grattoir, *Fig.* 11.

On forge une quantité de lames, & pour les faire avec diligence, il faut étirer l'acier d'une ligne d'épaiffeur & de deux lignes de largeur ; on donne toujours une petite chaude graffe à chaque pointe, laquelle étant faite, on porte le dos du Canif fur le trou de l'enclume qui fert à placer la tranche : là on lui donne un petit coup de pane de marteau pour lui faire faire un petit croiffant qu'on voit en *K*, *Fig.* 9. Ce qui étant exécuté, on porte la lame à la quarre de l'enclume devers foi, en l'entaillant en *L*, *Fig.* 25 ; on élargit le tranchant & on finit de forger le Canif par la queue qui eft au bout de la barre, & d'un coup de la quarre du marteau fur celle de l'enclume, on caffe la queue pour la féparer de la barre d'acier ; tout cela eft l'ouvrage d'une feule chaude pour un Forgeron habile. La Figure 25 fait voir un Canif forgé.

Après avoir forgé le Canif, on le marque & on le bat un peu à froid ; & pour le bien limer, on commence par mettre la queue dans l'étau à main, & on lime la lame en commençant par dreffer le tranchant : on fait enfuite l'entaille du dos, on abat les quarres du biseau, & on tâche de limer les plats de la lame bien vifs, en amincissant le tranchant; après quoi on lime la queue; on les trempe comme nous l'avons décrit au Chapitre de la Trempe; ensuite on cimente chaque lame dans son manche en chauffant la queue à la flamme d'une chandelle. Nous avons dit à la page 148, comment on les polit; ce qui étant fait, on grat-tele les manches, & on les finit à la dent ou aux défenses de sanglier. La Figure 26 représente un Canif droit tout monté.

§. V. *Déscription & maniere de faire des Canifs dits* Méchaniques *ou* à pompe, *à une & à plusieurs pieces.*

Pour faire un Canif dont la lame se renferme dans le manche, étant poussée par un bouton & fixée par un ressort, qu'on appelle *Canif à pompe*, on com-mence par faire le manche d'un bois dur & ferme tel que l'ébene ou le bois rose: le mieux est de les faire d'ivoire; on dégrossit le manche à la rape; on le perce ensuite au chevalet: le trou est représenté en *M M*, *Fig.* 27. La Figure 28 représente le foret pour le percer.

Planches 27 & 28.

Ensuite on prend l'écouene, *Fig.* 29, avec laquelle on fait le trou quarré, le tenant égal du haut en bas; après quoi on perce les deux trous indiqués par *m*, *m*, *Fig.* 27, & par *r*, *q*, *Fig.* 30; prenez ensuite le bec-d'âne, *Fig.* 31; faites la rainure de *r* à *q*, pour le passage du bouton, & pour aller & revenir de l'un à l'autre trou; après cela faites une autre rainure en dedans au bout du manche, avec cette petite scie à main qu'indique la *Fig.* 32; moyennant cette rainure *o*, *Fig.* 30, le tranchant du Canif passera librement sans frotter sur le manche; la ligne *p*, *Fig.* 27, fait voir cette rainure intérieurement; après quoi on peut finir le manche de tout point.

Forgez ensuite un morceau d'acier en quarré de 2 pouces de longueur, qui, étant tout ajusté dans le trou & adouci, aura 2 lignes d'épaisseur sur les deux faces; faites ensuite l'entaille de *r* en *q*, *Fig.* 33, laquelle recevra le ressort tenu & ajusté à queue d'aronde en *r*; & le ressort est représenté par la *Fig.* 34, de sorte que *R* entre dans *r*; percez ensuite le trou en *S*, & taraudez-le pour recevoir le bouton.

Pour faire le bouton, forgez un morceau d'acier rond, comme le fait voir la *Fig.* 35; donnez-lui la forme qu'indique cette Figure; taraudez le bout qui doit entrer dans le trou; enfin on voit en *Q*, le bout en vis fini & tel qu'il doit être. La Figure 36 représente le ressort monté sur son quarré, & le bouton vissé à sa place; quant à la lame, elle se fait de même qu'une autre, on la cimente dans le trou percé au bout du quarré du porte-ressort.

Pour faire aller cette machine sur le manche, faites entrer la Figure 36 dans le trou du manche, *Fig.* 38, jusqu'à ce que vous voyiez le petit trou qui porte le bouton, en face du trou vis-à-vis *t*; alors placez le bouton dans son trou, & avec le tourne-vis vissez-le légérement.

Pour faire ce Canif à deux pieces, pour avoir le Canif & le Grattoir enſemble, on fait un manche à deux bouts ſemblables, comme le fait voir la *Fig.* 37 : le trou eſt percé de toute la longueur, parce que le même bouton ſuffit pour les deux pieces. La Figure 38 porte le Canif & le Grattoir, & fait voir tout le méchaniſme intérieur ; on voit la lame du Canif hors du manche, & la lame du Grattoir cachée, de ſorte qu'en pouſſant le bouton t en T, les deux lames ſe trouvent renfermées dedans enſemble, comme le fait voir la *Fig.* 39 ; & enfin pouſſant le bouton de T en V, le Canif ſera enfermé, & le Grattoir ſera hors du manche : il faut être adroit & avoir la main ſûre pour faire la loge du tranchant du Grattoir dans le manche ; c'eſt avec la ſcie à main, *Fig.* 32, que ce travail ſe fait.

On fait des Canifs qui portent juſqu'à 8 pieces, & qui ne ſont pas plus volumineux que ne le fait voir la Figure 40. C'eſt toujours le même travail des autres, mais qui exige plus d'attention & d'adreſſe ; car il faut percer quatre trous de 5 pouces de longueur près les uns des autres, comme le fait voir la *Fig.* 44. Les épaiſſeurs qui ſéparent les trous, ne portent pas plus de trois quarts de ligne d'épaiſſeur, & c'eſt là la grande difficulté ; parce que pour peu que le foret s'égare, même de l'épaiſſeur d'un cheveu dans le milieu, avant d'être arrivé au bout, le foret eſt entré dans le trou voiſin ; mais communément ils ſe font bien correctement & ſolidement à quatre pieces ſeulement, parce qu'alors on n'a que deux trous à conduire, comme le fait voir la *Fig.* 42. Ce dernier eſt à deux boutons, dont un eſt placé de chaque côté ; il faut auſſi deux quarrés d'acier & deux reſſorts, comme le font voir les *Fig.* 41 *&* 43. Cette derniere porte le Canif d'un bout y ; de l'autre bout x un Porte-crayon. A la Figure 41, un bout u porte le Grattoir, & l'autre bout z un Poinçon. Le Canif à quatre pieces eſt fait de 6 pouces de longueur ; il ſe diviſe en pouces & en lignes pour ſervir à meſurer dans l'occaſion. *Voyez la Fig.* 45.

Ces eſpeces de Canifs ſont très-commodes pour avoir tout avec ſoi dans ſa poche, ſans riſquer de ſe bleſſer ; d'ailleurs, une fois la dépenſe faite, c'eſt pour long-temps : le manche, ſur-tout en ivoire, & toute la machine, ne s'uſent pas ſi promptement.

Lorſque les lames ſont uſées par un long ſervice, on en fait mettre d'autres au même prix que toute autre eſpece.

CHAPITRE VINGT-DEUXIEME.

Des différents Couteaux fermants.

LE Couteau étant un inftrument deftiné à couper plufieurs chofes, comme le pain, la viande, &c, il s'en fait de différentes efpeces, de différents goûts & de différentes grandeurs; nous allons en détailler la plus grande partie, en expo-fant fous les yeux les Figures de grandeurs naturelles. Il eft à propos de forger la lame, le reffort, & toutes les pieces qui compofent le Couteau; mais aupara-vant il faut difpofer le manche.

Pour faire un Couteau à platines, on prend une feuille de tôle, & avec une regle & une pointe, on trace les largeurs & les longueurs dont on a befoin; on en coupe enfuite avec des Cifailles. D'après cela il faut donner un peu de corps à la tôle; pour cela on la bat à froid fur l'enclume, pour la bien écrouir; on dreffe & on lime enfuite toutes les platines fur les modeles dont nous avons donné les différentes formes au Chapitre XV. Lorfque les platines font limées & percées, il faut les monter fur leurs clous. *Voyez Fig.* 2 *&* 3.

Pour les Couteaux que l'on fait fans platines, on dreffe les manches fur les modeles, comme les platines; que ce foit du bois, de la corne, de l'ivoire, de l'écaille, c'eft la même chofe.

§. I. *Maniere de forger les lames de Couteaux à refforts.*

IL faut étirer l'acier ou l'étoffe de la largeur & de la force convenable aux lames dont on a befoin; par exemple, la largeur de 10 lignes fur deux d'épaif-feur, fe ménageant la facilité de forger plufieurs fortes de lames.

PLANCHES 29 & 30.

Il faut commencer par faire chauffer l'étoffe de la longueur qu'il faut pour une lame; par une chaude graffe, faites la pointe & entaillez le talon du côté du dos, fur la quarre de l'enclume *a*, *Fig.* 1; enfuite portez le côté du tranchant fur l'autre quarre de l'enclume *b*, pour lui faire l'autre entaille; après cela étirez la lame de la longueur qu'il la faut, en la mefurant avec le manche placé près de l'enclume, *Fig.* 2, & *Fig.* 3, de forte que la lame étant étirée, aura la forme de la *Fig.* 4.

Il faut enfuite la difpofer pour la rabattre, en lui donnant une courbure douce, comme le fait voir la *Fig.* 5. Comme en l'élargiffant avec la pane du marteau, pour amincir le tranchant, on donneroit malgré foi la forme de fabre de Houf-fard, & que cette lame feroit très-difficile à dreffer; par cette même raifon, quand on forge une lame de Serpette, avant de l'élargir, il faut lui donner beaucoup plus de courbure, *voyez la Fig.* 6, pour l'avoir comme il la faut *Fig.* 7, lorsqu'elle eſt finie de forger.

On élargit la lame à coups de pane de marteau ; on amincit le tranchant, mais on lui laiſſe l'épaiſſeur d'une piece de 24 ſols ; enſuite on la rabat avec une tête de marteau un peu arrondie ; on répare bien les coups de la pane ; après cela on la coupe d'un coup de marteau ſur la tranche à la ligne *A*, *Fig.* 5 ; on prend enſuite la lame dans les tenailles, pour donner une petite chaude au talon, & la lame ſera forgée, comme le repréſente la *Fig.* 8.

Il y a des eſpeces de lames auxquelles on n'entaille pas le talon par le côté du dos ; ce ſont les lames des Couteaux *à la Berge*, celles des Couteaux à *baſcule*, & même celle du Couteau à *mouche* ; mais à cela près, elles ſe forgent ſuivant les mêmes principes.

La Figure 9 repréſente un Poinçon de Couteau de Roulier ; le talon s'entaille de même que la lame du Couteau, & l'on finit enſuite de la forger telle que cette figure le fait voir.

La Figure 10 repréſente un Tire-bouchon en crochet : le talon s'entaille de même ; & lorſqu'il eſt forgé de la longueur qu'il convient, on plie le bout en crochet ſur la bigorne de l'enclume avec un petit marteau.

Une autre eſpece de Tire-bouchon, qui ſe fait d'une ſeule tige droite, & dont les aîles ſont faites à la lime en vis ; pour cet effet on forge la meche pleine & ronde, de la forme que le fait voir la *Fig.* 11.

Pour une autre eſpece de Tire-bouchon, qui eſt encore plus uſitée, après avoir entaillé le talon, étirez le reſte de la meche, comme la *Fig.* 12, en rond ; pliez-le enſuite en équerre, mais les angles arrondis ; après cela pliez-le ſur la gauche en forme de vis, comme le fait voir la *Fig.* 13 ; & quand il eſt tout-à-fait tourné & ſerré également l'un contre l'autre, ouvrez les filets avec une vieille lame de Couteau, pour les faire écarter avec préciſion, & coupez enſuite le talon ſur la tranche. On fait de bons Tire-bourres en roulant un fil d'acier ſur un mandrin, & on le trempe enſuite.

§. II. *Maniere de forger les reſſorts de différentes formes.*

Tous les reſſorts, pour être bons, doivent être faits d'acier pur ou de pluſieurs aciers corroyés enſemble ; mais il n'y faut point mêler de fer.

Ayant étiré l'acier de l'épaiſſeur qu'on a beſoin, on porte la partie *D*, de la *Fig.* 14, ſur la bigorne de l'enclume, pour faire le dégagement ; enſuite on élargit le bout de la croſſe en l'aminciſſant, après quoi on le coupe ſur la tranche à la ligne *d* ; on prend la croſſe dans les tenailles droites, & l'on finit d'étirer l'autre partie.

Pour un reſſort de Couteau à pluſieurs pieces, il faut étirer les deux bouts également.

Quand c'eft pour un Couteau à mouche, on réferve une épaiffeur au bout *e*, *Fig.* 16, en lui donnant une forme triangulaire, & dont une des quarres eft plus forte que les deux autres. *Voyez la Fig.* 17; faites chauffer ce gros bout à blanc; portez la quarre forte fur la rainure *E*, *Fig.* 18, (c'eft un outil fait exprès, quand on ne l'a pas, on fait ce travail dans un fort étau), & en 3 ou 4 coups de marteau vous aurez une mouche réfervée comme la *Fig.* 19.

Un reffort brifé, *Fig.* 20, fe forge tout uni, excepté qu'on laiffe une hauteur en *f*, pour faire la petite poire.

Pour faire un reffort de Couteau à 3 pieces, il faut étirer les deux bouts, *Fig.* 21, de la largeur & de la longueur qu'il convient; enfuite il faut plier les deux bouts l'un fur l'autre, comme la *Fig.* 22; & par une bonne chaude graffe fouder toute la partie *G G*, l'étirer, & l'on aura un reffort pour un Couteau à trois pieces, *Fig.* 23.

Un reffort de Couteau à pompe fe fait de plufieurs manieres; mais voici la plus expéditive & la plus folide: faites tout le contraire d'un reffort à trois pieces, c'eft-à-dire, examinez la *Fig.* 22; & au lieu de fouder la partie *G G*, foudez celle *G h* par une chaude graffe; étirez enfuite cette partie de la longueur & de la forme qu'il la faut, ou pour un Couteau à deux pieces, ou pour un à la Charoloife; ce qui étant fait, ouvrez la partie qui n'eft pas foudée, avec un Couteau: que cette ouverture foit comme le repréfente la *Fig.* 24, afin de blanchir & de dreffer le dedans avec une lime plate; après quoi faites-le rougir couleur de cerife tout au plus; entrez l'outil, *Fig.* 25, dans la fente, & à petits coups de marteau refferrez le reffort fur l'épaiffeur de l'outil qui eft un mandrin, lequel vous donnera jufte la place de la bafcule, pourvu que l'épaiffeur de cet outil foit bien dreffée à la lime.

Il y a quantité de refforts dont nous pouvons ne point parler; les fept efpeces que nous venons de décrire, fuffifent pour expliquer les principes de la maniere de faire toutes autres efpeces de refforts.

§. III. *Affemblage des pieces qui compofent un Couteau & une Serpette.*

L'espece de Couteau la plus commune, eft celle qu'on appelle *Euftache Dubois*, *Fig.* 26, lequel n'eft compofé que d'une lame, d'un manche de bois, & d'un feul clou.

Planches 31 & 32.

Le Couteau appellé *à la Capucine*, *Fig.* 27, eft compofé d'une lame, d'un manche de corne de mouton, & de deux clous; le manche eft d'une piece, auquel on fait la place de la lame par un trait de fcie de la profondeur que la ligne ponctuée le fait voir.

Je paffe légérement fur ces fortes de Couteaux, parce que M. Fougeroux de Bondaroy, eft entré à leur fujet, dans de grands détails dont il a fait part à l'Académie.

La Figure 28 repréfente un Couteau à reſſort, qu'on appelle *à bec de Corbin*; il eſt compofé d'une lame, d'un reſſort, de deux côtés de manche, & de 3 clous : cette mode eſt très-ancienne; elle n'exiſte plus, parce que la pointe du bas du manche perçoit les poches; *h*, fait voir la place qu'occupe le talon dans le manche, & *H H*, la place qu'occupe le reſſort, l'un & l'autre inté-rieurement.

La Figure 29 eſt le Couteau *à la Charoloiſe*, appellé auſſi *à croſſe*, par rapport à la rondeur du bas du manche; celui-ci a ſuccédé à l'autre : il eſt compofé des mêmes pieces; ces figures font voir les places qu'occupent le talon de la lame & le reſſort intérieurement.

La Figure 30 montre un Couteau à poinçon, à manche de bois de cerf, & dont les talons de la lame & du poinçon font quarrés; on voit également les places qu'occupent les talons & les reſſorts.

La Figure 31 repréfente un Couteau à la Charoloiſe & à Tire-bouchon en crochet, dont le manche eſt de bois roſe, débité obliquement & en demi-travers.

Tous les Couteaux à reſſorts, à deux ou à pluſieurs pieces, exigent une place convenable pour loger chaque piece dans le manche. Or ces places ſe pratiquent ſur les épaiſſeurs des manches & des platines en dedans. La Figure 32 repréfente ces places ou entailles en *j j*, ſur l'épaiſſeur de la platine, & la profondeur eſt d'une ligne; cela eſt ſuffiſant pour loger la pointe des pieces à côté du talon; il faut obſerver de ne pas pouſſer l'entaille juſqu'au talon; il faut au moins y laiſſer une moitié de largeur de diſtance; ſans quoi, la pointe frottant ſans ceſſe avec le talon, s'uſeroit & s'ébrécheroit.

La Figure 33 eſt une lame de Serpette; la Figure 36 la lame & le reſſort montés ſur un côté du manche ſeulement, & la Figure 35 une Serpette toute finie. De plus, ces trois Figures repréfentent les trois courbures que doit avoir cet inſtrument. Figure 36 eſt la demi-courbe; Figure 35, la courbe en croiſſant; Figure 33, la courbure en bec de corbin; Figure 37, eſt une petite Serpette pour les eſpaliers; & Figure 34, une Serpette à vendanger, montée à queue ſur un manche commun. Figure 39 fait voir un Greffoir appellé auſſi *Ecuſſonnoir*, la pointe eſt faite en Coutelas, pour fendre l'écorce de l'arbre; au bout du manche eſt ajuſté un bout d'ivoire *j*, qui ſert à détacher l'écorce que la lame a coupée, pour y placer l'écuſſon. La Figure 40 fait voir le bout d'ivoire détaché du Greffoir *j*, & ſon épaiſſeur.

§. IV. *De l'Echenilloir.*

La Figure 41 repréfente un Echenilloir pour couper les branches nuifibles dans un Jardin : cet inftrument doit être fait en étoffe, afin qu'il puiffe réfifter à la fatigue : il s'en fait de trois grandeurs ; nous allons en faire un petit qui, felon la *Fig.* 41, aura 5 pouces de long fur 4 de large.

Ayant forgé l'étoffe de 18 à 20 lignes de largeur, & de 15 à 16 d'épaiffeur, étant bien foudée, on l'applatit par le bout en l'élargiffant jufqu'à la réduire à l'épaiffeur de 4 à 5 lignes, & de la longueur de 3 pouces, pour lui donner la forme de la Figure 42. Faites enfuite chauffer l'étoffe prefque à blanc, & avec le Cifeau fendez toute la partie qui eft repréfentée par la ligne *m* jufqu'à *M* ; enfuite faites-en autant de l'autre côté, fuivant la ligne depuis *n* jufqu'à *N* ; enfuite ouvrez ces deux parties en croix pour leur donner la forme de la Figure 41 ; prenez garde de ne pas corrompre la matiere en *MN*, ce qui arriveroit fi on brufquoit la matiere : il faut la faire obéir avec ménagement, & commencer par donner le contour convenable à la partie *o* qui forme la Serpette ; on amincit le tranchant à la partie concave ; enfuite il faut former la hachette *p* ; faites enfuite la partie *q*, qui eft le Cifeau ; on finit en arrondiffant le refte de l'outil ; & en dégageant du marteau le bout qui fait la queue, elle doit être taraudée, pour être montée au bout d'un bâton de 5 à 6 pieds de long.

La piece étant forgée, il ne s'agit que de la limer correctement, pour lui donner la grace qui lui convient, la bien adoucir, la tremper, & lui donner le recuit couleur de cuivre rouge ; faites enfuite le tranchant fur la meule & fur la poliffoire, ayant foin qu'il foit au moins auffi fort que celui du plus fort Couteau de cuifine ; pour plus grande propreté, on le finit au bois & à l'émeri : la partie *o* fert à couper du haut en bas, la partie *p* coupe de côté comme une hache, de droite & de gauche, & la partie *q* coupe de bas en haut.

§. V. *Des Couteaux à plufieurs pieces.*

Il eft fort commode à un Voyageur d'avoir un Couteau compofé de trois pieces, comme le repréfente la *Fig.* 43 ; favoir, d'une lame tranchante, d'un poinçon *K*, pour raccommoder quelque cuir qui a rompu, d'un Tire-bouchon à crochet, ou bien à la place du Tire-bouchon, d'un Canif. Ce Couteau eft toujours fait avec des platines ; pour éviter le frottement des deux pieces enfemble, on ajufte une petite piece d'acier nommée *entre-deux* : on la voit *Fig.* 44, où elle eft repréfentée ajuftée au reffort, *Fig.* 45. Elle s'ajufte au moyen d'un clou qui la joint au Couteau entre les deux pieces, & le petit bout eft fixé dans une rainure qui eft pratiquée au milieu du reffort *I* ; il fert auffi de repos à la pointe de la lame, quand elle eft fermée.

Coutelier, I. Part.   R r

Planche 33.

La Figure 46 repréfente un Couteau à 6 pieces, propre aux Amateurs des Jardins & de l'Agriculture: il eft compofé d'une lame 1, d'une Serpette 2, d'un Poinçon 3, d'une Scie 4, d'un Tire-bouchon 5, & d'un Canif 6. Ce Couteau exige trois refforts, deux platines d'acier un peu fortes, & deux côtés de manche. La Figure 47 repréfente la difpofition de ces pieces; 7, 7, font les deux côtes de manche; 8, 8, font les deux platines; 9, 10, 11, fervent à loger deux pieces; de cette maniere la pointe de la lame va repofer en 12, & le Canif fe loge au côté gauche de la lame; la pointe de la fcie va repofer en 13, & la Serpette fe loge à fa droite; reftent les vuides du milieu 10, où fe logent le Poinçon & le Tire-bouchon, lefquels fe trouvent bout-à-bout dans le milieu & fans fe toucher.

Chaque piece étant fermée, on auroit de la peine à les ouvrir, fi l'on ne pratiquoit pas une entaille à chaque piece pour placer l'ongle du pouce, & pour faciliter la prife; cette onglette fe voit à chaque piece en 14, 15, 16. Pour faire cette onglette, on plie un peu la piece fur l'endroit qu'on veut entailler, & on lime avec la quarre d'une lime demi-ronde, jufqu'à la moitié de l'épaiffeur de la piece.

Quant aux petites pieces, le Canif, la Serpette, le Poinçon & le Tire-bouchon, les unes entreroient trop avant dans le manche, & on auroit de la peine à les fortir; le tranchant des autres porteroit fur le reffort & feroit toujours ébréché; mais on obvie à ces inconvénients, en réfervant une petite éminence au talon, qu'on appelle *mentonnet*: voyez en *r*, *Fig.* 48. Ce mentonnet porte fur le reffort quand la piece eft fermée, laiffe le tranchant libre, & regle la fortie de la lame hors du manche, felon qu'elle eft plus ou moins large.

Pour monter toutes les pieces de ce Couteau, il faut commencer par mettre deux clous, celui du haut & celui du bas, *Fig.* 49, fur la côte droite; on place enfuite la lame *R* dans le clou, & de l'autre côté la Scie *S*; fur ces deux pieces on place une platine, & fur cette platine, d'un côté le Poinçon, & de l'autre le Tire-bouchon; fur ces deux pieces on place l'autre platine; enfin fur cette platine, on met d'un côté le Canif & de l'autre la Serpette; ayant couvert le tout avec l'autre côté du manche, on ferre les deux clous jufte, mais fans les river; on met enfuite chaque reffort à fa place; & comme ils ont ce qu'on appelle *de la bande*, les deux bouts portent fur les talons, tandis que le milieu *t* fort du manche; on place le Couteau entre deux linges dans l'étau, de forte que les mâchoires le ferrent en *t T*, & par ce moyen on oblige les pieces à fe mettre à leur place; alors vous verrez paroître les trous au travers de celui du manche, & étant muni d'un clou long fait en pointe, entrez-le dans le trou *u*, *Fig.* 49, faites-le traverfer à petits coups de marteau, après quoi fortez-le de l'étau pour faire entrer les trois clous l'un après l'autre, tant qu'ils voudront entrer; vous pourrez enfuite les river, & le Couteau fera monté.

Tous les Couteaux à reffort fe montent de même; tous ceux dont nous venons

de parler peuvent être limés fur les modeles ; mais comme nous n'avons pas
encore expliqué comment on doit limer un Couteau à reffort , nous allons en
parler dans le Paragraphe fuivant.

§. VI. *Comment il faut limer , ajufter & finir un Couteau à reffort & à la Militaire.*

PRENEZ deux platines, *Fig.* 1, limées & dreffées fur l'un des modeles détaillés
au Chapitre XV ; commencez par ôter le clou du haut ; préfentez la lame entre
les deux platines ; laiffez-la déborder un peu de chaque côté, contre-marquez
le trou avec la pointe d'un petit foret ou avec celle d'une épingle de cuivre ;
ôtez enfuite la lame ; contre-marquez-la en ajuftant la pointe directement fur
la marque de l'épingle , & percez le trou au foret (*) ; remontez enfuite la
lame fur les platines ; affujétiffez-la avec le clou , & commencez à limer la
partie du talon *A A*, jufte aux platines ; fermez enfuite le Couteau en équerre ,
pour limer la feconde face du talon *b*, *Fig.* 2 ; après quoi fermez la lame comme
le fait voir la *Fig.* 3, pour limer la troifieme face du talon *B*, & marquer en
même temps la longueur de la lame *c* ; ouvrez enfuite la lame comme la *Fig.* 1 ,
rognez la pointe que vous avez marquée ; dégroffiffez bien la lame par le tranchant & par le dos ; après cela difpofez-vous à faire l'entaille *D* de la façon que
l'indique la *Fig.* 4.

PLANCHE
34.

E E eft un morceau de bois épais de 5 à 6 lignes , entaillé en équerre au bout
pour recevoir la pointe de la lame , tandis que l'étau tient la lame fixe en la
ferrant par le talon avec le bois , comme on le voit en *f* ; étant ainfi , ferrez le
bois dans l'étau ; entaillez vivement fur la ligne *D* ; blanchiffez la lame tout le
long du plat en dreffant l'épaiffeur du dos & celle du tranchant ; démontez enfuite
la lame, pour en faire autant fur l'autre côté ; ce qui étant fait , marquez-la du
poinçon , à 4 ou 5 lignes près de l'entaille *D*, & à deux ou 3 lignes près du
dos.

Remontez la lame fur les platines , comme la *Fig.* 2 ; ôtez les deux autres
clous du bas , & préfentez le reffort entre les platines, tel que l'indique la *Fig.* 3 ;
contre-marquez & percez le trou du bas *c* ; enfuite battez-le un peu à froid , &
mettez-y le clou ; limez le dedans du reffort , mais feulement la partie qui doit
frotter avec le talon de la lame ; faites entrer enfuite le reffort à fa place , comme
l'indique *g h*, *Fig.* 2 ; ferrez la partie *h H* dans l'étau ; percez le trou du milieu
du reffort à moitié , étant tout monté fur les platines , & vous finirez de le percer
étant démonté. Ayant monté toutes les pieces , enfoncez le clou à petits coups
de marteau tant qu'il voudra entrer ; car vous ne pourrez jamais limer jufte fans

(*) Pour travailler folidement , quand une lame eft percée, il faut la battre un peu à froid , pour refferrer les pores, & fur toutes chofes il faut battre le côté du dos du double plus que le tranchant ; c'eft un travail efficace pour empê-cher les caffures qui fe font au tranchant , à la trempe ; nous en examinerons les raifons au Cha-pitre de la trempe.

cette attention : limez le reffort en *g* jufte à la platine ; faites-en de même tout autour du reffort *h i* ; démontez enfuite le reffort pour dreffer le dedans tel qu'il doit être ; ce qui étant fait, remontez-le, & attachez-vous à ajufter le battement de la lame *j* avec le bout du reffort *g* ; ayez foin qu'on n'y voie point de jour au travers, quand la lame fera ouverte comme la *Fig.* 1 ; attachez-vous enfuite à faire fermer la lame jufte ; que le reffort ne déborde point dans aucune des pofitions du Couteau, c'eft-à-dire, étant ouvert *Fig.* 1, étant à demi-fermé comme la *Fig.* 2, & étant fermé comme la *Fig.* 3. Démontez enfuite le Couteau pour l'adoucir par-tout, & fi vous voulez pouffer quelque moulure ou quelque filet fur le dos, c'eft alors qu'il faut le faire ; après cela on donne la bande au reffort ; on dreffe les pieces avant de les tremper, & enfin on les trempe.

Il faut que le talon & le reffort foient également durs, fans quoi celui qui fera le plus tendre fera entamé par l'autre. Communément c'eft le talon qui eft plus dur que le reffort ; alors le remede eft de faire rougir des tenailles de forge, pincer le talon, & le recuire bleu.

Quand le Couteau eft trempé, il faut le redreffer fur le tas, & l'on fe difpofe à l'émoudre ; pour tenir la lame fur la meule, on la monte fur une paire de tenailles en bois de buis que l'on ferre avec un coin. *Voyez la Fig.* 5. On émoud un Couteau en planche ; on le blanchit bien ; on dreffe l'épaiffeur du dos & celle du tranchant ; enfuite on leve un petit morfil par un bifeau qu'on tire de court ; on arrondit ce petit bifeau, & la lame eft émoulue.

On prend enfuite le reffort que l'on émoud vivement tout le long du plat ; & pour qu'il s'ajufte bien avec les platines, on tire l'épaiffeur bien correcte du haut en bas, & fur-tout qu'il creufe un tant foit peu vers les trous, plutôt que d'y avoir une boffe. Après qu'il eft émoulu & bien dreffé, il faut monter tout le Couteau pour voir fi la trempe n'a pas dérangé le reffort ainfi que la lame ; on examine fi l'épaiffeur du reffort eft conforme à celle du talon de la lame ; enfuite on polit les dos ; pour cet effet on fe fert d'un morceau de bois de la longueur de 4 ou 5 pouces, fur 2 pouces de largeur, & de 5 à 6 lignes d'épaiffeur, auquel on donne un trait de fcie pour recevoir les lames & les refforts, pour en polir les dos. *Voyez la Fig.* 6. D'après cela on peut polir la lame fi l'on veut, ou bien après que le Couteau eft tout monté, cela eft indifférent.

Quand c'eft un Couteau uni fans aucune garniture, on prend le manche pour l'ajufter fur les platines ; on lui donne un coup de meule en dedans ; enfuite on le perce ; on le lime tout autour ; on égalife les épaiffeurs ; on le monte avec des clous de bois, pour abattre les pans ou pour les arrondir : on façonne entiérement le manche, on le grattele, on le polit ; & après avoir arrondi, adouci & poli les platines, on monte le Couteau : il eft fini ; mais un Couteau à la Militaire fe fait autrement.

Quand la lame & le reffort font prêts à être montés, il faut fouder les garnitures, comme nous l'avons expliqué au Chapitre XIX, des Soudures. On met les

platines

platines l'une fur l'autre, pour limer la largeur du fer de l'épaiffeur qu'on veut mettre l'argent; & lorfqu'il eft foudé, comme le fait voir la *Fig.* 7 en *L*, on ajufte le manche de la maniere que le fait voir la *Fig.* 8; cependant après l'avoir évuidé fur la meule, afin qu'il ajufte bien fur les platines, il faut que la partie *K* foit exactement ajuftée d'épaiffeur & de longueur pour entrer dans la partie *L*. Après cet ajuftement, il faut percer le trou du manche & celui de la garniture *L* étant l'un dans l'autre; enfuite fraifez le trou du côté de l'argent, afin que la rivure foit fuffifamment large & forte pour contenir la lame folide.

A un Couteau à la Militaire, on ne perce pas le trou du milieu du manche, il fuffit de percer celui du bas du reffort; enfuite on émoud les platines, on amincit un peu les bords, en réfervant l'épaiffeur dans le milieu. Quand on veut un Couteau bien léger, on amincit les platines également par-tout : alors pour lui donner une force qui, en quelque façon, n'eft pas réelle, on emboutit un peu les platines en gouttiere, tournant le côté concave vers la côte du manche, & le convexe en dedans du reffort; on arrondit enfuite les platines tout autour, on les adoucit & on les polit.

Pour monter un Couteau à la Militaire, on commence par river le clou du milieu fur les platines, ou bien on lui ajufte un tenon fans rivure; & pour que ce clou ne faffe pas bailler le manche, on donne un coup de gouge au manche pour lui faire un petit trou, de telle forte que la rivure ou le clou puiffe s'y loger à l'aife; enfuite on rive le clou de la lame fur l'argent; après cela on rive le clou du bas du reffort.

Pour difpofer à mettre la cuvette, commencez par faire fa place entaillée en *M*, & donnez au bout du manche la même forme que vous voulez donner à la cuvette; fuppofons celle-ci *M*, *Fig.* 7, ronde, laquelle s'appelle *à la Tartare*; la place étant arrêtée, prenez-en la mefure avec un morceau de carte, lequel vous donnera la longueur jufte; cependant il faut la rogner un peu : découpez cette carte fur la longueur de la cuvette; elle aura la forme de la *Fig.* 9; pliez-la par le milieu comme une virole, elle fe trouvera comme la *Fig.* 10; liez-la avec du fil d'archal, & foudez les deux bouts qui fe touchent; enfuite fur une petite bigorne faite exprès, *Fig.* 11, emboutiffez-la dans le milieu à petits coups de marteau; faites approcher les bords peu-à-peu, jufqu'à ce qu'ils s'ajuftent bien : foudez enfuite ces bords en mettant la foudure dans la cuvette, & après cela recrouiffez-la bien fur la bigorne; enfuite ajuftez-la au Couteau.

On fait encore des cuvettes différemment : on coupe deux morceaux d'argent un peu plus grands que la moitié de la cuvette; on les pofe l'un après l'autre fur un plomb, & avec le même mandrin on eftampe ces deux moitiés à coups de marteau; ces deux moitiés fortent toutes embouties, on les ajufte l'une après l'autre, on les foude enfemble : cette cuvette eft bien plutôt faite de cette maniere que de l'autre; mais il faut être pourvu d'autant de mandrins qu'on fait de Couteaux différents en grandeur & en force; cependant ce mandrin n'eft pas de fi grande conféquence : c'eft un morceau d'acier à qui on donne la forme, l'épaif-feur & la largeur exacte de la moitié de la cuvette. *Voyez les Fig.* 12 & 13.

La cuvette étant bien ajuftée, empliffez-la de cire à cacheter en poudre; faites-la fondre à la flamme de la chandelle, en chauffant la cuvette forcez-la d'entrer en fa place; percez enfuite deux petits trous au travers, marqués en *M, Fig.* 7: fraifez ces trous; ajuftez-y deux clous & rivez-les.

Toutes ces chofes étant exécutées, mettez le manche jufte aux platines & à l'argent, le laiffant furmonter feulement de l'épaiffeur d'une piece de fix liards, de telle maniere que le manche foit ou de bois, ou d'ivoire, ou de nacre, façonnez-le bien à la lime bâtarde, grattelez-le enfuite; après cela cannelez les viroles avec de petites limes neuves & douces, & paffez-en une ufée à la fin; frottez enfuite le manche & les viroles : voilà la maniere de faire un Couteau à reffort.

Il faut obferver, en finiffant une piece, de ne pas la polir avec les potées délayées à l'eau, par rapport à la rouille : fi l'on eft forcé de polir un manche de Couteau étant tout monté, il faut fe fervir d'huile d'olive pour toutes les poudres ou potées à polir; car autrement l'eau, qui refte dans quelques endroits du Couteau, foit entre les platines ou entre le talon, ou entre le reffort, fait rouiller une piece dès le lendemain qu'elle eft finie.

On fait auffi un Couteau à la Militaire fans platines, en faifant une demi-platine qu'on voit *Fig.* 14, fur laquelle on foude l'argent; après quoi on ajufte le tout au manche, & on le fixe par deux vis en bois fur la queue de la demi-platine.

§. VII. *Des Couteaux à différents fecrets.*

PLANCHE
35.

Quoique plufieurs fecrets apportent quelques différences dans la maniere de limer un Couteau, ce font cependant les mêmes principes, excepté pour l'ajuftement du fecret, dont nous allons nous occuper; car pour l'art de limer un Couteau à reffort, nous renverrons toujours au Couteau à la Militaire.

Le plus fimple de tous les fecrets eft celui que repréfente la *Fig.* 15. Quand le Couteau eft tout-à-fait limé, prenez une petite queue de rat & faites le trou du talon de la lame en long, comme en *n*; faites enfuite une échancrure au bout du reffort, pour que la pointe de la lame puiffe s'y loger, comme on le voit en *m.* Or, pour ouvrir le Couteau, il faut faire fortir la pointe de fa place; pour cet effet on n'a qu'à faire monter la lame; alors on voit que tout le fecret dépend de faire le trou en long pour le fermer ou laiffer tomber la lame d'elle-même; la feule force du reffort la fait entrer dans fa place entre la platine & le reffort.

La Figure 16 fait voir un Couteau à mouche : après avoir limé le talon par le devant & par le bout, fermez la lame *Fig.* 17, pour entailler le dos du talon, le limer jufte à la platine, en réfervant le tenon *N*, lequel on fait bien d'équerre; après cela on ajufte le reffort, en commençant par la partie *o*, laquelle on fait entrer à force dans l'entaille du talon *n*, de forte que le tenon *N*, étant jufte

avec l'entaille du reſſort *o*, le talon ſe trouve ajuſté ; on n'a qu'à placer le reſſort pour percer les trous & limer le reſtant du Couteau : & comme le Couteau s'ouvre avec le pouce qui doit faire obéir le reſſort, on fait ce dernier bien
liant ; pour cet effet on le dégage tout du long depuis *P* juſqu'à *o*.

Le Couteau à reſſort briſé eſt repréſenté par la *Fig.* 18, à découvert, monté
ſeulement ſur une platine ; on voit que l'ajuſtement du reſſort avec le talon eſt
le même que celui du Couteau à mouche, par conſéquent il faut le travailler de
même pour l'ajuſtement du talon.

Lorſqu'il eſt tout-à-fait limé, percez le trou de la baſcule *P*, à travers les
deux platines & le reſſort (qu'on cloue avec un clou d'acier) ; prenez enſuite un bon Couteau à ſcier, partagez le reſſort en deux directement, comme
l'indique la ligne *q*.

La Figure 19 repréſente un Couteau à pompe : limez-le de tout point comme
le Couteau à la Militaire, en mettant un bout de tôle dans la fente du reſſort,
pour empêcher qu'il ne s'écraſe dans l'étau en le limant ; quand il eſt limé, ajuſtez la baſcule *R*, *Fig.* 20, dans la fente du reſſort ; enſuite faites une entaille
ou encoche au talon de la lame *r*, *Fig.* 19, laquelle repréſente le tenon ou le
crochet de la baſcule *R*, *Fig.* 20 ; ne manquez pas de faire une deuxieme encoche ſur le devant du talon de la lame *s*, pour loger le crochet de la baſcule,
quand le Couteau eſt fermé : ajuſtez enſuite le petit reſſort de renvoi pour la
baſcule vue par la *Fig.* 21, lequel ſe voit tout ajuſté en queue d'aronde ſur le
grand reſſort en *S*.

La Figure 22 fait voir le Couteau à grimace : ajuſtez-le de même que le
Couteau à mouche ; au lieu qu'à ce dernier on fait obéir le reſſort avec le pouce, au contraire à celui à grimace le reſſort eſt fixé avec une côte du manche
ou avec la platine, de ſorte que, pour le faire obéir, il faut faire marcher la
côte du manche ; or ce méchaniſme conſiſte à réſerver un tenon dans un petit
trou de la côte du manche qu'on voit en *t*, *Fig.* 23 ; il faut encore faciliter
l'écartement du manche ; or pour cela on fait le trou *u* en long ſur le travers
du manche, & on donne plus de facilité en allongeant d'une ligne ſeulement le
trou du milieu *X*.

Pour donner de la ſolidité à la lame de ce Couteau, il faut fraiſer le trou de
la lame d'un côté ſeulement, de celui que le trou du manche eſt fendu ; il faut
que cette fraiſe ſoit faite de court ; *voyez la Fig.* 14 ; faites enſuite un clou à
pignon, *Fig.* 25 : ſans cela la lame ne ſeroit pas ſolide. Au reſte une roſette large
& forte cache la vue du clou, ainſi que la fente du manche.

La Figure 26 fait voir la conſtruction d'un Couteau qui s'ouvre & ſe ferme
en pouſſant ou en appuyant ſur la roſette par le moyen d'une baſcule cachée &
incruſtée en dedans du manche, de laquelle on n'apperçoit que la roſette ; cette
baſcule s'ajuſte ſur une platine : quand le Couteau eſt tout limé, on fait au talon
de la lame deux trous qui reçoivent le tenon de la baſcule *y*, *Fig.* 27 :

cette même bafcule porte un petit reffort de renvoi *V*, ajufté à queue d'aronde près le trou ⚲, *Fig.* 21.

La Figure 28 repréfente un Couteau à la Militaire à fecret : la platine *Fig.* 29, fait voir en quoi confifte le fecret ; on voit une encoche en *I*, laquelle fert à loger un fort tenon réfervé au reffort 2, *Fig.* 30. La lame eft rivée fur le quarré 4, qui eft une épaiffeur réfervée fur la platine 5, & d'une autre épaiffeur *I*, partagée en 6, pour recevoir la queue de la clef, *Fig.* 31. Cette entaille cachée par une demi-virole d'argent foudée & qui laiffe le vuide en deffous pour laiffer paffer la queue de la clef 7, *Fig.* 29, eft une vis fixée à la platine, laquelle contient la clef, *Fig.* 31, par la fenêtre 8, qui lui laiffe le jeu pour monter & defcendre & pour procurer la fortie au tenon des refforts ; toute la partie 9 eft évuidée & taillée au cifeau, pour laiffer la place du quarré 4 de la platine, & en même temps le tenon du reffort 2, *Fig.* 30 ; enfin ce tenon fait tout le fecret du Couteau ; il n'a l'aifance de fortir que quand on pouffe la clef avec l'ongle en enhaut, à l'aide des filets qui font faits fur la virole ; on voit en 10, *Fig.* 28, que la clef eft hauffée & qu'elle laiffe la place au tenon pour fortir de fa loge ; & quand la clef eft defcendue de 11 à 12, on n'apperçoit rien du fecret ni de l'ouvrage, parce que la clef eft couverte d'une demi-virole d'argent, laquelle s'ajufté avec fa camarade au point d'union *k*, *Fig.* 46, de maniere qu'elles ne paroiffent faire qu'une. Ce fecret eft bon & folide ; mais l'ajuftement eft difficile : le manche eft creufé en dedans pour la place de la queue de la clef.

La Figure 32 repréfente un Couteau à bayonnette & à aiguille ; la lame n'eft tenue avec le manche que par un feul & fort clou 13, rivé fur les platines que l'on fait fortes, lefquelles font évuidées en 14 & en 15, pour loger deux forts tenons rivés fur la lame, un d'un côté, l'autre de l'autre, lefquels fervent à tenir la lame fixe & folide.

Il n'y a point de reffort à ce Couteau ; c'eft un entre-deux fixé fur le bas du manche 16, lequel porte un petit piton à anneau placé en *x*, que repréfente la *Fig.* 33 ; l'autre platine eft percée en deffous en ⚲, pour recevoir ce piton, lequel fe trouve traverfé par un ftilet, *Fig.* 34, placé dans une rainure pratiquée au dedans du manche, comme le fait voir la ligne ponctuée *a, a, a* ; de forte que pour ouvrir ce Couteau, il faut appuyer le pouce fur la tête de l'aiguille & la pouffer en en-haut ; alors la pointe fort du trou du piton *x*, le manche fe fépare en deux, & au moyen que le tenon 14 ne fixe que la platine de deffous, celle de deffus tourne & va joindre la lame ; on en fait de même en la tournant en fens contraire ; on fait entrer le piton dans le trou, & l'aiguille dans le piton : le Couteau eft auffi folide étant fermé comme étant ouvert.

La Figure 35 repréfente un Couteau, & la Figure 36 une Fourchette ; on fe fert de chaque piece féparément à la table ; & lorfqu'on veut le mettre dans la poche, les deux pieces fe joignent enfemble par le moyen de deux tenons indiqués par 16 & 17, qui font cloués fur la platine de la Fourchette en 18 &

19, lefquels entrent par leurs têtes dans les trous *a*, *b*, defcendent jufqu'en bas *b*, *b*; alors ils font folides, & le Couteau avec la Fourchette ne compofent qu'une piece, parce qu'il n'y a qu'une côte de manche à chaque piece. Au refte on fait les têtes des tenons affez plates pour qu'elles ne puiffent pas gêner la fermeture des deux pieces.

La Figure 37 repréfente un Couteau & une Fourchette fixés chacun fur un manche, de maniere que le manche de la lame étant creufé, fert de gaîne à la Fourchette.

Ce méchanifme eft peu de chofe, il ne s'agit que de fixer les deux pieces chacune fur une côte de manche, & enfuite creufer les deux côtes qui doivent couvrir la foie du Couteau, & fervir en même temps de gaîne.

La Figure 40 fait voir un Couteau à grimace en ivoire, avec un fimple filet tout autour du manche.

La Figure 41 repréfente un Couteau à la Militaire, dont le manche eft en écaille, orné de trois filets, & la cuvette à la Tartare.

La Figure 42 repréfente un Couteau à mouche, appellé auffi *Ramponeau*, monté à rofette, & dont le manche eft cannelé en long, dans le milieu & fur les bords, & un guillochis entre les filets.

La Figure 43 repréfente un Couteau à pompe, étroit, appellé auffi *Paffe-partout*, dont le manche eft d'ivoire, tout uni, fans aucun filet, mais arrondi par-tout.

La Figure 44 repréfente un Couteau à bayonnette & à mouche; il eft monté avec deux rofettes par le haut pour la folidité de la lame; mais les deux trous du bas font limés à raz du manche, parce que ce Couteau eft fait pour fervir de bayonnette au bout d'un fufil; pour cet effet on fait le manche rond; & pour l'utilité du Chaffeur, on laiffe déborder le bout du reffort *d*; on amincit un peu le bout, de maniere à fervir de tourne-vis.

La Figure 45 repréfente un Couteau à tête de compas, tout uni & rond, & dont les clous font à raz du manche, & la tête eft faite, comme on l'appelle, en *œil de perdrix*, ce qui fe fait à l'archet avec une petite fraife.

§. VIII. *Des Couteaux à deux lames, fermants.*

Le Couteau à deux lames eft deftiné pour la table; une lame d'acier fert à couper les chofes dures, comme le pain, la viande, &c; mais fi l'on veut couper des fruits avec cette même lame d'acier, l'acide des fruits ronge la lame qui fe rouille, & le fruit fe trouve imprégné d'une teinte noire, & la lame agacée ne peut enfuite couper du pain. Pour obvier à ces inconvéniens, on fait des lames d'or & d'argent pour couper les fruits.

Nous avons déja dit que la maniere de forger l'or & l'argent eft la même que pour forger l'acier, que toute la différence ne confiftoit que dans le degré de chaleur pour faire chauffer ces différents métaux ; ainſi comme nous avons forgé des lames d'acier, on ſait comment on doit forger celles d'or & d'argent ; l'attention qu'il faut néceſſairement avoir, c'eſt de bien écroui ces métaux, pour leur donner non-ſeulement l'élaſticité dont les lames ont beſoin, mais encore une dureté qui les faſſe réſiſter à la coupe des fruits durs, comme par exemple, l'écorce d'un melon, celle d'un citron, celle d'une orange, un pepin de pomme, &c.

Pour cet effet il ne faut forger les lames qu'à moitié (*), pour les porter à l'eſſai des matieres au Bureau des Orſévres. On commence par mettre le poinçon comme l'indique la *Fig.* 1, & les Eſſayeurs mettent là leur marque au-deſſus de la marque des Couteliers.

Les lames ſorties de l'Eſſai, on finit de les forger ſans les mettre au feu pour les faire recuire, je veux dire l'argent ; car l'or ne ſouffriroit pas tous les coups de marteau qu'il faut. Enfin, que ce ſoit de l'or ou de l'argent, quand on forge une lame, il faut la tenir courbe, comme le fait voir la *Fig.* 1 ; parce que quand on amincit le tranchant de la lame, elle ſe jette en arriere, & l'on a beaucoup de peine après à la redreſſer ſans trop amincir le dos, & par-là gâter la lame ; c'eſt ce qui arrive fréquemment aux Apprentifs, & même à des Compagnons.

C'eſt un principe inconteſtable en méchanique, qu'un cercle de quelque métal que ce ſoit, ne peut ſe redreſſer qu'en faiſant enſorte que ſa partie concave s'allonge, en même temps que ſa partie convexe ſe raccourcit.

Nous avons dit que le talon d'un Couteau à reſſort devoit être auſſi dur que le reſſort, & que ſans cela le plus tendre ſeroit mangé par le plus dur. Une lame d'or ou d'argent deſtinée à faire un Couteau à reſſort, ne peut pas être ſolide ſans y rapporter deux grains d'acier incruſtés à queue d'aronde, & ſoudés ſur les deux quarres du talon, pour réſiſter au frottement du reſſort d'acier. Voyez en *A, A, Fig.* 2.

On peut limer une lame d'argent, comme une d'acier ; mais, pour éviter le déchet de ces métaux précieux, il eſt plus à propos de limer deux lames d'acier ; après cela on lime la lame d'argent, juſte ſur celle d'acier, en la plaçant entre deux ; pour lors cette lame d'argent prend la place du modele.

La Figure 3 repréſente un Couteau à deux lames & à reſſort ; *b* eſt la lame d'acier, *c* eſt la lame d'argent ; le manche eſt d'ivoire avec un filet tout autour, & eſt monté avec des roſettes.

La Figure 4 repréſente un Couteau à deux lames appellé *à Baſcule* & *à*

(*) Ci-devant les Couteliers portoient leurs lames toutes forgées au Bureau des Maîtres-Gardes Orſévres ; mais il y a quelques années que ces Meſſieurs s'imaginerent que l'or & l'argent écroui émouſſoient leurs poinçons ; il fallut ſouſcrire à leur jugement, & leur porter les lames à moitié forgées, parce qu'ils avertirent qu'ils étoient obligés de recuire les lames : alors les Couteliers jugerent de leur côté que les Maîtres-Gardes Orſévres ne trempoient pas leurs poinçons ; car il eſt prouvé que la dureté & le recrouiſſement de l'or & de l'argent, ne ſont pas capables de faire le moindre mal à l'acier trempé ; & pour peu qu'on connoiſſe la nature des métaux, on ne penſera pas autrement.

Béquille ; les deux lames se tiennent ensemble de maniere que l'une est dans le manche, lorsque l'autre sert. Il est évident que ces Couteaux doivent être serrés dans une gaîne : c'est le plus solide de tous les Couteaux à deux lames ; les deux lames sont assujetties ensemble, comme le fait voir la *Fig.* 5. Le talon de la lame d'argent *D* est entaillé pour recevoir le talon de celle d'acier, & ils ne sont arrêtés que par quatre petits clous, un à chaque angle. On ne les soude pas ensemble, pour ne point détremper la lame d'acier & ne point donner de recuit à celle d'argent, étant important de lui conserver toute sa dureté. D'ailleurs la lame d'acier venant à se casser ou à s'user, on peut y en rapporter une autre. Enfin, pour faire porter la lame au bout du manche, on ajuste un entre-deux, *Fig.* 6 ; moyennant cela le Couteau est toujours solide & ne se renverse jamais en arriere.

La Figure 7 fait voir un Couteau à deux lames, fermant toutes les deux ensemble ou séparément, sans aucun ressort. On voit le méchanisme à découvert ; on cloue un tenon d'acier sur le talon de la lame d'argent *g* , & l'on perce celui de la lame d'acier à jour en fer à cheval ; de sorte que, quand on ouvre le Couteau, le tenon arrivant au bout de la fente, s'arrête & se fixe, comme on le voit en *g* , *Fig.* 7. On voit aussi la place qu'occupent les deux lames, quand elles sont fermées toutes deux. Les deux pointes reposent sur l'entre-deux *G* qui est cloué avec le manche.

La Figure 8 représente un Couteau à deux lames, appellé *à la Berge* ; les deux lames s'ouvrent & se ferment comme celui que nous venons de décrire : mais le méchanisme des talons est différent ; les deux talons tournent à tête de compas. Pour cet effet, après avoir forgé les lames, on perce les trous des talons, &, au moyen d'une fraise en foret, portant pivot, *Fig.* 9, ai   l'archet, on fait la place à un talon pour loger l'autre & pour se joindre réciproquement, étant d'égale épaisseur sur tous les sens ; quand on a fait la place avec la premiere fraise, on l'acheve avec une autre fraise plate & taillée à la lime, comme le fait voir la *Fig.* 10, à laquelle on met aussi un pivot que l'on monte à vis : ce pivot est le point fixe de l'outil, sans lequel on ne peut jamais faire la fraisure ou la tête de compas ronde ; le talon est représenté tout fraisé par *H*, *Fig.* 11 ; le battement ou le point d'appui des deux lames se trouve au petit quarré *h* : &, quand les deux lames sont fermées, elles portent sur un entre-deux, *Fig.* 6, cloué au bout entre les deux côtes du manche. On pratique toujours un évidement au bas du manche en *i, j*, pour faciliter la prise des lames, lorsqu'on veut les ouvrir, &, pour faciliter encore la prise des lames vis-à-vis la partie évidée, on fait deux onglettes *i, a* ; le manche est supposé de nacre de perle, cannelé obliquement ou en demi-travers : ses gaudrons se font avec une lime demi-ronde bâtarde ; on les repare ensuite avec une lime douce, & on les polit avec de la pierre de ponce bien broyée & délayée avec de l'huile d'olive, & on se sert d'une brosse de crin ; quand les traits sont emportés, on donne à la nacre la demi-potée, avec le tripoli, &, pour lui donner un beau brillant, on n'a qu'à mettre une goutte d'huile de vitriol fur le manche, l'étendre bien, frotter vivement avec un chiffon de linge ; la nacre devient plus belle, parce que l'huile, en donnant le brillant, fait paroître l'orient avec plus d'éclat.

§. IX. *Maniere de monter un Couteau à Rofettes.*

UNE Rofette eft peu de chofe à mettre fur un Couteau ; cependant il faut enfeigner la maniere de la pofer. Quand un clou eft très-gros, une large rivure écraferoit la rofette. Pour remédier à cela, on fait un clou à pignon, comme le repréfente la *Fig.* 13 ; mais, quand le trou eft comme il faut en groffeur avec le trou de la rofette ; on fait une petite rivure au clou, feulement pour arrêter la rofette, en entrant le clou dans le trou, *voyez Fig.* 15 ; mais pour peu que le trou foit plus petit que le clou, on amincit un peu la pointe du clou ; on le ferre un peu dans l'étau, *Fig.* 14. On préfente la rofette qu'on fait entrer à l'aide d'un morceau de bois percé & à petits coups de marteau ; enfuite on lime ce qui eft de trop pour la rivure ; on n'en laiffe que ce qu'il faut pour remplir la fraifure de la rofette. Après cela on fait cette rivure à petits coups de marteau ; quand la premiere rofette eft mife, on met le clou dans le trou du côté droit du Couteau (*). On préfente enfuite l'autre rofette que l'on fait entrer jufqu'au manche ; on fcie le bout du clou & l'on emporte avec une lime douce, la bavure que laiffe toujours le Couteau à fcier ; on finit enfuite la rivure avec un petit marteau.

Quand les rofettes font eftampées, elles s'écraferoient en faifant la rivure ; mais on remédie à cela en mettant une petite rofette en deffous qui remplit en partie le vuide de la grande rofette.

Lorfque les deux rofettes font rivées, que le Couteau eft monté folidement fans baloter, il faut adoucir les rivures & emporter tout ce qui déborde les rofettes ; alors on fait un petit trou à une carte, que l'on met pour conferver la rofette & le manche en cas d'un coup de l'angle de la lime ; & comme la rivure eft à découvert par le trou de la carte, on la lime à fon aife, fans aucun rifque ; après quoi on polit le clou & la rofette avec un bois à l'émeri & avec un buffle.

(*) Je ne dois point omettre cette obfervation ; car il femble que tous les Couteliers de tous les Pays fe foient affemblés pour faire cette convention : un clou a toujours un côté plus gros, par conféquent un manohe compofé de deux pieces a toujours un côté dont le trou eft plus petit. Or fi l'on vouloit repouffer un clou par le gros bout pour le faire fortir par le petit, il n'eft pas douteux que le manche cafferoit : c'eft pourquoi la coutume de faire entrer le clou du côté droit eft paffée en loi. Que l'on porte un Couteau à un Coutelier pour lui faire mettre un clou, il lime la rivure du côté gauche, fait partir la rofette avec le tranchant d'un autre Couteau ; enfuite il repouffe le clou du côté gauche, pour le faire partir par le côté droit par où il étoit entré.

§. X.

§. X. *Des Couteaux fans clous.*

Une efpece de Couteau auquel on ne voit aucun clou ni garniture d'argent, eft appellée *Couteau fans cloux*; il fe commence comme le Couteau à la Militaire & fe fait de même jufqu'après qu'il eft trempé & même émoulu; l'ayant donc fait jufqu'à ce point, & les platines étant du double plus fortes, que celles qu'on fait avec de la tôle, (& même pour la folidité du Couteau, on les doit faire d'acier,) commencez avec une petite lime quarrée, *Fig.* 17, par équarrir les quatre trous des deux platines qu'on voit en *d, d, d, d, Fig.* 15 & 16; enfuite taraudez le trou de la platine gauche *K, Fig.* 15, avec un taraud dont les filets foient forts; après cela, avec la petite lime quarrée, *Fig.* 17, il faut faire le trou de l'autre platine *I, Fig.* 16, en long, lequel fert pour contenir une vis dont la tête eft en forme de T, & on lui en donne le nom : *voyez la Fig.* 18.

Prenez enfuite le reffort tout émoulu; faites entrer un clou d'acier dans chaque trou *L M, Fig.* 19, entrez-les à force; limez-les en pente des deux côtés, comme le fait voir *Fig.* 20; prenez enfuite le marteau, &, comme fi vous vouliez river un clou, abattez les deux pointes lefquelles fe courberont, & chaque pointe formera un crochet (*), *m, n*; mais il faut que les crochets foient dirigés comme ils font repréfentés, & que l'agraffe du bas *m* regarde le dedans du reffort, & que celle du milieu *n* foit tournée en dehors du reffort : tout cela étant exécuté, il faut faire le T, *Fig.* 18.

Pour cela prenez un morceau d'acier : entaillez-le & le taraudez de trois filets feulement, comme on le voit *Fig.* 21; il eft effentiel de ne le tarauder que de trois filets, parce qu'en le montant fur la platine, il doit s'arrêter fixe en travers, comme l'indique la *Fig.* 22, à la lettre *o*; s'il paffoit outre, le Couteau fe démonteroit à chaque inftant; ainfi il faut l'ajufter fur la platine avec le talon de la lame, avant de le couper. Je fuppofe donc qu'en le taraudant on lui faffe faire un demi-tour de trop, alors on lui fait faire un demi-tour de plus; enfin il faut rencontrer jufte, que le T ne foit taraudé que jufqu'à la ligne *p*; alors la lame occupe l'efpace d'entre les deux lignes *p, q*, la platine occupe l'efpace de *q* en *R*; & alors on peut le fcier fur la ligne *S*; après cela façonnez-le & faites le entrer un peu à l'aife dans le trou *I, Fig.* 16.

Pour empêcher que le T ne tourne fur la platine droite (**), en ouvrant & en fermant le Couteau, il faut, avec un petit Cifelet, creufer la platine, l'efpace que la platine parcourt fur le T, défigné par la partie d'un côté *r, u*, & de

---

(*) Cette **Figure**, ainfi que les *Fig.* 12 & *Fig.* 20, font repréfentées du double de longueur, tant des crochets que du corps de l'agraffe, & cela pour rendre les objets plus intelligibles.

(**) On appelle *platine droite* ou *côté de manche*

droit, la partie qui eft du côté droit quand on regarde le tranchant d'un Couteau; & par conféquent on appelle *côté gauche*, celui qui eft fur la gauche; ainfi le *T* eft mobile fur la droite, & fixe fur la gauche.

COUTELIER, I. Part.   V v

l'autre *y*, *x* ; après cela il faut ajuster le manche, le faire tenir solidement sans qu'aucun clou ni vis paroisse.

Pour un Couteau à plate-bande, il n'est besoin d'aucune vis pour faire tenir le manche ; on commence par ajuster le manche entre les bandes d'argent qui sont soudées sur les platines ; ensuite on abat un peu en chanfrein les bords de la côte tout autour, & on fait entrer la côte entre les bandes d'argent jusqu'à porter sur la platine, & avec un petit marteau on sertit en rabattant les bords de l'argent tout autour sur le chanfrein, tout autour de la côte, de maniere que chacune tienne si bien entre les plates-bandes, qu'il ne soit pas possible de les ôter qu'en redressant le serti des bandes d'argent avec un tranchant de Couteau.

Quand on a bien assujetti les côtes du manche, on les façonne & aussi les bandes d'argent ; & lorsqu'elles sont bien adoucies, on tire les filets, on les polit, &c.

Quand c'est un Couteau sans clous, qu'il n'y a point d'autre garniture que les cachets d'argent en haut & en bas, alors on commence par évuider les dedans des côtes sur une meule un peu haute, ce qui les fait bien ajuster sur les platines ; ensuite on ajuste les bouts des côtes avec le cachet d'en-haut, & on laisse les côtes déborder les platines sur les côtés ; on marque en même temps les vis-à-vis des trous des platines, que l'on évuide avec une petite gouge, *Fig.* 23, afin que ni le T ni les agraffes ne se trouvent point gênés dans leur ajustement ; après cela on perce les cinq trous des vis à chaque platine, comme l'indiquent les chiffres 1, 2, 3, 4, 5, *Fig.* 24 : il faut fraiser ces trous de toute l'épaisseur de la platine, & ensuite faire une vis pour chacun de ces trous ; mais commencez par faciliter la place de chaque vis en perçant les trous avec un petit foret quarré par le bout, *Fig.* 28.

Pour faire les vis, prenez un morceau de fil d'acier de la grosseur convenable à la fraisure des trous, d'environ deux lignes de diametre, *voyez Fig.* 25 ; entaillez la longueur de la vis, laquelle il faut courte : faites-lui trois filets seulement avec la lime douce à Couteau, *Fig.* 26 ; après cela coupez-la aux trois quarts sur la ligne *z*, & commencez par visser cette premiere vis dans la côte, de sorte que les filets fassent leur place dans le bois, ou dans l'écaille, ou dans l'ivoire (la nacre de perle ne souffre point ce travail) ; & lorsque la vis est entiérement serrée, la tête se trouve noyée dans la fraisure du trou de la platine ; & comme elle est sciée aux trois quarts en *z*, *Fig.* 25, en la forçant un peu, elle acheve de se rompre d'elle-même ; cependant si elle résiste trop, il faut achever de la scier : la premiere étant en place en 1, mettez celle du bout 5, ensuite celle du milieu 3, & enfin les deux autres de suite.

Ces sortes de vis doivent être faites avec attention ; il faut que les filets soient profonds pour les bois, & moins profonds pour l'ivoire & l'écaille : l'écaille s'éclatteroit en la vissant, si on ne la chauffoit pas un peu à la chandelle. A l'E-bene, lorsqu'elle est trop séche, les filets ont peine à mordre, & quelquefois le bois fe broie; il faut alors, pour que les vis foient bien affujetties, ufer d'une petite induftrie que beaucoup de Couteliers ne favent pas; c'eft de mouiller la vis avec du vinaigre au moment qu'on la met en place : elle fe rouille promptement & s'attache au bois, faifant une efpece de maftic fi fort, que cette vis ne peut fouvent fe démonter qu'en caffant le manche.

Quand les côtes font montées fur leurs platines, il faut dégroffir le manche, le façonner, le gratteler & le finir. Pour monter le Couteau, placez la lame fur la platine gauche, *Fig.* 22; viffez le T en *o*; pofez enfuite le reffort à fa place; faites entrer les deux tenons dans les trous de la platine; forcez enfuite le reffort, avec une pince, à fe loger à fa place fur le talon de la lame, dans la fituation de la *Fig.* 22; prenez enfuite l'autre platine de la main droite, préfentez-la en croix, & lorfque le trou a reçu le T, faites tourner la platine à droite, pour commencer à loger le tenon du milieu; enfuite avec des pinces, ou en ferrant le bout du manche par le côté dans l'étau, forcez le tenon du bout à entrer à fa place dans le trou de la platine, le Couteau fe trouve monté fans un coup de marteau.

Pour démonter un Couteau fans clous, on préfente le tranchant de la pointe d'un Couteau entre le reffort & la platine du côté droit, du côté du dos, & vis-à-vis le tenon du bas; on force le Couteau à entrer : cette fimple manœuvre fait fortir le tenon du trou; on n'a enfuite qu'à tourner cette moitié de manche à droite, le tenon du milieu fort de fa place; quand on eft arrivé au point où les deux moitiés de manche font en croix, le manche fe fépare du T; enfuite on fait lâcher le reffort qui pofe fur le talon de la lame, les deux tenons fortent; on déviffe le T avec les pinces, & le Couteau eft démonté.

Une efpece de Couteau fans clous, à manche d'écaille, & dont les bandes d'argent font découpées, s'appelle *Couteau à tête d'aigle*, *Fig.* 23. Ce Couteau eft monté à tenons & à T; mais il n'y a point de vis au manche: pour cet effet quand les bandes font foudées, on les façonne à la lime, c'eft-à-dire, qu'on lui fait les découpures & les feftons que l'on veut faire; après cela on fait chauffer un peu la côte d'écaille (après l'avoir ajuftée de la largeur qu'il la faut), & l'on fait auffi chauffer la platine avec fes bandes prefque rouges, feulement couleur de bronze; alors on met cette platine de Couteau fur une platine à redreffer les cornes; on met promptement la côte d'écaille fur la platine du Couteau, bien jufte dans fa place; & enfin on ferre le tout dans l'étau entre les deux platines à redreffer : les feftons d'argent s'impriment fur le côté de l'écaille, de maniere que lorfque le tout eft refroidi, on ne peut les féparer qu'en caffant l'écaille par morceaux; mais il faut que les bandes d'argent aient demi-ligne d'épaiffeur pour pouvoir s'imprimer dans l'écaille fans plier ou fe caffer.

§. XI. *Du Couteau à double joint.*

On appelle *Couteau à double joint*, un Couteau qui est fermant, & lorsqu'il est ouvert on ne voit point la place où se loge la lame, au moyen d'un ressort qui la cache, & qui, en même temps, empêche la crasse de se loger dans le Couteau.

On fait ce ressort de deux manieres ; la premiere est représentée par la *Fig.* 29. Sur le bout du grand ressort 8, on ajuste le ressort de double joint 6, à queue d'aronde, lequel étant mince dans toute sa longueur, & bien ajusté de la largeur de l'ouverture, couvre le vuide ou l'entre-deux des platines ; on abat un peu la quarre du talon de la lame, pour faire porter le bout du petit ressort 7 ; de sorte que quand on veut fermer le Couteau, le petit ressort accompagne le talon de la lame, & va se reposer sur le grand ressort, comme l'on voit par la ligne ponctuée *g*, *g*, *Fig.* 29, tandis que le tranchant de la lame se ferme sur lui ; de maniere que quand on ouvre le Couteau, l'agraffe du talon, qui est abattue, rencontre l'extrémité du petit ressort, & l'amene avec lui jusqu'à l'ouverture 7.

L'autre façon s'exécute en faisant deux ressorts représentés par la *Fig.* 30 ; c'est une lame d'acier qui porte avec elle, & pris sur piece, cinq petits ressorts que l'on voit en 10, 11, 12, 13, 14. Les platines du Couteau sont au moins de l'épaisseur d'une piece de 24 sols ; & au moyen de cette épaisseur, on cisele la place de ces petits ressorts, comme on le voit *Fig.* 31. Lorsqu'on a couvert les ressorts d'une bande d'argent, qu'ils sont bien ajustés, on les trempe & on les assujettit à la platine par quatre petits clous ; enfin on monte le Couteau & on le finit. Or ces quatre petits ressorts 10, 11, 12, 13, 14, sur une platine & autant sur l'autre, ce qui fait huit ressorts, ont assez d'élasticité & de jeu pour obéir à l'entrée de la lame, de sorte que quand on ferme le Couteau, le tranchant de la lame 14, *Fig.* 32, étant mince, fait son entrée sur le joint des deux ressorts 15, & les fait séparer ou écarter jusqu'à la pointe, & quand on l'ouvre, les ressorts se joignent ; la jonction ne doit point paroître, quand le Couteau est ouvert, parce que l'on dirige les filets qu'on fait sur la garniture d'argent, de maniere à cacher la séparation, en faisant un jonc ou une baguette de chaque côté, & séparés par un filet dans le milieu, mais dont le filet est tout d'un côté. Voyez en 16, *Fig.* 34.

CHAPITRE

CHAPITRE VINGT-TROISIEME.

Des Couteaux à gaîne.

Les Couteaux dont nous nous proposons de parler, sont ceux qui ne se
ferment pas dans leurs manches, mais qui se renferment dans une gaîne pour les
mettre dans la poche; il s'en fait à queue comme en *A, Fig.* 1, pour monter avec
une virole sur un manche de bois, d'ivoire ou de nacre, &c.

Planches 40 & 41.

D'autres se font à soie, comme en *B, Fig.* 2, appellés aussi *à plate-semelle*,
pour être montés à trois cloux.

D'autres, comme la *Fig.* 3, à coquille *c*, à pointe ronde, & dont la queue
est forte, pour être montés sur des manches d'argent.

D'autres, comme la *Fig.* 4, à mitre à la turque *e*, à petite queue, pour
monter sur des manches de porcelaine, de fayance, &c. Et d'autres enfin que
l'usage nous fera connoître.

§. I. *De la forge d'une lame à queue.*

Nous supposons toujours l'étoffe faite, ou bien l'acier étiré de 5 à 6 lignes
d'épaisseur sur 7 ou 8 de largeur. Donnez une chaude grasse; faites la pointe
Fig. 5, portez-la ensuite sur la quarre de l'enclume en *a, Fig.* 6; frappez avec
la pane du marteau, de maniere qu'elle tombe vis-à-vis la quarre de l'enclume,
tantôt sur le plat, & tantôt sur le côté : c'est ainsi que l'on commence une queue
de Couteau; laquelle étant faite, on coupe l'acier sur la tranche de la longueur
convenable au Couteau qu'on veut faire; supposons-la sur la ligne *b*; alors vous
aurez (en terme de l'Art) *enlevé* un Couteau, lequel a la forme de la *Fig.* 7.
En cet état elle prend le nom d'*Enlevure*; on voit que la queue est pliée sur un
côté, c'est pour indiquer le dos & le tranchant de l'enlevure; *E*, indique le
tranchant; *f*, indique le dos.

Pour forger la lame, prenez la queue dans les tenailles; donnez une chaude
grasse; faites la pointe en même temps; portez l'enlevure sur la quarre de l'enclume *G, Fig.* 6, & par de bons coups de pane sur *G*, faites l'entaille de la
mitre; après cela marquez le côté du tranchant par une entaille; enfin étirez la
lame en deux chaudes pour la mettre prête à rabattre, dans la forme de la *Fig.* 8,
que le tranchant, qui est le côté concave, soit plus mince que le dos; donnez
ensuite une chaude à la queue, tant pour la dresser que pour l'ajuster dans la
châsse, pour relever la mitre.

La châsse à relever les mitres est un outil de fer acéré par le bout, & percé
d'un trou quarré pour recevoir la queue de la lame, *voyez la Fig.* 9. Ainsi

c'eſt une eſpece de clouyere : il faut un tas qui eſt repréſenté par la *Fig.* 10, lequel eſt percé pour recevoir la lame juſqu'à la mitre, étant monté ſur un billot, *Fig.* 11.

Cela étant diſpoſé, faites chauffer les mitres preſque à blanc ; entrez la queue dans le trou de la châſſe *Fig.* 9, ſur le champ faites entrer la lame dans le tas ; frappez 5 ou 6 coups de marteau ſur la tête de la châſſe *h*, les mitres ſeront relevées ou étampées ; ſortez la lame du tas & la queue de la châſſe ; faites chauffer la lame, élargiſſez-la en commençant par le bas ; pour cet effet poſez la lame ſur l'enclume, de maniere que l'entaille ſe trouve ſur la quarre de l'enclume : lorſqu'elle eſt élargie par-tout, rabattez-la ; parez bien tous les coups de la pane avec une tête de marteau un peu bombée ; donnez enſuite une chaude pour étirer la queue ; vous aurez une lame de Couteau à gaîne forgée, comme la *Fig.* 1.

Telle lame que ce puiſſe être, lorſqu'elle eſt à queue, ſe forge dans les principes que nous venons de décrire.

Lorſqu'on veut réſerver des coquilles *C*, *Fig.* 3, au lieu de mitres, on y réſerve plus d'épaiſſeur, de ſorte qu'en relevant les petites mitres des coquilles, on n'a qu'à poſer la lame du côté large de la fenêtre du tas *H*.

§. II. *De la forge du Couteau à ſoie ou à plate-ſemelle, avec un crampon.*

Tous les Couteaux à ſoie plate doivent être de fatigue ; c'eſt pourquoi il faut non-ſeulement qu'ils ſoient en étoffe, mais encore il faut ſouder un crampon de fer, pour faire la ſoie. Ce crampon eſt deſtiné à donner plus de corps, de fermeté & de ténacité au Couteau de fatigue, & principalement à la ſoie ſur laquelle on applique le manche ; car un tel Couteau qui ſeroit fait ſans crampon ne pourroit pas réſiſter à abattre ſeulement les os des cuiſſes d'un dinde ſans ſe caſſer en deux ; ainſi tout Cuiſinier qui caſſe un Couteau ſans maladreſſe, peut être aſſuré qu'il a été fait ſans crampon.

Pour faire un crampon, prenez du fer étiré en lames de 8 ou 10 lignes de largeur & de 3 ou 4 d'épaiſſeur, donnez une chaude graſſe, & faites la premiere pointe, comme l'indique *I*, *Fig.* 12 ; portez enſuite le fer en avant ; entaillez le crampon de la longueur qu'il le faut, en faiſant l'autre pointe ſur la quarre de l'enclume *K* ; étant faite, le crampon aura la forme de la *Fig.* 13 ; alors pliez-le ſur la ligne *L*, ſerrez la tête, mais laiſſez les pointes ouvertes, *Fig.* 14.

Mettez l'étoffe au feu, applatiſſez un peu le bout de court, & avec la pane du marteau faites-y une onglette de chaque côté vue par *M*, *M*, *Fig.* 15 ; placez enſuite le crampon à ce bout ; ajuſtez-le à l'étoffe ; portez-le plus ſur le dos que ſur le tranchant, comme l'indique la *Fig.* 16 ; rabattez enſuite les deux onglettes N, *N*, *Fig.* 20, une de chaque côté ; c'eſt ce qui tient le crampon fixe, pour bien chauffer la piece dans la premiere chaude. Le bon ſuccès du crampon dépend de bien donner la premiere chaude, que le tout foit à propos ; il faut que les pointes du crampon *O*, foient foudées les premieres : tournez fouvent la piece dans le feu, afin qu'elle chauffe par-tout avec égalité de chaleur ; cependant il ne faut pas quitter le côté du tranchant de vue ; tenez-le fouvent en haut dans le feu, & le fablez ; fortez la piece du feu, fablez-la encore ; forgez la piece à petits coups de marteau, en commençant ; le pli & les onglettes *N, N,* demandent l'attention du Forgeron, parce qu'il refte fouvent du vuide dans cette partie, (ce qu'on appelle *Chambre*). Le vrai moyen de parer ces accidents, c'eft de bien refouler le bout du crampon dès la premiere chaude : cela s'exécute en mettant l'étoffe perpendiculaire fur l'enclume ; frappez quelques coups de marteau fur *P*, *Fig.* 16 ; remettez l'étoffe à plat pour la dreffer & bien refferrer tous les vuides ; abattez les quarres & remettez l'étoffe au feu ; faites-la chauffer, pour lui donner une bonne chaude, afin qu'il ne refte rien à fouder, fans quoi il faudroit lui en donner une troifieme ; car on eft en rifque de perdre une piece, fi l'on veut l'entailler étant encore pailleufe. Suppofons-la donc bien foudée.

Pour entailler la foie, portez l'étoffe à plat fur la quarre de l'enclume *K*, *Fig.* 12, fur la ligne ponctuée *q*, *Fig.* 16, faites l'entaille ; car les onglettes du crampon *N, N,* doivent fe trouver dans la foie ; dans cette pofition étirez la foie en longueur ; ne frappez fur les côtés, que pour l'entretenir de la largeur qu'elle doit être ; coupez enfuite la lame par un coup de la tranche, au bout du crampon *o, o*, ce qui vous donnera une enlevure de Couteau à foie repréfenté par la *Fig.* 17. A cette enlevure le tranchant fe marque par une entaille *R*, & par un petit coup donné fur la bigorne de l'enclume en *r*, qui, en même temps qu'il indique le tranchant, marque auffi la croffe du bas du manche : une fois que l'enlevure eft faite, le refte de la lame fe forge fuivant les mêmes principes décrits pour la lame à queue, *Fig.* 8. Les mitres fe relevent de même fur le tas, mais avec une châffe repréfentée par la *Fig.* 18, dont le trou eft long, comme on le voit en *S*, pour recevoir la foie plate.

§. III. *Maniere de limer, d'ajufter & de finir un Couteau à gaîne & à queue.*

Pendant que les lames recuifent, il faut dégroffir les manches & percer les trous ; enfuite faire la place des viroles, comme en *V*, *Fig.* 19 ; & quand la virole eft pofée fur le manche, il faut équarrir le trou d'environ un pouce de longueur avec une petite écouaine, *Fig.* 20 ; prenez enfuite la lame, *Fig.* 1, battez-la un peu à froid, dreffez bien la queue, & commencez par entailler la queue *P* : limez-la fur les quatre faces ; que la lime foit placée d'équerre avec la piece : cette queue doit être quarrée depuis *P* jufqu'en *A*, le refte eft à huit pans.

Planches 40 & 41.

Ayant ajufté la lame fur le manche, & ne voyant point de jour entre la mitre

P & la virole, il faut entailler la coquille en *q*, *Fig.* 1 : dreſſez l'épaiſſeur du dos & celle du tranchant, de maniere qu'ils ſe rencontrent juſte & au milieu du pan du manche, & en même temps blanchiſſez la lame ſur le plat ; après quoi il faut marquer la lame.

Le Couteau étant ainſi diſpoſé, eſt tout prêt à être fini de limer ſur le modele ; pour cet effet appliquez le modele juſte à l'entaille *q* : ſerrez les deux pointes enſemble avec l'étau à main ; tenez enſuite le tranchant de la lame, ainſi que le dos, juſte au modele.

Quand on lime un Couteau ſans modele, on commence par limer le dos pour le mettre juſte à la virole & le dreſſer tout du long ; enſuite on entaille le mentonnet en *t*, qu'on met juſte à la virole ; après quoi on dreſſe le tranchant tout du long : on donne la grace qui convient à la lame, ſoit à pointe au milieu comme *Fig.* 1, ou à pointe rabattue ; après cela on ajuſte le tour de la mitre avec la virole : on dégroſſit la coquille avec une forte queue de rat ; on façonne la coquille, on l'adoucit ; alors le Couteau eſt prêt à tremper.

La lame étant trempée & recuite, cimentez la queue dans le trou du manche ; enſuite dreſſez la lame & mettez-vous en devoir de la blanchir & mettre à tranchant ; après quoi il faut limer les pans du manche juſte à la virole : grattelez le manche vivement ; façonnez enſuite la virole ; après quoi frottez le manche à la prêle (*), & finiſſez de le frotter avec le tripoli ; après cela poliſſez la lame ; emportez bien les traits avec l'émeri ſur la poliſſoire ; eſſuyez enſuite le Couteau pour emporter l'émeri ; dégraiſſez la poliſſoire avec un charbon de bois ; paſſez la pierre ſanguine ſur la poliſſoire, pour donner le luſtre au Couteau, ce qui ſe fait en aſſemblant lentement : les traits de l'émeri s'emportent, & la lame d'acier ſe polit mieux & ſe luſtre ; après quoi on n'a qu'à eſſuyer le Couteau, l'affiler, le paſſer au buffle avec le blanc d'Eſpagne. *Voyez la Fig.* 29, *Pl.* 42 ; elle repréſente un ſimple Couteau à gaîne avec une virole, & le manche à huit pans en bois roſe.

Pour la ſolidité de ce Couteau, le manche doit être percé d'outre en outre, afin de pouvoir river la queue par le bout avec une petite roſette, ſans quoi la queue ſe décimente après quelques jours de ſervice ; cependant il y a des matieres auxquelles cet uſage eſt contraire, tels ſont le bois de la Chine, & la nacre de perle ; le premier, parce que ce bois ſe fend trop facilement, & que ſe trouvant creux de toute ſa longueur, un petit effort fait caſſer le manche. Pour la nacre, ſa fragilité la rend ſuſceptible du même défaut ; mais on peut obvier à cet inconvénient en laiſſant un pouce & demi ou environ de maſſif au

---

(*) Gros jonc fort raboteux, dont on ſe ſert à polir les ouvrages. C'eſt une herbe appellée auſſi (*Equiſetum*), *queue de cheval*. Elle croît dans les lieux marécageux & ſablonneux : elle pouſſe de tige à la hauteur de 18 à 20 pouces, compoſée de pluſieurs tuyaux attachés les uns ſur les autres, & ſéparés par des nœuds. Lorſqu'elle eſt un peu deſſéchée, elle racle toute ſorte de bois, l'ivoire, la nacre même, parce qu'elle a des tranchants qui l'environnent : à la coupe on la voit comme une colonne cannelée.

manche ;

manche ; alors on ajuste la queue de la lame dans le trou, de maniere à ne contenir guere de ciment : voilà ce qui contribue à la solidité du Couteau dont la queue n'est pas rivée au bout du manche ; mais il est certain que si le trou est d'un tiers ou d'un quart plus grand que la grosseur de la queue, le Couteau ne résistera pas huit jours sans se décimenter (*).

§. IV. *Du Couteau à soie ou à plate-semelle.*

LE Couteau ayant été battu à froid, commencez par limer les mitres, en entaillant du côté de la soie en *y*, *Fig.* 2 ; ensuite il faut l'entailler du côté de la lame ; dressez bien l'épaisseur du dos dans la même direction que la soie ; que le tranchant qui est bien plus mince que la soie, se trouve directement au milieu de l'épaisseur de la soie, & en même temps blanchissez un peu le plat de la lame avec la grosse lime ; marquez ensuite le Couteau ; après cela entaillez le mentonnet ; limez le tranchant jusqu'à la pointe : appliquez-vous ensuite à limer & à bien dresser le dos du Couteau d'un bout à l'autre, & finissez par limer la soie du côté du tranchant & par le bout arrondi ; après cela contre - marquez & percez les trois trous à la soie, aux endroits indiqués par les chiffres 1, 2, 3 ; ensuite dressez-bien le Couteau ; adoucissez bien les mitres ; trempez le Couteau, & recuisez-le.

On peut émoudre la lame de ce Couteau avant ou après avoir cloué le manche, cela est indifférent ; ainsi supposons-le émoulu, prenez deux côtes de manche de corne suffisamment desséchées ; dégrossissez-les avec la rape tant sur leur largeur que sur leur épaisseur, & évuidez un peu les dedans en rapant en long, afin qu'elles s'ajustent mieux sur la soie ; ensuite ajustez les bouts des deux côtes, une de chaque côté, & attachez-les l'une après l'autre dans l'étau pour percer les trous au foret ; cela étant fait, fraisez les trous ; prenez un morceau de fil de fer, *Fig.* 23 ; apointez-le par un bout, & faites-y une tête de l'autre : commencez par mettre le clou nᵒ. 1, entrant un peu à force ; quand la tête est arrivée à la fraisure, sciez le clou de la longueur convenable à pouvoir faire la rivure du côté gauche ; faites ensuite une autre tête au fil de fer, pour la porter au trou nᵒ. 3 ; & enfin une troisieme au nᵒ. 2, alors vous pouvez river les trois clous ; après cela dégrossissez le manche par les côtés, limant juste à la soie ; façonnez-le à la lime ; abattez les pans tout autour ; adoucissez le tour de la soie en tirant le trait de long ; grattelez le manche, frottez-le à la moulée & au tripoli ; brunissez le tour de la soie ; frottez les mitres au bois avec l'émeri ; & enfin polissez la lame sur la polissoire ; repassez-la à la pierre sanguine ; affilez-la ; passez-la au buffle : le Couteau est prêt à vendre.

(*) La maniere de se servir de la prêle, est d'en assembler neuf ou dix brins, en faire un petit paquet en le liant par le milieu avec un fil : cela suffit pour un manche rond. Mais lorsqu'on veut réserver des pans bien vifs, on prend un bout de bois, on y enfonce trois morceaux de fil d'archal ; sur chaque fil on met un brin de prêle : voyez la *Fig.* 22, *Pl.* 40, ce prêloir y est représenté tel qu'il doit être pour dresser des pans bien vivement.

§. V. *Defcription de plufieurs Couteaux.*

La Figure 24 fait voir un Couteau de Boucher, appellé *Lancette à bœuf* : il eft à tranchant fur fa convexité, bien pointu, & le manche eft fait fans façons en corne ou en bois commun.

La Figure 5 repréfente un Couteau de cuifine de la feconde force, à foie plate & à manche de corne ; il fert à couper les viandes & les petits os, comme les aîles, les pattes des volailles, &c : fon tranchant doit être fort.

La Figure 26 fait voir un Tranche-lard de la moyenne longueur ; le tranchant doit être fin & le dos mince ; en tenant le manche d'une main & la pointe de l'autre, on le fait plier ; alors il doit faire le croiffant & revenir droit fans qu'il foit fauffé : pour cela il faut qu'il foit d'acier pur & bien corroyé ; il faut le bien tremper & fur-tout le recuire avec les tenailles ; que le dos devienne couleur d'eau, le milieu violet, & le bord du tranchant couleur d'or. Cet inftrument fert à couper les bandes de lard & à faire les lardons.

La Figure 27 fait voir un Couteau à pointe rabattue, fervant à habiller les agneaux.

La Figure 28 repréfente un Couteau de ceinture, fervant aux Cuifiniers pour préparer les viandes : (c'eft un demi-Tranche-lard) ; il eft fait à virole & à queue rivée au bout avec une rofette (*).

La Figure 29 fait voir le troifieme Couteau de ceinture, fervant aux Cuifiniers pour éplucher. Entre ce dernier & celui de la Figure 28, il s'en fait de plufieurs grandeurs, & qui font plus ou moins forts, ou plus ou moins larges, ou enfin plus ou moins longs.

La Figure 30 repréfente un Couteau de poche à gaîne, à pointe au milieu, emmanché d'ivoire à huit pans, garni d'une virole & d'une cuvette en cul-de-lampe.

La Figure 31 fait voir un Couteau de poche à pointe rabattue, à manche de nacre de perle à la Turque, & à cuvette à la Tartare.

La Figure 32 repréfente un Couteau de poche à manche de racine de buis, façonné en pied de biche, & le bout garni d'un fer d'argent attaché avec fix petits clous de fimilor ou d'or, ayant chacun une petite tête ronde, comme on le voit *Fig.* 33.

La Figure 34 repréfente un Couteau de femme à manche d'ébene, cannelé en colonne torfe, garni d'une virole & d'une cuvette plate.

La Figure 35 repréfente un Couteau de femme à *jambe de Princeffe*, la virole à la Tartare, une bande d'argent ajuftée avec une rofette pour marquer la jarre-

---

(*) Ce Couteau doit être bon & léger, parce que c'eft celui que les Cuifiniers ont toujours à la ceinture ; or ces Meffieurs appellent un *bon Cou-* *teau*, celui qui fe laiffe entamer promptement par le fufil, qui fait lever le petit morfil ; alors il faut lui donner le recuit violet.

tiere , une autre bande qui marque le coin du bas ; le tout incrusté dans l'ivoire ou dans de la nacre de perle.

La Figure 36 fait voir un Couteau à gaîne & à Tire-bouchon en crochet.

Par la Figure 37 on voit l'intérieur du manche de ce Couteau ; la foie de la lame fert de reffort au Tire-bouchon.

La Figure 38 fait voir un Couteau de Confifeur.

La Figure 40 fait voir un Couteau à gaîne , & à Tire-bouchon à méche ou en vis, mais travaillé différemment. On perce le trou du manche un peu fur le derriere du dos ; enfuite on évuide le manche fur le devant avec de petits cifeaux & des gouges pour faire la place du Tire-bouchon , comme on voit en *z*, *Fig.* 39. On place un petit reffort *Fig.* 40 , dans un trou en *z* ; on fait un Tire-bouchon à talon quarré , *Fig.* 41 , lequel fe loge dans la gouttiere & eft adapté au manche par le moyen d'un clou *T*, *Fig.* 39 ; de forte que pour déboucher une bouteille , on ouvre le Tire-bouchon en croix avec le manche , lequel refte fixe au moyen du reffort.

Planche 44.

La Figure 42 repréfente un Couteau à gaîne portant un petit fufil dans le manche ; il eft repréfenté par la *Fig.* 44. La Figure 43 fait voir l'intérieur & la conftruction de ce Couteau : on voit que la lame a une queue courte ajuftée dans un canon de fer, fait avec une bande de tôle forte pliée fur un mandrin rond & brafée ; après quoi on ajufte exactement la queue de la lame dans le trou *m* ; on prend enfuite un manche un peu fort, on y perce un trou pour recevoir le canon *m*, *n*, quand il eft en place, on ajufte une forte virole en haut ; en-fuite on perce deux trous , un de face & un de côté, lefquels reçoivent deux petits clous d'acier qui tiennent la lame folide & la fixent au manche ; après quoi on ajufte une forte cuvette en bas que l'on perce pour recevoir le fufil qui s'y loge , comme dans une gaîne : on ajufte une cuvette au fufil ; on laiffe déborder la calote , & au bout on lui foude un bouton , pour faciliter la prife du fufil pour le fortir du manche : ce manche fe trouve prefque quarré. Voyez le bout , *Fig.* 45.

La Figure 46 repréfente un Couteau à gaîne , à piquants ou d'attrape ; on n'apperçoit rien au Couteau que trois petits trous fur le devant du manche : lorf-qu'on s'en fert foi-même , on ne fe fait aucun mal ; fi l'on veut attraper quel-qu'un, on fait defcendre le clou d'en bas, de forte que celui qui coupe , fait fortir les trois pointes qui lui piquent la main , & fi-tôt qu'il lâche le coup , les pointes rentrent dans le manche , fans qu'il s'en apperçoive.

La Figure 47 fait voir la queue de la lame dans fon manche ; en 4, 5, 6, *Fig.* 49, on voit les trois pointes ; & en 7, le reffort du renvoi.

Le corps du manche fe fait d'une bande de forte tôle que l'on plie fur un mandrin plat ; & pour fermer le bout du bas, ainfi qu'une partie du côté du dos jufqu'à 8, *Fig.* 49, on ajufte cette petite bande de fer fervant d'entre-deux, on la brafe bien , parce qu'elle arrête la queue de la lame *g*, *Fig.* 47. La lame eft fixée par un clou d'acier 10, *Fig.* 49 : on perce un trou en bas 11, & avec une lime quarrée on fait le trou en long, pour lequel trou on fait un fort clou quarré, fur lequel on rive deux larges rofettes, comme le fait voir la *Fig.* 50, de forte que quand le clou eft monté en 12, *Fig.* 49, le bout de la queue fe trouve arrêté par le clou, & l'on s'en fert fans rifque ; au contraire, lorfqu'on fait defcendre le clou en 11, le bout de la queue a la liberté de paffer, comme on voit en 14, *Fig.* 49.

§. VI. *Des Couteaux creux.*

La Figure 1 repréfente un Couteau à gaîne ordinaire ; cependant ce Couteau fert de gaîne à celui qui eft à côté, *Fig.* 2. Examinons-en la conftruction attentivement, parce que c'eft un chef-d'œuvre de Coutellerie qu'un tel Couteau lorfqu'il eft bien fait.

Pour faire une lame de Couteau creufe, prenez un morceau de bon acier bien fain, & donnez-lui en forgeant la forme de la *Fig.* 3, foit en largeur, foit en longueur, que les bouts foient amincis bien parallélement ; laiffez le milieu épais par une vive arête ; *voyez la Fig.* 4 : réfervez une queue *A B* ; & lorfqu'il eft forgé, blanchiffez le plat fur la meule pour le bien nettoyer des craffes de la forge & des coups de marteau.

Pliez cette lame à chaud avec ménagement le long de la ligne *c,c,* fur un étau un peu ouvert ; faites rapprocher les deux bords ; lorfqu'il aura pris à peu-près la forme de la *Fig.* 5, ferrez-le à petits coups de marteau ; alors la vive arête réfervée en *a, Fig.* 4, va former le tranchant.

Applatiffez la lame bien également dans fa longueur en aminciffant le tranchant, elle prendra la forme de la *Fig.* 6, laquelle vous pouvez laiffer un peu recuire, enfuite le dégroffir avec la lime : après cela étant muni d'une vieille lame de Couteau, faites chauffer la lame creufe couleur de cerife ; préfentez le tranchant de la vieille lame fur la fente du dos, & ouvrez-le fuffifamment large pour loger le Couteau qui doit entrer dans cette fente, & laiffez-le recuire un peu.

Le Couteau étant refroidi, il faut unir la fente un peu en la blanchiffant avec une lime à Couteau mince ; ajuftez enfuite une lame d'acier dans cette fente, laquelle fervira de modele pour celle d'or ou d'argent, & en même temps elle préferve la creufe de s'écrafer dans l'étau, parce qu'on la laiffe dans la fente chaque fois qu'il faut la ferrer dans l'étau. Lorfqu'elle eft limée à forfait, tant la lame que la queue, il faut la blanchir fur une meule haute pour la bien dégroffir ; enfuite il faut ajufter & fouder une bande d'acier faifant parallele avec la queue vue par *d, E,* laquelle doit être en *D.* Cela étant difpofé, ajuftez une bande d'argent tout le long du dos & de la queue *E, ff,* de l'épaiffeur d'une piece de 24 fols, large de 3 lignes depuis *E* jufqu'en *D,* & d'environ 2 lignes en *ff,* liez-la proprement avec le fil d'archal, & foudez-la bien. Après cette premiere foudez-en une feconde fur la queue de devant *H I,* de 3 lignes de largeur ;

largeur ; étant foudée, ajuftez les deux coquilles fur *h*, de la maniere que l'in‑
diquent les points : foudez-les bien ; après cela foudez une forte virole à huit
pans aux deux bouts *I*, *E*, entaillée fur l'épaiffeur des bandes, afin qu'elle ne
déborde pas. On voit cette virole foudée en *j*, *Fig.* 7.

Lorfque toutes les garnitures font foudées, on peut dégroffir les bandes d'ar‑
gent ; après cela il faut mettre du blanc d'Efpagne délayé dans de l'eau fur
toute la garniture qui doit aller au feu ; enfuite trempez la lame avec ménage‑
ment dans la poële, & donnez-lui le recuit violet fur de la braife ; il faut, autant
qu'il eft poffible, recuire le dos bien bleu, pour donner du corps à cette lame.
L'ufage de recuire avec les tenailles n'eft point propre à cette lame : il y auroit
à craindre le refferrement du dos par la preffion des tenailles ; ainfi de la petite
braife & du pouffier bien allumés font préférables. Quand cette lame fe déjette
à la trempe, il faut la redreffer au marteau en frappant légérement vers le tran‑
chant & fur le plein, mais non pas fur le creux. Après cela blanchiffez la lame
& mettez-la à tranchant, le tout avec ménagement ; il vaut mieux la laiffer un
peu plus épaiffe, que de rifquer de la percer fur la meule ; ce qui arriveroit in‑
failliblement, fi l'on vouloit l'évuider autant qu'une autre.

Pour faire le manche, il n'eft queftion que de couvrir le vuide ; prenez deux
côtes de nacre de perle, ajuftez-les de largeur à pouvoir entrer entre les bandes
d'argent *I*, *E*, & *H*, *D*, qu'elles portent fur les queues d'acier ; prenez enfuite
de petites limes ; évuidez le dedans de chaque côte avec ménagement ; car le
manche étant tout fini, n'a pas plus d'épaiffeur qu'un écu de trois livres d'un
bout à l'autre. La Figure 8 fait voir la côte de la largeur qu'elle doit être ; & la
Figure 9 fait voir l'épaiffeur & la forme qu'elle doit avoir.

Avant de pofer le manche, il faut faire le petit Couteau qui doit entrer
dedans, & le finir de tout point ; il n'a d'extraordinaire d'un autre, qu'en ce
qu'il porte une cuvette avec un bouton en cul-de-lampe foudé fur la calotte
K, *K*, *Fig.* 2, laquelle calotte on voit déborder la virole de chaque côté,
pour empêcher que le Couteau ne s'enfonce trop avant, & le bouton fert à
faciliter la prife du Couteau pour le fortir de la gaîne.

Pour pofer le manche, commencez par abattre les quarres en dehors des
deux plates-bandes, pour former un petit pan, & faciliter la fertiffure : pofez
enfuite les deux côtes dans leurs places ; prenez un très-petit marteau, rabattez
les bords de l'argent en faifant porter la bande de deffous fur la quarre d'un tas ;
fertiffez bien, afin que la bavure foit bien rabattue pour tenir les côtes avec affez
de folidité ; après cela façonnez les bandes d'argent, la virole, les coquilles
& le manche ; faites-lui les filets & les moulures que vous voudrez ; enfin
finiffez le Couteau.

La Figure 7 repréfente auffi un Couteau creux ; mais il n'y a que le manche
qui le foit : pour cet effet forgez un Couteau à foie plate ; évuidez le milieu
avec la lime, tel qu'il eft repréfenté ; foudez les plates-bandes & la virole au

bout du manche *j* : ajuſtez dedans un petit Couteau à la berge à deux lames, com-me on le voit par la *Fig.* 10. Pour le couvrir, prenez deux côtes de manche, évuidez-les & ajuſtez-les comme les deux de l'autre Couteau, & ſertiſſez les bords des bandes, &c ; cependant ce Couteau, *Fig.* 7, eſt différent de l'autre, *Fig.* 1, le bout ne peut pas être fermé par une calotte, comme celle du Cou-teau à cuvette, *K*, *K*, *Fig.* 2. Alors on fait une cuvette de deux pieces, (*voyez la Fig.* 11), à laquelle on pratique une petite charniere *L*, ayant ſeulement trois charnons : on ajuſte enſuite un reſſort, *Fig.* 12, en queue d'aronde en *M*; on perce un trou au travers de la virole & de la queue de la lame pour le paſſage de la queue du bouton *N*, laquelle entre à vis dans le reſſort, de maniere qu'en repouſſant le bouton, le reſſort lâche priſe & la cuvette s'ouvre comme un étui ; il ne faut pas manquer de ſouder un grain d'acier en dedans de la cuvette *Fig.* 11, qui ſert à accrocher le reſſort *p*.

Planche 46.

　　La Figure 12 repréſente un Couteau à gaîne, appellé à *Cabriolet* : tout l'ouvra-ge eſt dans le manche ; il eſt diſpoſé pour recevoir pluſieurs lames tant en acier, qu'en argent & en or. La Figure 13 fait voir la diſpoſition des queues de lames ; on voit une encoche en *q* qui reçoit le crochet du reſſort *r*, *Fig.* 14. Or cette der-niere Figure fait voir à découvert tout le méchaniſme intérieur du manche, qui eſt fait d'un morceau d'acier repréſenté par l'épaiſſeur, *Fig.* 15, & par ſa largeur, *Fig.* 14. Toute la partie *r*, *s*, eſt évuidée à jour pour loger le reſſort vu de largeur *Fig.* 16, & d'épaiſſeur *Fig.* 17 : il eſt fixé par une vis *t*, *Fig.* 14, dont la tête eſt noyée dans l'épaiſſeur de la bande.

　　En *T*, on voit une tête de vis ſaillante ; mais la moité de cette tête, doit être noyée dans le trou qu'on a fraiſé pour cet effet. Or cette vis eſt fixée ſur le reſſort *r*, & elle eſt mobile dans le trou du manche ; de maniere qu'en repouſſant la tête *T*, on fait ſortir la lame qui entre dans le trou quarré de la *Fig.* 14 : or ce trou demande des attentions pour être bien fait ; après l'avoir percé au foret, équarriſſez-le avec une lime quarrée, le plus juſte qu'il ſera poſſible. Soyez muni d'un mandrin bien quarré & bien adouci, *Fig.* 18; huilez-le & l'enfoncez à coups de marteau dans le trou ; reſſortez-le & le renfoncez à pluſieurs repriſes ; par ce moyen vous aurez un trou juſte & uni.

　　Pour bien ajuſter les queues des lames, après les avoir dégroſſies à la lime bâtarde à petits grains, enſuite adoucies juſqu'à ce qu'elles entrent au tiers ou à moitié de leur longueur dans le trou ; alors noirciſſez la queue à la flamme d'une chandelle, préſentez-la dans le trou ; en la reſſortant, vous verrez que le noir ſera emporté ſur ces endroits où elle porte le plus ; alors limez avec la lime douce ſur ſes endroits blanchis ; noirciſſez encore la queue ; faites-la entrer dans le trou ; répétez cette manœuvre juſqu'à ce que la mitre de la lame porte bien ſur le manche, & que la queue ne balotte pas dans le trou.

　　On voit qu'à ce Couteau, en appuyant ſur le reſſort *T*, la lame ſort d'elle-même du trou, étant repouſſée par un autre reſſort, dont voici le méchaniſme. La

Figure 20, repréſente un reſſort qui ſe fixe par la même vis *t*, *Fig.* 14, qui tient le reſſort *r*; la vis *T*, paſſe à travers le trou du reſſort, *Fig.* 20, & le bout de la queue de la lame appuie ſur le reſſort en *Q*; de ſorte que, quand on entre la lame dans le manche, la queue fait une preſſion ſur le reſſort *Q*; & lorſqu'on appuie ſur la vis *T*, le reſſort à ſon tour fait preſſion ſur la queue de la lame, & la renvoie auſſi-tôt que le crochet *r*, a lâché l'encoche *q*.

Ce reſſort n'a d'autre utilité que de renvoyer la lame; mais il eſt de peu de durée; il ſeroit même à propos de n'en pas faire uſage; l'objet eſt trop petit, pour pouvoir lui procurer toute la ſolidité néceſſaire : au reſte ce Couteau exige un étui repréſenté par la *Fig.* 19; le manche eſt ajuſté dans le milieu, & les lames l'environnent.

§. VII. *Des Couteaux de table, & autres Couteaux ſervant d'outils à pluſieurs Arts & Métiers.*

La Figure 21 repréſente un Couteau de table à manche de porcelaine & pointe ronde, avec une virole d'argent & une large & forte roſette, ſur laquelle eſt rivée la queue de la lame au bout.

Planche 46.

En général tous les manches de Couteaux de porcelaine, de fayance, de nacre, d'agate & autres, faits avec des cailloux précieux, exigent bien des ſoins & des ménagements en les montant. Il eſt rare que ces matieres ſouffrent l'eau bouillante pour les décimenter, ſans que les manches ſe caſſent ou ſe fendent. Pour cet effet, j'ai fait uſage d'un moyen qui m'a toujours réuſſi, pour décimenter les vieilles lames ou lames uſées. Je fais chauffer une paire de tenailles droites, un peu fortes, mais ſans les faire rougir, pas plus chaudes qu'il ne les faudroit pour paſſer une papillote; alors je pince la lame auprès de la mitre; elle s'échauffe, & peu à peu la chaleur de la mitre échauffe la queue, ſans que le manche s'échauffe trop; de temps à autre j'eſſaie de faire remuer le manche ſans le ſortir des tenailles; à la fin la chaleur ſe communique tout le long de la queue; le maſtic étant fondu, la queue ſort aiſément.

Quand on cimente des lames ſur de tels manches, il faut faire attention de ne pas laiſſer engager la queue dans le trou; il faut être prompt à la reſſortir, pour la faire un peu chauffer, parce que les matieres, qui ſont froides, font refroidir promptement le maſtic & la queue.

Pour éviter que la trop grande chaleur de la queue ne faſſe fendre le manche, il ne faut pas chauffer la queue juſqu'au rouge; il ſuffit qu'elle ſoit couleur de bronze, & plutôt moins que plus.

La Figure 22 fait voir un Couteau de table, à manche d'argent. On fait ordinairement ces manches jettés en moule par un Fondeur; on les ébarbe enſuite, & on les ſoude à la poële; après cela on recherche les filets, les moulures, & on les polit de tout point, avant de cimenter les lames. M. Gavet, mon Confrere, a obtenu en 1764, la permiffion d'établir un balancier : par ce moyen les manches d'argent fe frappent comme des médailles ; l'exécution en eft prompte ; mais il faut toujours ébarber chaque côté des manches, les fouder deux à deux, rechercher un peu les filets, enfin polir le tout.

Ceux qui ne font pas à portée des Fondeurs, encore moins du balancier, peuvent tout uniment faire des mandrins de la longueur, de la largeur & de la forme convenable aux manches qu'on veut faire ; enfuite forger l'argent à l'épaiffeur qu'on veut, ou, pour mieux faire, paffer au moulin ou laminoir ; après cela eftamper tous les côtés de manche fur un plomb d'environ 12 à 15 livres, dans lequel on aura mis un tiers ou un quart d'étain pour le rendre plus dur ; lorfque les manches font eftampés, & ajuftés deux à deux, les fouder, & après cela on peut y faire les filets & les moulures qu'on voudra.

La Figure 23 repréfente un Couteau pour le deffert, à lame d'argent, manche de nacre de perle, limé à pans, avec un filet fur les quarres du dos & du tranchant, & le pan de face eft cannelé obliquement d'un filet entre deux baguettes.

PLANCHE 47.

La Figure 24 repréfente un Couteau de Doreur fur bois : il fert à couper les feuilles d'or ; la lame doit être mince, & pliante comme un tranche-lard ; le tranchant doit être bien droit dans toute fa longueur, & le dos doit être à tranchant par une vive arête, & le tour de la pointe jufqu'en x.

La Figure 25 repréfente un Couteau à parer le cuir ; le tranchant eft fur la partie convexe ; le dos n'eft pas fort épais ; mais le côté qui pofe fur le cuir pour le parer, doit être émoulu bien à plat, ce qu'on appelle *en planche*, tandis que le côté oppofé eft un peu en rond, pour donner la force au tranchant.

La Figure 26 repréfente un Couteau de bouchonnier : le tranchant eft à fa partie concave ; il eft vif & mince.

La Figure 27 repréfente un Couteau à gaîne, à tranchant droit & pointe rabattue, fervant à couper les étuis, & à féparer le couvercle d'avec le corps de l'étui.

La Figure 28 repréfente un Couteau de Tailleur de corps d'enfants, fervant à couper les brins de baleine ; fon tranchant eft droit, & fur le dos de la pointe rabattue, on fait un bifeau qui forme le tranchant fur le dos, qui fert à racler les baleines & à les unir : le manche eft fait avec du buis, & tourné ; le bout, qui eft large, leur fert de bruniffoir pour abattre les coutures.

La Figure 29 repréfente un Epluchoir de Vannier ; le tranchant eft fur fa partie convexe.

La Figure 30 repréfente un Couteau de toilette, fervant à ôter la poudre ; il eft très-mince & à tranchant des deux côtés, mais un tranchant émouffé, c'eft-à-dire, qu'après qu'il eft moulu & poli, on lui arrondit l'extrémité du tranchant avec la pierre du levant ou la pierre à l'huile.

La

La forme du Couteau de Peintre est semblable à celle d'un Couteau à ôter la poudre ; à l'exception que celui d'un Peintre est long d'environ 5 pouces, & large de 9 à 10 lignes, & la lame est plus mince.

Le Couteau pour ouvrir les huîtres est aussi de la forme du Couteau à poudre ; mais il est plus fort, & il a un dos, pour résister à l'effort de la séparation des deux écailles ; il faut que le tranchant soit un peu épais & un peu arrondi ; & de plus, il faut le recuire à la couleur bleue, après l'avoir trempé couleur de cerise.

La Figure 31 représente un Tranchet de Cordonnier pour femme, appellé *Tranchet à bucher* : il porte 14 à 15 pouces de longueur, sur 15 à 16 lignes de large ; il n'a que 3 pouces de tranchant d'un côté, près de sa pointe.

La Figure 32 représente aussi un Tranchet, mais pour le Cordonnier pour homme ; il est plus court & plus large que celui pour femme.

La Figure 33 représente un Couteau de Boulanger & de Marchand de tabac ; il s'ajuste sur une planche, s'arrête par un écrou vissé en *y* ; étant ainsi il compose un outil appellé *maque* : la lame porte environ 12 pouces de longueur, sur 18 à 20 lignes de largeur.

La Figure 34 représente un Couteau à chapeler les petits pains à caffé : il porte environ 2 pouces de large, sur 7 ou 8 de long.

La Figure 35 est un Couteau à pied : il est à tranchant sur sa convexité ; il s'en fait de plusieurs longueurs, c'est-à-dire, depuis 3 pouces jusqu'à 6 de longueur : il sert aux Selliers, aux Bourreliers & aux Cordonniers pour couper le cuir : il est le même pour tous les Ouvriers ; il doit être fait d'acier pur & forgé, bien plané également par-tout, pour prévenir le dévoilement, le déversage & les caffures à la trempe ; d'ailleurs on laisse son tranchant un peu fort ; il vaut mieux avoir plus de peine à la meule, que de perdre la piece étant plus d'à-moitié faite : cette raison est applicable à toutes sortes de pieces qu'il faut faire larges & minces.

La Figure 37 est un Couteau de Fourreur : il est large & mince ; on y fait un très-petit manche ; mais on y rapporte un cachet d'acier au bout, qui leur sert comme de petit marteau.

Enfin la Figure 38, *Pl.* 47, est un Couteau de Brodeur d'or & d'argent sur les étoffes ; il doit être bien dur & bien pointu, & son tranchant est sur la partie convexe.

CHAPITRE VINGT-QUATRIEME.

Maniere d'incruſter les Manches des Couteaux.

PLANCHE
49.

COMME le Coutelier ne néglige rien de ce qui peut contribuer à l'embelliſſe-ment des ouvrages qu'il fabrique, nous nous trouvons obligés de dire quelque choſe de l'Art d'incruſter. Cette opération ſe fait de bien des façons, & nous pourrions nous étendre beaucoup ſur cet Art; mais comme il ne fait pas notre objet principal, nous nous contenterons d'expliquer la plus ſimple & la plus ſolide. On incruſte ordinairement de petites bandes de nacre de perle ſur l'é-bene, ſur l'écaille, ſur le bois de la Chine, &c, pour marier les couleurs & les rendre agréables à la vue.

L'or & l'argent s'accordent volontiers à toutes les matieres; en les incruſtant avec art, ils embelliſſent les ouvrages & les enrichiſſent.

Tous les ouvrages qu'on incruſte en nacre, en écaille, en ivoire, en bois, le ſont par le moyen de la colle; les métaux au contraire ne prennent point la colle: il faut un autre expédient que nous donnerons dans le Chapitre ſuivant.

§. I. *De la Nacre ſur les Bois.*

AYANT pris ſoin de bien dreſſer un Manche d'ébene, le laiſſant ſeulement un peu plus épais & plus large qu'il ne faut, on trace à la regle & avec la pointe les largeurs des bandes qu'on veut incruſter, & on ajuſte les bandes. Il eſt mieux encore de dreſſer les bandes de la longueur, de la largeur & de l'épaiſſeur qu'il les faut; on les préſente enſuite ſur le Manche l'une après l'autre, aux places qu'elles doivent occuper, les tenant fixes: on trace ſur le Manche, tout autour de ces bandes, avec une pointe d'acier ou une éguille miſe au bout d'un manche *Fig.* 1.

Après avoir tracé toutes les bandes, ſi l'on a une bonne ſcie dont le trait ſoit conforme à la largeur des bandes, l'opération ſera bientôt finie, parce qu'un trait de ſcie, *Fig. 6*, ſuffira; ſinon il faut faire les places des bandes avec de petits ciſeaux en bois, & les creuſer avec attention. Voyez *o*, à la *Fig.* 2.

Quand toutes les bandes ſont ajuſtées, mettez la colle ſur toutes les pieces avec un pinceau, puis placez diligemment chaque bande dans ſa rainure: liez le tout enſemble avec une ficelle, & laiſſez-le ſécher à une chaleur douce.

Je ſuppoſe qu'on veuille incruſter différents objets ſur un Manche repréſen-tant même des figures d'animaux, alors il les faut deſſiner ſur du papier, & que le papier ſoit juſte de la largeur & de la longueur du Manche; après cela il faut

découper les figures adroitement , les féparer du corps du papier , & conferver
ce papier , dont on a tiré les figures , avec autant de foin que les figures mêmes

Collez chaque figure fur les fubftances qu'on veut incrufter ; que ce foit de
la nacre , ou du burgos , ou de l'écaille , ou de l'ivoire , il n'y a pas de différence ;
toute l'attention confifte à mettre ces matieres de l'épaiffeur qu'on les veut , avant
de coller les figures deffus ; enfuite limer tout le tour de la nacre fuivant tous
les contours de la figure repréfentée fur le papier , & qu'on a collée deffus.

Après que toutes les figures font faites , collez fur le Manche le papier dont
on a tiré les figures ; alors avec de petits cifeaux en bois , des gouges & des
burins , emportez tous les vuides des figures ; confervez bien les bords : après
cela affemblez chaque figure à fa place , & les y collez.

On juge bien que par le moyen du deffin & de la découpure qu'on en fait ,
on peut exécuter toutes fortes d'ouvrages fur un Manche ; c'eft à la gravure après
à donner la derniere main. La nacre , l'ivoire & l'écaille , ne fe collent qu'avec
la colle de poiffon. Plufieurs ignorent la façon de la faire bonne ; la voici :

Prenez quatre onces de colle de poiffon ; coupez-la par petits morceaux ;
mettez-les dans un pot avec environ plein un œuf d'eau claire & propre ; ajou-
tez-y une gouffe d'ail , & faites fondre le tout au bain-marie en remuant avec un
pinceau , jufqu'à ce qu'elle foit entiérement fondue ; on peut enfuite ufer de
cette colle.

Quand les collages font féchés , on travaille ces Manches comme d'autres ;
on place les viroles , on ajufte les lames , &c. cependant il faut avoir foin que la
place des viroles & des cuvettes foient faites de maniere que la moitié de
l'épaiffeur des bandes fe trouve fous les viroles ; *voyez P P* , à la *Fig.* 3 ; fans
cette attention l'ouvrage ne feroit pas folide. La chaleur d'une fauffe ou d'un
potage répandu fur le Manche , feroit décoller les bandes qui fe perdroient ;
au lieu qu'étant arrêtées par les bouts , la colle fe feche une feconde fois : que ce
foit un Couteau à gaîne ou un Couteau à reffort qu'on incrufte , l'opération eft
toujours la même. Le Manche d'un Couteau à reffort , n'eft autre que celui d'un
Couteau à gaîne partagé en deux.

§. II. *De l'or & de l'argent incruftés fur la Nacre , fur l'Ecaille , fur l'Ivoire*
& fur le Bois.

PRENEZ un Manche , n'importe qu'il foit de nacre ou d'ivoire ou d'écaille ,
dreffez-le bien , & lui donnez la forme & la force qu'il doit avoir ; prenez enfuite les dimenfions pour la quantité des bandes que vous voulez y mettre ; fup-
pofons-en fix pour un Couteau à gaîne , *Fig.* 2 , & *Fig.* 3 ; donnez un trait de
fcie , dont le feuillet foit mince ; *voyez* à la *Fig.* 4 , les traits 1 , 2 , 3 , 4 , 5 , 6 ;
après cela foyez muni d'un outil , repréfenté par la *Fig.* 5 ; c'eft une fcie courte ,
mais épaiffe & à petites dents , qu'on peut appeller *écouaine* , au milieu de la-

quelle on cifelle une rainûre pour recevoir une languette, qu'on laiffe déborder les dents d'une bonne ligne ; cette languette fert de point fixe à l'outil ; on la place dans le trait de la premiere fcie, tandis que les dents, qui font à côté, font une rainure large ; enfin les rainures fe font comme on les voit à la *Fig.* 7, qui repréfente un Manche vu de bout : or pour accélérer l'opération, il faut que les bandes d'or ou d'argent foient exactement de la largeur ou épaiffeur de la fcie à languette, *Fig.* 5.

Il n'eft pas douteux que fi l'on vouloit prendre une bande d'or, d'une ligne d'épaiffeur, & l'ajufter à queue d'aronde dans le manche, l'ouvrage feroit folide & bon ; mais il fe confomme affez d'or & d'argent en luxe & en fuperfluités ; il faut chercher les moyens de ménager ces matieres, en confervant toujours de la folidité aux ouvrages ; or pour cet effet, il faut les employer minces, les fouder fur d'autres métaux moins précieux, tels que le cuivre, &c.

Pour cela, prenez une bande d'or X, de 2 lignes de largeur, & de l'épaiffeur d'une piece de fix liards ($\star$) ; ayez une bande de cuivre rouge y, de la largeur de 2 lignes, & d'épaiffeur égale à celle de la languette de la fcie, parce qu'elle doit occuper la même place dans le Manche ; fur cette bande de cuivre appliquez & foudez la bande d'or ; que l'or foit à plat fur le côté du cuivre, comme le fait voir la *Fig.* 8, ainfi que la *Fig.* 9, dont la partie A eft le cuivre, & la partie b eft l'or. Par ce moyen, la bande de métal fe trouve folide : ces deux figures font voir l'objet très-gros pour le rendre plus intelligible.

Quand toutes les bandes font foudées, on les applique dans les rainures ; le cuivre occupe le fond des rainures de la *Fig.* 4, & l'or couvre le tout, en occupant toute la largeur des rainures faites, comme fur la *Fig.* 7.

Sans doute que les bandes, n'étant qu'appliquées dans leurs rainures, feroient dans le cas de tomber, lorfque le Manche fe fécheroit ; mais on obvie à cet inconvénient, en laiffant déborder le cuivre par les deux bouts de 2 ou 3 lignes de longueur plus que l'or, comme on le voit en P, P, *Fig.* 3, de forte que les uns fe trouvent fous la virole E, *Fig.* 10, & les autres fous la cuvette g.

La Figure 11 fait voir le bout d'une côte de Manche de Couteau à reffort, préparé pour recevoir les bandes.

Quoique la colle ne prenne pas auffi fortement fur les métaux que fur le bois, il faut toujours en mettre dans les rainures, comme fi l'on vouloit réellement coller les bandes, principalement pour que tous les vuides qui proviennent de l'imperfection de l'ajuftement, fe trouvent remplis, de forte qu'ils ne paroiffent pas, & que la craffe, qui pourroit s'y loger & faire bailler les bandes, ne puiffe y entrer.

Les rofettes incruftées fur les Manches, fe font avec un rofetier, *Fig.* 13 ; il eft très-peu creufé ; on y fait de petits points avec une pointe à contre-marquer

______

($\star$) L'argent doit être toujours employé du double plus épais que l'or, parce que ce dernier a le double de corps de plus que l'argent.

très-arrondie

très-arrondie par le bout, & polie ; on peut même faire ces points en cœur, que l'on dirige autour d'un centre commun, à la place d'un pivot ; car il eſt bon d'obſerver qu'il n'y faut point de pivot. Le roſetier étant trempé & poli, coupez les roſettes ſur un plomb ; ſoudez enſuite un pivot de cuivre au milieu : *voyez H, Fig.* 14, enſuite percez autant de trous au manche, que vous voudrez y mettre de roſettes ; fraiſez la place des roſettes avec une fraiſe à pivot, comme la repréſente la *Fig.* 12 ; mettez chaque roſette à ſa place, & rivez chaque pivot en dedans du manche, avant de monter le Couteau.

Quand on ajuſte les bandes d'or, ainſi que les roſettes, on les met de maniere qu'elles débordent la matiere du manche, parce qu'en façonnant & en poliſſant cette matiere, elle s'y uſe toujours, & qu'il faut éviter ſoigneuſement que les bandes ne débordent le manche, quand le Couteau eſt fini.

L'ornement des bandes dépend aſſez du goût de l'Ouvrier : cependant il faut toujours ſuivre les principes, & faire tout avec ordre ; le manche étant cannelé obliquement, les bandes doivent l'être de même ; ſi au contraire on fait des moulures & des filets en long ſur le manche, on en fait de même ſur les bandes ; on tire un filet ſur les deux bords, on arrondit le milieu pour faire un jonc ou une baguette entre deux filets.

En faiſant les cannelures, on doit avoir toujours l'épaiſſeur des bandes préſente à l'eſprit ; car ſi on venoit à les percer en faiſant des filets trop profonds, la piece ſeroit manquée ; pour cet effet, il faut être muni de pluſieurs eſpeces de petites limes douces & à moitié uſées, de maniere que, lorſqu'on a tracé les filets par un trait de burin, on n'a qu'à rechercher après avec la quarre d'une lime bien douce.

La Figure 15 repréſente un Couteau à gaîne, manche de nacre de perle à bandes d'or, & les viroles ajuſtées en croiſſant, & à la Tartare.

La Figure 16 fait voir un Couteau à gaîne, manche d'ébene avec des bandes & des filets de nacre de perle incruſtés : la cuvette eſt un peu relevée en boſſe & formée en coquille, comme le repréſente la *Fig.* 20.

La Figure 17 eſt un Couteau à reſſort à roſettes incruſtées ſur le manche, avec un filet en long ſur les bords du manche.

La Figure 18 repréſente un Couteau à reſſort à cuvette à la Tartare, manche de nacre, ſur lequel ſont incruſtées deux bandes d'or ; le tout cannelé obliquement d'un filet entre deux baguettes.

La Figure 19 repréſente un Couteau à reſſort à bandes d'or incruſtées & cannelées en long, entre leſquelles bandes ſont auſſi incruſtées des roſettes, & les viroles ajuſtées en croiſſant & à la Tartare.

CHAPITRE VINGT-CINQUIEME.

Des Ciseaux.

UNE paire de Ciseaux est composée de deux branches ou lames jointes en-semble par un axe qui les tient réunies lorsqu'on les fait couper; l'action des Ciseaux n'est pas de couper comme les Couteaux en quelque façon en sciant, mais par une compression entre le tranchant des deux lames, qui divisent, comme une espece de coin, la substance qu'on veut couper. Or quand on coupe près du clou, les branches forment un levier, qui aide à surmonter la résistance de ce qu'on veut couper, & cette force du levier diminue à mesure qu'on appro-che de la pointe ce qu'on veut couper.

Partant de ce principe, chaque Ouvrier doit avoir des Ciseaux propres à l'u-sage qu'il en veut faire: pour me rendre intelligible, voyez la *Fig.* 1; *B*, est l'axe ou le clou qui est le point fixe; la lame *D*, *C*, *A*, est le levier de résistance, & *G*, *F*, en est le levier de puissance. Ainsi si l'on coupe en *A*, c'est le levier de la premiere force; si l'on coupe au milieu de la lame en *C*, on perd consi-dérablement de force; & lorsqu'on coupe de la pointe *D*, on a perdu toute la force, si les branches sont de même longueur que les lames, parce que la résis-tance est égale à la puissance; d'où il suit que si l'on veut avoir plus de force en *D* & en *C*, il faut donner plus de longueur à la branche *g H*, & que l'anneau se trouve en *E* au lieu d'être en *F*.

Il y a beaucoup d'Ouvriers qui, ne faisant pas attention à ce que nous venons de dire, prennent des Ciseaux qui ne sont pas propres à l'usage qu'ils en veu-lent faire. Un Marchand, par exemple, voudra couper du drap avec une paire de Ciseaux à longues lames, qui sont destinées à couper des cheveux & du papier. Un Tailleur mal instruit, croit bien faire de se procurer des Ciseaux avec de longues lames & de courtes branches: il voudroit couper un morceau de drap de 7 pouces de longueur, en n'ouvrant ses doigts que de 2 pouces, cela est impossible. Le Cordonnier, qui rafraîchit le cuir avec la pointe des Ciseaux, a une peine excessive lorsqu'il se sert de Ciseaux à longues lames, parce que la résistance est grande, attendu que la matiere qu'il coupe est épaisse; & enfin dans plusieurs autres Arts & Métiers, ceux qui ignorent les principes de la force du levier, font faire des Ciseaux à courtes branches & à longues lames, disant que de courtes lames sont d'abord usées par les repassages, & que de longues branches exigent une trop grande ouverture des doigts; mais ils ne voient pas qu'il faut augmenter la force des doigts, ce qu'ils s'épargneroient, s'ils prenoient des Ciseaux à courtes lames & à longues branches.

Il y a plusieurs parties dans une branche de Ciseaux, & on les distingue chacune par un nom propre: *D* eſt appellé *pointe* ; *A* , l'*entaille de la lame* ; *B* , le *clou* ; depuis *A* juſqu'en *H* , l'*écuſſon* ; la ligne ponctuée *j* , l'*entablure* ; la partie *g H* , la *branche* ; & la partie *F* , l'*anneau*. Nous allons démontrer la maniere de faire une paire de Ciſeaux ; cela ſuffira pour être inſtruit à faire toutes les différentes eſpeces qui ſont d'uſage.

§. I. *Maniere de faire des Ciſeaux.*

Nous avons expliqué, à l'occaſion des Couteaux à gaîne, comment on fait un crampon, cela doit ſuffire. Ayant donc placé le crampon au bout de l'étoffe *Fig.* 2 , commencez par le bien ſouder & refouler à la premiere chaude (*) ; à la ſeconde portez la partie qui doit faire la branche , ſur la quarre de l'enclume , laiſſant déborder ſuffiſamment de matiere pour faire l'anneau, comme l'indique la *Fig.* 3. Dans cette poſition frappez ſur *h* avec la pane du marteau , & donnez à la branche & à l'anneau la forme indiquée par la *Fig.* 4 ; coupez enſuite l'enlevure au bout du crampon ligne *b*.

Quand on ſoupçonne le fer un peu aigre, il faut percer l'anneau & le bigorner avant de couper l'enlevure ; pour cet effet faites chauffer l'anneau preſque blanc ; poſez le poinçon comme le déſigne *k* , *Fig.* 3 ; frappez deux coups de marteau bien d'à-plomb ſur la tête du poinçon , lequel eſt tenu bien perpendiculairement ; après que le trou ſe trouve percé à moitié d'un côté , faites tourner l'enlevure de l'autre côté par celui qui le tient ; poſez le poinçon auſſi bien perpendiculairement & vis-à-vis du premier trou ; alors donnez deux autres coups de marteau ; après cela faites porter l'anneau ſur le trou de l'enclume , & repouſſez la piece que le poinçon chaſſe du trou, par un ou deux petits coups de marteau. Notez qu'en perçant le trou d'un anneau, il ne faut pas chercher le point du milieu ; au contraire , il le faut faire près de la branche , *voyez q* , *Fig.* 4 , alors l'anneau ſe bigorne plus facilement.

Le trou étant percé ſans crever, donnez une chaude graſſe ; enſuite faites entrer le bout de la bigorne de l'enclume dans le trou , comme en *O* , *Fig.* 3 , frappant à petits coups de marteau ; faiſant tourner continuellement l'anneau ſur la bigorne, on amincit l'anneau bien également tout autour : notez que ſi vous appercevez quelque crevaſſe en bigornant, il faut l'emporter avec la lime ; ſans cela la caſſure augmente à chaque coup de marteau, & à la fin elle caſſe.

L'enlevure étant coupée, prenez l'anneau dans les tenailles ; donnez une bonne chaude graſſe à la partie qui doit faire la lame ; appointez-la : enſuite mettez-vous dans la poſition qu'indique *i* , *Fig.* 5 , & à bons coups de marteau ſur le bord de l'enclume , faites l'entaille appellée *entablure*. Prenez enſuite la poſition *e*, pour faire l'entaille du tranchant ; après cela étirez la lame de la

---

(*) On ne doit jamais négliger de refouler un crampon ; cette opération fait ſortir toutes les craſſes , & de plus elle reſſerre les vuides , ce qu'on appelle *des chambres à louer*.

longueur qu'il la faut, en réfervant toujours la largeur & l'épaiffeur requifes ; remettez enfuite la lame au feu ; faites-la chauffer couleur de cerife au moins ; courbez-la un peu fur le devant, & à coups de pane élargiffez & amincillez le tranchant, & vous pouvez la rabattre de la même chaude : parez-la & dreffez-la par-tout ; la branche de Cifeau eft forgée.

Quand on forge plufieurs paires de Cifeaux, on fait tous les crampons de fuite : on en fait de même pour les anneaux, & ainfi que pour forger les lames ; la premiere branche doit être forgée jufte, parce qu'elle fert de modele pour fa camarade, moyennant qu'on les préfente à chaque chaude, pour voir l'ouvrage qui eft fait & celui qui refte à faire ; finon il faut avoir deux compas, un ouvert pour la longueur des lames, & l'autre pour les branches.

Pour couder la branche des Cifeaux à crin, &c, faites-la chauffer couleur de cerife tout au plus ; fi l'anneau eft trop chaud, faites-le refroidir en le trempant tant foit peu dans l'eau ; prenez un petit marteau, donnez un coup de pane fur *L*, *Fig. 6*, & un fecond fur *y*, la branche fera coudée.

§. II. *Maniere de limer les Cifeaux.*

PLANCHE
50 & 51.

IL faut que les deux branches foient forgées bien paralleles ; appliquez-les l'une fur l'autre, comme le repréfente la *Fig. 7*, ferrez-les bien jufte dans l'étau ; &, avec le quarre d'une lime douce, marquez l'endroit du trou fur le côté du tranchant *M* ; faites un fecond trait en *N*, pour marquer le bout fupérieur de l'entablure ; tournez enfuite les deux lames dans l'étau fans les déranger ; ferrez l'étau, & marquez le bout inférieur de l'entablure *o*, *Fig. 8* ; les trois traits de côté étant marqués, féparez les lames, & faites un autre trait fur le plat de chaque lame en *p* : après cela, contre-marquez chaque trou, & percez-les au foret ; étant muni d'un faux clou, faites-le entrer fixe dans le trou d'une des branches ; joignez les deux lames l'une fur l'autre, comme la *Fig. 7*, & commencez par limer les anneaux enfemble tout autour ; après quoi limez les deux branches ; féparez enfuite ces deux branches, pour repouffer les entablures. Or les deux traits, que nous avons marqués en *N*, *O*, font ici un guide certain, pour faire du premier coup les deux entablures juftes ; ferrez-donc l'une après l'autre chaque branche dans l'étau, & limez les entablures bien à plat, en les repouffant jufte en *o* & en *q* ; remettez enfuite le faux clou ; joignez les deux branches enfemble dans la pofition de la *Fig. 9*, & attachez-vous à bien ajufter le battement des deux entablures, défignées par la ligne *j*, *Fig. 1* ; ce qui étant fait, limez le tranchant de chaque lame, enfuite le dos ; après cela joignez les deux lames par le faux clou, & dans un étau à main, comme l'indique la *Fig. 10* ; alors avec un outil *Fig. 11*, appellé *Serre-cifeau*, embraffez le dedans des deux anneaux, avec les mâchoires *r r* ; ferrez-le dans l'étau par *s s*, le tout indiqué par la *Fig. 10* ; dans cette pofition, limez les

plats

plats des branches & des anneaux par les deux côtés; prenez enfuite cet autre outil, *Fig.* 12, appellé *Tenailles à chanfrein*; ferrez-les dans l'étau par *ff*, pincez la branche & l'anneau, comme le démontre la *Fig.* 13: alors abattez les pans des branches; ce qui étant fait, féparez les branches de l'étau à main; abattez les pans des lames, & les pans du dedans des branches; dégroffiffez enfuite les contre-écuffons (on appelle *Contre-écuffons*, le dégagement qu'on fait à côté des entablures: *voyez t t*, *Fig.* 9); après cela faites l'entaille de la lame, ligne *V*; enfuite dégroffiffez les anneaux, en commençant par le dehors & finiffant par le dedans; enfuite, fi l'on veut mettre une vis au lieu d'un clou, c'eft ici le moment de tarauder le trou d'une branche, & de fraifer l'autre pour noyer la tête de la vis; après cela, il faut mettre les Cifeaux à la coupe.

Il n'eft pas difficile de mettre les Cifeaux à la coupe; mais il eft affez difficile de fatisfaire à une condition effentielle que nous allons faire appercevoir; il faut faire relever le tranchant plus haut que le dos, en mourant, depuis le trou jufqu'à la pointe, de manière que, quand on regarde horizontalement la lame par le côté du dos, on puiffe voir toute la partie de l'écuffon jufqu'au trou, bien à plat; & depuis le trou jufqu'à la pointe, on doit voir le tranchant relevé dans la même obliquité que celle de l'aîle d'un moulin-à-vent: de plus, pour donner de la force à la pointe, il faut faire recourber les lames en dedans, mais par une courbure très-douce & réguliere; fi ces deux points manquent à une paire de Cifeaux, ils ne couperont jamais bien, quelque parfaits qu'ils foient d'ailleurs.

Pour réuffir facilement à mettre une paire de Cifeaux à la coupe, ferrez la partie de l'ecuffon *u u*, *Fig.* 14, dans un étau à main; ouvrez enfuite l'étau de l'établi à 3 ou 4 lignes d'ouverture; faites porter la ligne ponctuée *x x*, du dedans de la lame fur la quarre de cet étau; tenez-vous fixe dans cette pofition; frappez quelques coups de marteau fur le dehors du tranchant; par ce travail le tranchant fe jettera en dedans; alors regardez la lame horizontalement par le dos, vous verrez qu'elle fera l'aîle de moulin: cette obliquité doit être douce dans une paire de Cifeaux à courtes lames; mais elle doit être très-vifible dans de grandes.

Si les deux lames de Cifeaux ne font pas trempées au même degré de chaleur, les Cifeaux ne feront jamais bons, parce que la plus dure coupera la plus molle, ce qui s'appelle, en terme de l'art, *fe mordre*. Or comme par-tout il y a des principes certains, il faut toujours les préférer. Mettez les deux branches des Cifeaux enfemble dans les tenailles, en les faififfant par les anneaux; faites chauffer les deux lames à très-petit feu, je veux dire, à très-petits coups de foufflet; lorfqu'elles commencent à rougir, laiffez-les finir de chauffer d'elles-mêmes fans fouffler; &, lorfqu'elles font au degré qu'il faut, fortez-les du feu enfemble, pour les tremper dans l'eau.

Pour leur donner le recuit, placez-les l'une à côté de l'autre fur un feu bien égal,

Coutelier, *I. Part.* C c c

ayant les yeux attentifs à la couleur, &, lorfqu'elles feront bien à la couleur d'or, plongez-les dans l'eau; voilà tout l'art de faire de bons Cifeaux; fuppofé toutefois qu'on ait employé de bon acier, & qu'on ne l'ait pas furchauffé en le foudant.

Il faut blanchir au moins à moitié le dedans & le dehors des lames, avant de les redreffer; après qu'elles font au point où elles étoient, quand on les a mifes à la coupe, il faut finir de les blanchir, enfuite les mettre à tranchant; le coup de meule du dedans doit commencer par de-là le trou; ce qui eft repréfenté par la ligne ʒ ʒ, *Fig.* 14, & toujours évuider également, depuis le bas jufqu'à la pointe; tirez enfuite un bifeau bien vif fur le dehors du tranchant, qu'il faut enfuite arrondir, afin de faire le tranchant de loin; donnez enfuite les coups de meule fur l'écuffon en travers & en long fur le pan du dos.

Quand les Cifeaux font émoulus, il faut abattre le morfil légérement, & limer les entablures *u u*; s'ils font à vis, faites la vis, placez-la pour voir s'ils coupent bien; s'ils font à clou, il faut pofer le clou & le river : car avant de façonner les Cifeaux, il faut être certain qu'ils aillent bien; s'ils ont befoin d'être jettés de dehors en dedans ou de dedans en dehors, on le fait, & toujours au marteau à redreffer; pour que les Cifeaux coupent bien & foyent parfaitement bien montés, il faut qu'ils marchent avec égalité, par-tout avec la même douceur; il ne faut pas qu'ils balottent quand ils font ouverts en croix; fi cela arrive, il faut limer encore fous les entablures; &, lorfqu'ils font bien, il faut dreffer les anneaux, & donner un coup de meule fur les plats des écuffons, des branches & des anneaux, pour mettre le tout d'égale épaiffeur & de niveau.

Etant muni de toutes fortes de limes bâtardes & douces, il faut les façonner, commençant par le dehors des branches, enfuite le dedans, après cela les écuffons, & enfin le dehors & le dedans des anneaux; pour cet effet, il ne faut jamais ferrer l'ouvrage à nud dans l'étau, mais toujours dans des mordaches de bois; enfuite on les polit au bois & à l'émeri; finon on les gratelle & on les brunit; après cela on polit les lames à la poliffoire, & l'on finit les Cifeaux par la monture du clou ou de la vis. *Voyez le Chap. XVII, & la Pl.* 22.

§. III. *Defcription & explication de différentes fortes de Cifeaux* (*).

La Figure 1 repréfente des Cifeaux à rogner les ongles à façon d'Eglife (**), avec un petit bouton au bout d'une lame feulement, qui fert à entrer entre la chair & l'ongle, pour ne pas fe bleffer, comme on fe blefferoit infailliblement en y introduifant une pointe aiguë : au refte ils doivent être forts, un pouce &

(*) Toutes les Figures font de grandeurs naturelles.
(**) Ce nom leur vient de celui qui a imaginé cette mode avec un bouton au bas de la branche près de l'anneau. Antérieurement à M. l'Eglife, Maître de Paris, on faifoit les branches toutes unies; on s'en fervoit même comme d'un poinçon pour percer les boutonnieres. *Voyez la Fig.* 2.

demi de longueur de lames y fuffit, & 3 pouces de longueur de branches, y compris les anneaux.

La Figure 2 repréfente une paire de Cifeaux à l'ancienne mode, fervant aux Couturieres de poinçon pour percer les œillets.

La Figure 3 fait voir des Cifeaux à couper les cheveux & à façon d'Eglife; on y fait toujours un petit bouton au bout d'une pointe, de forte qu'en coupant les cheveux de la tête, on fait toujours marcher le bouton fur la peau; par ce moyen on coupe avec vîteffe, fans rifque de bleffer.

La Figure 4 repréfente des Cifeaux à découper le papier; les branches font longues & dégagées, & les lames font courtes, avec des pointes bien aiguës.

La Figure 5 fait voir des Cifeaux à faire le crin des oreilles aux chevaux; ils doivent avoir de la force aux entablures; mais les lames doivent aller en aminciffant jufqu'à la pointe, où ils doivent être auffi plats, afin de couper les crins le plus raz qu'il eft poffible; les pointes doivent être mouffes, fans quoi on eft en danger de piquer l'animal, qui, par les écarts qu'il fait, bleffe toujours ceux qui fe trouvent autour de lui.

La Figure 6 repréfente les Cifeaux à faire les gros crins : en ce cas ils doivent être plus forts que ceux des oreilles, afin qu'ils puiffent réfifter à la coupe des crins des pieds, qui fouvent fe trouvent environnés de boue & de pouffiere : les pointes doivent auffi être un peu mouffes.

La Figure 7 fait voir de forts Cifeaux de Chapeliers, fervant à couper les poils des peaux de lapin, &c : cette efpece de Cifeaux eft auffi convenable & d'ufage à plufieurs autres vacations.

La Figure 8 repréfente des Cifeaux à couper les cheveux, appellés *à la Berge* (*), à vis & à bouton.

La Figure 9 repréfente des Cifeaux de Tailleur, pour ouvrir les boutonnieres; ils doivent être bien pointus, courts de lames, & forts par-tout, parce qu'ils font deftinés à couper trois épaiffeurs, l'étoffe, la doublure & le bougran.

Planche 53.

La Figure 10 fait voir des Cifeaux ronds d'un côté, pour être attachés au côté avec un cordon, & d'ufage pour les Couturieres, &c.

La Figure 11 repréfente des Cifeaux de Tailleur, de moyenne grandeur, appellés *Carrelets*; ils fervent principalement à couper les étoffes de foie : un des anneaux eft femblable à d'autres Cifeaux, pour placer le pouce, & l'autre eft un bon tiers plus long, & laiffe la facilité de mettre deux doigts; on y met toujours un clou à moulette, lequel nous allons démontrer aux Cifeaux fuivants.

La Figure 12 repréfente des Cifeaux de Tailleur de la premiere force : ils

---

(*) Ce nom leur vient de l'Auteur, M. Berge, Privilégié du Roi, qui changea le bout du bouton de M. l'Eglife, en deux petits moignons po- | fés fur un filet, pris & dégagé de l'anneau; les branches font applaties en amande, & les lames font jointes par une vis.

fervent à couper le drap ; les anneaux font grands & forts, pour deux raifons ; il les faut grands, parce qu'il faut pouvoir y placer quatre ou trois doigts au moins pour avoir fuffifamment de force pour couper 7 ou 8 pouces de longueur ; il faut qu'ils foient forts, parce que le poids des anneaux & des branches doit l'emporter fur le poids des lames, à compter du clou : c'eft pour cette raifon qu'on fait une vive-arête fur le plat des lames en dehors, pour donner la force aux lames, & l'on amincit les côtés du dos & du tranchant, pour procurer la légéreté ; le tout enfin n'eft que pour procurer à celui qui doit s'en fervir, l'avantage de pouvoir couper à fon aife & long-temps, fans être trop fatigué.

La maniere de faire les grands anneaux, differe des petits en ce qu'ils font trop grands pour les bigorner avantageufement. On forge donc les grands anneaux, dans prefque toute la longueur qu'ils doivent avoir ; après quoi on amorce le bout en bec-d'âne ; on les plie & on les foude en *p, q,* par une bonne chaude graffe ; étant foudés, on les pare en leur donnant la tournure à chaud.

Un anneau de Cifeaux de Tailleur mal tourné, fatigue & bleffe continuellement la main qui travaille à couper ; il convient donc que le Coutelier examine la force de la main, pour laquelle il doit faire des Cifeaux, & qu'il faffe la grandeur des anneaux en conféquence : or la vraie tournure, eft l'ovale d'un œuf un peu allongé.

Le clou de ces Cifeaux eft fait de deux pieces, *voyez la Fig.* 13 ; *B*, eft le clou ; *A*, eft la moulette, qui étant percée, reçoit le clou que l'on rive fur la moulette.

Les gens qui ne regardent pas au prix, quand ils font faire un outil, font toujours bien fervis. Alors on fait un clou à vis compofé de trois pieces ; la *Fig.* 14 en fait voir les pieces : *D*, eft le clou qui reçoit les deux branches, entre les deux lettres *e, E* ; fur les deux lames on met une hirondelle de cuivre *g,* ajuftée fur le clou à huit pans, afin qu'elle foit ftable, & elle doit occuper l'efpace entre *e, f* ; le refte du clou eft taraudé & reçoit la moulette *c,* qui prend alors le nom d'*écrou,* parce qu'elle fe monte à vis ; on a l'avantage avec un tel clou de ferrer & défferrer des Cifeaux, fans les tourmenter à coups de marteau, & de plus ils font en état de faire le fervice de dix années de plus qu'avec un clou ordinaire.

La Figure 15 repréfente des Cifeaux de Tailleur de corps ; ils fervent à couper les corps embaleinés.

PLANCHE 54.

La Figure 16 fait voir des Cifeaux ronds d'un côté & forts, fervant à plufieurs proffeffions, pour la coupe des étoffes, draps, cuirs, peaux, &c.

La Figure 17 repréfente des Cifeaux de Marchand ; les deux pointes font rondes, pour donner la facilité de les porter dans la poche fans étui.

La Figure 18, des Cifeaux de Lingere.

La Figure 19, des Cifeaux de côté, d'Ouvriere en linge.

La Figure 20, des Cifeaux à dentelle.

La

La Figure 21, des Ciseaux d'étui, pour couper la mousseline, &c.

La Fig. 22 représente des Ciseaux à la Berge, cannelés d'un filet sur les branches & sur l'écusson.

La Figure 23 fait voir de semblables Ciseaux, dont les entablures sont ajustées à croissant; ce qui s'exécute au ciselet; ils sont cannelés d'un double filet sur les branches & sur l'écusson, un filet sur les lames, & une coquille sur les moignons.

La Figure 24 représente des Ciseaux cannelés en plein sur les branches, sur les lames & sur les anneaux, les contre-écussons ciselés en rocaille, ainsi que le trou de la vis.

La Figure 25 représente des Ciseaux à jambe de princesse, dont le coin est damasquiné.

La Figure 26 fait voir des Ciseaux à ressort, longs des branches & courts de lames, pour couper les ongles des pieds.

La Figure 27 représente aussi des Ciseaux à rogner les ongles, à ressort, mais sans anneaux ; on s'en sert comme d'une paire de pince , en serrant les branches, moyennant que le ressort *h* soit bon ; son renvoi fait ouvrir les lames.

La Figure 28 représente des Ciseaux à la Berge & à ressort ; ils sont cannelés par un filet tout autour des branches , des lames , des écussons , des anneaux , &, de plus, damasquinés en or.

La Figure 29 représente des Ciseaux à jambe de princesse, damasquinés en or, & dont les entablures sont à tête de compas, lesquelles se font avec une fraise *Fig.* 30, les moulures, qui ornent le tour de la vis, se font semblablement avec fraise, sur laquelle on fait les moulures que l'on veut y faire ; *voyez la Fig.* 31.

La Figure 32 fait voir des Ciseaux à découper les festons & la broderie sur la mousseline ; les branches sont damasquinées en argent, entre deux filets , & tout le fond sablé (*).

La Figure 33 représente des Ciseaux propres à porter dans la poche , sans étui ; moyennant qu'on fait une rainure sur les branches avec le ciselet, les lames s'y logent.

La Figure 34 fait voir des Ciseaux de comptoir , faits pour couper une feuille de papier dans toute sa longueur; c'est le seul instrument dont se servoient jadis les Papetiers & les Relieurs. Pour cet effet on en faisoit de toutes les grandeurs, depuis 5 pouces de lame jusqu'à 15 : c'est une piece difficile à faire parfaite ; la plus forte épaisseur est aux entablures ; à 3 lignes de là , l'épaisseur diminue insensiblement jusqu'à la pointe : or la trempe s'oppose toujours aux succès de ces lames, tantôt par des cassures , tantôt par un envoilement considérable ; aussi l'ordonnoit-on fréquemment pour chef-d'œuvre. L'invention du Couteau à rogner, dont se servent les Relieurs, est plus propre à l'opération, que les

(*) On fait des Ciseaux à branches & anneaux d'argent & d'or ; nous réservons cette description pour le Chapitre suivant.

Coutelier, *I. Part.*   D d d

Ciſeaux ; la coupe eſt plus juſte & plus prompte : auſſi ces Ciſeaux ne ſont gueres d'uſage que pour des Libraires & des Marchands de billets de lotterie.

§. IV. *Des Ciſeaux appellés* Forces.

Planche 56.

PLUSIEURS Profeſſions ont beſoin d'une eſpece de Ciſeaux qui puiſſent jouer facilement & continuellement dans la main ; pour cet effet on a imaginé de joindre deux lames enſemble par un anneau élaſtique, lequel renvoie les lames après que le tranchant a coupé : telles ſont les *Fig.* 34, 35, 36 & 37. Ces Ciſeaux s'appellent *Forces.*

La Figure 34 ſert à beaucoup d'uſages, mais particuliérement aux Bouchers, pour marquer les bœufs, &c. Ces Forces ſont compoſées de deux lames *i, j,* d'un anneau faiſant reſſort *K,* lequel porte les deux branches, ſur leſquelles ſont aſſujetties les deux lames, moyennant les deux vis *L, L* ; & le bout en fourchette, repréſenté en *M, Fig.* 39, s'ajuſte dans une entaille faite ſur la lame en *N N, Fig.* 34 ; les deux talons *o, o,* ſervent de battement aux lames, & fixent la juſteſſe des pointes.

La Figure 38 fait voir l'épaiſſeur de l'anneau & des deux branches ; cet anneau doit être trempé à la couleur ordinaire, mais recuit couleur d'eau, ou d'un gros bleu au moins ; quant aux lames, elles doivent être faites ſur les mêmes principes des Ciſeaux. La Figure 40 indique l'épaiſſeur des lames d'un bout à l'autre.

La Figure 35 repréſente des Forces de Gantiers : elles ne different des précédentes que par la grandeur & la force.

La Figure 36 repréſente des Forces de Gaziers & de Taffetaſſiers. Pluſieurs les veulent droites, & pluſieurs autres les veulent coudées, comme le fait voir la *Fig.* 37 : les unes & les autres ſe font d'une ſeule piece ; on forge une lame au bout de la barre ; enſuite on étire toute la partie qui doit faire l'anneau & les branches ; après quoi on coupe la piece ſur la tranche, en laiſſant un bout d'acier ſuffiſant pour faire l'autre lame ; après qu'elle eſt forgée, on lime la piece en entier, on la trempe ; enfin on la finit de meule & de poliſſoire ; après quoi on fait chauffer un peu la partie de l'anneau : on la plie à la main ſeulement de la rondeur qu'on voit en *P, Fig.* 36 ; la longueur des branches fait que la trempe n'eſt pas néceſſaire à l'anneau, étant fait d'acier pur, l'élaſticité eſt ſuffiſante, pourvu que l'acier ſoit récroui à froid ſur une bigorne.

CHAPITRE VINGT-SIXIEME.

Maniere de faire des Ciseaux à branches d'or & d'argent.

Il y a trois manieres de faire des branches d'or ou d'argent à des Ciseaux ; chacune est destinée à des usages particuliers, comme on le verra par ce qui suit.
La premiere est usitée pour les Ciseaux à incision, à branche unie : on commence
par faire les lames d'acier, ainsi qu'aux Ciseaux ordinaires ; mais à la place des
branches & des anneaux, on y fait une queue, comme le fait voir en *d e*, la
Figure 20.

Planche 57.

Lorsque les lames sont entiérement finies, prenez de l'argent plané de l'é-
paisseur d'une piece de 24 sols, plutôt plus épais que moins ; disposez & coupez
chaque partie pour faire la branche sur un patron fait avec du plomb, ou de carte
sur le même dessin de la *Fig.* 21 ; pliez ensuite cette plaque d'argent sur un
mandrin, *Fig.* 22, & faites-lui prendre la forme de la Figure 23 : or la jointure
se trouve au-dedans de la branche *f* ; rapprochez bien les deux extrémités,
ajustez-les ; mettez un paillon de soudure de toute la longueur de la jointure ;
liez-le avec le fil à lier, & soudez-le au feu, ou à la poële, ou au chalumeau,
cela est indifférent : ajustez ensuite à chaque branche un bout de fil d'argent en
h, qui vous servira de clou pour fixer l'anneau. Prenez après cela une lame d'argent pour faire les anneaux, qu'elle ait 3 lignes de largeur, une ligne d'épaisseur, sur 2 pouces & demi de longueur ; amincissez les deux bouts en bec-d'âne ;
pliez-la sur la bigorne dans le sens de la *Fig.* 24, & soudez les deux bouts joints
ensemble ; après cela percez un trou au travers de la soudure ; faites entrer le
pivot *h* : rivez-le un peu pour assujettir l'anneau avec la branche ; mettez ensuite
un fort paillon de soudure sur le joint ; soudez le tout : vous aurez alors une
branche de Ciseau telle que la représente la *Fig.* 25 ; mais il faut lier la branche
avec du fil d'archal, pour empêcher qu'elle ne se désoude en soudant l'anneau.

Pour donner du corps à la matiere (ce dont elle a grand besoin), il faut mandriner un peu les branches, & sur-tout bien écrouir les anneaux sur la bigorne,
afin qu'ils ne plient point entre les doigts de ceux qui s'en serviront.

Toutes les branches étant disposées, ajustez-les chacune à sa lame ; faites attention que les joints de contre les écussons *m*, *n*, soient bien ajustés, l'argent
contre l'acier ; pour cet effet servez-vous de petites limes demi-rondes, de bâtardes, & de douces ; & de plus, servez-vous aussi d'un burin & d'une échope pour
emporter les bavures des angles intérieurs.

Quand chaque lame est ajustée sur chaque branche, appareillez les deux
sœurs pour les ajuster ensemble ; renversez & déversez les anneaux selon le

befoin ; mettez-les bien de niveau ; enfuite pulvérifez de la cire d'Efpagne , em-plifiez-en bien le trou de la branche ; faites chauffer la queue de la lame en même temps que la branche pleine de cire ; & auffi-tôt que vous voyez la cire fondue , entrez promptement la queue de la lame à fa place dans la branche ; tenez-la un temps fuffifant pour laiffer prendre la cire , & un peu refroidir le tout.

Après toutes ces opérations , façonnez les branches & les anneaux ; mettez-les bien paralleles ; adouciffez-les ; poliffez-les : voilà toute la fcience de faire des Cifeaux à branches d'argent.

La feconde maniere de faire des branches d'argent & d'or , s'exécute à l'ef-tampe , principalement pour les faire à la Berge , c'eft-à-dire , à branche plate. Pour cela on a deux eftampes , comme le fait voir la *Fig.* 26 ; que les deux foient faites en fens contraires : prenez les platines d'argent , que vous aurez difpofées à trois quarts de ligne d'épaiffeur & de 5 lignes de largeur ; alors ef-tampez chaque platine fur un plomb , ce qui vous donnera des moitiés de bran-che , ainfi qu'il paroît par la *Fig.* 27 ; après cela ajuftez & appliquez ces moitiés deux à deux ; liez-les enfemble , & les foudez avec un long paillon de foudure fur chaque joint ; enfuite rapportez un pivot ou goupille & un anneau à chaque branche ; & enfin ajuftez-les , façonnez-les , & finiffez-les comme il eft indiqué pour les précédents.

La troifieme maniere de faire des branches de Cifeaux , eft en ufage pour les branches maffives d'or ; alors on peut les faire jetter en moule par un Fondeur , pourvu qu'elles foient affez fortes pour pouvoir les écrouir & leur donner du corps , finon il faut les forger au marteau , & c'eft toujours le meilleur parti. Enfin de telle façon qu'on le faffe , il faut leur donner la forme de la Fi-gure 28.

Difpofez enfuite une lame de Cifeau , comme la repréfente la *Fig.* 29 ; entail-lez en $Q Q$, fur le plat au quart de fon épaiffeur feulement ; limez-le bien à plat , & en aminciffant en mourant jufqu'en R ; après cela ajuftez bien la lame avec la branche , que le bout o , o , s'ajufte bien avec $Q Q$, & la pointe de l'é-cuffon R s'ajufte précifément en r ; cela étant ainfi difpofé , ferrez les deux pieces enfemble dans l'étau ; percez-y les quatre petits trous indiqués par les deux Fi-gures ; pofez un clou dans chaque trou , qui foit de la même matiere de la bran-che ; rivez-les à demeure ; difpofez enfuite les deux lames , limez-les & finiffez-les au point d'être prêtes à tremper , afin de les fouder & tremper tout à la fois: après cela battez la branche & les anneaux à froid pour les recuire ; ajuftez-les , façonnez-les , & enfin finiffez-les de tout point.

Nous avons expliqué au Chapitre XXV , comment on fait des Cifeaux , en faifant l'une après l'autre toutes les opérations.

Il y a encore une quatrieme maniere de faire des Cifeaux à branches d'argent ; c'eft de les difpofer exactement comme ceux que nous avons décrits les premiers ;

&

& au lieu de les cimenter avec de la cire d'Efpagne , on les foude au feu avant même de fouder l'anneau , & cela à la foudure d'argent ordinaire ; mais outre que cette méthode n'a rien d'utile ni d'agréable , fi l'Ouvrier caffe une lame en les fabriquant , (ce qui arrive très-fouvent) , il a perdu tout fon temps , & il ne retire fa matiere qu'en limailles. La perfonne qui achette de tels Cifeaux , fi elle vient à caffer une lame en s'en fervant (ce qui arrive quelquefois) , éprouve à peu-près le même fort & même plus de perte que l'Ouvrier n'en a éprouvé ; on ne peut pas vendre ni échanger , à un prix raifonnable , la matiere de la branche , puifqu'elle eft foudée avec de l'acier ; au lieu que n'étant que cimentée , lorfque par accident une lame fe caffe , ou même qu'elle eft ufée , il eft aifé de les réparer ; on peut y faire & y ajufter des lames avec autant de facilité qu'on rapporte une lame neuve fur un vieux manche de Couteau , parce que la matiere dont la branche eft faite , ne fouffre en rien dans les mains d'un Ouvrier habile.

Les cinq autres Figures de la même Planche , repréfentent différents ornemens applicables aux différentes matieres dont les branches font faites.

La Figure 30 repréfente les branches à jambes de princeffe ; le pied repofe fur un bouton *a a* ; le talon du foulier fe trouve en dedans des branches , & les bas font cannelés ; l'écuffon eft orné d'un filet tout autour ; une coquille unie orne & fert de couronnement à la vis , & un filet regne le long de la vive-arête du dos , qui fe termine avec la pointe.

La Figure 31 repréfente des Cifeaux à la Berge, dont les anneaux font faits à huit pans en dehors , mais ronds en dedans ; les branches font ornées de chaque côté , d'un filet droit , & le milieu d'un filet ferpentant ; l'écuffon eft rond du bas , & orné tout autour d'un double filet.

La Figure 32 fait voir auffi des Cifeaux à la Berge ; fur les moignons *B B*, font cifelées des coquilles , d'où partent deux doubles filets qui vont fe perdre dans la rocaille *c c* ; l'entablure eft ornée d'une coquille en relief & environnée d'un filet qui continue tout le tour de la vis.

La Figure 33 repréfente une paire de Cifeaux à la Berge, cannelés d'un filet, fur tous les angles vifs , & les milieux des écuffons & des branches, font damafquinés en or & en argent.

La Figure 34 repréfente auffi des Cifeaux à la Berge , cifelés fur les écuffons, fur les branches & fur les anneaux ; les ornemens font en relief d'acier , & les fonds font damafquinés en or à fond fablé.

En Coutellerie les ornemens varient à l'infini ; chaque Ouvrier en invente à fa mode : c'eft pourquoi nous nous contenterons de la defcription de quelques-uns.

CHAPITRE VINGT-SEPTIEME.

Des Rasoirs.

ON fait que le principal usage des Rasoirs est de couper la barbe : ils ne font pas difficiles à faire, ni à l'égard de la forme, ni par rapport à l'ajustement ; il est cependant rare d'en trouver de bons, principalement parce que leur prix est trop modique, pour que l'on puisse y apporter tous les soins qu'ils exigeroient ; mais de plus, un bon Rasoir peut être gâté par celui qui le manie ; car en le tenant trop droit, un seul coup peut renverser le tranchant, & émousser le meilleur : il faut que le tranchant soit fin ; cependant il doit couper des poils courts & quelquefois très-durs, qui prennent naissance dans le tissu cellulaire, & traversent la peau qui est fort sensible ; & ceux qu'on rase, exigent que la barbe soit coupée fort raz & sans presque sentir le rasoir (*).

Plusieurs sont susceptibles de sensation douloureuse, les uns, parce qu'ils ont la peau fine & les poils fort rudes, d'autres qu'on peut soupçonner avoir une espece de maladie au tissu cellulaire, d'autres une trop grande sensibilité au genre nerveux ; car, tandis que le tranchant fait l'effort de couper vivement le poil, sa racine pique le tissu graisseux, éguillonne la sensation en causant un tiraille-ment aux rameaux de la cinquieme paire de nerfs qui partent de la moëlle allongée & qui serpentent sur les levres, sur les joues, &c. Toutes ces considéra-tions, y compris celle des mal-adroits, rendent l'opération douloureuse ; de-là naît la difficulté de trouver un bon rasoir, qui soit assez aigu pour trancher net, qui soit assez doux pour qu'il ne se fasse pas sentir, & qui soit assez dur, pour qu'il résiste à plusieurs opérations, sans que son extrême finesse s'émousse ou s'arrondisse.

Quelque difficile qu'il paroisse de faire un bon Rasoir, la chose n'est cependant pas impossible ; mais il faut employer de bon acier, le chauffer à propos, le bien écrouir, le bien tremper, le bien recuire, lui faire un bon tranchant, uni, égal & régulier : voilà, généralement parlant, les conditions qui sont nécessaires pour faire un bon Rasoir.

Le Rasoir se fait de deux manieres, en bobeche & au bout de la barre : en bobeche, c'est mettre un morceau de bon acier, entre deux autres morceaux d'un acier inférieur ; & le forger au bout de la barre, c'est le faire de pur acier, sans le soutenir par un acier de moindre qualité : en ce cas il faut que l'acier soit bon,

---

(*) Ces considérations m'ont porté à faire sur cette opération, un Traité intitulé *la Pogonoto-mie*, où je donne les principes pour apprendre à se raser soi-même, avec les moyens pour bien affiler un Rasoir, & d'autres observations. Il se vend chez *Dufour*, Libraire, rue de la vieille-Draperie, au bon Pasteur.

pur, point pailleux & bien fain ; tel eft l'acier d'Angleterre, appellé *acier fondu.* J'avoue qu'on fait de bons Rafoirs avec cet acier employé au bout de la barre ; mais il y a un grand inconvénient à furmonter : c'eft que la trempe faifant fouvent courber un Rafoir comme un tranchet de Cordonnier, on en caffe fouvent, en les redreffant, quatre ou cinq fur douze. Si pour éviter de les rompre on force un peu le recuit, en leur donnant la couleur d'or au lieu de celle de paille, qui leur convient, alors on n'a plus un auffi bon rafoir : au lieu de pouvoir faire trente ou quarante barbes, fans l'affiler fur la pierre, deux fuffiront pour émouffer fon tranchant, parce qu'il a perdu, par le recuit, un de-gré de dureté fuffifant pour le faire réfifter long-temps à la dureté de la barbe. Or beaucoup d'Acquéreurs, faute d'avoir fuffifamment de connoiffance, concourent eux-mêmes à être mal fervis ; ils veulent un Rafoir beau, bien poli, bien net & fans paille ; alors le Coutelier, qui eft obligé de les contenter, fait les Rafoirs au bout de la barre, & pour ne pas perdre fon ouvrage donnera trop de recuit.

On refufe fouvent un Rafoir à caufe de quelque petite paille : on a tort ; car certaines pailles peuvent faire juger avantageufement d'un Rafoir ; il pourra être meilleur qu'un bien net & bien brillant, qu'on aura trop fait recuire. Ce n'eft pas cependant qu'un Rafoir pailleux ne puiffe être mauvais, & qu'il n'y ait de bons Rafoirs qui n'ont pas de pailles ; car la bonne ou la mauvaife trempe in-fluent fur l'un comme fur l'autre : il n'en eft pas de même de ce qui regarde la forge ; car on ne peut point foupçonner qu'un Rafoir pailleux ait été furchauffé en le foudant en bobeche, parce qu'une paille vient toujours de ce qu'il n'a pas été chauffé affez fondant.

Ordinairement une paille qui provient de la couverture, n'eft jamais préju-diciable au Rafoir, parce qu'elle ne fe trouve point dans le tranchant, & qu'à mefure qu'on le repaffe fur la meule, la paille fe mange, elle fe raccourcit, & comme elle eft toujours au dos, elle s'en va tout à fait : conféquemment une telle paille ne peut donc déplaire qu'à la vue, ou, pour mieux dire, à l'idée qu'on s'en fait : cependant il y a des pailles qui font préjudiciables au Rafoir ; ce font celles qu'on appelle *caffures,* & qu'on voit en travers fur le tranchant ; quelque-fois elles viennent de la forge ; mais le plus fouvent elles font produites à la trempe, & ces caffures font préjudiciables, quand elles font affez ouvertes pour qu'un poil puiffe s'y loger ; car alors le poil, qui s'y engage, eft arraché, au lieu d'être coupé ; mais fi la caffure eft affez ferrée pour que le poil ne puiffe pas y entrer, le Rafoir eft bon, parce que la caffure ne provient pas d'une mauvaife trempe, mais de ce qu'il a été battu à froid plus en ce lieu qu'ailleurs, ou de ce que le tranchant étant confidérablement plus mince que le dos, le refroidiffe-ment fe fait plus promptement fur la partie mince que fur celle qui eft épaiffe. Mais le Traité de l'Acier que je me fuis propofé à la fuite des Arts, nous inftruira plus en détail de ces accidents, & des moyens de les prévenir.

§. I. *Maniere de forger un Rasoir.*

PLANCHES
58 & 59.

L E Rasoir se forge, comme nous venons de le dire, de deux manieres; la premiere s'appelle *au bout de la barre*, & la seconde *en bobeche*. Pour la premiere, on donne une petite chaude grasse à la pointe de la barre, si la qualité de l'acier le permet; car l'acier fondu employé pur ne souffre point une chaude fondante : on étire le bout de l'acier qui doit faire le talon, on lui donne la forme de la *Fig.* 1, le courbant en *A*, pour marquer le côté du tranchant; on le coupe ensuite d'un coup de tranche à la ligne *B*, & l'enlevure sera faite ; & le Rasoir sera disposé pour être fait de pur acier, sans amalgame.

Pour faire le Rasoir en bobeche, ce qui est le plus usité en France, parce qu'alors on peut donner à la trempe toute la force qu'elle peut avoir, & ne lui donner pas plus de recuit qu'il n'en faut pour que le Rasoir soit bon, d'autant que l'acier, qui fait la couverture, étant inférieur en qualité à celui qui fait le tranchant, n'est pas si sujet à se casser en redressant après qu'il est trempé : prenez donc une barre d'acier, après l'avoir éprouvée, ainsi que nous l'avons enseigné au Chapitre VII. §. IV. Cela étant fait, commencez par forger la barre de la largeur de 7 à 8 lignes, épaisse d'un côté d'environ une ligne & demie, & de l'autre de 3 lignes : cette partie doit faire le tranchant. Quand toute la barre est ainsi étirée, coupez chaque bobeche par un coup de tranche, comme on le voit par la *Fig.* 2 : après cela séparez les bobeches; ensuite mettez au feu la barre d'acier commun qui doit faire la couverture, & par une chaude forgez-la mince d'un côté, qui doit être celui du tranchant, & que sa largeur soit égale à-peu-près à celle de la bobeche : étant ainsi, pliez-la comme la *Fig.* 3 ; mettez la bobeche, *Fig.* 4, dans le vuide de la couverture; si l'acier n'est pas très-difficile à forger, laissez un peu déborder la bobeche, sans quoi mettez-la à fleur.

Je suppose qu'on ait de l'acier extraordinairement fantasque, comme étoit autrefois l'excellent acier d'Allemagne; on peut le défendre de l'âpreté du feu, en délayant de la terre glaise dans un peu d'eau, & en en couvrant la bobeche avec une petite palette de bois. Cette terre forme une croûte qui préserve la bobeche de la grande action du feu, & l'empêche d'être surchauffée. Soit que vous fassiez usage de ce préservatif, ou que vous le négligiez, la maniere de chauffer est la même : portez donc la piece au feu le tranchant en en-haut; ayez soin que le feu ne soit pas crasseux; ne faites pas non plus un feu trop grand, au contraire, ménagez-le, mais tenez-le bien couvert; & sitôt que vous verrez que la piece est chaude à blanc, laissez descendre le soufflet pour faire mitonner la chaude en ne donnant que de très-petits coups de soufflet : si vous n'avez pas fait usage de terre glaise, n'attendez pas que la piece fonde, sortez-la du feu, pour la passer dans le sable, & remettez-la promptement au feu, tant pour ne pas perdre de temps, que pour ne pas donner à l'acier celui de se griller ; enfin,

auſſi-tôt

auſſi-tôt qu'on voit que les étincelles ſe multiplient (*), & qu'on entend un petit bouillonnement, la piece eſt ſuffiſamment chaude, ſortez-la du feu, paſſez-la rapidement ſur le ſable ; portez-la ſur l'enclume à plat, & d'abord frappez ſur le plat, de petits coups de marteau ; pendant ce temps il faut auſſi frapper quelques petits coups de marteau ſur le tranchant de la bobeche, pour reſſerrer les parties de l'acier qui ſe dilatent pendant que la matiere ſe ſoude. Lorſqu'on ne voit plus de bouillonnement, il faut plier la barre au raz de la bobeche, comme l'indique la *Fig.* 5 ; alors faites porter *C* ſur l'enclume, & frappez de bons coups de marteau en *D*, pour refouler la matiere ; car plus vous la ferez raccourcir, (je veux dire juſqu'aux deux tiers de ſa longueur), mieux vous ferez ouvrir les pailles & défauts de la ſoudure, lorſque quelque craſſe a empêché les aciers de ſe réunir ; or en ouvrant ces endroits, on donne le temps aux craſſes de ſortir, & on les y engage en frappant encore quelques coups de marteau qui les font détacher, & les contraignent de ſortir. Après cela dreſſez l'enlevure ; faites rapprocher les parties ouvertes ; abattez-bien les quarres du côté du tranchant, & faites chauffer l'enlevure pour la ſeconde chaude : placez-la toujours dans le feu, le tranchant en en-haut ; ſablez-la ; laiſſez-la mitonner à petit feu, & donnez la ſeconde chaude qui doit ſervir à étirer l'enlevure ; pour cela faites frapper devant, mais à coups de marteau ménagés ; & en contre-forgeant, étirez le talon un peu en pointe, & donnez-lui la forme de la *Fig.* 1 ; faites-la courber en *A*, pour marquer le côté du tranchant ; & enfin coupez-la d'un coup de tranche, *Fig.* 31, au raz de la couverture ligne *B*. Cette partie *A B*, eſt ce qui s'appelle proprement une *enlevure*.

Quand on a converti toutes les bobeches en enlevures ſemblables à la *Fig.* 6, il faut ſe mettre en devoir de les étirer auſſi tout de ſuite, muni de tenailles à Raſoirs qui ont une mâchoire creuſe & une étroite, pour entrer dans l'autre, *voyez la Fig.* 7 ; placez le talon de l'enlevure dans ces tenailles ; faites chauffer la partie qui doit faire la lame ; donnez une chaude graſſe ; forgez & étirez la lame en aminciſſant le tranchant ; ce qui ſe fait en le portant ſur le talon de l'enclume, *voyez E, Fig.* 8, en faiſant pancher un peu le marteau : après cette chaude donnez-en une autre, pour faire le talon.

Quand une bobeche n'a pu être bien ſoudée, quelquefois en étirant le raſoir, on apperçoit une eſpece de cloque ou d'empoule qui s'éleve (ce qu'on appelle *Moine*) ; d'abord qu'on la voit, il faut ceſſer de forger l'enlevure, prendre une pointe à déclouer & percer le moine au milieu ; enſuite donnez une chaude graſſe pour le ſouder : il eſt certain que ſi on ne le perçoit pas, il ne ſe ſouderoit jamais, parce qu'il faut que la craſſe ſorte.

Si vous voulez faire un Raſoir, appellé à *talon plein*, faites-y une entaille comme en *g, Fig.* 10, afin de trouver l'épaiſſeur au devant du talon, ainſi que

(*) Un Faiſeur de Raſoirs prudent, ne permet pas qu'on tire le ſoufflet pendant qu'il forge les enlevures ; il ſouffle lui-même, & gouverne bien mieux ſon feu.

de la largeur ; on appelle *un talon plein*, celui qui eſt forgé & émoulu à plat & ſans vive-arête, comme l'indique la *Fig.* 11 ; on en voit la différence par la *Fig.* 12, en *j*, qui eſt la vive-arête ; quand toutes les enlevures ſont étirées prêtes à élargir, elles doivent avoir la forme de la *Fig.* 9 ou de la *Fig.* 10 ; alors on ſe diſpoſe à élargir & à rabattre toutes les lames de ſuite : pour cet effet, faites-les chauffer, guere plus que couleur de ceriſe ; faites courber un peu le Raſoir en devant, comme le marque la *Fig.* 10, enſuite poſez-le à plat ſur l'enclume ; appliquez des coups de pane pour élargir le Raſoir en amincissant le tranchant ; il faut avoir la main ſûre pour cette opération, parce qu'un coup mal appliqué fait crever le tranchant ; or pour prévenir les caſſures, commencez par donner les premiers coups de marteau ſur la ligne ponctuée *h*, en continuant juſqu'en *m*, enſuite reprenez en *K*, pour toujours ſuivre la ligne ponctuée juſqu'à *n* ; revenez au bout de la ligne *L*, continuez juſqu'en *o*, & enfin finiſſez l'élargiſſement par le bord du tranchant ; par ce procédé on laiſſe toujours la force au bord du tranchant qui ſe conſerve ſain ; mais s'il arrivoit qu'il s'y fît quelques caſſures, ſitôt qu'on les apperçoit, il faut arrêter les coups de marteau pour limer cette caſſure & l'emporter entiérement, de ſorte qu'elle ne paroiſſe plus du tout.

Lorſque le Raſoir eſt élargi, il faut le faire chauffer couleur de bronze, pour le *rabattre*, ce qui ſignifie parer les coups de pane avec une tête de marteau très-dure & dont la tête ſoit formée en pane, de la largeur de 18 lignes, *voyez la Fig.* 13 ; or pour rabattre un Raſoir, il faut le porter ſur le talon de l'enclume, comme le déſigne *E*, *Fig.* 8 ; là frappez à coups de marteau bien ménagés, juſqu'à ce qu'il ſoit bien paré, & que les coups de pane ne paroiſſent plus ; alors le Raſoir prend la forme de la *Fig.* 14. Toutes les bandes étant élargies & rabattues, il faut ſe diſpoſer à les marquer.

Le Raſoir ſe marque à chaud pour pluſieurs raiſons.

1°. Parce qu'il eſt d'acier pur, & que le talon eſt étroit & épais.

2°. Parce que les marque ſont groſſes.

3°. Parce qu'on ne fait jamais recuire un raſoir pour le limer.

Placez les marques près de vous ſur le billot de l'enclume *H*, *Fig.* 8 ; faites chauffer le talon du Raſoir, guere plus qu'à la couleur de ceriſe ou de roſe ; donnez-lui promptement deux ou trois coups de pane pour l'élargir ; tournez vîte le Raſoir, la pointe en avant dans la poſition de *P* ; préſentez la marque perpendiculairement, cependant un peu panchée vers le tranchant ; donnez deux coups de marteau bien d'à-plomb ; le nom ſera imprimé : poſez ce premier poinçon ; prenez le ſecond qui porte la marque ou le poinçon du Maître, & faites de même que la premiere fois : après cela, rabattez le talon & dreſſez le bien.

On marque le Raſoir de deux manieres, c'eſt-à-dire, le nom eſt mis en long comme le montre la *Fig.* 12, ou en travers comme en la *Fig.* 11, ſuivant la volonté du Forgeron ou du Maître ; le talon étant rabattu, faites chauffer la lame,

couleur de bronze feulement ; regardez fi elle n’eſt point envoilée ; dreſſez-la
bien ; enſuite rabattez-la à petits coups de marteau, juſqu’à extinction de chaleur,
j’entends, juſqu’à ce qu’on puiſſe la prendre avec la main : on ne ſauroit croire
combien cette derniere chaude contribue à la bonté d’un Rafoir, en produiſant
le reſſerrement des parties qui le compoſent, ce qui les unit étroitement, lui
donne du corps & de la dureté ; c’eſt enfin un écroui qui tient en quelque façon
lieu d’une trempe,& c’eſt pour la conſerver qu’on ne fait jamais recuire un Rafoir
pour le limer : il eſt vrai que les limes en ſouffrent, & que la peine qu’on a à les
limer eſt infiniment plus grande ; mais quand il s’agit de faire de bon ouvrage,
d’établir une bonne réputation & de la ſoutenir, l’Ouvrier doit compter la peine
pour rien.

§. II. *De la maniere de limer les Rafoirs.*

L’operation de la lime eſt peu de conſéquence pour le Rafoir ; il ſuffit de le
bien dreſſer ; on commence par rogner la pointe ; on emporte bien le feu de la
forge ; on fait faire un petit creux au milieu, & on laiſſe dominer la pointe ;
après on lime le dos en rond ſur ſon épaiſſeur, mais droit dans ſa longueur ; on
lime enſuite le tranchant ; on lui fait faire un ventre régulier depuis *q* juſqu’en
R ; c’eſt la meilleure forme pour qu’un Rafoir puiſſe rafer dans les enfoncements
& les rides du viſage, dans les balafres ou les coûtures ; il faut encore que la
pointe ſoit arrondie. *Voyez la Fig.* 16 (*).

La longueur d’un Rafoir eſt de 3 pouces de lame, à compter depuis l’entaille
q juſqu’à la pointe *R* , *Fig.* 11 ; 2 pouces de *q* en *S* , qui eſt le trou pour l’aſſujettir à la châſſe : la largeur varie depuis 7 lignes juſqu’à 11 & 12 ; mais il eſt
bien à 9 lignes : l’épaiſſeur doit être égale au tiers de la largeur ; ainſi 9 lignes
de large en exigent 3 d’épaiſſeur.

Communément on perce les Rafoirs après qu’ils ſont finis de la planche ; mais
il eſt mieux de les percer avant de les tremper, parce qu’on ne riſque pas de
les caſſer, ſur-tout ceux qui ſont faits au bout de la barre, ni d’ébrécher les
tranchants. Cette habitude de les percer en dernier lieu, vient en partie de la
pareſſe des Compagnons, qui, étant à leurs pieces, veulent épargner le temps
qu’il faut pour donner un coup de pointe pour les percer. Quoi qu’il en ſoit,
pour percer un Rafoir, on prend un vieux talon de lame à Couteau à reſſort ;
on préſente l’endroit qu’on veut percer ſur le trou de cette lame ; on poſe la

---

(*) Les François ont toujours fait les Rafoirs
d’une forme droite, comme les repréſentent les
Figures 11, 15, 16. Les Anglois ſe ſont toujours
diſtingués par la forme. *Voyez la Fig.* 30 : on voit
un creux en Q, une boſſe en X, un autre creux
en P, tout cela ne fait ni bien ni mal au Rafoir ;
& il y a bien des gens de bon goût à qui cette
forme ne plaît point. Ce qui eſt un défaut pour
les François, c’eſt que le talon du Rafoir Anglois eſt trop court ; néceſſairement le pouce
doit être appuyé en *T* : or étant directement ſur
le tranchant, on ſe coupe facilement le doigt ;
d’un autre côté le bout du talon *y* , qu’ils laiſſent alongé, bleſſe auſſi les doigts : néanmoins
ceux qui préferent cette forme, peuvent aiſément
ſe contenter, d’autant plus qu’elle ne conſiſte que
dans la maniere de lui donner cette forme avec
la lime.

pointe perpendiculairement & bien vis-à-vis le trou, & on donne un coup de marteau bien d'à-plomb; la piece du trou s'emporte, & le Rafoir fe trouve percé : il eſt à propos de faire un peu rougir le bout du talon d'un Rafoir qu'on a forgé au bout de la barre; car comme il eſt tout d'acier fin, on rifque de le caſſer en le perçant au poinçon, & on ne peut pas le percer au foret, parce qu'il eſt trop dur. Nous ne parlerons point de la maniere de tremper les Rafoirs; elle eſt expliquée au Chapitre de la Trempe. *Chap. XIV.*

§. III. *Comment on doit émoudre les Rafoirs.*

Il faut avoir trois meules; la premiere de 13 à 14 pouces pour blanchir; la feconde de 6 à 7 pouces, pour dégroſſir; & la troiſieme de 8 à 10 pouces, pour former le tranchant; il en faut même une quatrieme, n'importe de quelle hauteur, mais dure, pour faire les dos qui, fe blanchiſſant en long, font couverts de traits profonds; & lorfque les meules font tendres, il s'y fait de larges rigoles, de maniere que la meule s'ufe trop vîte. Les autres meules doivent être tenues bien rondes; & il faut, pour les dégraiſſer, faire plus fouvent ufage d'un morceau de grais, que du fer à régler. Les quarres doivent être faites & entretenues bien vives, afin d'affranchir exactement l'entaille qu'on voit en *q, Fig.* 11.

Tout étant préparé, montez le Rafoir par le talon fur un faux manche (un manche de lime fi l'on veut), comme on le voit ponctué à la *Fig.* 15 (*); commencez par blanchir le Rafoir; dreſſez bien le tranchant aux dépens de fon épaiſſeur; aminciſſez-le prêt à faire venir du morfil, & toujours que les coups de meule foient donnés d'à-plomb & en évuidant, commençant à donner le coup à l'entaille *T*, finiſſant en *V*. Lorfque la lame eſt blanchie, on ne doit pas s'inquietter s'il reſte un peu du feu de la forge au milieu, il fuffit que la lame foit bien dreſſée & amincie par fon tranchant, pour que cette opération foit finie; portez enfuite le coup de meule fur la facette du talon *u*; tenez le tranchant élevé de la meule; ne balancez pas du poignet, mais tenez-vous ferme; donnez le coup de meule tout le long, pour tirer le bifeau du dos. Après que la lame eſt blanchie des deux côtés, démontez-la du faux manche pour blanchir le talon : donnez le premier coup de meule fur la facette *u*, & dreſſez bien l'épaiſſeur du dos, & donnez le fecond coup de meule fur la facette du tranchant *x*, que vous aurez foin de terminer en mourant en *ɀ* (**); les deux côtés étant faits parallélement, le Rafoir eſt blanchi : il faut en faire autant à toutes les lames qu'on travaille de fuite.

On appelle *dégroſſir un Rafoir*, emporter le feu de la forge que la meule à

(*) Il faut examiner ici la maniere de tenir le Rafoir, & toutes les poſitions qui s'enfuivent, au Chapitre XVI *de la Meule.*

(**) Cette obfervation eſt effentielle, parce que fi cette facette va fe terminer au bout du talon, le côté du tranchant fe trouve alors plus mince que celui du dos; de forte que quand on monte le Rafoir fur la châſſe, il n'eſt jamais folide : il eſt lâche d'un fens, & preſſé de l'autre, & l'on rifque de s'abattre la joue en fe rafant.

blanchir

blanchir a laiſſé, & de plus l'évuider ſur une petite meule pour être plutôt mis
à tranchant; pour cet effet remontez-le ſur le faux-manche; donnez de bons
coups de meule dans le milieu, pour évuider la lame par-tout également. Comme
cette meule eſt petite, on ne peut pas la faire tremper dans l'eau de l'auge; or
pour éviter de brûler ou de détremper le tranchant par la chaleur qu'il acquiert,
il ne faut pas que la meule porte ſur le bord du tranchant : il faut finir le coup de
meule à deux lignes loin du bord, comme ſi l'on vouloit former une vive-arête,
que nous avons indiquée par la ligne ponctuée *t, t, t, Fig.* 16. Quand tous les
Raſoirs ſont dégroſſis, il faut les rogner, c'eſt-à-dire, blanchir la facette de la
pointe ſur la meule à dégroſſir, ou ſur une autre, mais petite; pour cette opération on tient le Raſoir debout ſur la meule, & un ſeul coup ſuffit. Pour mettre
le Raſoir à tranchant, mettez-le dans le faux-manche; appliquez-le ſur la meule;
donnez les coups vivement de bas en haut, juſqu'à ce que vous ayez atteint tout
à la fois l'évuidement qu'a fait la meule à dégroſſir, & la vivacité du bord du
tranchant; alors faites venir un petit morfil bien égal d'un bout à l'autre;
ce qui annonce que le tranchant eſt fait, eſt lorſque vous voyez que les traits de
la meule à blanchir & de celle à dégroſſir, ſont tous réunis dans ceux de
la meule à mettre à tranchant : alors prenez la pierre à l'eau; emportez le
morfil en faiſant un petit biſeau ſur le bord du tranchant, lequel doit être bien
égal d'un bout à l'autre, & parallele de chaque côté : regardez ſi le tranchant
plie bien également ſur l'ongle d'un bout à l'autre, & tirez le biſeau vivement,
comme nous avons expliqué, ſur la meule à blanchir; après cela ôtez-le du
faux-manche, pour ragréer les facettes du talon, comme on l'a fait à l'opération
de blanchir; alors le Raſoir eſt prêt à polir.

§. IV. *Du Poli du Raſoir.*

Ayant eſſuyé tous les Raſoirs, pour que les lames ſoient bien ſeches, arran-
gez-les ſur une planche deux à deux l'un ſur l'autre, dans l'ordre qu'indique la
Fig. 17; commencez par polir tous les dos ſur une poliſſoire creuſée exprès de
deux rigoles qui embraſſent juſtement l'épaiſſeur du dos, *voyez la Fig.* 18; tenez
le Raſoir par la pointe avec le pouce & l'index; de l'autre main ne faites qu'appuyer l'index ſur le tranchant du talon pour le fixer; dans cette poſition donnez
les coups de poliſſoire de bas en haut, ſe terminant à la pointe du Raſoir.

Planche
60.

Pour polir les lames, il faut une poliſſoire à peu-près de même hauteur, que
la meule à tranchant; cependant celle qui eſt un demi-pouce plus haute que la
meule, procure plus de diligence, parce qu'elle embraſſe exactement tout l'é-
vuidemment qu'a fait la meule : au reſte il ſe polit bien ſur une un peu plus petite;
il faut que la poliſſoire ſoit bien ronde & que les angles de ſes bords ſoient vifs,
afin de tirer l'entaille vivement; ce qui fait toute la grace d'un Raſoir.

Pour ne pas échauffer les tranchants en poliſſant, on ſe ſert de quatre ou ſix faux-manches , fur lefquels on monte les lames pour les polir ; & auffi-tôt qu'on fent qu'elles s'échauffent , on change de Rafoir ; mais pour l'ordinaire , quand on a poli un côté, on le pofe pour en prendre un autre , de forte que le premier a tout le temps de fe refroidir , pendant qu'on fait les trois autres.

Les pofitions du Rafoir fur la poliffoire font à tous égards femblables à celles de la meule : il faut emporter les traits de la meule , gagner le bifeau de la pierre à l'eau , affembler les coups de poliffoire de forte qu'il n'en paroiffe qu'un , donner du luftre , de l'éclat & du brillant ; voilà ce qu'on appelle *polir.* Quand les lames font polies , on les démonte des faux-manches pour polir les talons , ce qui s'exécute comme nous l'avons expliqué en parlant de la meule.

Il nous refte à enfeigner la façon de polir l'acier au noir & d'un brillant , qu'aucun autre métal ne peut égaler ; c'eft ce qu'on appelle *le poli des Anglois,* & qu'après eux j'ai découvert & mis en ufage , & que je me fais un plaifir de publier avant eux ; mais comme polir un inftrument ou en polir un autre eft la même chofe , j'ai préféré de donner ce détail dans le Chapitre où je traiterai la maniere de faire plufieurs ouvrages d'acier , des mouchettes , des boucles , des chaînes de montres , &c.

La monture d'un Rafoir fur la châffe eft fort fimple : ayant coupé les rofettes , percez les deux trous à la châffe ; on prend un bout de fil-de-fer de 3 ou 4 pouces de longueur , & dont la groffeur eft jufte aux trous , on y forme une pointe à un bout & une petite tête de l'autre , pour retenir la rofette , *voyez la Fig.* 19. Si c'eft des rofettes eftampées , après avoir paffé la grande au fil d'archal , on en met une petite entre la grande & la châffe , & on fait entrer le fil dans le trou du Rafoir , comme l'indique la *Fig.* 20 ; alors on place la petite rofette *Q,* enfuite la grande *S,* on les approche du manche , & avec le Couteau à fcier on coupe le fil , qui doit déborder un peu la rofette , pour faire la rivure ; après cela on le rive à petits coups de marteau , jufqu'à ce qu'on fente la lame jufte dans fa châffe , *voyez la Fig.* 21 ; on met enfuite le clou du bas pour fixer la châffe ; après cela il ne refte plus qu'à affiler le Rafoir , pour le mettre en état de rafer , & nous renvoyons pour cela à ce que nous avons dit au Chapitre de l'affilage. *Chap. XVII, Pl.* 22.

§. V. *Du Rafoir à rabot.*

Quoique je fois accoutumé au maniement des inftruments tranchants , quand j'ai voulu me rafer , j'ai craint , comme un autre , l'approche du tranchant du Rafoir fur mon vifage ; & , pour me faire rafer par un autre , j'appréhendois la main des Barbiers , qui , après avoir rafé un vifage boutonneux , galleux & dartreux , m'ont plufieurs fois communiqué des maladies à la peau ; je pris donc le parti de me rafer moi-même , & , pour n'avoir rien à craindre de ma maladreffe , je formai le deffein d'ajufter un Rafoir , qui pût à la fois m'enhardir & accoutumer ma main à manier le Rafoir , & me mettre en état de me rafer , fans me bala-

frer le vifage : alors confidérant le rabot du Menuifier, je me mis en devoir
d'ajufter un fuft de bois à une lame de Rafoir ; l'expérience me fit bien-tôt trouver le point fixe de la fortie du tranchant hors du fuft, & l'inclinaifon que la lame
doit avoir fur le vifage ; enfin je parvins à faire effectivement un Rafoir, qu'on
a nommé *à rabot*, qui m'apprit à me rafer fans rifquer de me couper : étant fatisfait de cet inftrument, je le mis au jour (*), pour apprendre aux Couteliers à
en faire de femblables, & mettre les jeunes gens en état de fe rafer fans craindre
de fe couper, jufqu'à ce qu'ils euffent contracté l'habitude de manier le Rafoir.
Je vais en donner la defcription, & enfeigner la maniere de le faire.

Les lames des Rafoirs à rabot fe font tout comme celles des autres Rafoirs ; cependant elles doivent être plus minces du dos, de forte que leur épaiffeur ne
paffe pas une ligne & demie à la pointe, & tout au plus une ligne & trois quarts
auprès de la marque ; de plus, le bifeau du dos eft large & tiré bien réguliérement fur la meule, afin qu'il puiffe couler avec égalité dans la cafe de la chape
ou du fuft.

J'ai trouvé les moyens de l'adapter à la chape fans vis, fans reffort & fans bafcule, afin que les plus maladroits puiffent s'en fervir aifément ; une échancrure
faite en *a*, *Fig.* 22, à la pointe du Rafoir, & un crochet réfervé fur le dos en
b, en font tout le méchanifme.

Quand les lames de Rafoir font toutes finies, à cela près de l'affilage, je débite toutes mes chapes à la fcie, de 3 pouces de longueur, de 13 à 14 lignes de
largeur & de 4 lignes d'épaiffeur ; enfuite d'un trait de fcie j'enleve la partie
lll, *Fig.* 24, comme on voit par la coupe tranfverfale *m*, *Fig.* 25 ; après cela
je prends un feuillet de fcie fait exprès, dont les dents n'ont qu'une ligne de
hauteur & autant d'épaiffeur ; je donne un trait de fcie dans le milieu pour loger
le dos de la lame ; ce trait eft repréfenté en *n*, *Fig.* 26 : après cette opération
il faut avoir trois ou quatre limes plates & minces, dont l'épaiffeur de chacune
differe d'un quart de ligne ; alors commençant par la plus mince, je lime le
trop ou j'élargis l'entaille, & je préfente fouvent la lame dans la cafe, pour ne
pas limer trop de bois ; car quand il eft trop lâche, la piece eft manquée ; enfin
j'ajufte l'un avec l'autre avec précifion la lame dans la châffe, de forte cependant
que la lame puiffe être tirée aifément de fa châffe ; après cela j'ajufte le crochet
b, de la *Fig.* 22, au bout de la chape *d*, *Fig.* 23 ; enfuite je perce le trou en *e*,
dans lequel je paffe un clou que je rive ; ce clou eft pour recevoir l'échancrure
a, de la *Fig.* 22.

L'ajuftement de l'épaiffeur étant fait, je paffe à celui de la largeur ; alors je
laiffe la lame dans fa cafe, & je lime le bois pour le réduire à une hauteur convenable. La Figure 27 fait voir la proportion de la lame dans la chape, par les
lignes ponctuées ; la ligne *o* fait voir la lame : or de *o* en *i*, la diftance doit être
d'une ligne ; de *i* en *h*, d'une ligne auffi, refte la partie du deffous de la chape,

____

(*) Voyez le Mercure d'Avril 1762.

qui eft indiquée par la ligne *g*, laquelle doit être de 3 lignes plus baffe que le tranchant du Rafoir indiqué par la ligne *o*; cela fait, j'ôte la lame de la chape.

Pour procurer l'aifance à la craffe d'entrer & de fortir entre le Rafoir & la chape, j'ai fait avec une petite gouge de 2 lignes de largeur, *Fig.* 28, une gouttiere tout du long de la chape, *Fig.* 24, fur la partie fupérieure de la chape *n*; on la voit à la coupe en *r*, *Fig.* 27 : après cela j'arrondis tous les angles & toutes les afpérités du tour de la chape ; enfin je la gratele & la polis au charbon délayé avec de l'huile : d'abord je faifois les chapes en bois de rofe, mais à préfent je les fais en bois d'ébene ; elles font moins poreufes , & réfiftent beaucoup mieux à l'eau & au favon ; car ce bois a beaucoup plus de corps que le bois rofe, & ne fe falit point ; le Rafoir eft repréfenté tout monté fur fa chape *Fig.* 29 ; mais la même chape ne peut pas fervir à fe rafer des deux mains ; il en faut une pour la droite & une pour la gauche. On n'a pas plus de difficulté à fe rafer avec celui-là, qu'avec un autre : on le tient comme les autres Rafoirs : au refte, fi l'on en veut connoître toutes les particularités, & apprendre à s'en fervir ; je les ai décrites dans l'art d'apprendre à fe rafer foi-même, intitulé *la Pogonotomie*, qui fe vend chez Dufour rue de la vieille Draperie.

CHAPITRE VINGT-HUITIEME.

Des Inftruments de Maréchallerie.

Depuis la célebre inftitution des Ecoles Vétérinaires, la Maréchallerie acquiert de jour en jour de nouvelles connoiffances & porte l'étude de la conftitution des animaux à un degré que l'antiquité n'a ofé entreprendre.

Plus entreprenants dans notre fiecle, & fur-tout encouragés par des Protecteurs favans & zèlés, & inftruits par des Maîtres de l'Art, les Eleves cherchent dans la nature des Animaux même, la caufe de leur bonne & mauvaife conftitution. C'eft par l'Anatomie qu'on développe, jufqu'aux moindres circonftances, les variétés des maladies & les écarts de la nature. Or ils portent l'étude fi avant, qu'ils font fur les animaux les mêmes opérations que la Chirurgie fait fur les hommes : en ce cas les mêmes inftruments qui fervent aux Chirurgiens, doivent auffi fervir aux Maréchaux ; & comme ces inftruments ne doivent différer que par la grandeur & la force proportionnées aux conformations des parties fur lefquelles ils doivent opérer, nous ne détaillerons que les inftruments ordinaires à tous les Maréchaux, & connus pour tels : en dire davantage, ce feroit multiplier les êtres fans néceffité ; parce que le grand arfenal des inftruments de Chirurgie nous inftruira fuffifamment pour les deux parties.

§. I.

§. I. *Des Instruments tranchants servant aux Maréchaux.*

La Figure 1 représente des Ciseaux courbes, & la Figure 2 les Ciseaux droits. Maintenant que nous avançons dans notre Art, nous ferons la description des figures, sans entrer dans le détail de la façon de les forger, de les limer, &c. parce qu'ils se font à peu-près comme les ouvrages dont nous avons parlé.

PLANCHE
61

La Figure 3 représente un Couteau ou un fort bistouri; son tranchant doit être un peu fort, c'est-à-dire, qu'il ne faut pas le faire fin jusqu'à plier sur l'ongle; le dos a 2 lignes d'épaisseur; son manche est d'ébene monté à soie plate.

La Figure 4 offre un vrai Bistouri, dont le tranchant doit être au même degré de consistance que celui des Canifs à tailler les plumes.

La Figure 5 représente une Lancette emmanchée à soie plate : elle est tranchante des deux côtés; ces tranchants sont séparés par une vive-arête qui se termine à l'extrémité de la pointe. Le tranchant du Canif convient à cet instrument.

La Figure 6 fait voir une Feuille de sauge emmanchée à soie plate : elle est à deux tranchants, séparés par une vive-arête, & de plus, courbe sur le plat.

La Figure 7 montre encore une Feuille de sauge plus longue de lame, plus étroite & légérement courbée.

La Figure 8 représente la Gouge.

La Figure 9 est une Spatule dont le petit bout se termine en olive pour servir de Sonde.

La Figure 10 fait voir une Sonde creuse, servant de conducteur à la pointe du Bistouri, dans l'ouverture d'un abscès: *b* est une platine pour tenir l'instrument.

La Figure 11 montre une Pince par le bout *A*, & l'autre bout sert d'errhine.

La Figure 12 offre un étui à deux Rénettes : elles sont tranchantes par le côté *e d*, qui commence en *e g*, & continue jusqu'en *E g*. Comme cet instrument sert à racler, le tranchant doit être fort comme celui d'un Couteau. La châsse est en cuivre jaune : pour la faire, on prend une bande de laiton de 9 pouces de longueur; on la plie dans le milieu, & pour faire la loge des Rénettes, il suffit de mettre un morceau de fer au bout de la grosseur de 4 lignes, & rond; pliez la châsse sur cette espece de mandrin, & vous n'aurez pas besoin de faire aucune soudure; ensuite vous plierez le bout *f* quarrément en dedans, pour assujettir la Rénette dans l'opération.

PLANCHE
62.

La Figure 16 représente la Rénette de côté, & l'on voit comment elle se loge dans la châsse, ainsi que le bout *K*, qui est fermé, afin de contenir la Rénette toujours fixe pour racler avec sûreté: or il faut toujours deux Rénettes, dont les crochets tranchants soient pliés en sens contraires, tels qu'on les voit *Fig.* 12, *E g*.

La Figure 13 représente un Etui de Flammes garni de sept pieces; savoir de

COUTELIER, *I. Part.*   H h h

trois Flammes, de deux Rénettes, d'un Biftouri & d'une Lancette, le tout repréfenté renfermé dans fa châffe.

Pour forger une Flamme, on prend de l'acier pur de 7 à 8 lignes de largeur. A la premiere chaude on entaille en *h* & en *j*, *Fig.* 14; après cela on élargit la partie du milieu à coups de pane de marteau pour allonger la Lancette. Comme la faignée fe fait avec cet inftrument en préfentant la pointe fur le vaiffeau, & qu'on donne un coup de manche de marteau fur la queue de la Flamme, il faut bien tremper cet inftrument, & avoir attention de ne recuire la partie tranchante que couleur d'or; mais tout le refte doit être recuit bien bleu, & même couleur d'eau, fans quoi elle cafferoit à la premiere faignée.

Cet inftrument exige un bon coup de meule; cependant il eft petit & embarraffant; il faut être muni d'une paire de petites Mordaches de bois: mettez la Flamme dedans, & l'y affujettiffez en ferrant le coin: avec ce fecours on peut donner le coup de meule avec facilité. *Voyez la Fig.* 15.

La Flamme eft tranchante des deux côtés qui font féparés par une vive arête qui meurt avec la pointe. Les facettes doivent être émoulues vivement, & le tranchant doit plier fur l'ongle. La meule, pour les émoudre, doit être de 11 à 12 pouces de hauteur, bien ronde, un peu étroite, & les angles bien vifs.

La châffe fe fait en cuivre jaune, quand on ne les prend pas toutes jettées en moule par des Fondeurs: on coupe deux feuilles égales fur un patron; on foude enfuite une bande qui fert d'entre-deux fur l'épaiffeur de la quantité de Flammes qu'on veut loger dans l'étui, *Fig.* 17. Remarquez que quand il y a des Rénettes, il faut, avant de fouder l'entre-deux, faire une place pour les loger, ce qui s'exécute en donnant deux autres coups de marteau, en tenant la piece fur l'étau ouvert de 3 ou 4 lignes: cet évafement fe voit en *i, i, Fig.* 13.

La Figure 18 repréfente une Pince à anneaux. Nous n'avons pas encore eu occafion d'expliquer comment fe fait une jonction paffée par une fente qu'on fait à une des pieces.

§. II. Des Jonctions dites Paffées.

Une Pince à jonction paffée fe divife en cinq parties: de *p* en *H* font les anneaux; de *H* en *L*, font les branches; de *L* en *k*, la jonction paffée; *m* eft l'axe: de *k* en *o* font les lames de la pince; les deux extrémités fe joignent exactement en *o*, & le dedans eft taillé avec la quarre d'une lime demi-ronde ou triangulaire; & les dents qu'on lui fait, font de la même forme de celles d'une lime douce à gros grain.

Pour forger de ces Pinces, prenez du fer bien corroyé ou de l'acier appellé *Etoffe du Pont*; commencez par donner une chaude graffe, & entaillez d'abord la partie *q*, *Fig.* 19; enfuite celle marquée *N*: étirez les deux branches en réfervant l'épaiffeur du milieu pour faire la jonction, & cette premiere eft appellée *femelle*; enfuite entaillez en *s* pour réferver l'anneau: cela étant fait de la premiere chaude, faites chauffer la piece presqu'à blanc ; faites-la tenir sur l'enclume par un Aide : prenez un poinçon plat, *Fig.* 20, & percez le trou comme il est représenté en *V*, *Fig.* 22 ; en commençant le trou par un côté, ne le percez qu'à moitié ; après cela faites tourner la piece ; présentez directement le poinçon vis-à-vis du trou ; en deux ou trois coups de marteau vous enfoncerez le poinçon : portez ensuite diligemment la piece sur le bois du billot de l'enclume ; en deux coups de marteau vous repousserez la partie qui sortira du trou, & promptement vous retirerez le poinçon du trou ; remettez la piece au feu ; étant chaude, faites entrer la clavette, *Fig.* 21, dans le trou ; posez la jonction bien à plat sur l'enclume, & donnez deux ou trois coups de marteau, pour élargir un peu la fente qu'on a faite avec le poinçon, *Fig.* 20. Remarquez qu'il ne faut pas laisser échauffer la clavette dans le trou, car vous ne pourriez plus la retirer ; pour éviter cet accident, soyez prompt à donner des coups de marteau sur la jonction, & tout de suite un sur la clavette, pour la faire changer de place, & recommencez la même manœuvre deux ou trois fois : après cela repoussez la clavette, & vous aurez un trou tel que le représente *V*, *Fig.* 22, & donnez à cette branche le nom de *femelle* ; coupez ensuite l'anneau, percez-le & le bigornez comme ceux d'une paire de Ciseaux : forgez ensuite la branche mâle en la commençant comme la précédente ; & au lieu de percer le trou, portez la jonction sur la quarre de l'enclume, & à petits coups d'une étroite pane de marteau, dégagez un peu la partie *R*, *R*, *Fig.* 23.

Quand la Pince est forgée, commencez par régler la largeur & la longueur de la jonction femelle : équarrissez bien les angles ; après cela ajustez le trou ; réglez bien la longueur avec une lime plate & mince ; unissez bien le trou, & n'y laissez aucune marque de feu de forge ; prenez ensuite le mâle ; limez-le sur la femelle, juste de largeur & de longueur : entaillez-le des deux côtés, & limez-le d'épaisseur convenable ; que *R*, *R* entre dans *V* ; que tous les angles se rapportent bien ensemble, *S* avec *T*, & *u* avec *y*, *Fig.* 24, de même pour la partie du bas.

Pour les passer, ayant dégagé un peu à la lime la branche mâle, faites chauffer la femelle couleur de cerise ; serrez-la dans l'étau en *z z*, *Fig.* 22 ; prenez la queue pointue d'une lime d'Allemagne, de laquelle vous aurez abattu les quarres, entrez-la dans le trou, & à petites secousses vous ferez ouvrir le trou, au point que de long qu'il étoit, par cette opération il devient ovale ; lorsqu'il est assez ouvert, faites-la encore chauffer couleur de cerise ; ensuite présentez la pointe du mâle dans le trou & faites-le entrer dans sa place ; y étant, à petits coups de marteau applatissez la femelle sur le mâle.

Or on voit que tout l'ajustement d'une jonction passée dépend de la bien diriger à la lime ; cela est vrai : car une fois qu'elle est bien limée juste, elle se trouve bien dès-lors qu'elle est passée ; mais s'il y a des vuides, des imperfections dans l'ajustement, on ne peut y porter remede qu'en fertissant à coups de pane de marteau, ce qui ne fait jamais un ouvrage correctement fait : lorsque la pince mâle est passée, il faut limer la jonction passée, ou les deux pieces qui la forment sur les quatre faces, & la percer ensuite au milieu, fraiser le trou, faire le clou ; mais avant de le river, mettez de l'huile dans la jonction & ouvrez la pince, en commençant par la faire marcher doucement ; car si vous la brusquiez, une bavure seroit seule capable de la faire casser ; faites-la donc ouvrir doucement ; rivez le clou, & finissez de limer la Pince en commençant par dégrossir les anneaux, comme ceux des Ciseaux ; ensuite les branches. Je reviens au détail des autres instruments de Maréchallerie.

PLANCHE 63.

La Figure 25 représente un Etui de Flammes complet, où toutes les pieces sont visibles ; 1 est une Rénette ; 2 est la grande Flamme ; 3 la moyenne, & 4 est la petite ; 5 est le Bistouri ; 6 est la Lancette ; & 7 est la Châsse où se renferment toutes ces pieces.

La Figure 26 représente la grande Aiguille à Séton, dont la pointe se termine en feuille de sauge un peu courbe : sur le plat du côté de la vive-arête, en *x* est un trou ou aîle d'Aiguille pour loger le Séton ; ce trou se fait à chaud ; on laisse cette partie plus large, & par un coup de poinçon plat on le perce à la forge ; ensuite on le dresse à la lime.

La Figure 27 est une Aiguille, mais plus petite.

La Figure 28 est une Aiguille courbe pour faire des sutures.

Les Figures 30, 31, 32, ne composent qu'un instrument appellé *Tire-balle*, & sert à tirer la balle qu'un cheval a reçue : souvent elle est enfoncée de 14 ou 15 pouces de profondeur, c'est pourquoi il faut de la longueur à l'instrument ; pour cet effet on forge trois tiges, chacune de 7 pouces de longueur ; ce qui s'appelle *briser* un instrument pour le rendre portatif : il se monte à vis en deux endroits, *V* se visse en *Q*, & *S* en *t* ; pour faire la cuiller à la *Fig.* 30, on réserve une grosseur au bout d'une tige, on la perce à moitié à chaud avec un poinçon gros & rond, & on la finit à la fraise : l'autre bout de l'instrument, qui est la *Fig.* 32, est terminé par un trou, qui dans le besoin, sert à passer un Séton, moyennant qu'on fait le trou avec une feuille de sauge, & dans un besoin aussi il sert pour sonder la balle.

La Figure 33 représente la Flamme à l'Allemande, avec laquelle on saigne par un ressort, au lieu du manche d'un brochoir, la châsse se fait en cuivre ; la lame *I*, *D*, est fixée par une vis en *I* ; mais elle est tenue lâche : *n n* est le grand ressort qui est tenu par une goupille en *P*, & par une vis en *I* : cette châsse se ferme à coulisse avec la platine *Fig.* 34 : le dessous de la châsse est représenté par la *Fig.* 35, qui porte la bascule qui sert à faire jouer le ressort en le tenant tendu, par le moyen d'un tenon en *o*, jusqu'au moment où on veut faire partir la flamme ; ce qu'on fait en appuyant un doigt sur la bascule en *q*, *Fig.* 37, alors elle part aussi vivement que le chien d'un fusil.

La Figure 36 représente la bascule séparée de la châsse ; on voit qu'elle porte

son

fon reffort de renvoi, fixé par un clou rivé en *B* ; on voit auffi la charniere ; le tenon , qui arrête le reffort, eft repréfenté ici en *a*.

CHAPITRE VINGT-NEUVIEME.

Maniere de faire l'Acier façon de Damas.

Nous aurions pu parler de cet Acier au Chapitre où il a été queftion des étoffes , parce que c'en eft une ; mais comme elle n'eft pas propre à faire des tranchants fixes , nous avons cru en devoir traiter à part, quoique cet acier foit très-bon pour faire des Couteaux de table.

Cette étoffe qui imite le Damas naturel, à s'y tromper, devient coûteufe, tant par le temps que par le charbon qu'il faut employer, & par la diminution de la matiere ; car fi l'on veut en faire 3 livres pefant, il faut prendre 6 livres de matiere.

Commencez par forger fix lames de fer , exactement égales fur tous les fens ; fuppofons-les d'un pouce de largeur , d'une ligne d'épaiffeur & de 12 pouces de longueur ; forgez enfuite cinq lames d'acier, égales en tout à celles de fer, ce qui fait en tout onze lames ; plus on les multiplie, meilleure eft l'étoffe : appliquez ces lames l'une fur l'autre ; mais obfervez de mettre une lame d'acier entre deux lames de fer, ce qui fe fait en commençant & finiffant par une de fer ; ce qui doit s'exécuter quelque nombre qu'on emploie de lames ; cela devient fenfible par la *Fig.* 1.

Chaque lame eft numérotée depuis 1 jufqu'à 11, & fous chaque numéro , l'on voit la lettre qui défigne la matiere ; *A* marque l'acier, & *f* marque le fer.

Cela étant ainfi difpofé, prenez toutes ces lames avec des tenailles croches ; ferrez les branches des tenailles avec une *S*, comme il eft indiqué Chapitre XII. Paragraphe II, pour les étoffes ; placez celle-ci dans un feu modéré ; faites en forte que les lames s'échauffent toutes enfemble ; ne fouffrez pas qu'il s'en brûle une ; pour cela, tournez fouvent le paquet dans le feu, fans l'en fortir; laiffez repofer le foufflet de temps à autre, parce que les lames qui font dans le centre ne chauffent pas fi vîte que celles des bords, attendu que ces dernieres reçoivent la chaleur des charbons, & que celles du centre ne la reçoivent que par les lames voifines ; enfin le tout chauffera enfemble, moyennant la modération des coups de foufflet ; fablez l'étoffe au moins deux fois à chaque chaude, & forgez-la quarrément, elle viendra de la groffeur de 8 ou 9 lignes en quarré ; après cela faites chauffer l'étoffe bien rouge , mais pas à blanc ; ferrez un bout dans l'étau, comme le fait voir la *Fig.* 2, & avec de fortes tenailles tordez l'étoffe d'un bout à l'autre , le plus réguliérement qu'il fera poffible ; qu'elle

PLANCHE 64.

reſſemble à une vis, comme le repréſente la *Fig.* 3 : maintenant il faut l'applatir & la forger à la largeur de 9 lignes, & à l'épaiſſeur de 3 ; après cela pliez-la en deux, de la maniere démontrée par la *Fig.* 4.

Tout ce travail, juſqu'ici, n'eſt que pour faire une couverture forte, tenace, qu'aucun effort ne puiſſe, pour ainſi dire, faire caſſer ; c'eſt ce qu'on obtient par cette couverture. Les lames de fer doux étant bien corroyées, mariées & entortillées avec celles d'acier, forment enſemble un corps extrêmement tenace & d'autant meilleur, que le fer & l'acier ſont plus pétris enſemble, pour que chaque molécule de fer & chaque molécule d'acier ſoient fort petites ; mais il n'eſt pas poſſible que ce corps faſſe un tranchant fin ; les veines de fer qui ſerpentent par-tout, l'en empêchent ; faites-donc une lame de bon acier d'Allemagne, de la largeur de 9 lignes, *Fig.* 5, (qui eſt la largeur même de la couverture), & tout au plus de 2 lignes & demie d'épaiſſeur ; ſa longueur doit être égale à celle de la couverture pliée en deux ; mettez cette lame d'acier entre les deux lames de la couverture ; alors ſoudez bien le tout enſemble par de bonnes chaudes graſſes ; ne ſurchauffez point la matiere ; évitez de donner aucun coup de pane ; forgez le tout avec la tête du marteau ; abattez les quarres proprement, afin que l'acier ſoit toujours au milieu de l'étoffe ; car de-là dépend la bonté du tranchant ; étirez enfin cette étoffe de la largeur & de l'épaiſſeur que vous aurez beſoin.

Un Couteau fait avec l'étoffe de Damas, ne peut jamais caſſer que par force, en le pliant & repliant à pluſieurs repriſes ; cela fait donc un Couteau ſolide · or ſi l'on donne à ce Couteau un juſte recuit, à la couleur de cuivre rouge, après l'avoir trempé de la couleur de ceriſe, on pourra couper du fer très-aiſément, ſans que le tranchant s'ébreche, pourvu néanmoins qu'on tienne le tranchant un peu fort & rond ; mais ſi l'on ne fait faire ce Couteau que pour ſervir à couper les viandes à table, & qu'on ne veuille pas badiner avec, on doit lui faire un tranchant un peu fin, qui ne ſoit recuit que couleur d'or, au lieu de celle de cuivre rouge ; alors on aura un bon inſtrument qui coupera bien, & gardera long-temps un bon tranchant.

Si les hommes ne cherchoient pas ſouvent à léſiner ſur ce qui eſt utile, pendant qu'ils font de groſſes dépenſes ſur les ornements inutiles, au lieu d'un Couteau de chaſſe qu'on porte à ſon côté, dont la lame ne coûte que 40 ſols, & la monture 60 livres, on auroit au contraire une lame de 60 livres, & une monture de 40 ſols : rien ne peut faire une ſi bonne lame de Couteau de chaſſe, qu'une étoffe de Damas telle que je la décris ; ſon utilité ſe trouve dans le beſoin. L'objet pour lequel cette étoffe eſt preſque indiſpenſable, c'eſt le Damas à décoler. La Figure 6 repréſente celui dont ſe ſert le ſieur Sanſon : il a 9 pouces de manche entre *A*, *B*, & 3 pieds de lame ; ſa largeur eſt, en bas, de deux pouces & demi, & va très-peu en diminuant juſqu'en *C* ; ſon épaiſſeur en bas *B*, eſt de 3 lignes ; mais il va toujours en aminciſſant juſqu'à la pointe, où il n'a qu'une ligne en *C*, cela le rend plus flexible qu'une épée : il eft à deux tranchants, & n'a point de vive-arête ; au contraire, il eft bien arrondi ; car une vive-arête pourroit gêner dans les vertebres, au lieu qu'étant arrondi & bien poli, il gliffe & tranche facilement : fon tranchant des deux côtés eft égal, & il eft de la confiftance d'un tranchant de Canif à tailler les plumes ; il faut qu'il foit poli en long fur une poliffoire large au moins d'un pouce, & bien prendre fes précautions pour ne pas fe bleffer ; il doit être affilé fur une pierre à Rafoir, ou bien fur une pierre du Levant d'un grain fin : c'eft ainfi que je l'ai toujours fait.

On penfe bien que forger l'étoffe de Damas, ou forger de l'acier pur, c'eft la même chofe ; cependant il convient de la traiter avec art, pour lui conferver toute fa vertu. Or il faut la forger avec beaucoup de ménagement ; lorfqu'elle eft bien foudée par-tout, il ne faut pas lui donner des chaudes fondantes, & fur-tout pour les dernieres chaudes, ne la chauffer que couleur de cerife, la derniere couleur de bronze, & bien écrouir la matiere à froid : il ne faut pas s'embarraffer d'ufer des limes pour la limer, & limez-la fans la faire recuire.

La trempe, qui met la derniere main à la bonté de cette matiere, doit être faite avec toute l'attention poffible. Pour telle piece que ce foit, gardez-vous bien de vous fervir d'aucun fourneau à vent ; mais tout uniment allumez par terre un feu de charbon de bois en fuffifante quantité pour environner & chauffer la piece ; lorfqu'il fera en braife, mettez la piece au milieu, couvrez-la par-tout ; ne vous fervez pas de foufflet, agitez feulement l'air avec une feuille de carton ou autre chofe équivalente ; faites attention qu'elle chauffe bien également par-tout, & fitôt qu'elle fera couleur de cerife claire, plongez-la dans un grand baquet d'eau & même dans un tonneau, fi le Couteau de chaffe ou le Sabre eft de trois pieds de longueur.

On vante beaucoup certaines trempes, qui, à la vérité, n'ont rien de mauvais ; mais comme nous difcuterons cette matiere ailleurs, je n'en parlerai point ici ; je dirai feulement qu'à attentions égales pour la forge de l'acier & pour le degré de chaleur de la trempe, l'eau feule bien froide vaut tous les ingrédients qu'on pourroit y ajouter.

Quand le Damas eft poli, l'œil connoiffeur juge s'il eft vraiment de Damas, parce qu'il diftingue les veines de fer ferpentant de couleur blanchâtre, & les veines d'acier bleuâtres ; mais pour donner la couleur effective au Damas, & faire reffortir les veines, verfez un peu d'eau forte fur la piece (toute finie) ; étendez-la tout le long de la lame avec une plume ; laiffez l'eau-forte l'efpace de 6 ou 7 minutes fur la lame ; après ce temps lavez cette lame avec de l'eau claire ; effuyez-la, vous la trouverez damaffée, c'eft-à-dire, qu'on diftinguera aifément les veines d'acier de celles de fer.

En général, l'acier eft fujet à avoir des veines ferreufes ; en conféquence on peut être trompé, & acheter des lames d'acier qui ne foient pas de Damas ; car il suffit de frotter un Couteau, un Rasoir, &c, avec de l'eau-forte, pour lui donner la couleur du Damas. Or on peut en juger par la régularité des fleurs, par les veines de fer qui serpentent avec une espece de symmétrie réguliere ; & on reconnoîtra aussi si l'acier de Damas, travaillé comme nous l'avons dit, a été suffisamment corroyé ; car plus les veines sont petites & également distribuées, & plus l'étoffe est bonne.

J'ai vu aussi des Couteaux de chasse qui ont été vendus pour Damas, & que j'ai soupçonné n'en pas être, en partie parce que les veines noirâtres étoient trop profondes, & le tranchant ne coupoit du fer que parce que ce tranchant étoit très-épais & hors d'état de couper du bois. J'ai cherché à découvrir la maniere de le damasser aussi fortement qu'il l'étoit ; après quelques tentatives, j'ai pris une lame d'acier polie, je l'ai couverte d'une couche de cire que je faisois tomber d'une bougie allumée : j'ai étendu la cire bien également par-tout ; ensuite j'ai dessiné des traits en quantité sur la cire, en découvrant l'acier avec une pointe d'acier qui me servoit de crayon ; après cela j'ai versé de l'eau-forte sur la cire ; je l'ai laissée mordre ou dissoudre l'acier, qui étoit découvert, pendant une heure ; je l'ai ensuite lavé : j'ai découvert tout le secret.

La Figure 7 représente une lame de Couteau de chasse de Damas.

CHAPITRE TRENTIEME.

Description de plusieurs petits Instruments qui sont d'un fréquent usage.

La Figure 1 représente un Tire-bouchon dont la méche se ferme dans l'anneau.

La Figure 2 fait voir la meche séparée en *A.* C'est un talon qui déborde, qui sert à fixer la meche pour qu'elle ne se renverse pas, & cependant lui permet de se plier.

La Figure 3 représente la vis qui joint la meche à son anneau. Voyez le Chapitre XXV, qui enseigne à forger les Tire-bouchons : nous dirons seulement un mot sur la trempe. Un Tire-bouchon est une tige tordue en spirale : or c'est un composé de lignes courbes qui, étant mal trempées & mal recuites, peuvent ou se casser ou se redresser. Ainsi pour la perfection d'un Tire-bouchon, trempez-le couleur de cerise ; ensuite l'ayant bien essuyé de l'eau, trempez-le dans l'huile, ou frottez-le de suif ; & tout oint, mettez-le sur la braise ardente ; tournez-le deux ou trois fois, pour qu'il s'échauffe également ; & sitôt que l'huile s'allume, ôtez le Tire-bouchon du feu ; laissez brûler l'huile : & sitôt qu'il s'éteint, trempez-le dans l'eau : or ce recuit est une couleur bleue & fort tenace, & celle qui convient le mieux au Tire-bouchon.

La

La Figure 4 offre un Tire-bouchon dont la meche est pleine.

La Figure 5 fait voir un Tire-bouchon qui se renferme dans un étui repré-senté par la *Fig. 6.* Pour faire cet étui, on prend de la tôle forte qu'on plie sur un mandrin & qu'on brase ; on y rapporte un fond qu'on brase aussi : on rapporte une virole au bout ; quand elle est brasée, on taraude l'étui.

Pour la commodité de mettre plusieurs meches à ce Tire-bouchon, on fait la partie de l'anneau séparément, & l'on monte la meche à vis en *c*, *Fig.* 8.

La Figure 9 représente un Tire-bouchon à cage, très-commode, parce qu'un enfant de 6 ans peut déboucher une bouteille. Le corps *E E E* est fait de cuivre, ou d'acier ou d'ivoire, ou de buis ou d'ébene, en le laissant plus fort. *D*, *Fig.* 10, est le bout qui sert d'étui à la meche, lequel se place, comme il est, par des points à la *Fig.* 9.

La Figure 11 fait voir la meche séparée.

La Figure 12 montre la clef qui est la même que *g*, *Fig.* 9, & qui reçoit le quarré *e* de la *Fig.* 11 ; & le tout est arrêté par un petit écrou, *Fig.* 13.

Pour se servir de cet instrument, on applique la pointe de la meche au milieu du bouchon : on fait tourner la clef *g*, en appuyant un peu ; la meche s'enfonce ; alors la partie *h h* parvient à porter sur le rebord du col de la bouteille qui lui sert d'appui ; & continuant de tourner la clef, le bouchon sort, entre dans la cage ; ensuite comme cette cage est fenêtrée sur les quatre faces *H H*, on tient le bouchon, & en détournant la clef, il sort comme il y est entré.

La Figure 14 représente une Rouane de Marchand de vin, pour marquer les tonneaux. Après avoir applati un bout d'acier, *Fig.* 15, on donne deux coups de Ciseaux à chaud sur les lignes *i*, *j* ; on écarte ensuite les deux aîles, pour leur donner la forme & les finir de forger. La partie du milieu *L*, *Fig.* 14, est ronde, & sert de pivot & de point fixe, tandis que la partie *m* entame le bois, & fait les parties rondes des lettres ; ensuite on fait les jambages avec la partie *n* : or les deux branches *m*, *n*, sont tranchantes, *n* d'un côté, & *m* des deux ; le manche est de bois.

La Figure 16 représente le Perçoir à percer le tonneau pour faire le trou de la canelle ; il faut que la pointe *o* soit un peu plus longue que les aîles, pour avertir que le trou est prêt à être percé.

La Figure 17 fait voir un Foret à percer le tonneau pour mettre le fausset : celui-ci s'appelle *en vrille* ; & l'autre, *Fig.* 18, est appellé *coup de poing* : *M*, *M* sont deux noix pour arrêter le coup, afin qu'il n'entre pas trop avant. Le manche *N* est fait d'un bout de corne ; les deux bouts sont garnis chacun d'un clou avec une tête de cuivre, *voyez la Fig.* 19, & la meche est arrêtée par une forte rosette, *Fig.* 20, rivée sur le bout de la queue. Ces meches doivent être d'acier trempé & recuit bleu.

La Figure 21 représente un Ciseau pour percer les ruches à miel, pour faire la place du Couteau, *Fig.* 22 ; ce dernier a deux tranchants, & il eft courbé fur fon plat comme on le voit en la *Fig.* 23, qui en repréfente l'épaiffeur.

C'eft avec ce Couteau qu'on coupe & enleve les rayons de miel ; on en fait depuis 8 pouces de lame jufqu'à 16, & felon la groffeur de la ruche : ils font emmanchés en ébene.

La Figure 24 repréfente le Couteau ou le Marteau à caffer le fucre : il eft tranchant à la partie *P* : l'autre côté fert de tête de marteau.

La Figure 25 fait voir une Pince à caffer le fucre ; *gg*, font deux tranchants un peu mouffes, qui ne doivent pas fe toucher ; en mettant de gros morceaux de fucre entre *gg*, on ferre les branches avec la main, & l'on fait des morceaux en quantité & fans peine.

La Figure 26 montre une Aiguille d'Emballeur ; c'eft une tringle ou fil d'acier, qu'on apointe par un bout, & auquel on fait un trou de l'autre ; tout le corps eft rond, excepté la pointe qui eft quarrée dans une longueur de 2 pouces.

La Figure 27 repréfente auffi une Aiguille d'Emballeur, mais plate & à deux tranchants à la pointe, féparés par une vive-arête. La *Fig.* 28 en fait voir une femblable, mais triangulaire.

Planche
67.

La Figure 29 repréfente des Cifailles à couper les métaux réduits en lames minces ; le tranchant eft fait par un bifeau tiré de court : il s'en fait depuis 6 pouces jufqu'à 5 pieds de longueur ; mais ces dernieres font faites par les Taillandiers.

La Figure 30 repréfente un Emporte-piece pour couper des hofties. Pour le forger, on prend une barre d'acier pur, d'environ 1 pouce en quarré ; on en taille deux queues, en réfervant une noix dans le milieu, comme le fait voir la *Fig.* 31 ; on perce un trou au milieu *r* ; après cela, faites plier les deux queues fur le même fens, & bigornez cette piece, comme fi c'étoit un anneau de cifeaux ; en deux ou trois chaudes vous l'aurez forgée de la grandeur qu'il la faut, *voyez la Fig.* 32 ; après cela pliez les deux bouts des queues comme en *R R*, *Fig.* 30, faites toucher les deux bouts & foudez-les enfemble, pour faire la queue. Comme il n'eft pas facile de mettre cet inftrument au tour, il faut le faire à la lime ; commencez par bien arrondir le dedans, & faites que le côté *S* foit 2 ou 3 lignes plus grand que le bout du tranchant, parce qu'à mefure que le tranchant *T*, coupe les hofties, elles fe repouffent, entrent & fortent par *S*. Ayant limé & fini à la lime douce, tant le dehors que le dedans, il faut le tremper, mais dans l'huile, & non pas dans l'eau, parce que la plûpart fe cafferoient ; mais comme cet outil n'a pas befoin d'une grande dureté, il fera fuffifamment trempé à l'huile, un peu plus chaud qu'à l'eau, & on ne lui donnera le recuit que couleur de paille.

Il eft fort difficile de le finir avec la meule, parce qu'il faut tourner réguliérement la piece fur la meule, & l'on donne toujours quelque faux-coup ; mais pour éviter tout inconvénient, on le finit avec la pierre du Levant, tant le dehors que le dedans.

La Figure 33 repréfente auffi un Coupe-hofties, mais pour les grandes : il eft conftruit comme un compas ; la branche *u* eft pointue & fert de point fixe, tandis que la branche *o* coupe le tour en rond : cette derniere eft faite en cifeau arrondi par le bout, comme le fait voir la *Fig.* 34 ; elle eft ajuftée en charniere en *ſ*, & pour avoir la facilité d'en couper de plufieurs grandeurs, on ajufte une traverfe fixée à la branche *u*, & qui paffe librement dans le trou *V*, *Fig.* 34, & on l'arrête par la vis au point qu'on veut.

La Figure 35 repréfente une Cuiller à vuider les citrons. On commence le trou avec un gros poinçon à chaud, & on le finit avec une fraife ronde ; &, comme il la faut un peu ovale, après qu'elle eft bien fraifée, on la ferre un peu dans l'étau : elle doit être tranchante fur les bords ; elle doit être trempée, mais recuite bleue.

Les Figures 36, 37, 38, 39, 40, 41, font voir des Burins ou Echopes pour graver ; 37 a un tranchant, & un peu arrondi aux uns & quarré aux autres ; en ce cas ils font appellés *échopes* ; 39 repréfente la facette d'un Burin quarré, & 40 celle d'un lozange.

Il eft fort difficile, difent les Graveurs, de trouver un bon Burin ; il eft vrai que tant qu'on voudra une pointe d'acier extrêmement fine & aiguë, qu'on la préfentera fur le métal pour le pénétrer & pour en enlever un copeau, fi peu qu'on varie la main, même imperceptiblement, cette pointe extrêmement fine fe caffera. Nous allons rapporter comment on en peut faire de bons.

Tout l'art de faire de bons Burins, confifte à choifir de bon acier ; le bon d'Allemagne eft meilleur que celui d'Angleterre ; cependant on peut les faire bons avec ce dernier, en le forgeant de même, mais ne lui donnant du recuit que couleur de paille.

Soit de l'un ou de l'autre acier que l'on prenne, il faut éviter d'être obligé de lui donner des chaudes fondantes ; pour cet effet, il faut choifir de l'acier pur, net & point pailleux ; alors ménagez bien la chaleur ; forgez-le bien quarrément, & à la derniere chaude battez-le bien à froid, pour le bien écrouir avec ménagement, pour ne pas le rendre pailleux ; après cela, trempez-le à la jufte couleur de cerife, s'il eft d'acier d'Allemagne, & couleur de rofe, s'il eft d'acier d'Angleterre ; trempez-le dans une eau très-fraîche ; recuifez-le à la couleur de paille, s'il eft acier d'Angleterre, & à la couleur d'or, s'il eft acier d'Allemagne. La Figure 41 repréfente un Burin neuf.

J'ai cependant trouvé le moyen de donner plus de confiftance à la pointe d'un Burin ; c'eft, au lieu d'une facette, d'en faire deux, comme le font voir les *Fig.* 42 & 43 ; de forte qu'en réfervant bien la vive-arête qui fépare les deux facettes, & cette vive-arête ne fe terminant qu'avec la fuperficie de la pointe, qui eft le tranchant du Burin, on trouve par-là plus de confiftance ; on peut en effayer : la difficulté eft de les affiler en deux temps, un fur chaque facette.

La Figure 44 repréfente le Grattoir du Graveur, qui a trois quarres, & la *Fig.* 45 l'Ebarboire à quatre quarres ; l'un & l'autre doivent être faits d'acier pur, bien trempé, & il ne faut pas leur donner du recuit.

La Figure 46 fait voir un Bruniſſoir : on en fait des ronds & des ovales ; quelques-uns même veulent un coude à la queue, comme le marque la ligne ponctuée *r*. De telle ſorte qu'on le faſſe, il faut un acier bien pur & ſans pailles, ni veines quelconques, trempé couleur de ceriſe & ſans recuit, parce que ſa bonté conſiſte à être bien dur & bien poli ; or pour le bien polir, mettez-le entre deux bois de noyer avec de l'émeri bien fin, & frottez-le long-temps enſuite entre deux bois blancs, & de la potée d'étain délayée à l'eau-de-vie.

La Figure 47 repréſente un inſtrument ſervant de Cure-oreille par un bout, & de Cure-dent de l'autre.

La Figure 48 montre une Pince de Chapelier, pour arracher les poils des chapeaux ; & la Figure 49 en fait voir une pour arracher les poils du nez, du front, &c. Pour faire ces Pinces, forgez une lame d'acier d'une demi-ligne d'épaiſſeur ; pliez enſuite cette lame en deux, comme on voit par la *Fig.* 50, & finiſſez-les à la lime & au bois à polir, ſans les tremper.

La Figure 51 repréſente une Pince à rogner les ongles, à tranchants droits, & la Figure 52 en fait voir une autre ſur le côté, & à tranchant à croiſſant ; forgez cette Pince, comme tout autre outil à jonction paſſée, *Chap.* 28 ; mais laiſſez les tranchants forts, pour l'évuider, régler & ajuſter à la lime : par rapport aux caſſures, il convient de les tremper à l'huile ; mais il n'y faut point donner du recuit.

Du Caſſe-noiſettes.

La Figure 53 repréſente un Caſſe-noiſſettes d'acier, compoſé de deux branches jointes enſemble par une charniere *X* ; la largeur de tout l'inſtrument & le dedans, ſont repréſentés par la *Fig.* 54 ; on y fait de petites dents, pour empêcher que le fruit ne gliſſe.

Du Caſſe-croûtes.

La Figure 55 repréſente un Caſſe-croûtes portatif compoſé de deux branches jointes enſemble par une charniere *y* ; l'épaiſſeur de tout l'inſtrument eſt repréſentée par cette Figure, & ſa largeur par la *Fig.* 56, laquelle fait voir auſſi la forme des dents : elles ſont pointues ; pour cet effet, lorſqu'elles ſont faites en travers avec la lime, comme on les voit *Fig.* 55, on fait la même répétition en long : on a grand ſoin de faire loger les dents les unes dans les autres ; moyennant cela la croûte ſe hache au point de la manger auſſi facilement que la mie.

Pour le rendre ſtable ſur toutes les tables, une pointe *x* entre dans la table, & plus haut une vis en bois *z*, laquelle ſe noye dans l'épaiſſeur de la branche qu'on fraiſe *Fig.* 56. Cet inſtrument eſt fait d'acier bien poli & non trempé ; car il riſqueroit de caſſer en tombant, parce qu'il eſt peſant ; de plus la trempe feroit envoiler les branches, de ſorte que les dents ne ſe rencontrant plus, l'inſtrument feroit manqué, parce que les dents empêchent qu'on n'emploie le marteau pour le redreſſer.

La

La Figure 57 repréfente la lame d'un Couteau de Relieur, pour rogner le papier ; le talon eft quarré avec un trou dans le milieu pour l'affujettir à la machine avec une clavette, dont la tête fe noye dans l'épaiffeur du trou : le corps de l'inftrument eft à deux tranchants à vive-arête d'un côté, & bien plane de l'autre ; il n'y a qu'un pouce de tranchant d'affilé, parce que ce n'eft que la pointe qui travaille.

De la Canne à dard.

La Figure 58 repréfente une Canne à dard : on voit toute la machine à découvert ; mais il faut la développer.

La Figure 59 fait voir le dard d'acier ; en *p p* font deux refforts cloués fur le dard par deux ou trois clous. *Q* eft un bouton qui arrête le dard au bout de la douille *r*, *Fig.* 60. Le corps de cette douille *o*, eft fait de cuivre ; on foude une virole de fer en *r*, laquelle porte le reffort *s s* ; les refforts *p p* touchent à l'arbre quand le dard eft dans la canne ; mais en chaffant le dard, ces refforts s'écartent & s'appuient fur la pomme en *G*, *Fig.* 60.

La Figure 61 repréfente la douille fur laquelle eft brafée une forte virole, qui doit avoir une charniere au cifelet pour porter une bafcule *q*, qui fert de porte ou de foupape au dard ; & fur cette forte virole en eft brafée une autre ponctuée en *G u*, *g*, *Fig.* 60, qui fert de pomme à la canne. Ici l'on voit le bout de la bafcule *u*, appliquée fur le bout du reffort : ce dernier force la bafcule à fe fermer quand on fait entrer le dard. L'autre bout du reffort *N* fert à contenir le dard dans la canne, & empêcher qu'il ne balotte. La douille armée de toutes les pieces que nous venons de détailler, s'ajufte à la canne de cette maniere : après avoir percé le trou pour la loger, on entaille le bout de la canne pour le faire entrer fous la virole *u*, *g* ; y étant bien ajuftée, on perce trois trous qui faffent le triangle ; on taraude le fond qui eft la virole *q*, *Fig.* 61, & l'on y ajufte trois vis à tête plate & noyée dans l'épaiffeur de la virole : il faut en faire autant en perçant la canne pour pofer trois autres vis fur la virole du bas de la douille *r*, *Fig.* 60, moyennant quoi la douille eft folidement pofée fur la canne. La Figure 62 fait voir la grandeur du trou de la douille, faite fur un mandrin quarré.

La Figure 65 fait voir la pomme de la Canne avec le trou par où fort le dard, & la Figure 66 repréfente la porte ou foupape qui doit fermer exactement ce trou.

De l'Aiguille à broder au tambour.

La Figure 63, *Pl.* 66, repréfente une Aiguille à broder au tambour ; le manche eft fait par un Tourneur : il fe viffe en *Q* avec le couvercle *X*, qui eft percé pour recevoir l'aiguille ; la pointe eft faite au tour comme une Lancette, & le crochet fe fait avec une lime à Couteau très-mince & fine. La Figure 64 en fait voir une dont l'aiguille tient à l'aide de la vis *z*, *Pl.* 66.

Planche
69.

CHAPITRE TRENTE-UNIEME.

Maniere de faire plusieurs Ouvrages d'acier, comme Boucles, Mouchettes & Chaînes de Montres.

§. I. *Des Boucles.*

PLANCHE
69.

L A Figure 1 repréſente la maniere de forger une Boucle d'acier. Prenez de l'acier étiré, pliez-le quarrément ſur les trois angles *a*, *A*, *b*; laiſſez les deux bouts *d*, *d*, forts; amorcez-les en bec-d'âne & ſoudez-les, la Boucle ſera forgée; limez-la ſuivant le contour que vous voudrez, c'eſt-à-dire, les angles vifs ou ronds, ayant laiſſé aſſez d'épaiſſeur au milieu; percez les trous pour l'ajuſter avec la chape. Pour en forger une ronde ou ovale, on ne plie pas les angles vifs, on la plie en rond ſeulement, & lorſqu'elle eſt ſoudée, on lui donne la forme qu'on juge lui convenir. Pour faire l'ardillon & la chape de façon qu'ils ſoient ſolides, il faut les percer au foret; mais ce trou les renchérit: voici un autre moyen qui exige moins de dépenſe. Prenez une bande de tôle, coupez-la de largeur d'ardillon, *voyez la Fig.* 3, pliez-la dans le milieu *I* en deux; paſſez un brin de fil d'archal au milieu, pour que le trou s'ajuſte comme ſur un mandrin, à petits coups de marteau, & donnez-lui la forme de la *Fig.* 4. Après cela donnez une petite chaude à la pointe, les deux parties ſeront ſoudées en deux ou trois coups de marteau; évuidez enſuite l'ardillon à la lime, pour faire les deux pointes en fourchette; adouciſſez-le: il eſt fait. La chape ſe fait ſur les mêmes principes de l'ardillon, *Fig.* 7; l'évuidement ſe fait à petits coups de Ciſeaux, après l'avoir tracé à la pointe ſur un modele. La Figure 8 fait voir la chape & l'ardillon joints enſemble. La Figure 2 & la Figure 5 repréſentent deux Boucles montées; quant à la goupille qui joint les trois pieces enſemble, on prend un fil d'archal de la groſſeur du trou juſte, afin qu'il n'ait pas beſoin d'être limé. Quant à la maniere de les percer à jour, il faut néceſſairement un balancier: cette machine fait beaucoup d'ouvrage d'un ſeul coup, & c'eſt ce qu'il faut pour diligenter les opérations. Il eſt très-poſſible de les faire au ciſelet, au poinçon, à la lime, mais avec un temps incomparablement plus conſidérable.

§. II. *Des Mouchettes.*

PLANCHE
70.

L A Figure 5 repréſente des Mouchettes: elles ne ſont pas plus difficiles à faire qu'une paire de Ciſeaux; auſſi il faut ſuivre les mêmes principes que nous avons détaillés au Chapitre XXV. Commencez par entailler l'anneau & la branche; percez & bigornez l'anneau; enſuite donnez une chaude pour forger la lame; après cela percez les trous: limez les anneaux & les branches l'un ſur l'autre, comme ſi c'étoient des Ciſeaux; après quoi ajuſtez les platines que vous aurez forgées d'acier mince comme de la tôle ; pour les affujettir afin qu'elles ne fe dérangent pas au feu, réfervez trois tenons fur la branche *K , K , K , Fig.* 7 ; rivez-les fur la platine, & brafez le tout. Les deux platines étant brafées, ajuftez la bande qui doit former la boîte, & faites la branche femelle ; ajuftez auffi cette bande par trois tenons réfervés fur la platine en *g gg* ; & après avoir lié le tout, brafez-le ; enfuite façonnez & adouciffez-les par-tout.

Toutes les Mouchettes d'Angleterre font à reffort caché. Pour faire un tel reffort, prenez une bande d'acier de l'épaiffeur d'une piece de 12 fols & de deux pouces & demi de longueur ; réfervez un pivot à chaque bout en fens contraire : enfin donnez-lui la forme qu'indique la *Fig.* 8.

Tournez ce reffort fur une petite bigorne, & finiffez-le fur un mandrin rond & un tiers plus gros que la vis qui doit unir les Mouchettes ; étant tourné, il eft en fpirale comme la *Fig.* 9 ; trempez-le, & recuifez-le au fuif ou à l'huile.

Pour placer ce reffort, on prépare fa place en dedans des deux branches par une fraife telle qu'on la voit ponctuée en *B, a, Fig. 6* ; au bord de la fraife *B* on fait un trou plat & long, & un femblable en *a* à l'autre branche. Or les deux pivots ou crampons, qu'on réferve à chaque bout du reffort *Fig.* 8, fe logent dans ces deux trous ; on les fait entrer parce qu'ils font longs & en pointe. Etant en place, on lime ces pointes faillantes au raz des Mouchettes ; mais avant il faut avoir mis la vis. Ce reffort n'eft pas folide, en ce qu'il eft trop petit ; fouvent il caffe du premier coup, lorfqu'on veut un peu forcer l'ouverture des Mouchettes. Je donne la préférence à celui qu'on place apparent, comme il eft repréfenté en *H , Fig.* 10 ; il eft adapté en *h* par un clou fur la branche mâle, & l'autre bout, fait en bec, appuie fur la branche femelle, éteint bien les émouchures, & contient très-bien les Mouchettes fermées, ce qui eft très-effentiel ; car fi on ne les ferme pas exactement, les émouchures ne s'éteignent jamais bien. Or il eft poffible qu'il foit arrivé de-là des incendies dans des appartements & dans des cabinets d'étude, fans qu'on ait pu en découvrir la caufe ; un chat peut jouer avec les Mouchettes ; elles s'ouvrent, l'émouchure tombe fur du linge, fur du papier, en faut-il davantage pendant la nuit pour caufer un incendie ? Toutes ces Mouchettes faites avec ces boutons & ces évuidements aux branches, font d'un très-mauvais ufage. On les voit caffer même en les pofant fur une table, & cela parce qu'elles font trempées & fans recuit, afin que le poli foit plus beau. Je penfe cependant qu'un peu plus de folidité devroit être préféré au grand brillant. Le goût des branches, que repréfente la *Fig.* 6, eft tout uni, & vaut mieux que cette confufion d'échancrures, de filets, de boutons, d'ornements enfin qui font faits fans ordre : un filet en long fur les branches, une coquille fur les moignons, ont plus de grace & font d'un meilleur goût que tous ces ornements.

§. III. *Des Chaînes de Montres.*

La Figure 11 repréſente une Chaîne de montre de femme ; pour en faire , il faut forger une platine d'acier avec une queue , comme on voit à la *Fig.* 12 , & de l'épaiſſeur d'une bonne ligne. Pour la diligence , il convient d'avoir des modeles de tôle percés à jour & découpés avec ſymmétrie : on applique le modele ſur la platine *Fig.* 12 , & avec une pointe on troue tous les évuidements ; enſuite on perce à froid , à coups de poinçons , les plus grands trous , pour pouvoir entrer les différentes limes qui doivent former les vuides juſqu'aux traits ; après cela on contre-marque & on perce au foret les trous des anneaux ; enſuite on façonne & on adoucit toute la platine , après avoir plié là queue qui doit s'accrocher aux cordons des jupons.

Les branches de la Chaîne doivent être préciſément d'une même longueur ; pour cet effet il faut les faire toutes ſur le même modele. Ayant donc forgé une bande d'acier de 13 à 14 pouces de longueur , de 3 lignes de largeur & d'une ligne d'épaiſſeur , *voyez la Fig.* 18 : on préſente le modele , on perce les trous au foret , & on lime le chaînon entiérement ſur le modele ; après cela il faut les façonner & les adoucir. *X* fait voir le modele d'un chaînon plein , & *Z* fait voir un chaînon à jour , & repréſenté du double de ſa grandeur. La partie *M , M ,* qui porte la montre , & qu'on peut appeler la *platine branlante* , ſe fait auſſi ſur un modele & ſur les mêmes principes que ſa platine fixe. Pour faire les anneaux , tout uniment étirez du fil d'acier à la filiere de la groſſeur que vous voudrez : à une ligne il ſeroit trop fort. L'acier ſe paſſe à la filiere comme le cuivre & l'argent , (*Chap. XVIII ,*) à cela près qu'il faut le faire recuire une fois à chaque trait , ou tout au plus deux ; ſi la filiere n'eſt point égaînée par les bords des trous , le fil ſortira preſque tout poli ; cependant on lui donne un coup de poli entre deux bois & l'émeri.

Le fil étant préparé , ayez une meſure juſte pour les anneaux , & marquez-les tous par un coup de la quarre d'une lime ; enſuite faites-y un épaulement en entaillant quarrément chaque bout , ainſi que le fait voir la *Fig.* 13 en *o , o ,* que cette entaille ſoit faite avec telle juſteſſe , que quand vous aurez plié l'anneau ſur une bigorne , les deux bouts l'un ſur l'autre ne ſoient pas plus gros que le reſte de l'anneau : étant plié , il eſt comme la *Fig.* 14. Cet anneau eſt fait ainſi pour être ouvert avec le tranchant d'un Couteau , & paſſer la montre & les breloques , &c. Pour la ſolidité cet anneau a beſoin d'être trempé ; mais il faut éviter l'écartement des deux bouts , en les liant avec du fil d'archal : on a coutume d'en attacher une douzaine enſemble bien exactement les uns ſur les autres , les lier & les tremper ; mais il faut les recuire bleus ; alors ils ſont bons & préférables aux Porte-mouſquetons : les anneaux qui portent les branches ſont bien plutôt faits ; après que le fil eſt étiré & un peu poli , on le plie

avec

avec des pinces rondes ou fur une bigorne, cela fuffit, ne fuppofant que les bouts foient limés quarrément pour s'approcher & fe toucher : *voyez la Fig.* 15; pour les placer, il ne faut qu'écarter les bouts de côté, fans ouvrir l'anneau, & le mettre à leur place, puis rapprocher les bouts avec deux pinces, une de chaque main.

Les Figures 13, 14 & 15 font repréfentées au double de leur groffeur.

La Figure 16 repréfente une Chaîne d'acier d'homme, mais fans être percée à jour ; les deux platines font polies au poli noir, enfuite damafquinées en or ; c'eft le deffin d'un original que j'ai fait, qui n'eft pas d'un grand prix : ce goût peut être préféré à celui dont les platines font à jour. Quant à la folidité, il n'y a pas de comparaifon, puifqu'elle eft affez molle pour pouvoir y incrufter l'or : elle n'eft pas fujette à fe caffer, & cependant elle eft affez dure pour prendre le poli noir ; pour cela elle eft trempée couleur de cerife & recuite couleur d'eau.

Il eft fort poffible, comme on voit, de faire tous ces ouvrages d'acier fur les principes que j'ai détaillés dans ce Chapitre ; mais il faut dire que pour les vendre un prix raifonnable, il faudroit établir des Manufactures auxquelles on permettroit d'approprier tous les outils néceffaires pour accélérer la fabrication de toutes ces petites pieces, qui, ayant befoin d'être juftes entr'elles, donnent plus de peine à faire à la lime, au foret & au cifeau l'une après l'autre.

CHAPITRE TRENTE-DEUXIEME.

Maniere de polir parfaitement l'Acier pour les Ouvrages précédents,
foit avec le bois, foit au moulin ou à la broffe.

L'usage du Poli n'eft pas ancien : on a commencé par finir les ouvrages à la lime douce ; enfuite on a imaginé un Grattoir d'acier, avec lequel on emportoit les traits de la lime ; mais s'étant apperçu que le Grattoir faifoit des ondes, on y a fubftitué un Bruniffoir qui, étant trempé bien dur, enfuite poli, unit & rend brillante la furface de l'acier ; mais il a fallu que ce Bruniffoir fût lui-même bien poli, & on a imaginé d'employer des pierres pulvérifées bien fin ; ainfi la pierre de ponce a été long-temps en ufage.

PLANCHE 71.

La découverte de l'émeri a été bien utile ; c'eft elle qui mord le mieux fur l'acier : mais comme les découvertes ne viennent que fucceffivement, on s'eft apperçu que l'émeri ne fuffifoit pas pour le tranchant des Lancettes, qui ont befoin d'un plus beau poli ; alors on s'eft fervi de la potée d'étain, qui donne un luftre & un brillant plus beau que l'émeri, toutefois après que l'émeri fin a dreffé l'ouvrage & préparé le brillant ; mais ce brillant eft blanchâtre : enfin les Anglois, à qui nous devons bien des découvertes, font les premiers qui ont fait une potée rouge qui donne à l'acier un très-beau poli noir ; c'eſt pourquoi on l'appelle *d'Angleterre.* (*Voyez le Chap. I. Section III.*)

En faiſant uſage de ce rouge, j'en ignorois la compoſition ; cherchant à la découvrir, j'en ai trouvé une meilleure (*voyez le Chap. I.*), & pour en ex-poſer la bonté, j'ai pris le parti d'en polir un miroir d'acier de 6 pouces de haut, ſur 3 & demi de large, qui eſt la plus grande piece qu'on ait jamais polie du poli noir, & capable de rendre l'objet comme la glace. J'eus l'honneur de préſenter cette piece à l'Académie Royale des Sciences, qui l'a reçue avec tout l'applaudiſſement poſſible : après cette approbation je n'eus rien de plus cher que d'en faire hommage à notre auguſte Monarque LOUIS XV, le 24 Septem-bre 1769.

La Figure 1 repréſente ce Miroir encadré dans de l'acier ; & la Figure 2 repré-ſente le profil des moulures : *A*, la rainure dans laquelle ſe loge l'épaiſſeur du Miroir.

J'ai forgé cette piece d'acier pur ; & après l'avoir dreſſée à la lime, je l'ai trempée dans l'huile ; enſuite ſur une planche de bois de noyer, à force d'émeri & de patience, je ſuis parvenu à la dreſſer ; après quoi je la frottai long-temps à l'émeri très-fin, enſuite au buffle.

§. I. *Du Poli au bois & à la main.*

POUR polir à la main, on ſerre la piece dans l'étau entre les mordaches de bois ; ſi la piece eſt longue, on a deux bois à polir (de noyer), d'un pouce de large, de 4 ou 5 lignes d'épaiſſeur, & de 8 ou 9 pouces de longueur *C C.* L'émeri étant dans le pot *D*, délayé avec de l'huile d'olive, étendez-en avec la brochette ſur les bois & ſur la piece, & frottez en long, comme le fait voir la *Fig. 3* : on polit ainſi les ouvrages demi-ronds, les ronds & les ovales.

Les ouvrages à pans, lorſqu'on veut les polir vivement, ne doivent pas l'être à deux bois, mais à un ſeul, qu'on tient bien de niveau ſur le pan, & l'on change ſouvent le bois de place, afin de ne pas le creuſer.

Pour polir les ouvrages ſur leſquels on a pouſſé des moulures, on fait des bois de la forme des limes, de ronds, de demi-ronds, de triangulaires, &c, & l'on frotte vivement par-tout. Servez-vous toujours de gros émeri, pour polir des endroits difficiles à adoucir, c'eſt le moyen d'accélérer l'ouvrage ; paſſez enſuite de l'émeri fin. La Figure 8 repréſente un bois à polir, triangulaire ; & la Figure 9 repréſente un demi-rond. Au reſte les bois à polir doivent imiter les limes qui ont ſervi à faire les façons.

Pour donner un brillant, prenez une partie de potée d'étain, & deux de potée d'acier ; mariez-les enſemble & les délayez avec de l'eau-de-vie ; mettez-en ſur du bois blanc & ſur l'ouvrage, & frottez : on polit auſſi avec du buffle collé ſur du bois.

§. II. *Maniere de polir un Moulin au Poli noir.*

Arrondissez bien une Polissoire de la hauteur que vous aurez besoin , mais d'un pouce d'épaisseur ; étant bien arrondie sur son arbre, ayez une bande de buffle fort, coupez-le juste à la longueur qu'il le faut, ainsi que de la largeur qui convient. La colle étant chaude , collez le premier bout ; arrêtez-le avec deux clous d'épingle, sans entrer les clous qu'au tiers, *voyez la Fig.* 4 ; attachez la Polissoire dans l'étau par son arbre : prenez le pinceau d'une main, collez-en le bois & le buffle, que vous devez tenir de l'autre main , & l'appliquer à mesure que vous le collez ; arrivé au dernier bout, faites-le bien approcher de l'autre, de sorte qu'ils se touchent : mettez deux autres clous ; après cela liez le buffle avec de la ficelle, & laissez-le sécher.

Unissez sur une vieille lime un morceau de pierre de ponce d'un grain fin ; montez la Polissoire sur l'auge, comme le désigne la *Fig.* 5 : faites tourner ; unissez bien le buffle ; il sera bien uni lorsque la pierre-ponce aura porté sur toute la circonférence. Notez qu'une seule de ces Polissoires ne suffit pas, il en faut cinq ou six qui different de hauteur comme de largeur, pour servir dans tous les cas des configurations des différents ouvrages. Après que la Polissoire est arrondie, il faut lui faire imbiber de la potée, en l'appliquant sur le buffle ; avec une spatule : notez qu'avant de polir à la potée, il faut que les ouvrages soient polis à l'émeri fin & au superfin.

Prenez une des pieces pour la polir ; mettez-y de la potée du pot *E*, *Fig.* 5 ; posez la piece légérement sur la Polissoire, & promenez-la continuellement en vous tenant toujours bien d'à-plomb & en ligne directe, comme le fait voir *G H*, *Fig.* 5. Il faut observer scrupuleusement que ce poli échauffe considérablement ; un seul coup suffit pour brûler un tranchant, ce qui est fort à appréhender pour le tranchant du Rasoir ; mais il y a un moyen d'éviter ce danger ; c'est de ne jamais se mettre à polir une piece seule, il en faut au moins six ; & dès que vous sentez que la piece s'échauffe trop, laissez-la refroidir en en prenant une autre. Notez encore qu'il faut mettre souvent de la potée sur l'ouvrage ; car le buffle n'étant pas humecté s'échauffe plus vîte, & de plus, il donne une couleur rougeâtre, qu'il ne quitte qu'en remettant de nouvelle potée. Enfin quand cette potée a emporté les traits de l'émeri, la piece est polie.

Si l'on compare ma potée avec le rouge d'Angleterre, ne la trouvera-t-on pas bien plus expéditive ? Elle fait beaucoup moins naître de taches brunâtres ; mais, comme je l'ai enseigné en plusieurs endroits, il faut la marier avec de la potée d'étain, & délayer ensemble avec de l'eau-de-vie, & la mettre en bouillie bien claire.

§. III. *Du Poli à la Broſſe.*

Les bois à polir, ainſi que la Poliſſoire au buffle, ſont inſuffiſants pour polir certains ouvrages, par exemple, des Boucles à filets, des Gardes d'épées ciſe-lées, & tant d'autres objets guillochés. Alors il faut avoir recours à la broſſe; pour cet effet, faites une Poliſſoire de bois de chêne, d'environ 3 pouces d'é-paiſſeur, & de 6 ou 7 de diametre; arrondiſſez-la ſur ſon arbre; percez enſuite quantité de trous ſur toute la circonférence; qu'ils ſoient ſerrés l'un contre l'autre: voyez-en la direction par la *Fig. 6*; la profondeur des trous eſt de 9 ou 10 lignes. Donnez enſuite cette Poliſſoire à un Broſſier, qui remplira tous les trous avec des crins d'égale longueur, & tenus par du gaudron ou de la poix. Or il faut au moins trois des Poliſſoires, l'une pour le gros émeri, l'autre pour l'émeri ſuperfin, & la troiſieme pour la potée d'acier.

Ces Poliſſoires, marquées par la *Fig. 7*, ſe laiſſent imbiber de même que celles de buffle: ayez de l'émeri délayé clair dans une aſſiette; trempez-y les crins tout autour, & laiſſez-les s'imbiber 24 ou 30 heures: faites-en de même pour la potée.

La maniere de polir à la broſſe eſt la même que celle de polir au buffle; mettez la drogue ſur la piece; appliquez-la ſur la broſſe; alors les crins cher-chent dans tous les creux, dans les fonds des filets; de ſorte que les creux & les reliefs ſont polis tout à la fois, moyennant que l'on tourne la piece de tous les ſens.

Voici encore une Poliſſoire qui n'eſt pas aſſez uſitée parmi les Artiſtes, & qui cependant eſt très-expéditive. Préparez & collez un fort buffle ſur une Poliſ-ſoire; enſuite mettez une couche de colle-forte ſur la ſurface du buffle, & par-ſemez promptement, ſur la colle, de l'émeri ſur toute la circonférence; quand la colle ſera ſéchée, poliſſez avec, vous aurez un bon outil: on peut, ſi l'on veut, y mettre deux ou trois couches de l'un & de l'autre, la Poliſſoire en ſervira plus long-temps; cependant en poliſſant, il faut mettre l'émeri ſur la piece, comme s'il n'y en avoit pas déja; il faut auſſi en faire pluſieurs, & mettre ſur les unes de l'émeri gros, & ſur les autres du fin; & enfin du ſuperfin ſur les dernieres.

CHAPITRE TRENTE-TROISIEME.

Des Rabillages.

BIEN repaſſer le Rabillage eſt un objet de conséquence dans l'Art du Coutelier ; c'eſt pourquoi, après qu'un apprentif a pris quelques connoiſſances dans
l'Art, on l'inſtruit à ébaucher le Rabillage ; je dis ébaucher, c'eſt-à-dire,
eſſuyer, mettre de l'émeri ſur les pieces pour les polir, appareiller les branches
de Ciſeaux, limer les entablures, grateler des anneaux rouillés, & autres
choſes à peu-près ſemblables, & cela pour accoutumer ſes mains au maniment
des tranchants, &, pour ainſi dire, ſe familiariſer avec eux ; ils y parviennent
avec le temps, aux dépens de quelques petites coupures qui ſervent (comme
dit le proverbe) *à faire entrer le métier dans le ſang.* Nous allons dire un mot
ſur les connoiſſances néceſſaires pour bien ſervir le Public.

Le riche & le pauvre ont tous les jours beſoin de faire renouveller les tranchants de leurs inſtruments ; les garçons Barbiers ne ſont pas toujours riches ;
les raſoirs doivent être bien repaſſés, pour leur faire du profit ; une pauvre Ouvriere en linge, une Couturiere, des Filles de journées enfin, ne gagnant pas
grand'choſe, méritent bien que leurs ciſeaux ſoient en bon état & leur faſſent
un long ſervice ; un Ecolier qui amaſſera ſix liards pour faire repaſſer ſon canif ;
tout enfin exige que le Rabillage ſoit bien traité & en conſcience.

Nous ne détaillerons point cette multitude d'inſtruments ; la deſcription de
leurs eſpeces de tranchant, eſt détaillée dans le Chapitre de leur conſtruction :
nous allons ſeulement mettre ſous les yeux, les cinq eſpeces de tranchants qui
ſont comme la baſe de tous les autres, à l'exception de la lancette qui en fait
un ſixieme : or les cinq ſont le Couteau, les Ciſeaux, le Grattoir, le Canif & le
Raſoir.

Le Couteau, *Fig.* 1, eſt un inſtrument deſtiné à couper les aliments à la
table ; avant de le repaſſer, il faut l'eſſuyer de la graiſſe qu'il peut y avoir, ſerrer
le clou qui tient la lame, à petits coups de marteau, juſqu'à ce qu'il ne balotte plus.

Il faut ſe ſouvenir que le Couteau doit avoir un tranchant un peu nourri, afin
qu'il ait du ſoutien, & qu'il réſiſte à l'approche des os : d'ailleurs ſon tranchant
doit être repaſſé droit, ſans creux & ſans boſſes ; il faut une meule de 15 à 16
pouces de hauteur, & une poliſſoire à peu près égale, mais plus haute.

On ſait que les Ciſeaux, *Fig.* 2, ſont compoſés de deux lames bien pareilles
en force, & qui le doivent être auſſi en dureté : cet inſtrument ne peut pas être
bien repaſſé ſans être démonté ; il faut néceſſairement ſéparer les deux branches,
parce que, pour que les Ciſeaux coupent bien, il faut que le coup de meule ſoit

COUTELIER, *I. Part.*N n n

PLANCHE
21.

pris à 2 lignes au-dessous du trou vers la branche ; d'ailleurs il ne faut que quatre repassages faits sans démonter le clou, pour user à forfait les ciseaux, tandis qu'étant repassés démontés, ils peuvent l'être vingt fois.

La bonne méthode exige de donner un coup de meule aux pointes pour les égaliser, & cela avant de les démonter. Pour démonter les Ciseaux, lorsqu'ils sont à clou, il faut limer exactement la rivure du côté que le clou est mobile, les ouvrir ensuite en croix, les poser sur l'étau, qui doit être un peu ouvert pour laisser passer le clou, que l'on chasse à coups de petits marteaux, & à l'aide d'un poinçon qui est représenté par la lettre *A*. A la *Fig.* 6 on voit cette opération, qui doit être faite avec attention, parce qu'on est en risque de casser les lames au trou.

Quand les Ciseaux sont montés avec une vis, il faut les démonter avec un tourne-vis *B*, qui entre dans la fente de la vis ; les Ciseaux étant appuyés à plat sur l'établi, on présente le tourne-vis bien perpendiculairement, & en donnant un tour de poignet à gauche, la vis se démonte. *Voyez la Fig.* 7.

Les Ciseaux doivent être émoulus bien vivement en dedans des lames, que le biseau du tranchant soit tiré vivement & d'un seul coup de meule ; ce biseau doit être aussi arrondi à tous les petits Ciseaux ; mais cet arrondissement doit être du côté gauche du tranchant, afin que toute la vivacité soit sur le côté droit ; le dedans des lames des Ciseaux doit être un peu concave ; les extrémités doivent être pointues & franches, excepté les Ciseaux à faire les crins des chevaux, qu'il faut rendre mousses avec la pierre du Levant, afin qu'ils ne piquent pas les animaux en leur faisant les crins.

La meule des Ciseaux doit avoir 8 ou 9 pouces de hauteur : elle doit être bien ronde, & même la face doit être un peu bombée ; car lorsqu'elle est plate, on est en risque de renverser les pointes en arrière. La polissoire doit être un peu plus haute que la meule.

Le Grattoir, *Fig.* 3, est un instrument destiné à effacer une lettre, un mot écrit de trop sur le papier. La lame est faite à deux tranchants, qui sont séparés par une vive-arête dans le milieu de la lame ; il faut qu'il soit émoulu vivement, qu'il ne paroisse qu'un seul coup de meule sur chaque face du tranchant ; la vive-arête doit commencer en bas, & ne se terminer qu'avec la pointe ; chaque tranchant doit former un ventre régulier, afin qu'il puisse porter sur le papier à la volonté du Raturateur, tantôt du bas, tantôt du milieu, & tantôt de la pointe : il exige une meule de 11 ou 12 pouces, & la polissoire de 12 à 13, l'une & l'autre bien rondes.

Le Canif, *Fig.* 4, est un instrument destiné à tailler les plumes pour écrire ; son tranchant doit être un peu fin, & sur-tout bien droit, bien vif & bien régulièrement fait du haut en bas ; le dos du Canif est éminci par un biseau fait d'un coup de meule de chaque côté du dos, ce qui forme un tranchant de court propre à racler l'encre séchée sur la plume ; la hauteur de la meule doit être de

8 à 9 pouces, un peu mince, mais bien ronde ; la poliſſoire doit avoir un demi-pouce de plus de hauteur que la meule.

Le Raſoir, *Fig.* 5, eſt un inſtrument deſtiné à faire la barbe ; il exige beau-coup d'attention pour le mettre en état de bien faire cette opération ; il doit avoir un tranchant bien régulier, qui forme un petit ventre tout le long ; la pointe doit être arrondie ; le biſeau du dos doit être émoulu vif & bien droit ; & depuis le biſeau juſqu'au tranchant, le plat doit être évuidé, afin que le tran-chant ſoit aminci de loin juſqu'à ce qu'il plie étant appuyé ſur l'ongle, au moins d'une bonne ligne de longueur.

En Allemagne, on fait des tranchants de Raſoir qui plient ſur l'ongle de 3 lignes de longueur, tellement qu'ils ſonnent en raſant. Cette méthode ne fait rien à l'opération ; que le tranchant ſoit mince d'une ligne, c'eſt autant comme il en faut : c'eſt de l'extrême fineſſe du bord que dépend l'opération, & non pas du grand évuidement du derriere du tranchant, pour le faire plier de 3 lignes. Mais je ſuppoſe qu'un Particulier veuille un tel tranchant, il faut expliquer la maniere de le faire, nous l'expliquerons ci-après. Il faut être muni de pluſieurs meules pour bien repaſſer les Raſoirs, parce que l'évuidement eſt indiſpen-ſable au Raſoir. Or une même meule ne peut pas évuider également un large & un étroit ; le large le ſeroit trop, & l'étroit ne le ſeroit pas aſſez. Ainſi un Ra-ſoir dont la largeur de la lame eſt d'un pouce, exige une meule de la hauteur de 9 pouces ; & il faut à un Raſoir de 6 lignes de largeur, une meule de 4 pouces. On peut juger de toutes les autres largeurs par ces deux exemples. D'ailleurs, deux Raſoirs égaux en largeur, peuvent exiger chacun une meule de hauteur différente, parce que l'épaiſſeur du dos eſt différente : à une ligne d'épaiſſeur de plus, on ſera contraint de prendre une meule d'un demi-pouce plus baſſe.

Pour repaſſer un Raſoir à la méthode des Allemands, il faut d'abord l'émou-dre comme font les Couteliers François, c'eſt-à-dire, qu'à un Raſoir d'un pouce de largeur, on fait le tranchant ſur une meule de 9 pouces ; & lorſque ce tran-chant eſt réglé & fini ſur cette meule, on change la meule de 9 pouces pour ſe ſervir d'une de 6, pour évuider le derriere du tranchant, mais ſans toucher au bord ; à celle de 6 pouces on en ſubſtitue encore une de 4, & enfin on l'évuide tant qu'on veut ; mais il faut obſerver que le tranchant étant une fois fait ſur la premiere meule, il faut ſe garder d'en approcher à plus d'une demi-ligne de diſtance du bord, ſans quoi on gâteroit tout l'ouvrage ; le tranchant s'aminciſ-ſant trop, il ſe formeroit en un morfil large, qu'on appelle *canepin* ou *dentelle*.

Avant de repaſſer un Raſoir, il faut l'eſſuyer de l'huile, ſerrer un peu le clou à petits coups de marteau ; lorſque tout le Rabillage eſt eſſuyé, les clous des Ciſeaux démontés, & les clous des Raſoirs & des Couteaux reſſerrés, il faut les arranger ſur une planche qu'on poſe à côté de l'auge, *Fig.* 15, & l'on émoud chaque eſpece de ſuite. A meſure qu'on finit d'émoudre les pieces, on les dreſſe pour faire égoutter l'eau : *voyez la Fig.* 16. Lorſque tout eſt fini de l'émouture, on essuie ce qui reste d'eau, on l'arrange de nouveau sur une planche, & l'on met un peu d'émeri sur le tout, *voyez la Fig.* 17, & l'on se dispose à le polir sur les polissoires, chacune sur leur espece. Lorsque tout est poli, on met une poignée de cendres sur un tablier de peau, & l'on en frotte les ouvrages avec, pour essuyer l'émeri qui reste de la Polissoire ; *voyez la Fig.* 18, elle démontre ce genre de travail : après cela on se dispose à clouer les Ciseaux & à l'affilage. Pour cela nous ne ferons aucune répétition : *voyez le Chap. XVII*, où sont expliqués les principes généraux pour les affilages, représentés par les Planches 21 & 22.

FIN DE LA PREMIERE PARTIE.

TABLE

TABLE

DES CHAPITRES ET TITRES

DE L'ART DU COUTELIER.

PREMIERE PARTIE.

O o o

Fin de la Table de la premiere Partie.

DE L'IMPRIMERIE DE L. F. DELATOUR. 1771.

Chapitre 1

ART DU COUTELIER, Des Potées.

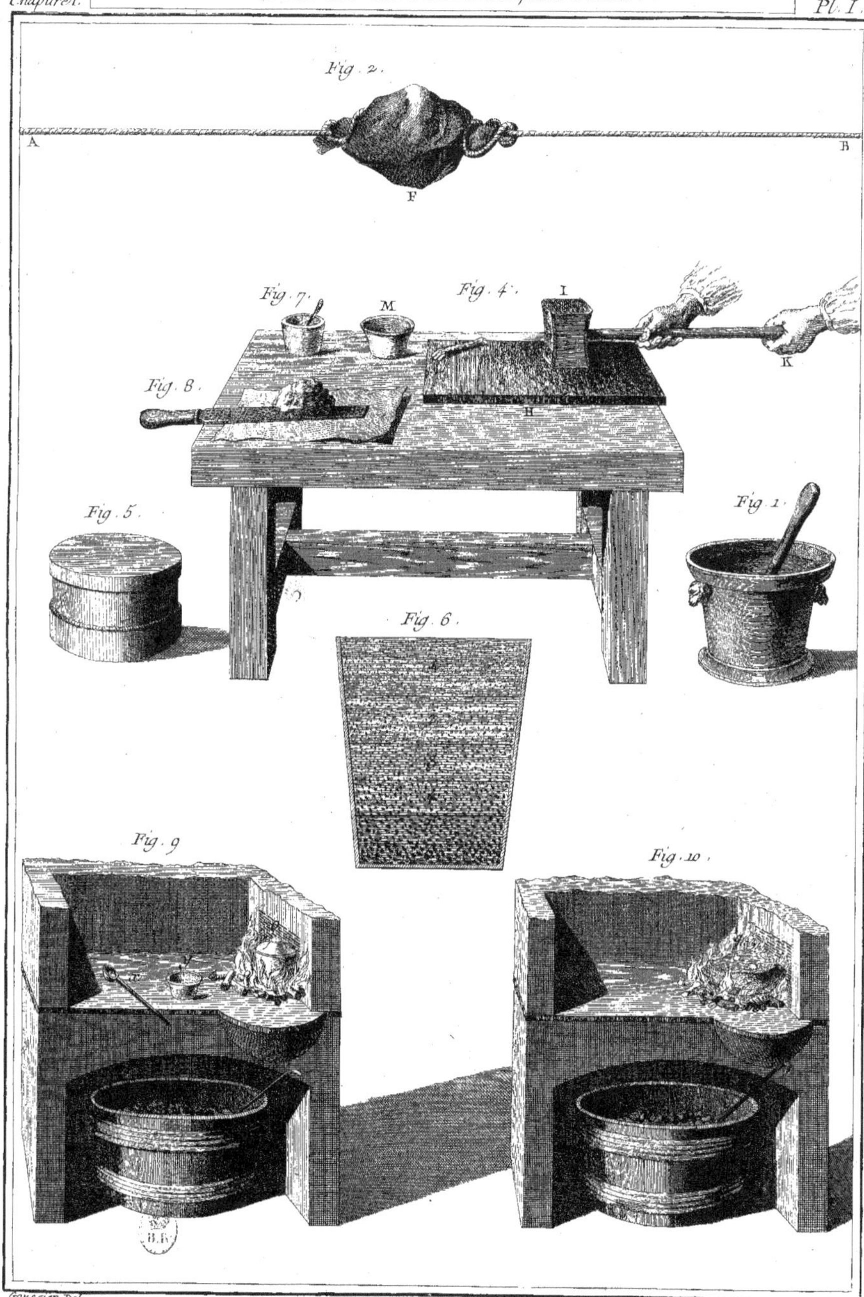

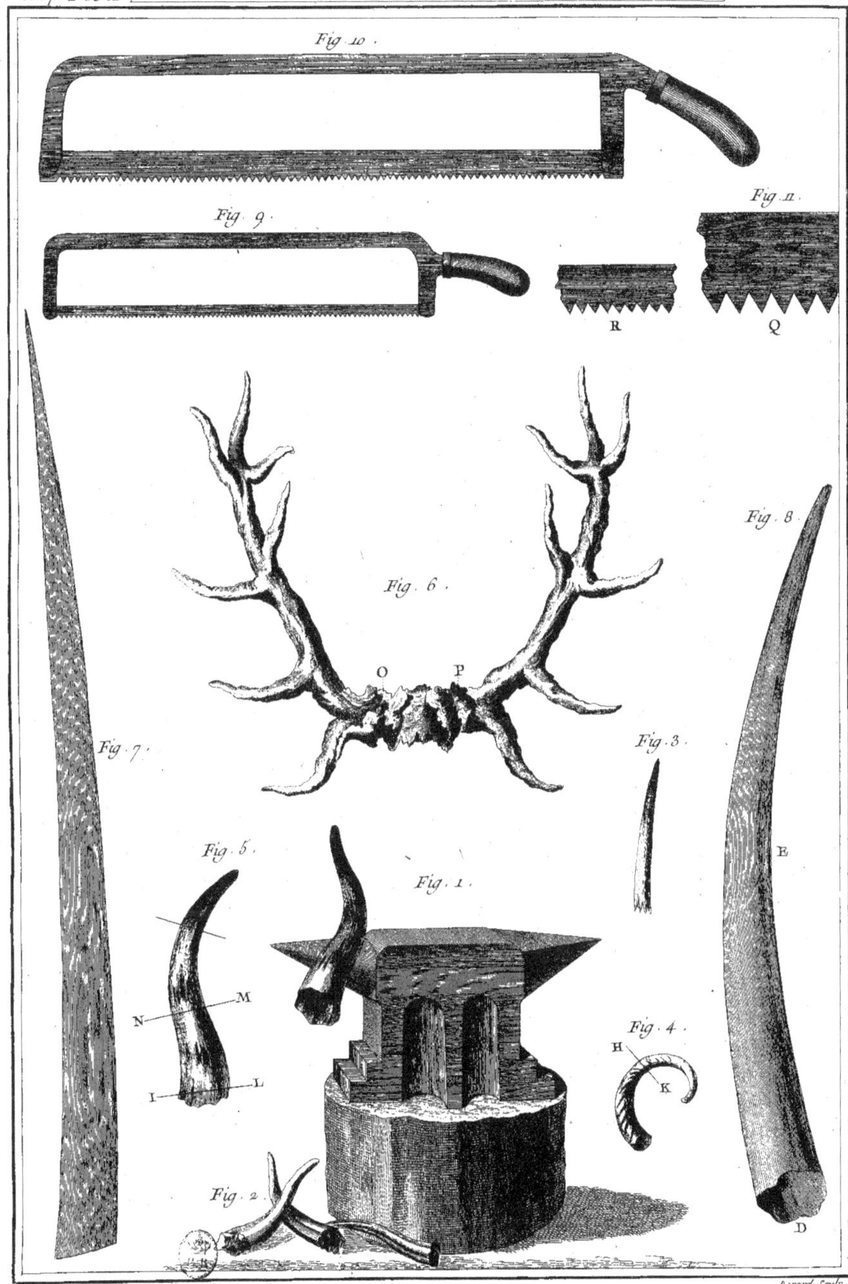

Goussier Del.   Benard Sculp.

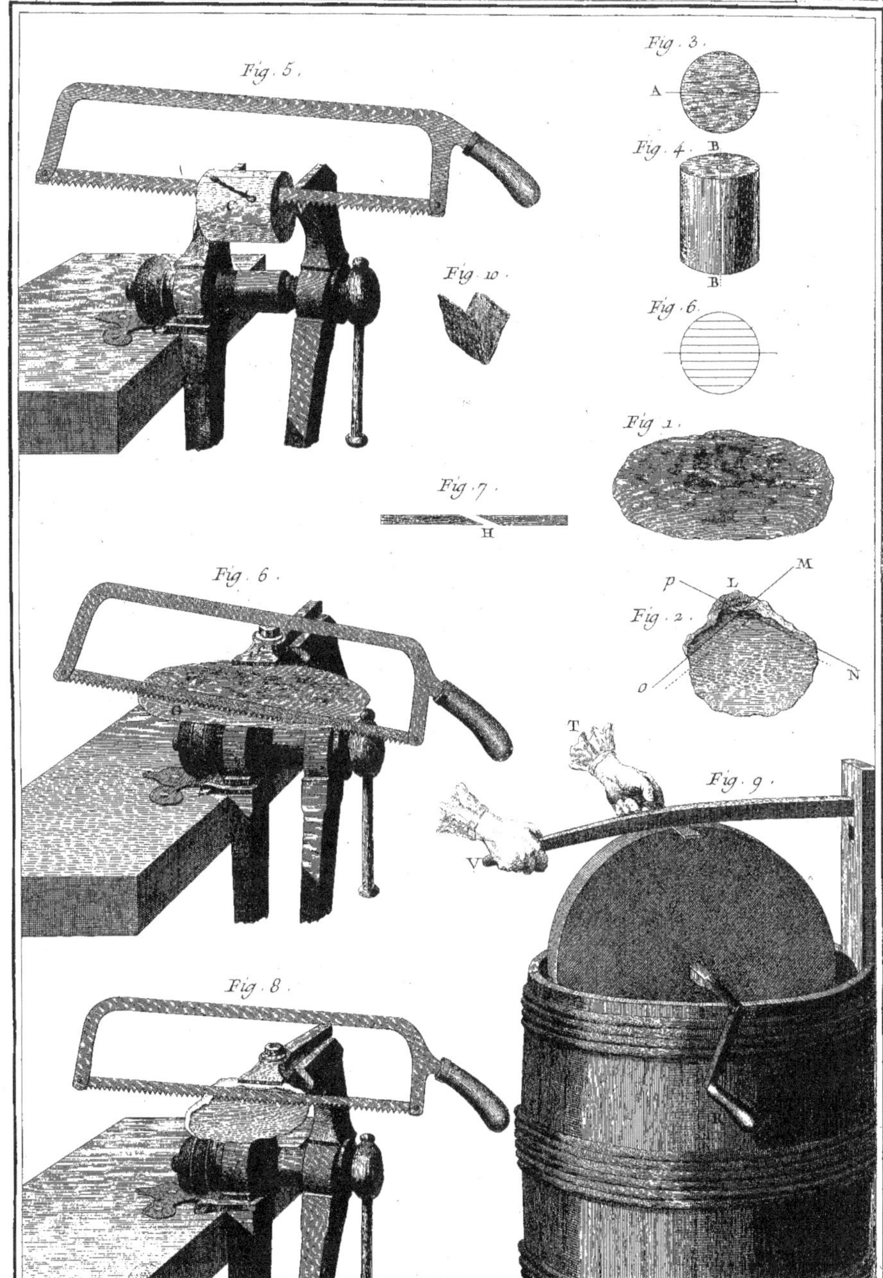

Goussier Del. Benard Sculp.

Art du Coutelier, Elévation de la Forge.

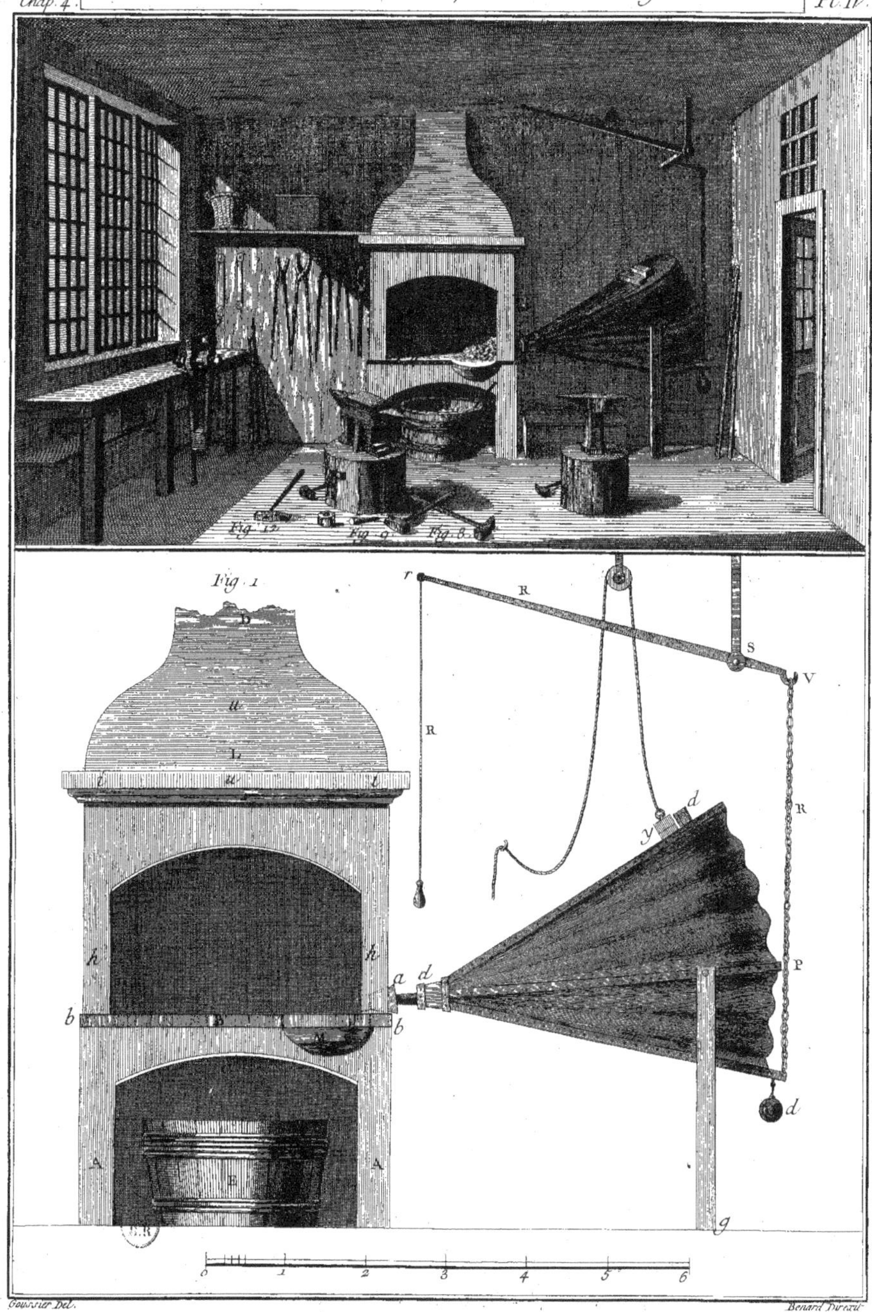

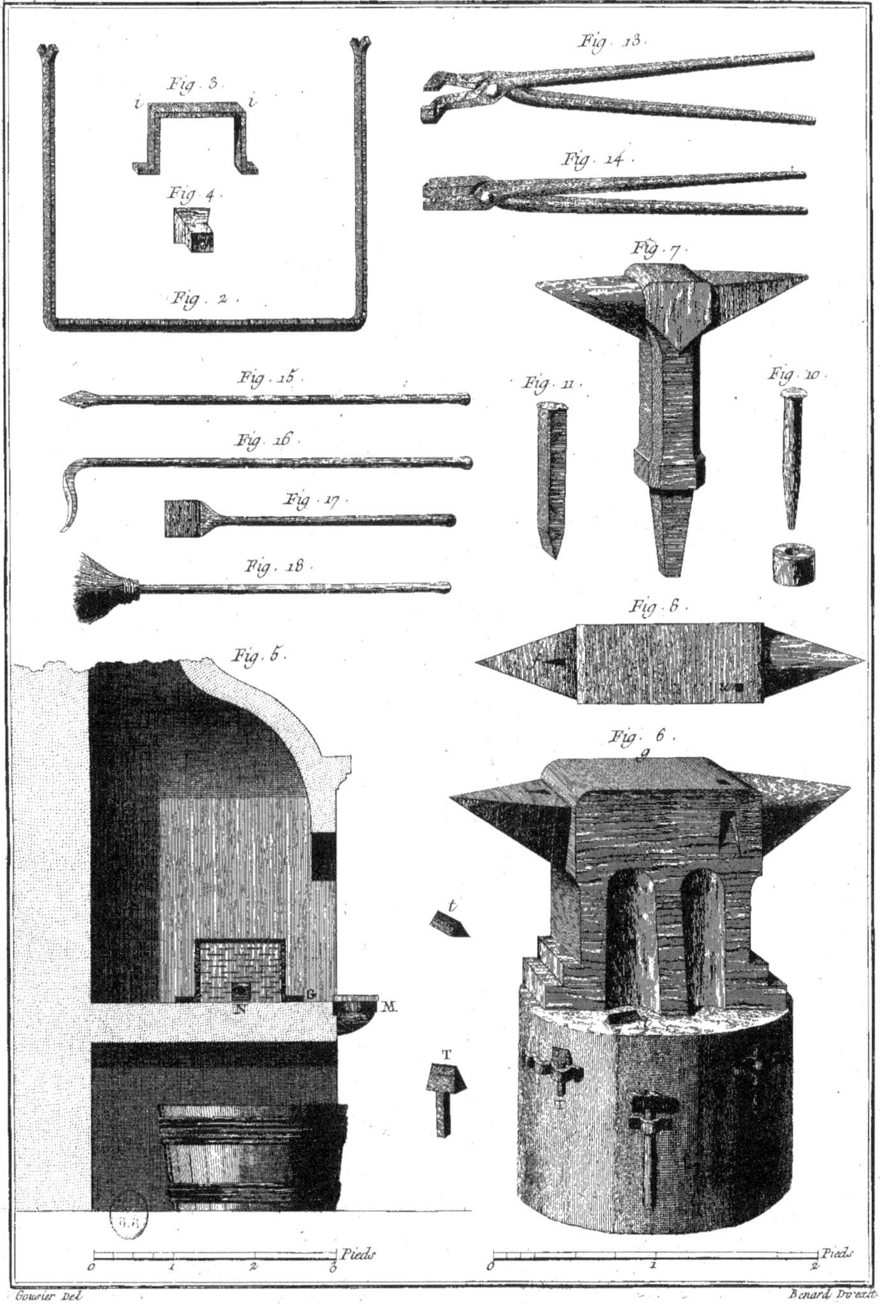
Fig. 13.
Fig. 3.
i
i
Fig. 14.
Fig. 4.
Fig. 7.
Fig. 2.
Fig. 15.
Fig. 11.
Fig. 10.
Fig. 16.
Fig. 17.
Fig. 18.
Fig. 8.
Fig. 5.
Fig. 6.
g
t
N
G
M.
T
0 1 2 3 Pieds
0 1 2 Pieds

Goussier Del. Benard Direxit.

Fig. 24.
Fig. 23.
Fig. 20.
m
L
H
H

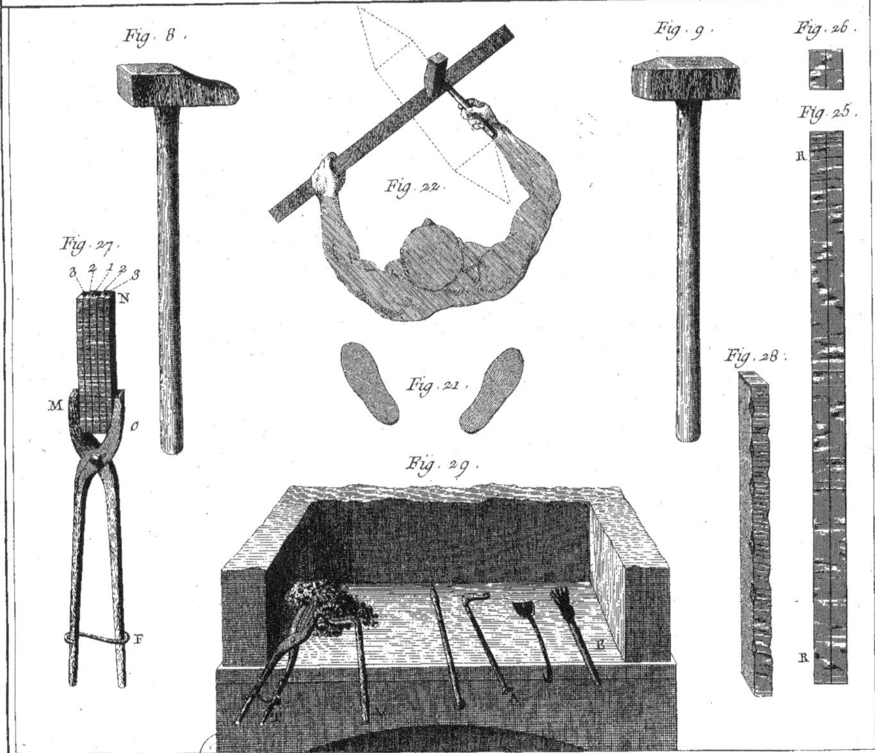

Fig. 8.
Fig. 9.
Fig. 26.
Fig. 25.
R
Fig. 27.
3 2 1 2 3
N
Fig. 22.
M
O
Fig. 28.
Fig. 21.
F
Fig. 29.
E
R

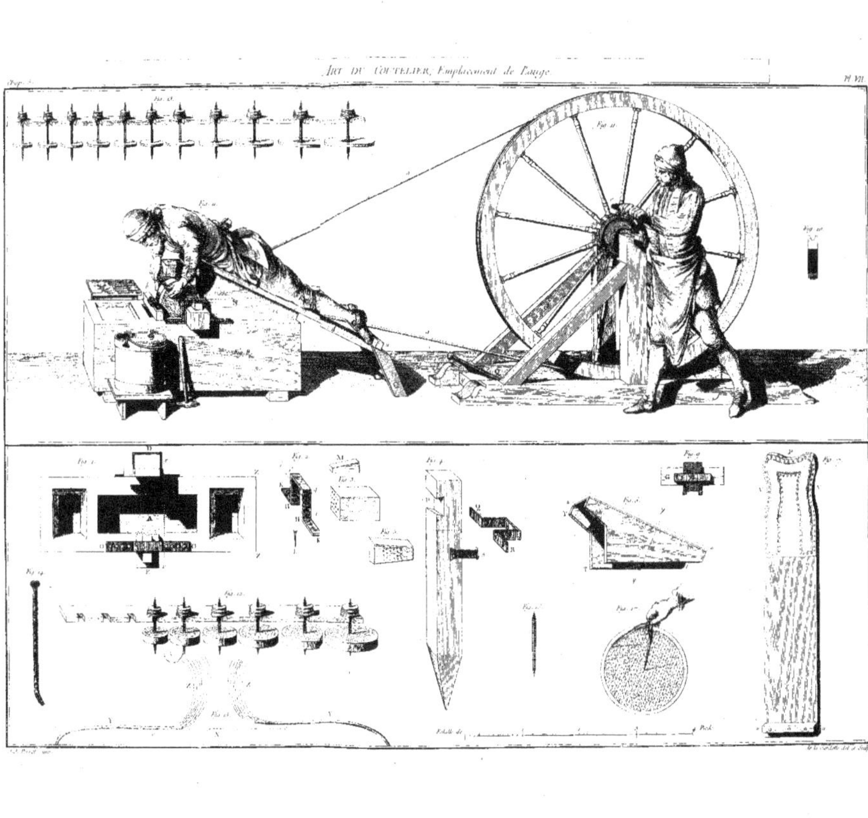

ART DU COUTELIER. Monter les Meules.

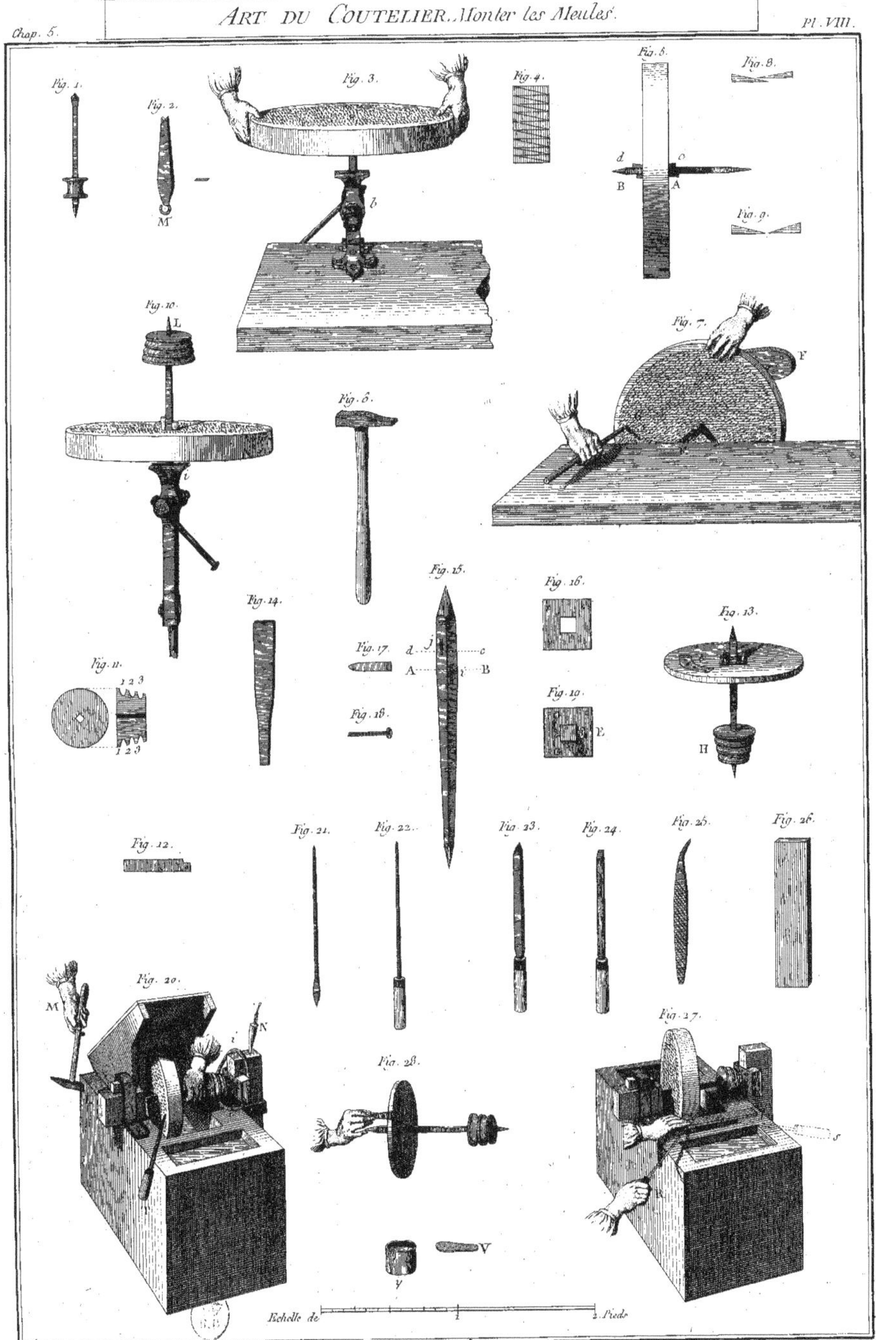

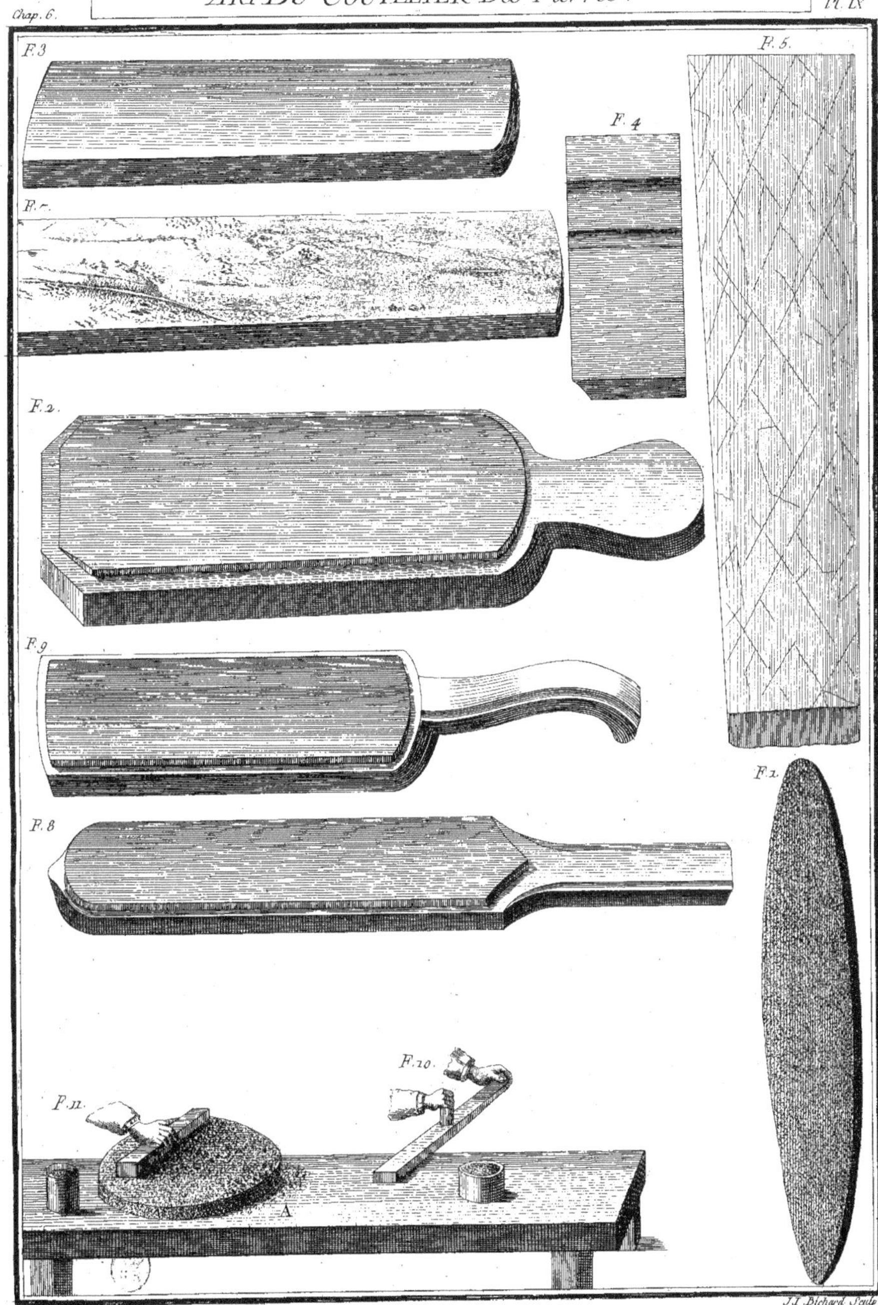

J. J. Perray del.   J. J. Bichard Sculp.

ART DU COUTELIER, Des Outils.

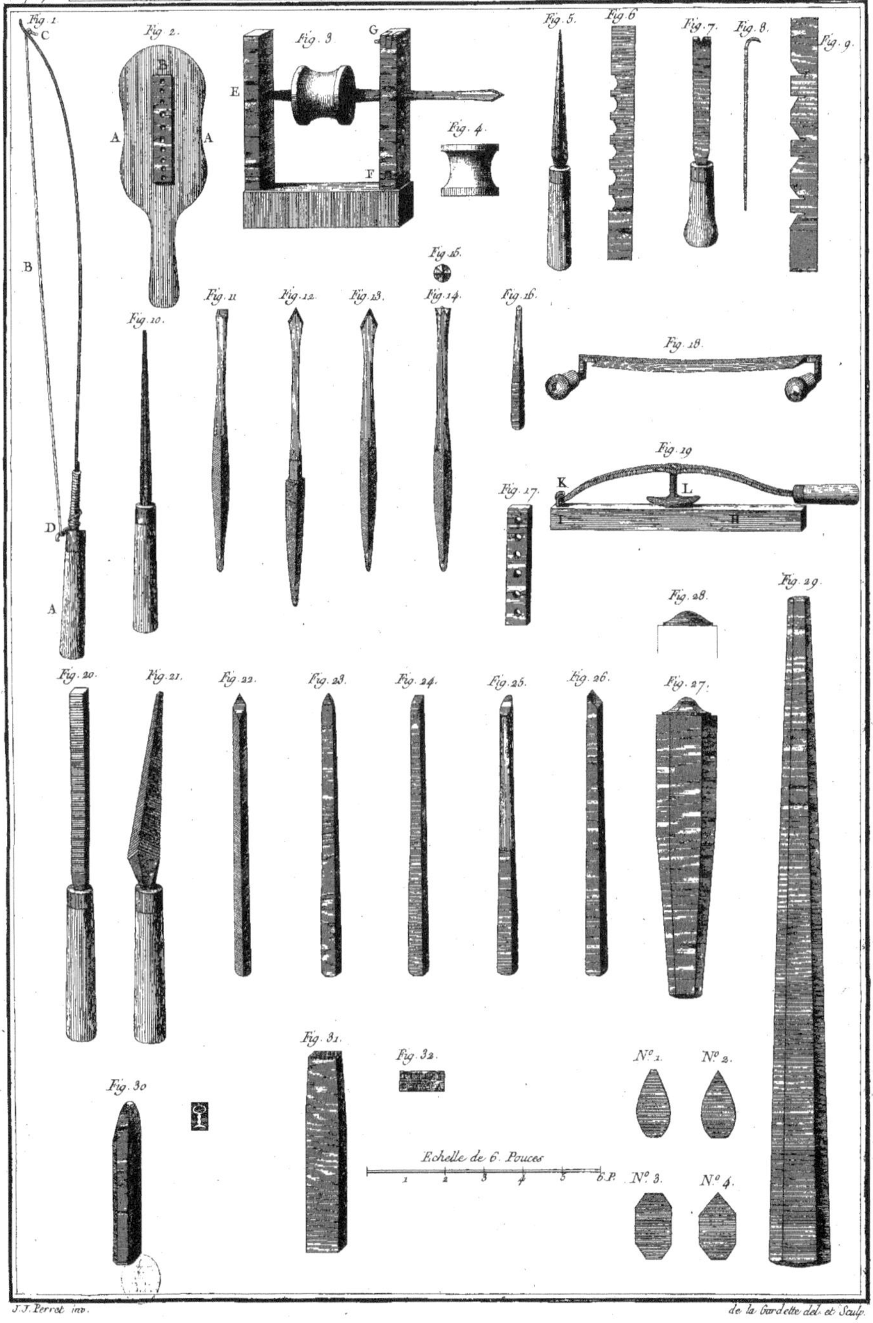

J. J. Perret inv.

de la Gardette del. et Sculp.

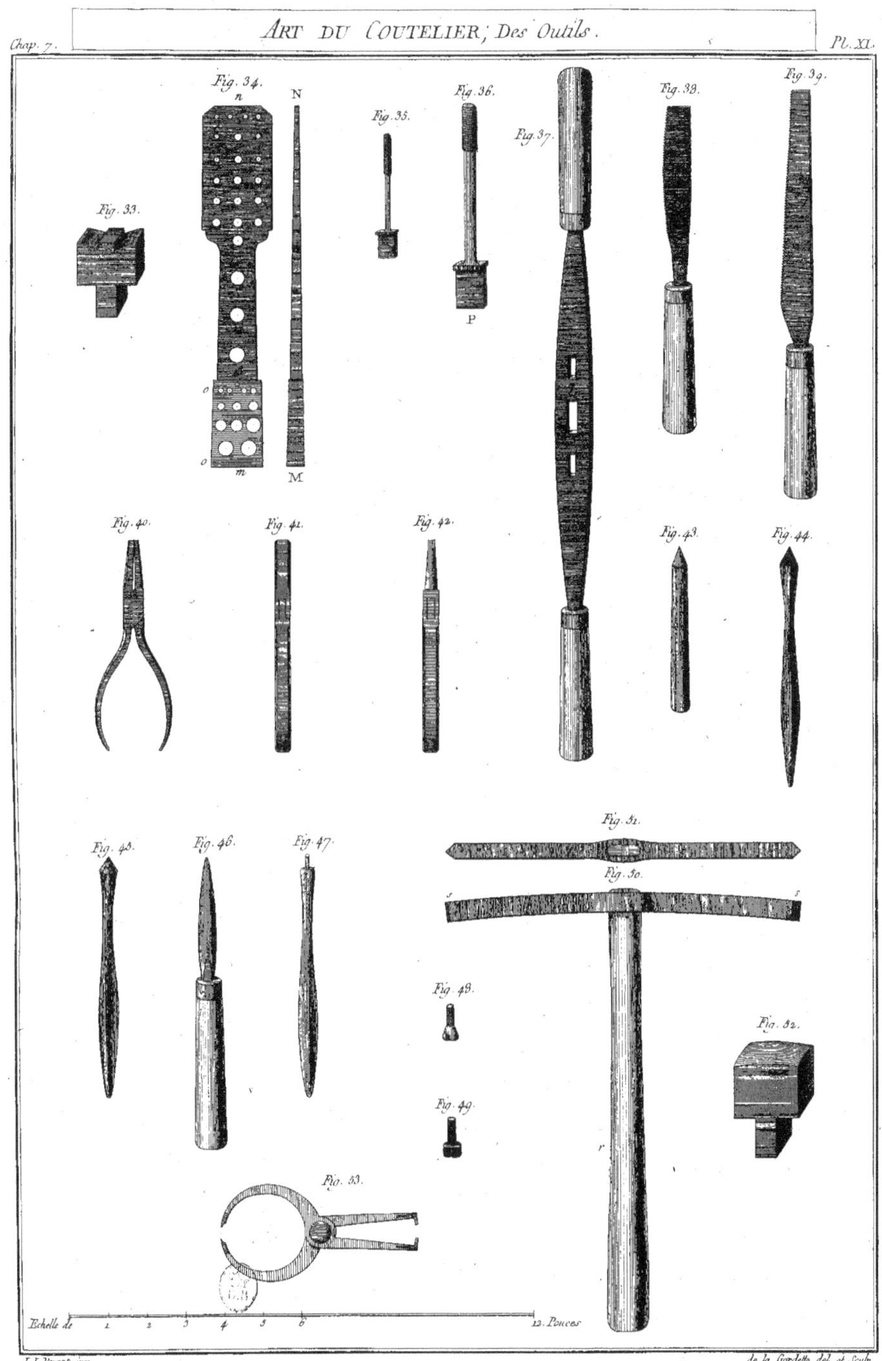
Fig. 33.
Fig. 34.
n
N
Fig. 35.
Fig. 36.
Fig. 37.
Fig. 38.
Fig. 39.
o
m
M
P
Fig. 40.
Fig. 41.
Fig. 42.
Fig. 43.
Fig. 44.
Fig. 45.
Fig. 46.
Fig. 47.
Fig. 51.
Fig. 50.
s
s
Fig. 48.
Fig. 52.
Fig. 49.
r
Fig. 53.
Echelle de   1   2   3   4   5   6   12. Pouces

Lucotte del.   Benard Sculp.

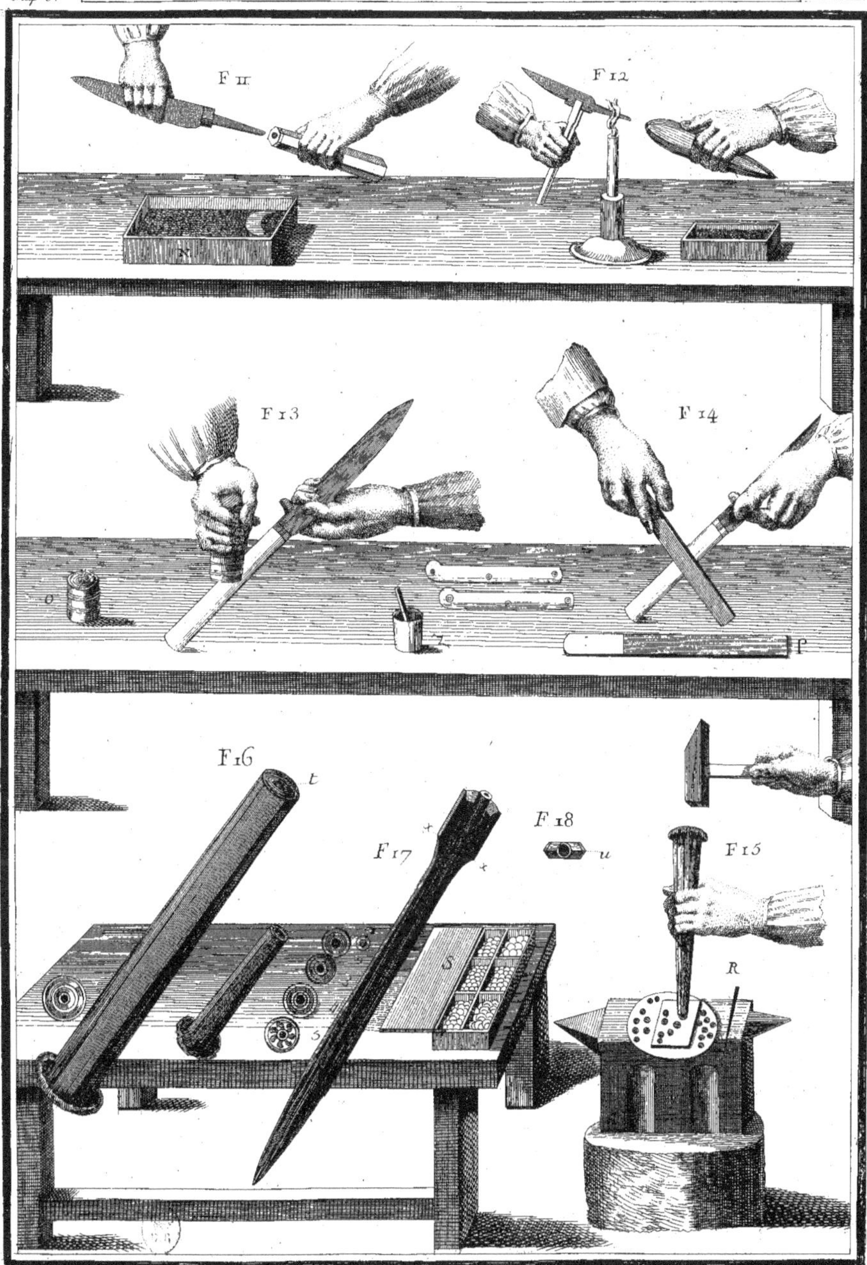

perret del.   J. B. bichard Sculp

ART DU COUTELIER.

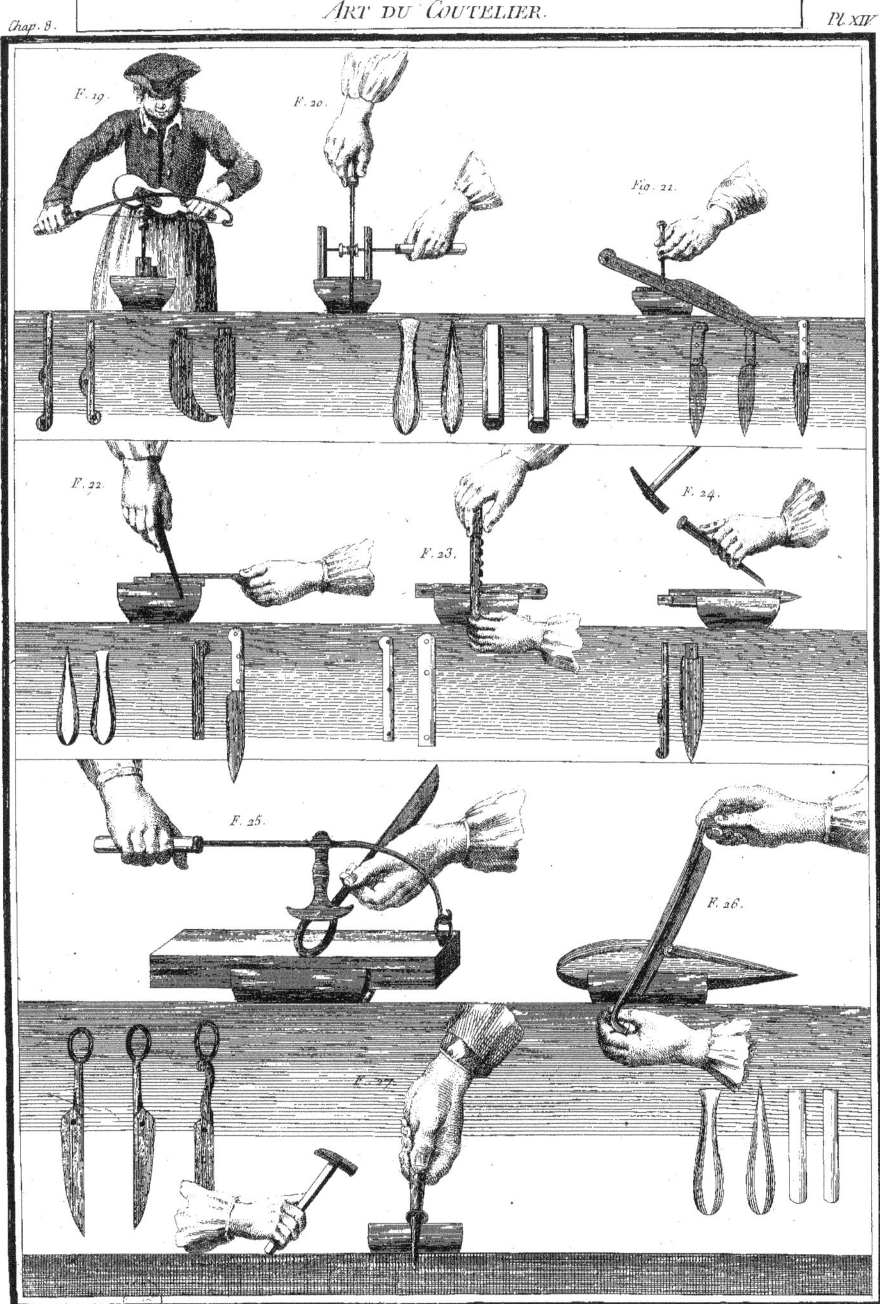

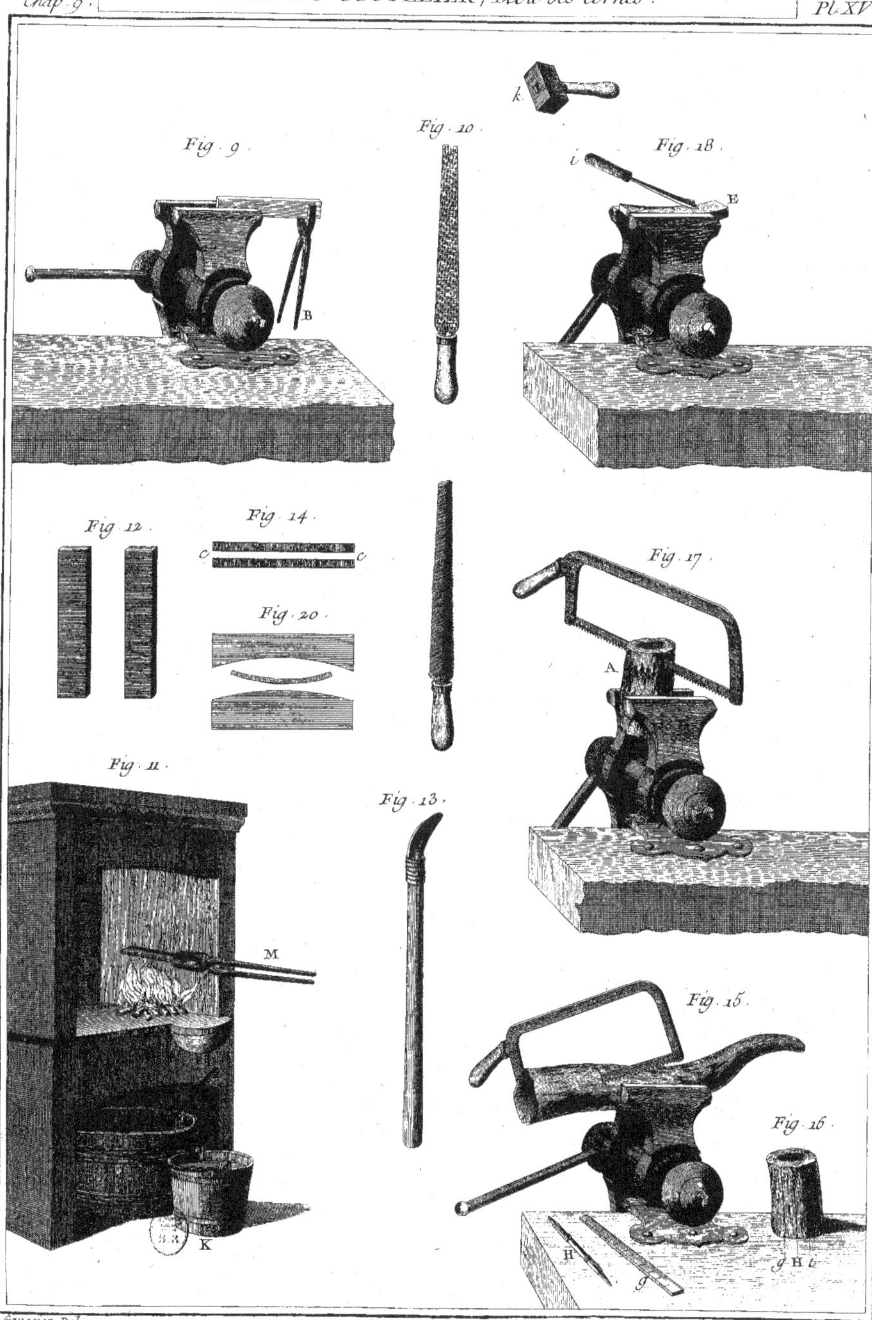
Fig. 9.
Fig. 10.
Fig. 18.
k.
i.
E.
B.
Fig. 12.
Fig. 14.
c   c
Fig. 20.
Fig. 17.
A.
Fig. 11.
M.
Fig. 13.
Fig. 15.
Fig. 16.
K.
H.
g
g H.

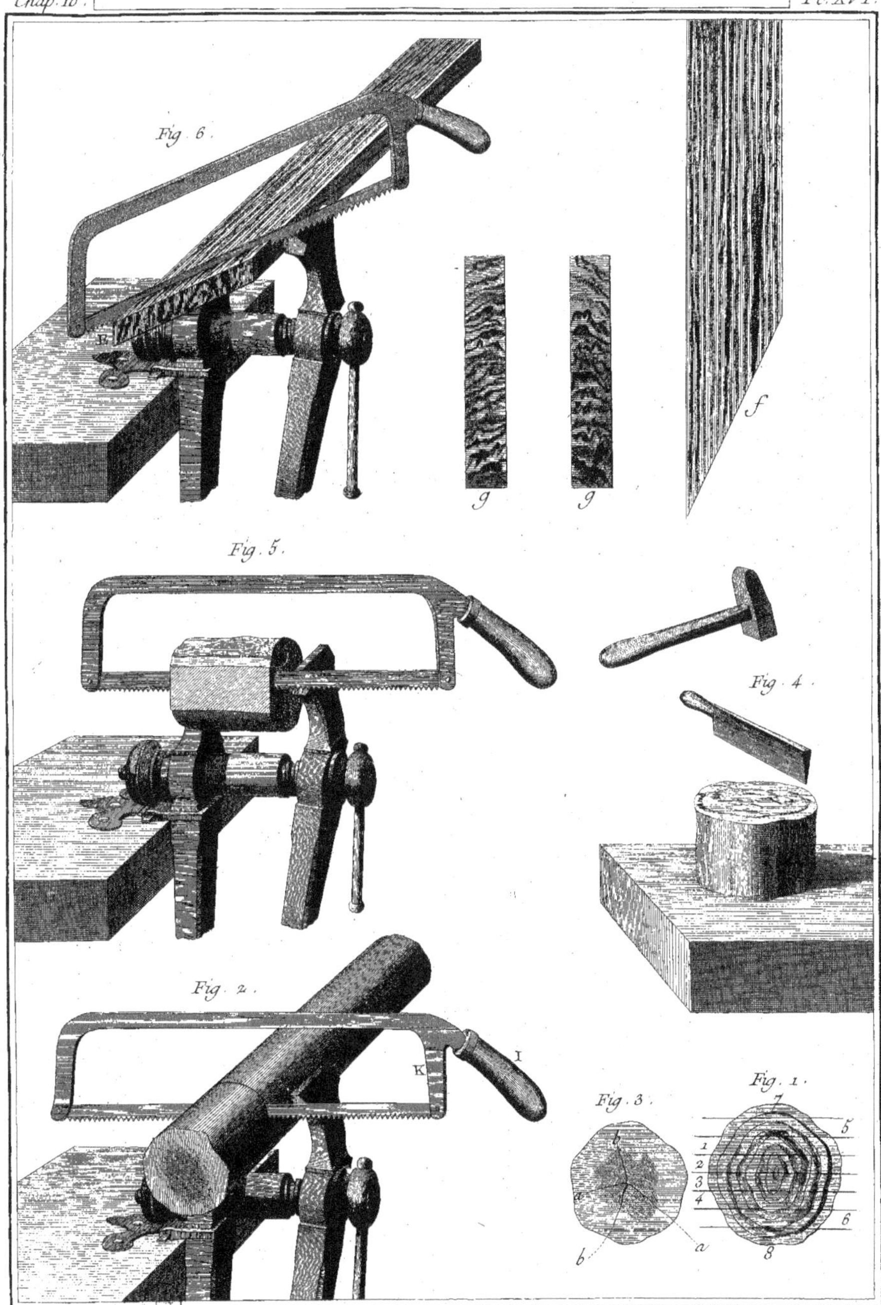
Fig. 6.
E
f
g
g
Fig. 5.
Fig. 4.
Fig. 2.
K
I
Fig. 3.
b
a
Fig. 1.
7
5
1
2
3
4
6
8

Chap. 13.
ART DU COUTELIER. De la Lime. 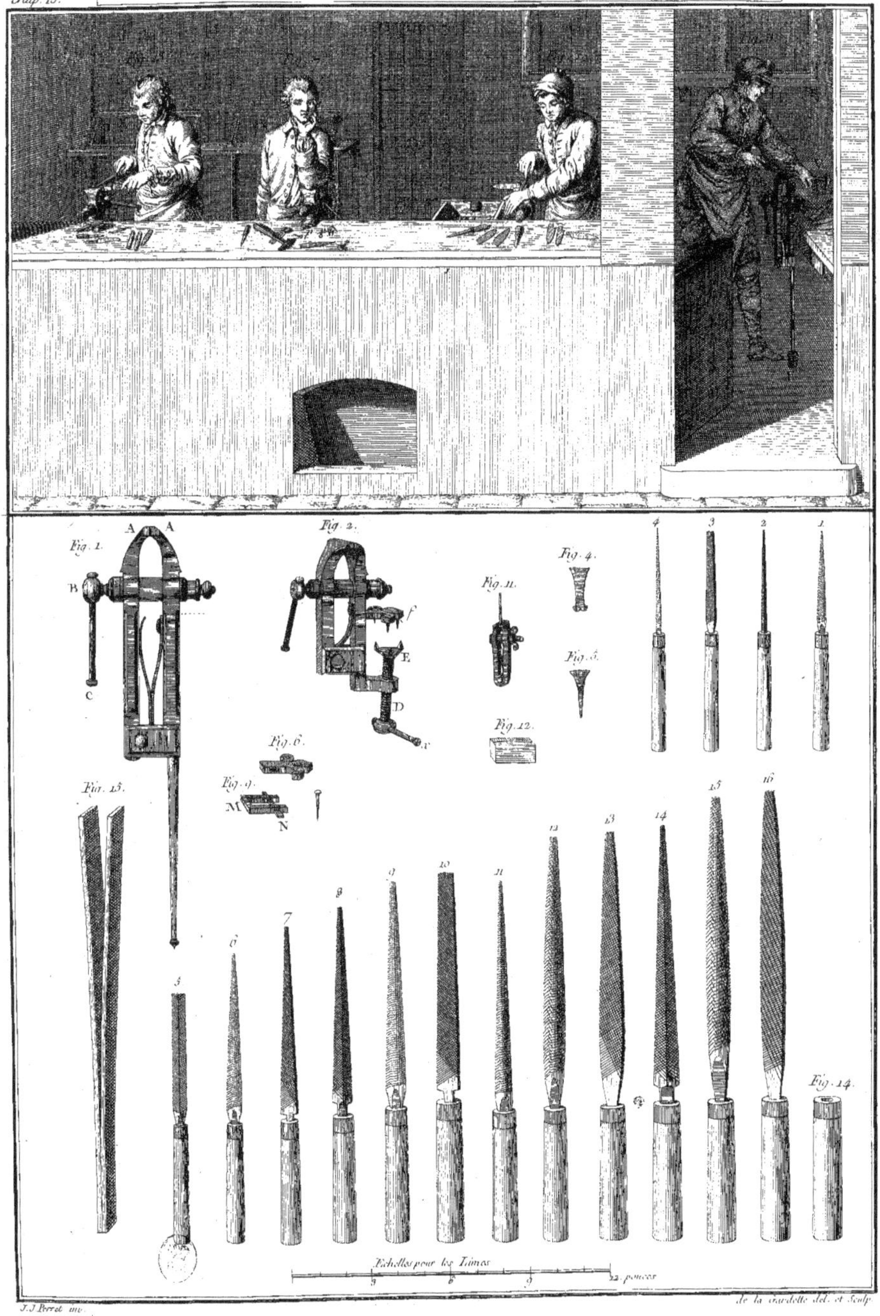
Pl. XVII.
Fig. 1.
A A
B
C
Fig. 2.
f
E
D
Fig. 6.
Fig. 9.
M
N
Fig. 11.
Fig. 4.
Fig. 5.
Fig. 12.
Fig. 13.
4
3
2
1
5
6
7
8
9
10
11
12
13
14
15
16
Fig. 14.
Echelles pour les Limes.
3
6
9
12 pouces.
J. J. Perret inv.
de la Gardette del. et Sculp.

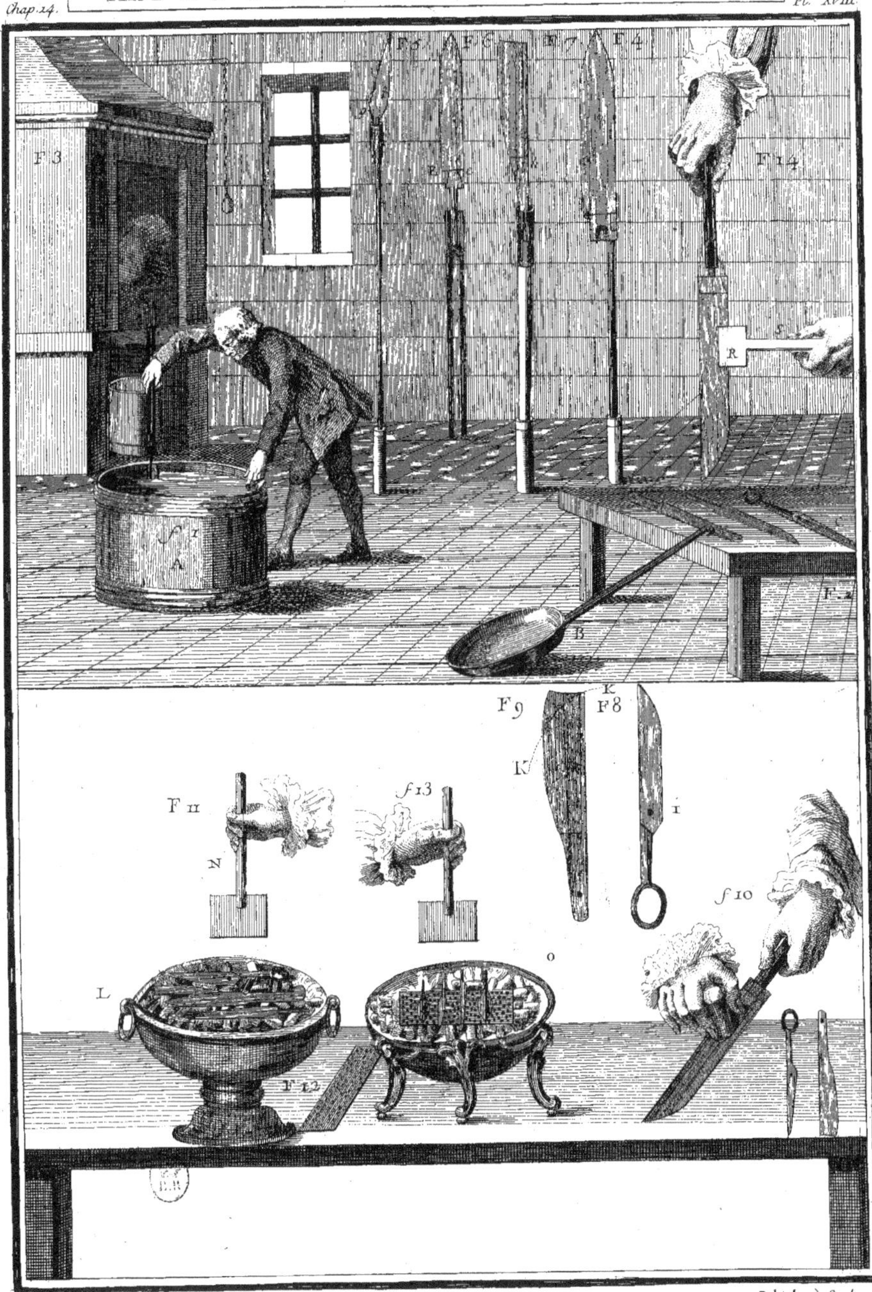
ART DU COUTELIER DE LA TRAMPE
Pl. XVIII.
F 3
F 5
F 8
F 7
F 4
F 14
R
S
F 2
B
F 9
F 8
K
K
i
f 13
F 11
N
L
f 10
o
F 12

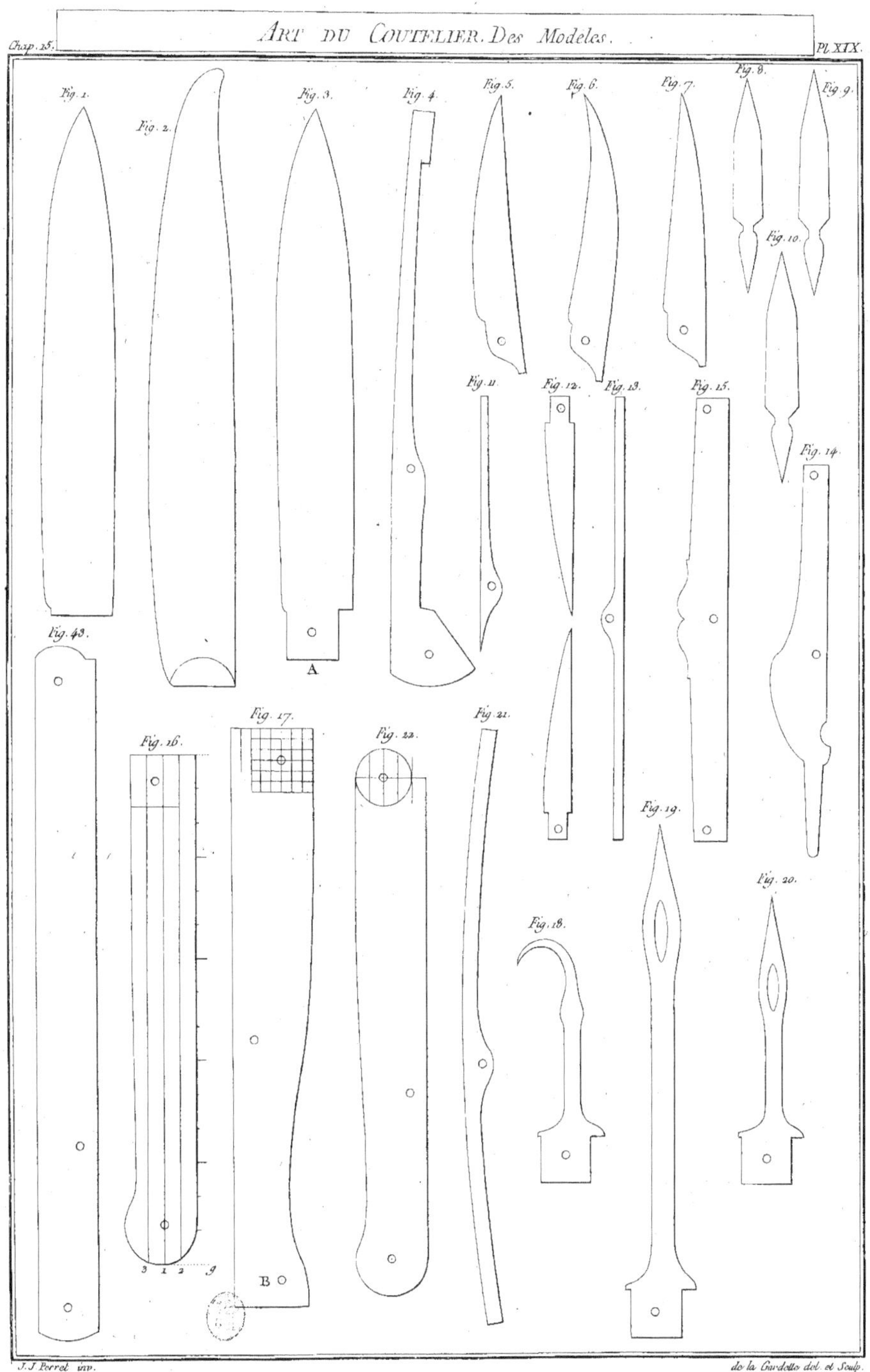
Fig. 1.
Fig. 2.
Fig. 3.
Fig. 4.
Fig. 5.
Fig. 6.
Fig. 7.
Fig. 8.
Fig. 9.
Fig. 10.
Fig. 11.
Fig. 12.
Fig. 13.
Fig. 15.
Fig. 14.
A
Fig. 43.
Fig. 16.
Fig. 17.
Fig. 22.
Fig. 21.
Fig. 19.
Fig. 18.
Fig. 20.
B
3 1 2 9

 ART DU COUTELIER, Des Modeles.

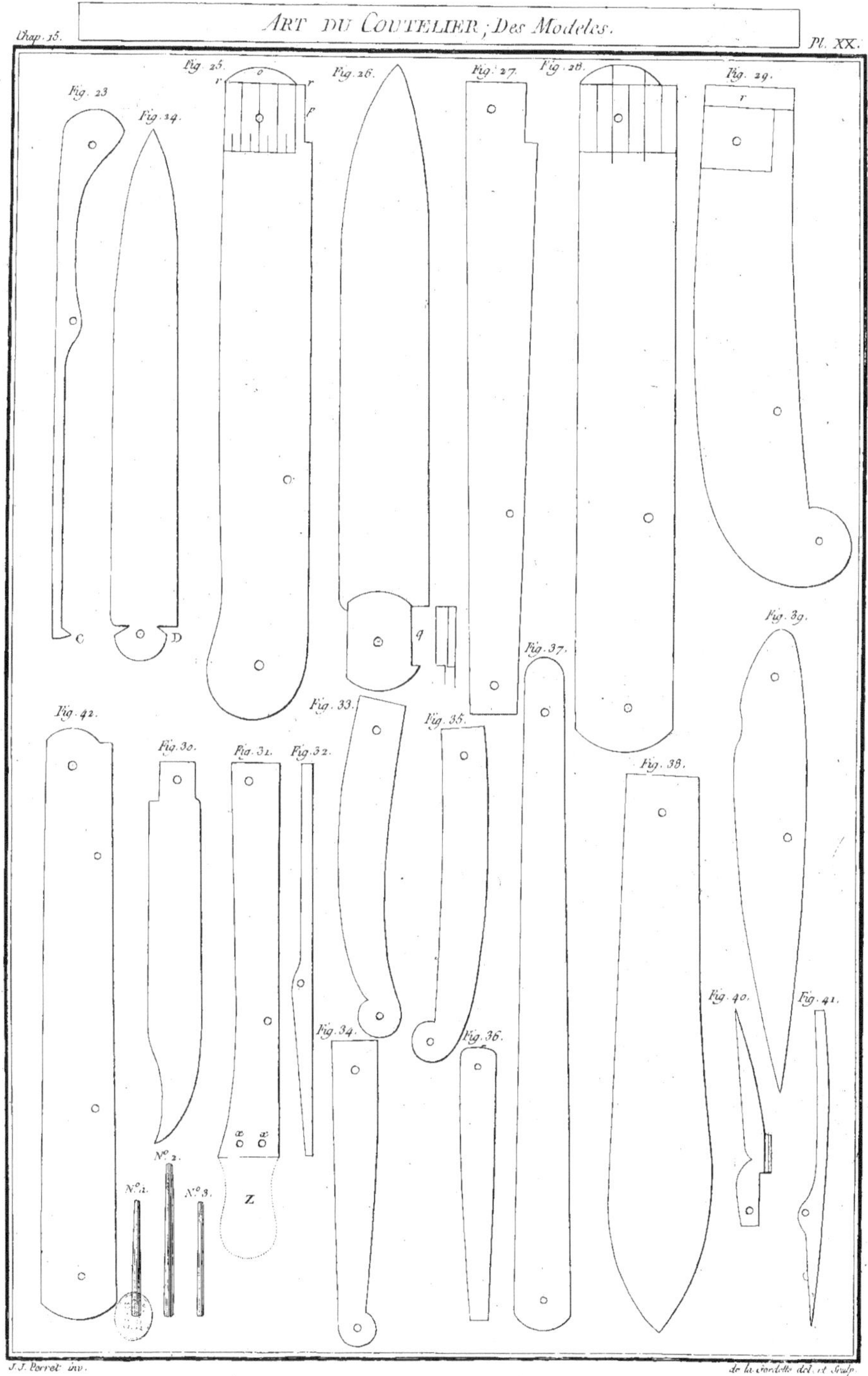

J. J. Perret inv.   de la Gardette del. et Sculp.

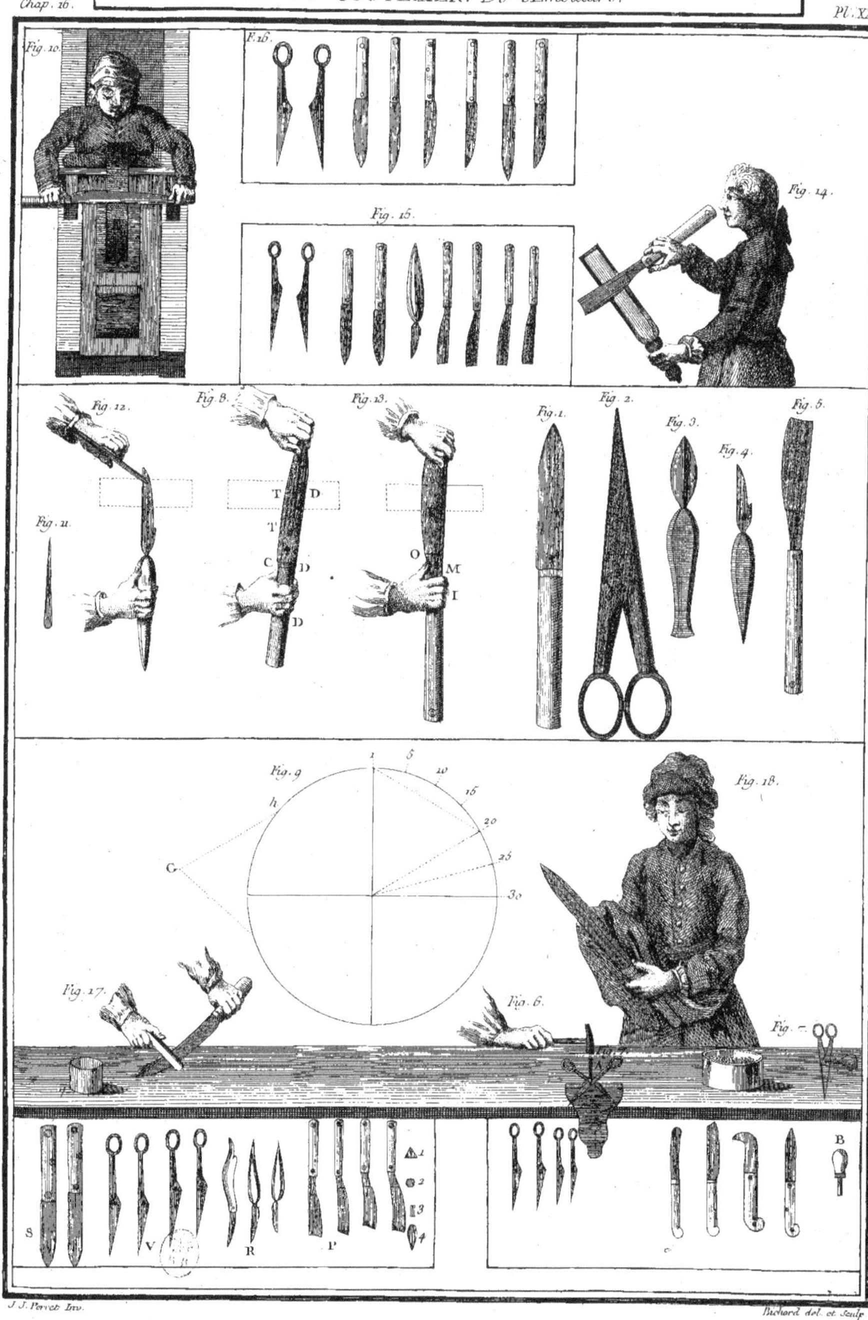
Fig. 10.
F. 16.
Fig. 15.
Fig. 14.
Fig. 12.
Fig. 8.
Fig. 13.
Fig. 11.
Fig. 1.
Fig. 2.
Fig. 3.
Fig. 4.
Fig. 5.
T D
T
C D
D
O M
I
Fig. 9.
1 5 10
15
20
25
3o
h
C
Fig. 18.
Fig. 17.
Fig. 6.
Fig. 7.
S V R P
1
2
3
4
B

ART DU COUTELIER. De l'Affilage des Tranchants.

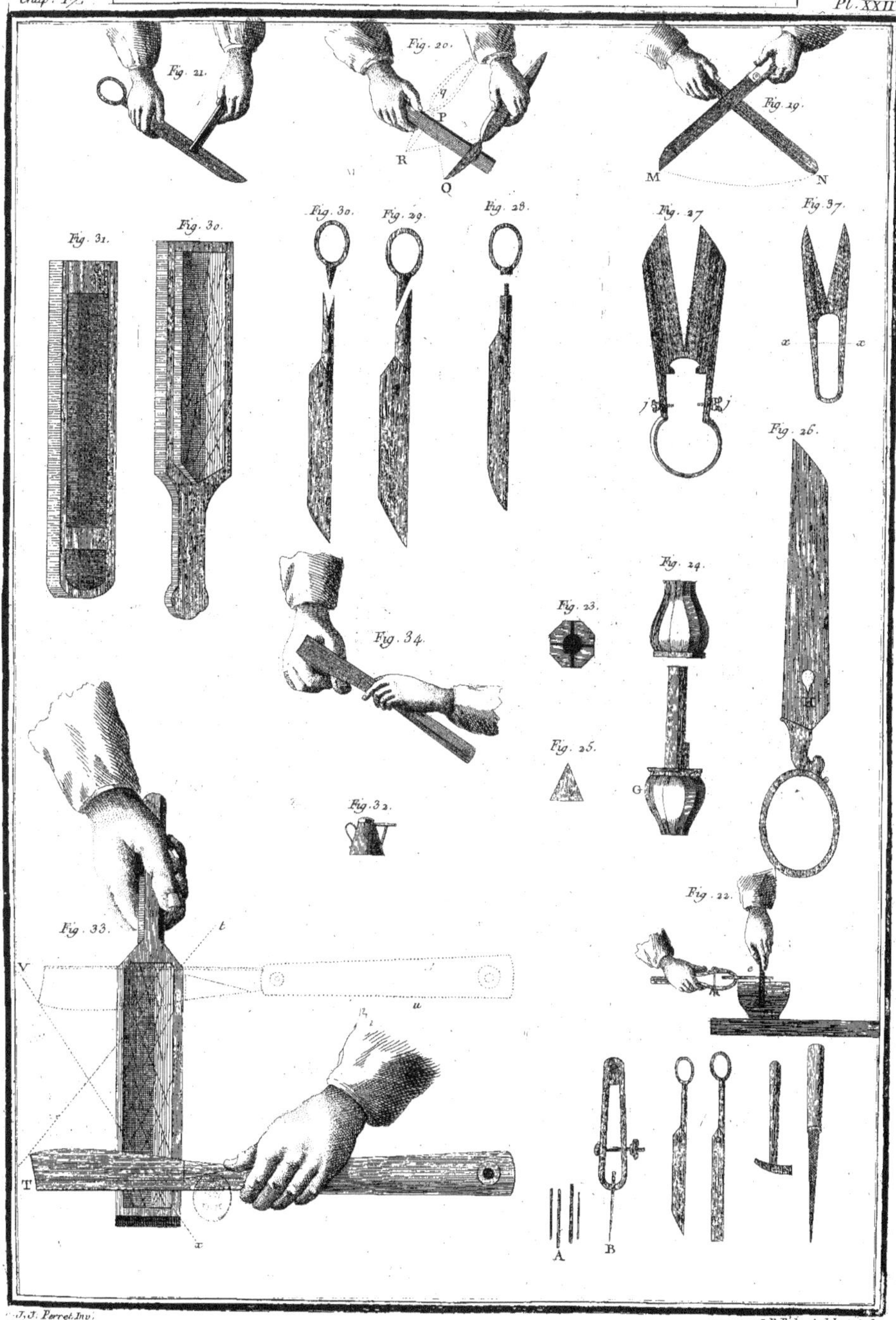

J. J. Perret Inv.

J. B. Bichard del. et Sculp.

ART DU COUTELIER. De la Fonte des matieres.

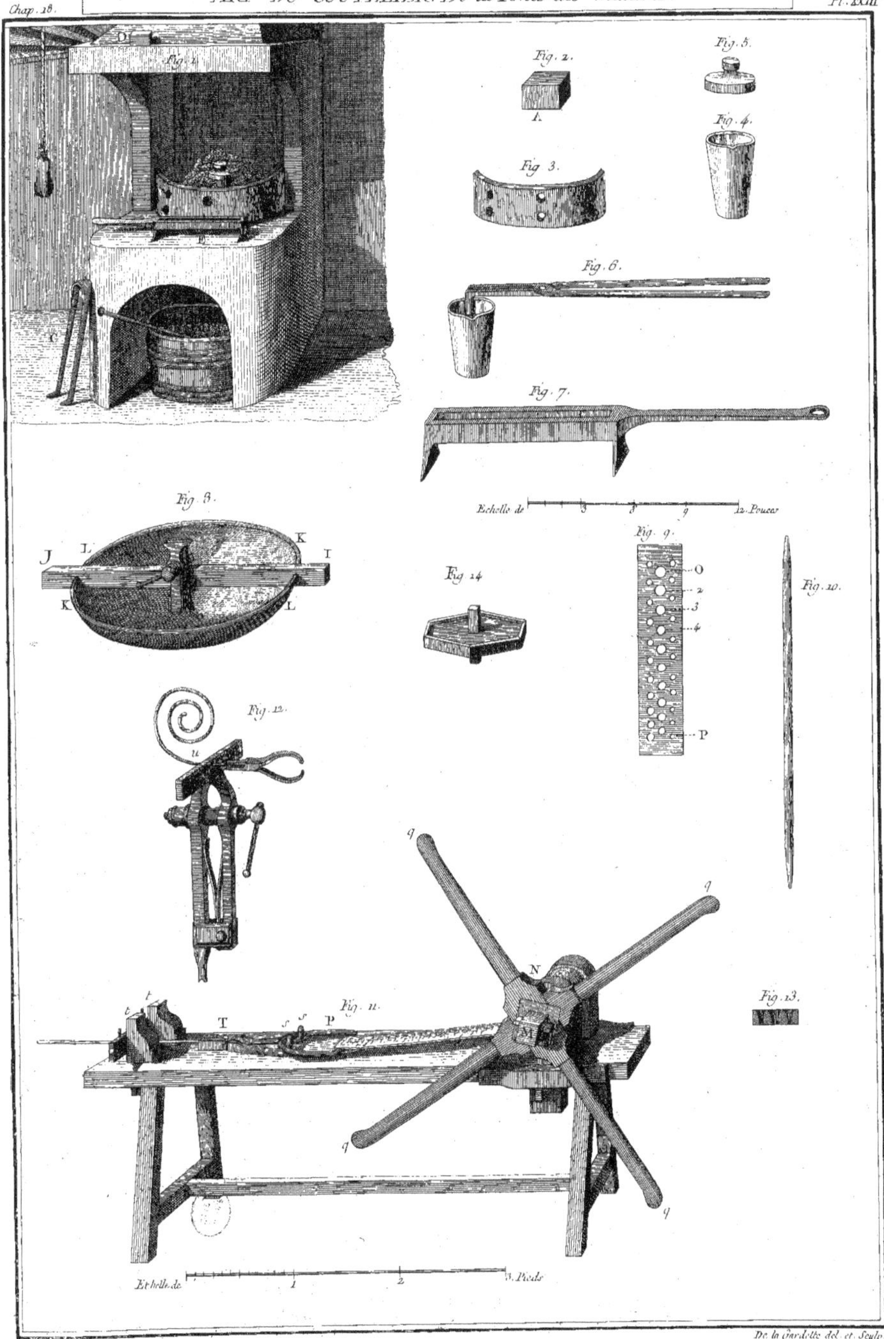

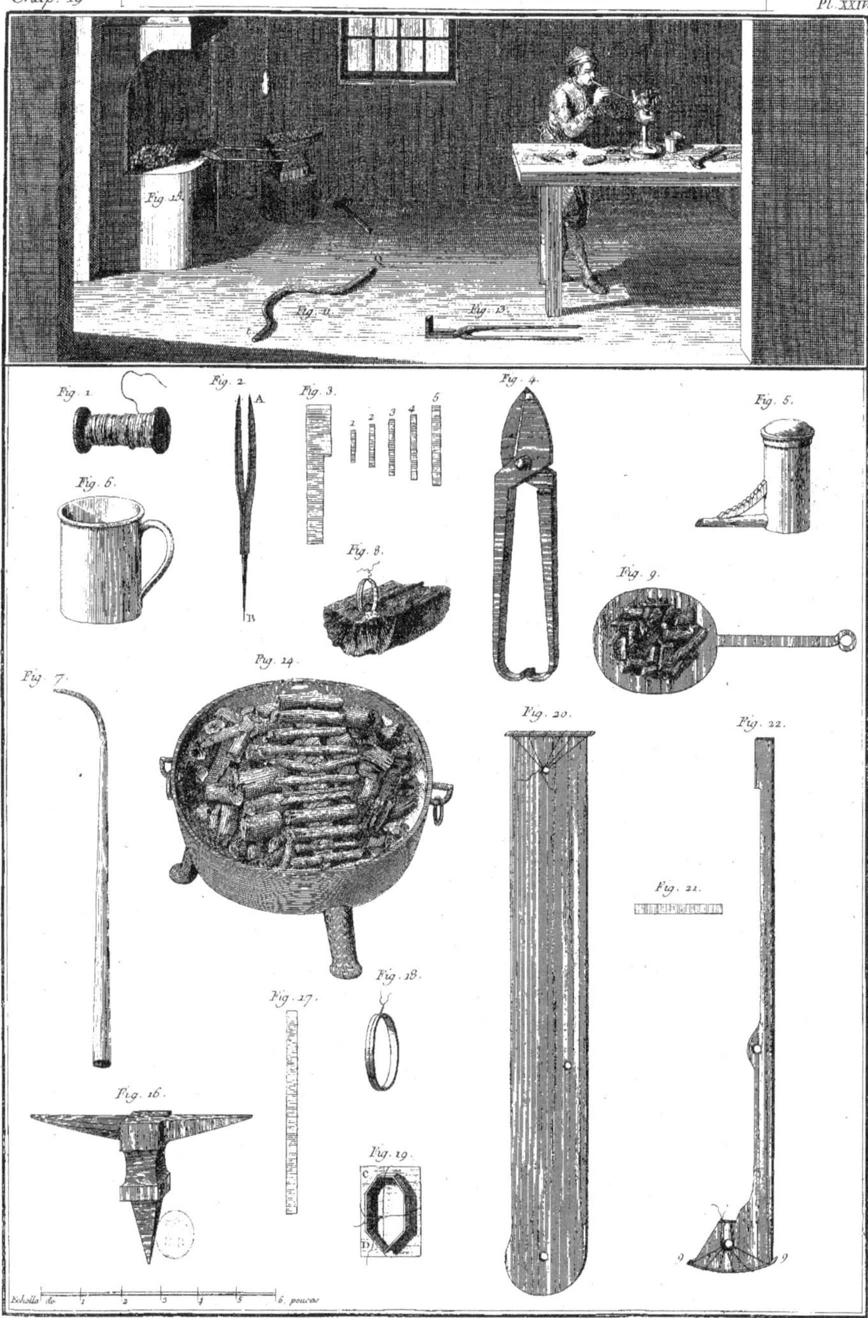

J. J. Perret inv.   de la Gardette del. et sculp.

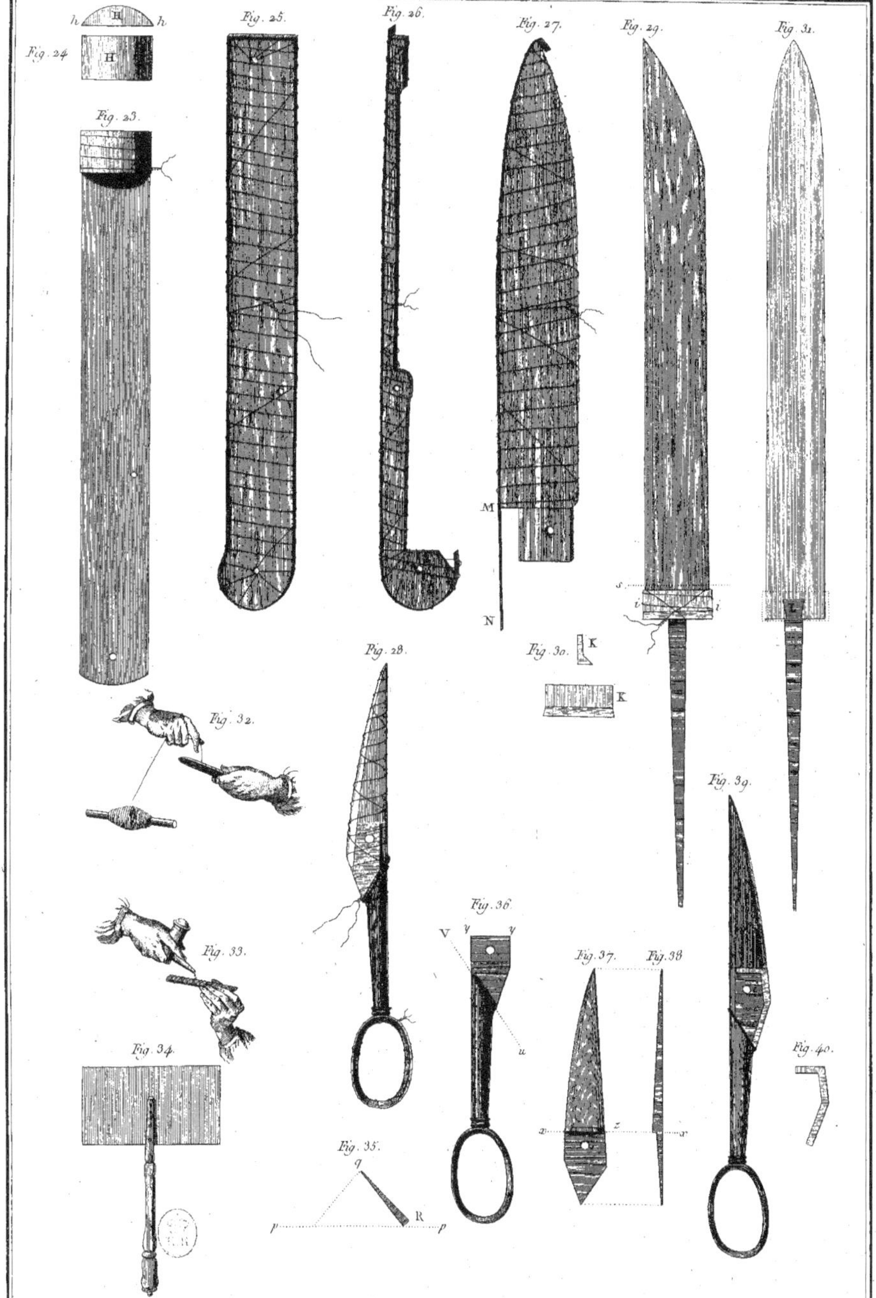

ART DU COUTELIER, Des Soudures et des Brasures.

Fig. 24.

Fig. 23.

Fig. 25.

Fig. 26.

Fig. 27.

Fig. 29.

Fig. 31.

M

N

Fig. 30.

K

K

Fig. 28.

Fig. 32.

Fig. 39.

Fig. 33.

Fig. 36.

V

u

Fig. 37.

Fig. 38.

Fig. 34.

Fig. 40.

Fig. 35.

q

R

p

p

J. J. Perret inv.

de la Gardette del. et Sculp.

ART DU COUTELIER. Des Canif, des Coupes-cours, et des Fusils.

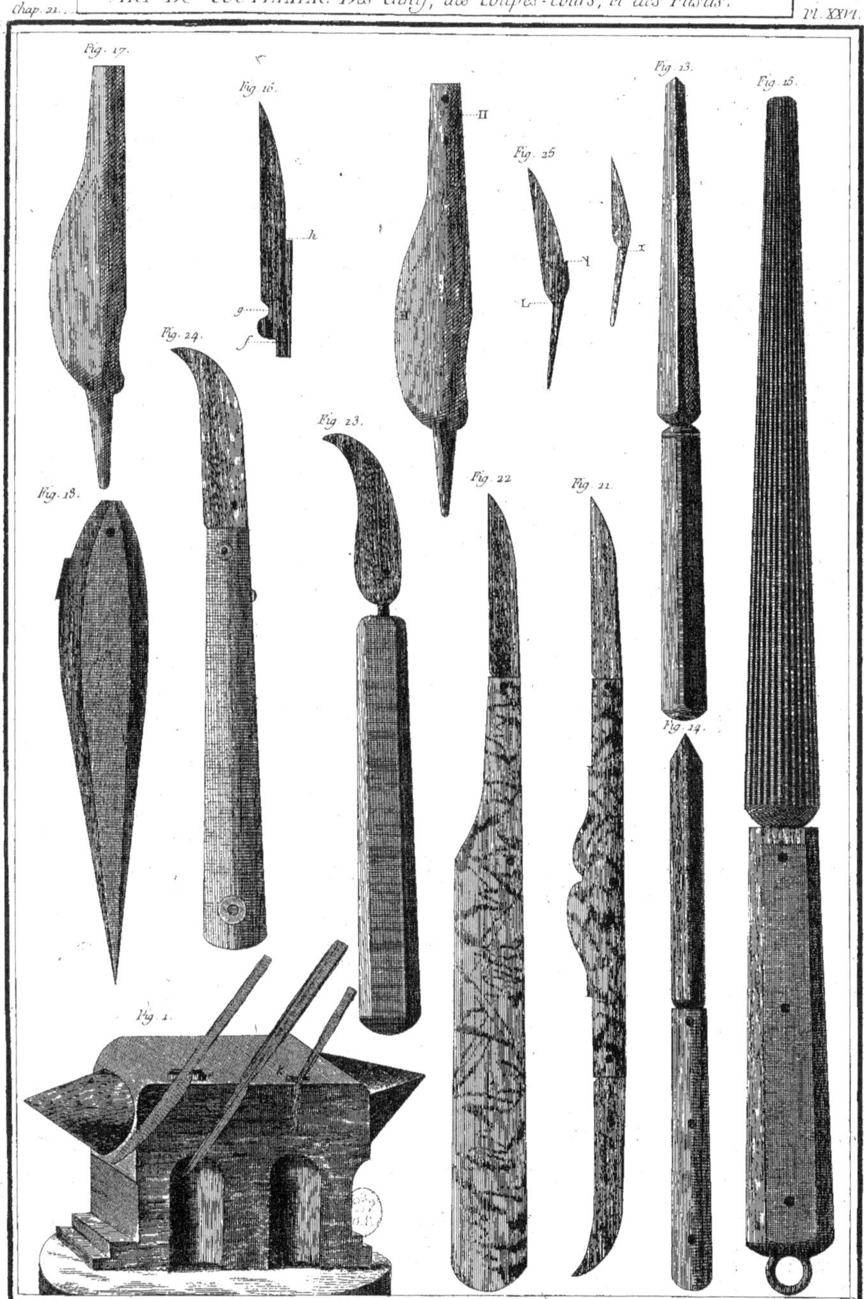

J. J. Perret inv.

J. B. Bichard del. et Sculp.

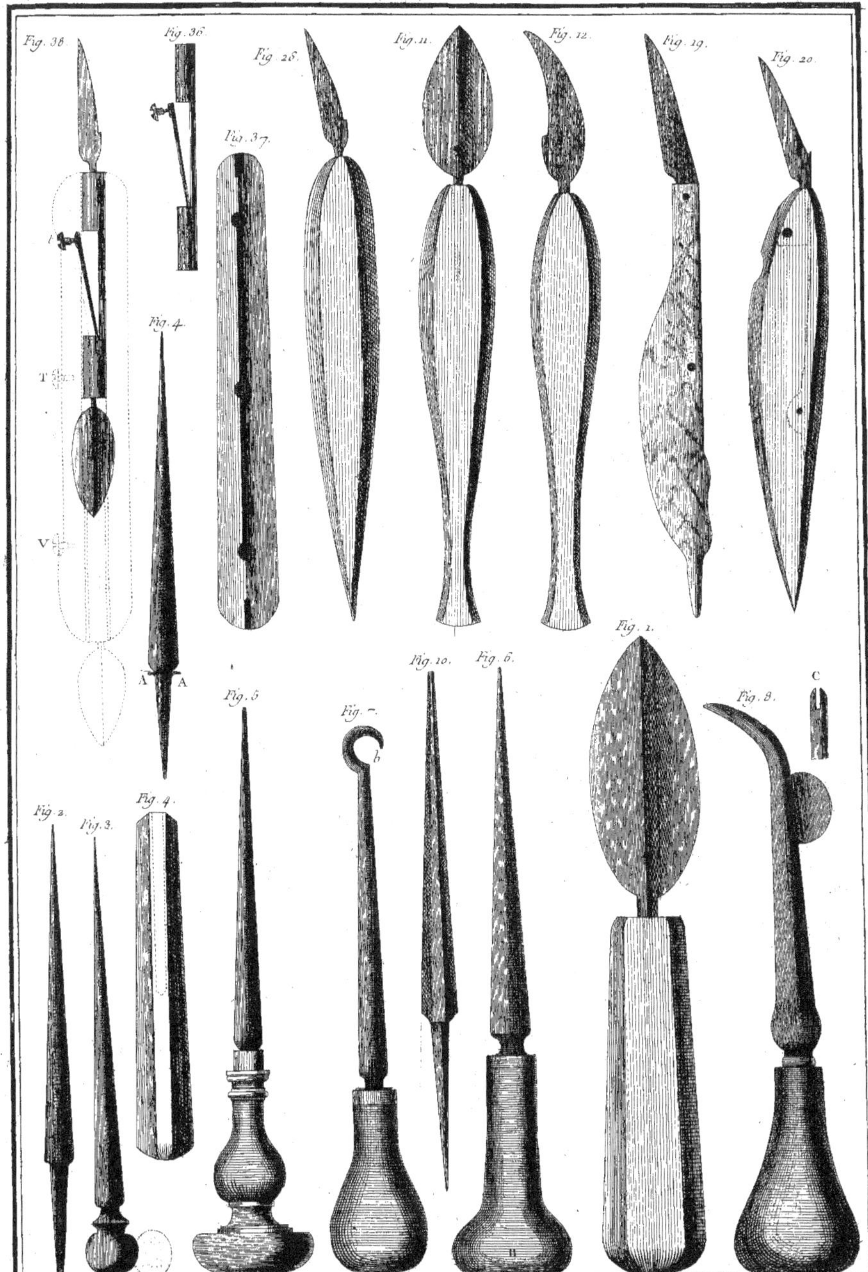
Fig. 38.
Fig. 36.
Fig. 26.
Fig. 37.
Fig. 11.
Fig. 12.
Fig. 19.
Fig. 20.
Fig. 4.
T
V
A   A
Fig. 1.
Fig. 10.
Fig. 6.
Fig. 5.
Fig. 7.
b
Fig. 8.
C
Fig. 2.
Fig. 3.
Fig. 4.

ART DU COUTELIER. Des Canifs a Pompe.

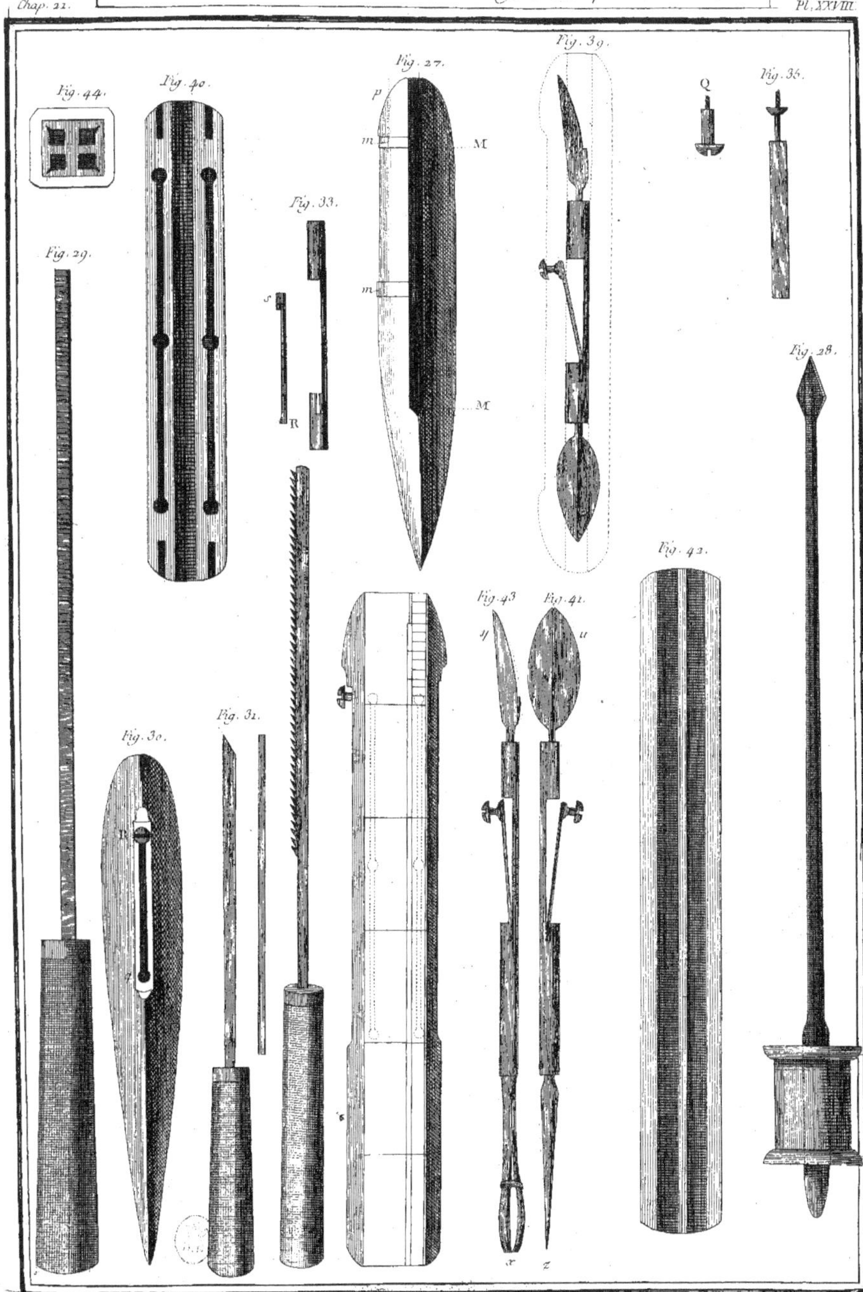

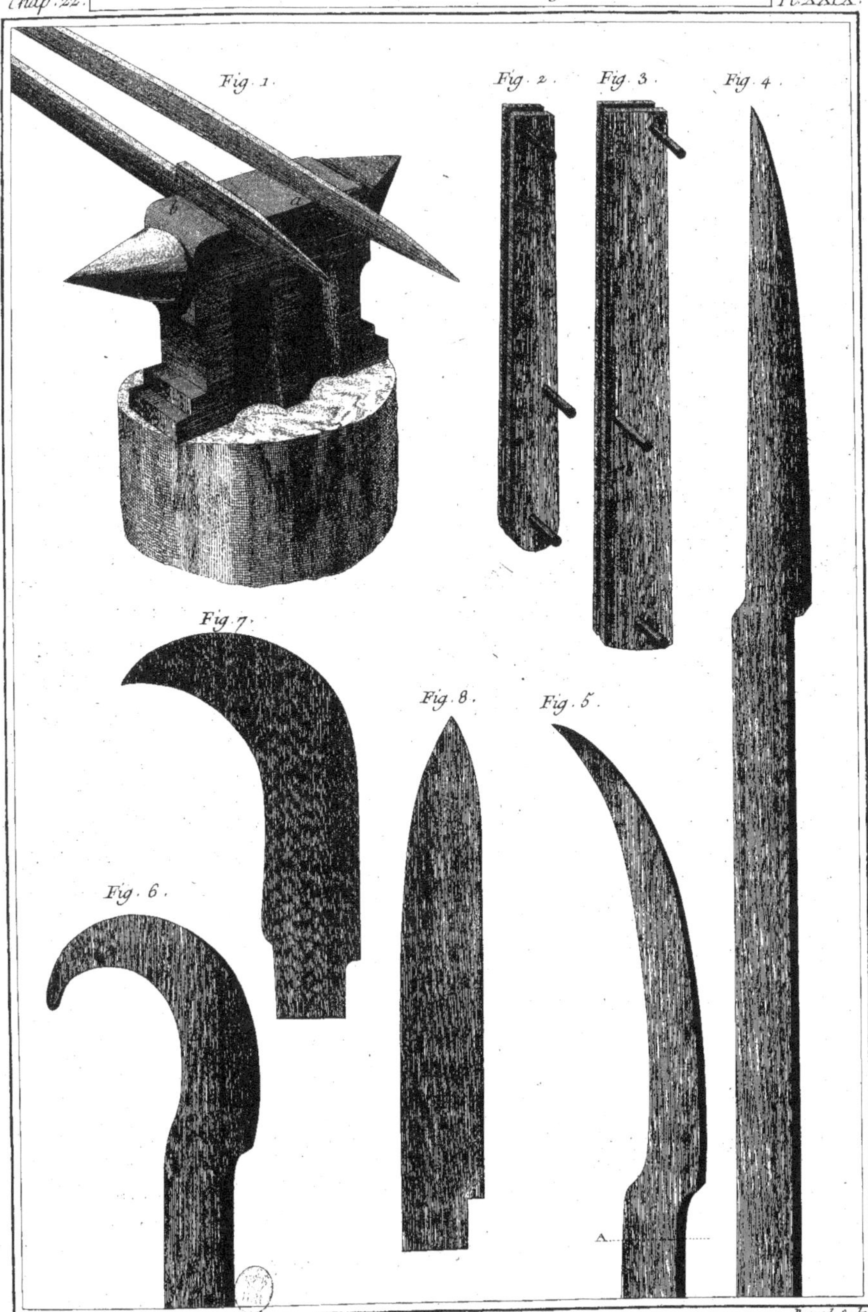

Fig. 1.
Fig. 2.
Fig. 3.
Fig. 4.
Fig. 7.
Fig. 8.
Fig. 5.
Fig. 6.
A.

ART DU COUTELIER, De la Forge des Ressorts.

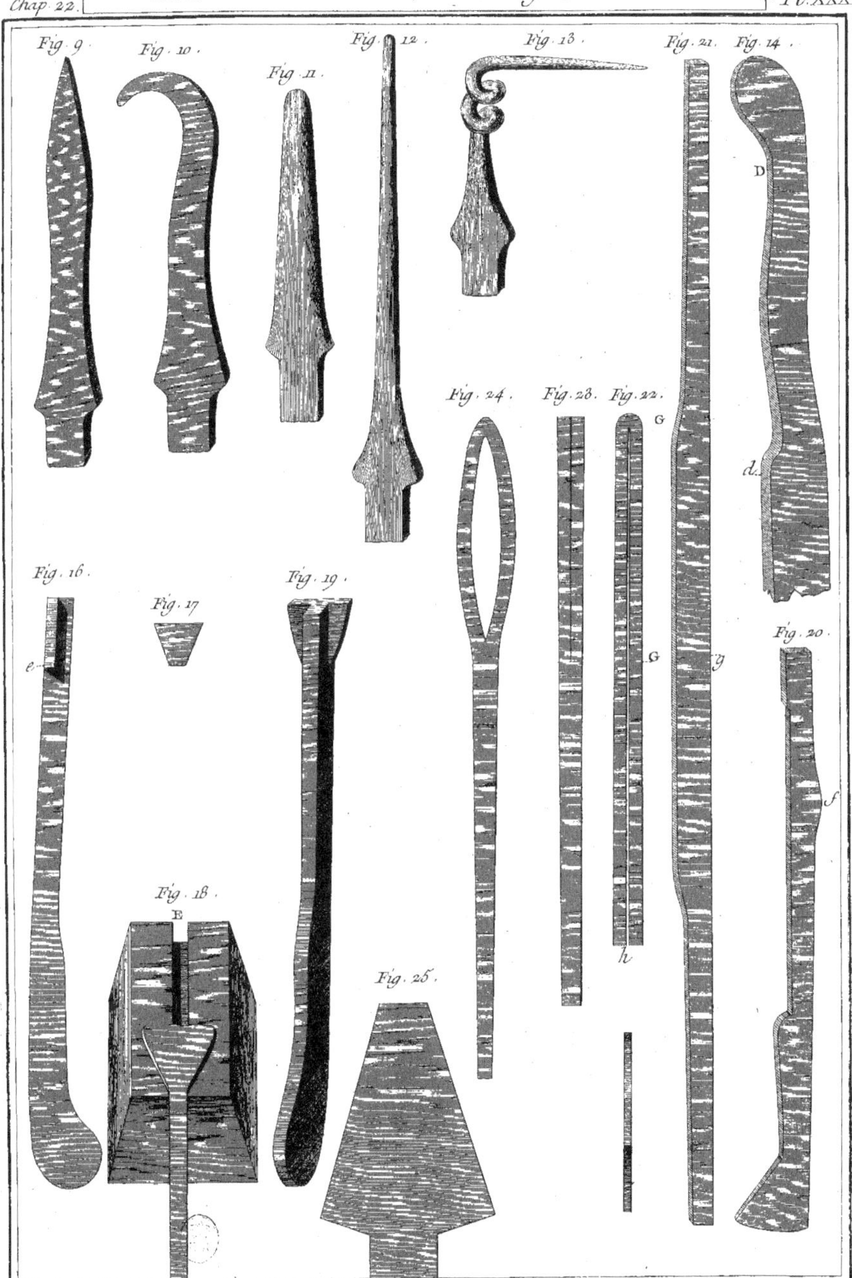

boussier Del.

Benard Sculp.

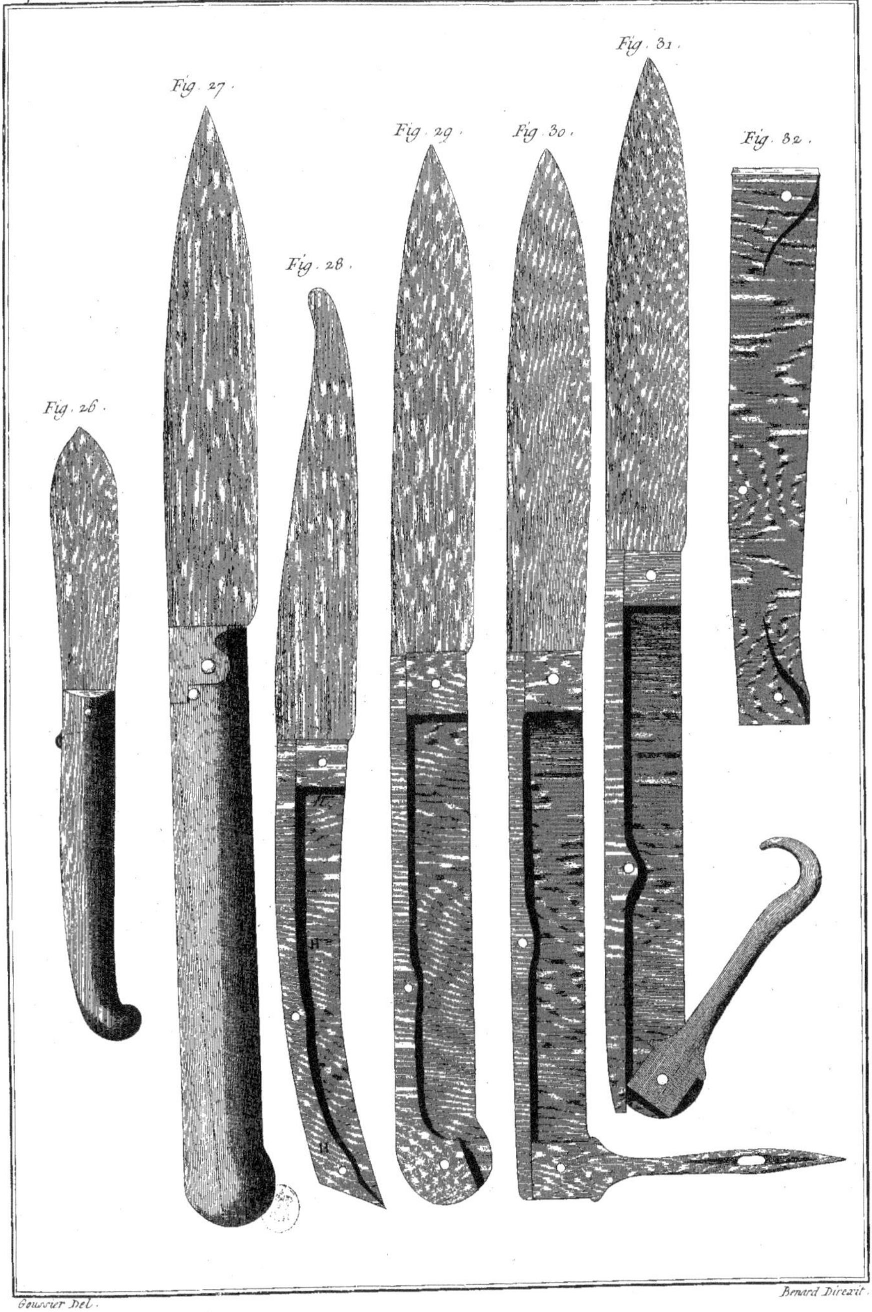

Fig. 26.
Fig. 27.
Fig. 28.
Fig. 29.
Fig. 30.
Fig. 31.
Fig. 32.

ART DU COUTELIER. *Des Serpetes, Grefoirs et Echenillouar.*

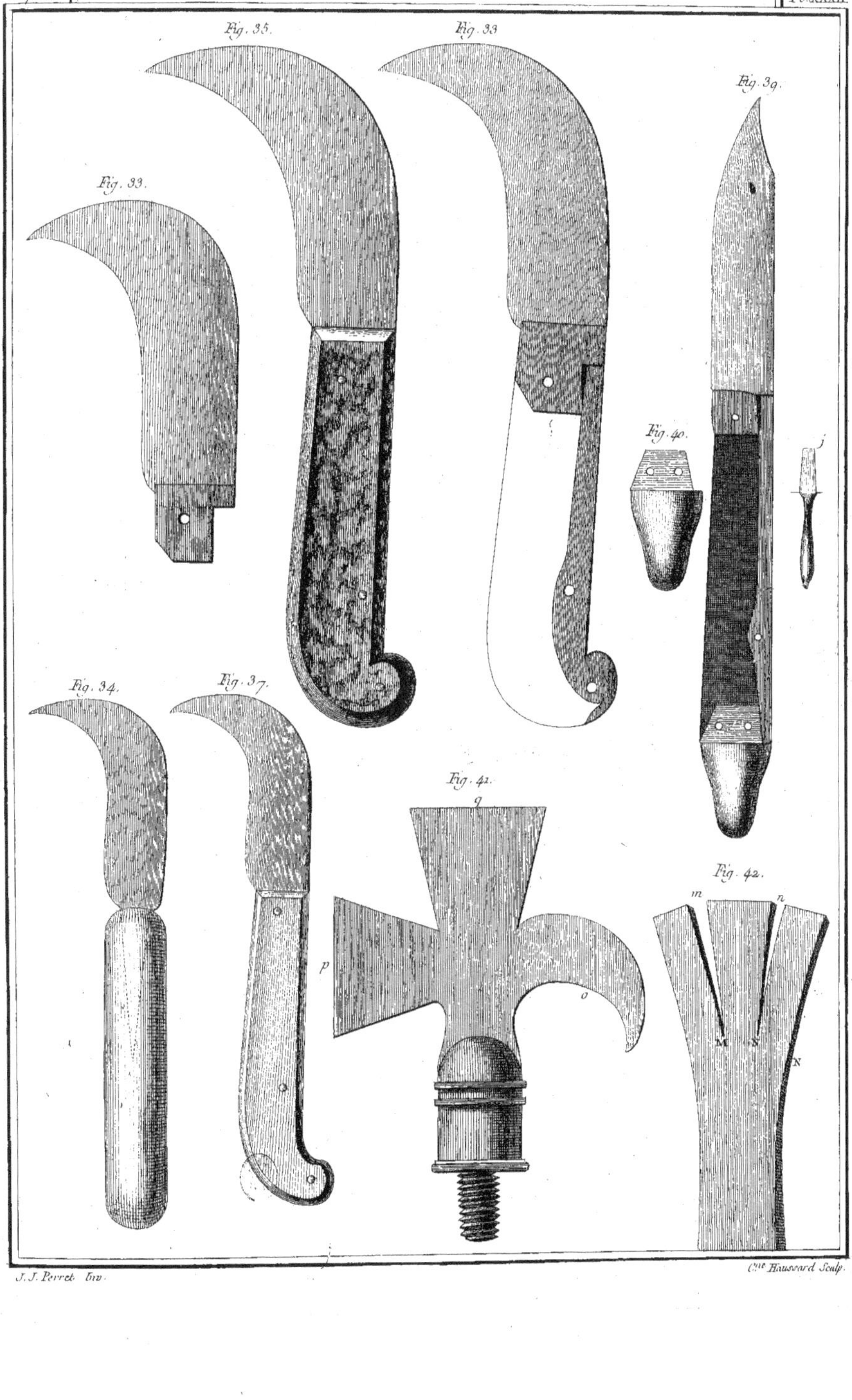

Fig. 35.
Fig. 33.
Fig. 39.
Fig. 33.
Fig. 40.
Fig. 34.
Fig. 37.
Fig. 41.
q
p
o
Fig. 42.
m
n
M
S
N

J. J. Perret Inv.

Cne Haussard Sculp.

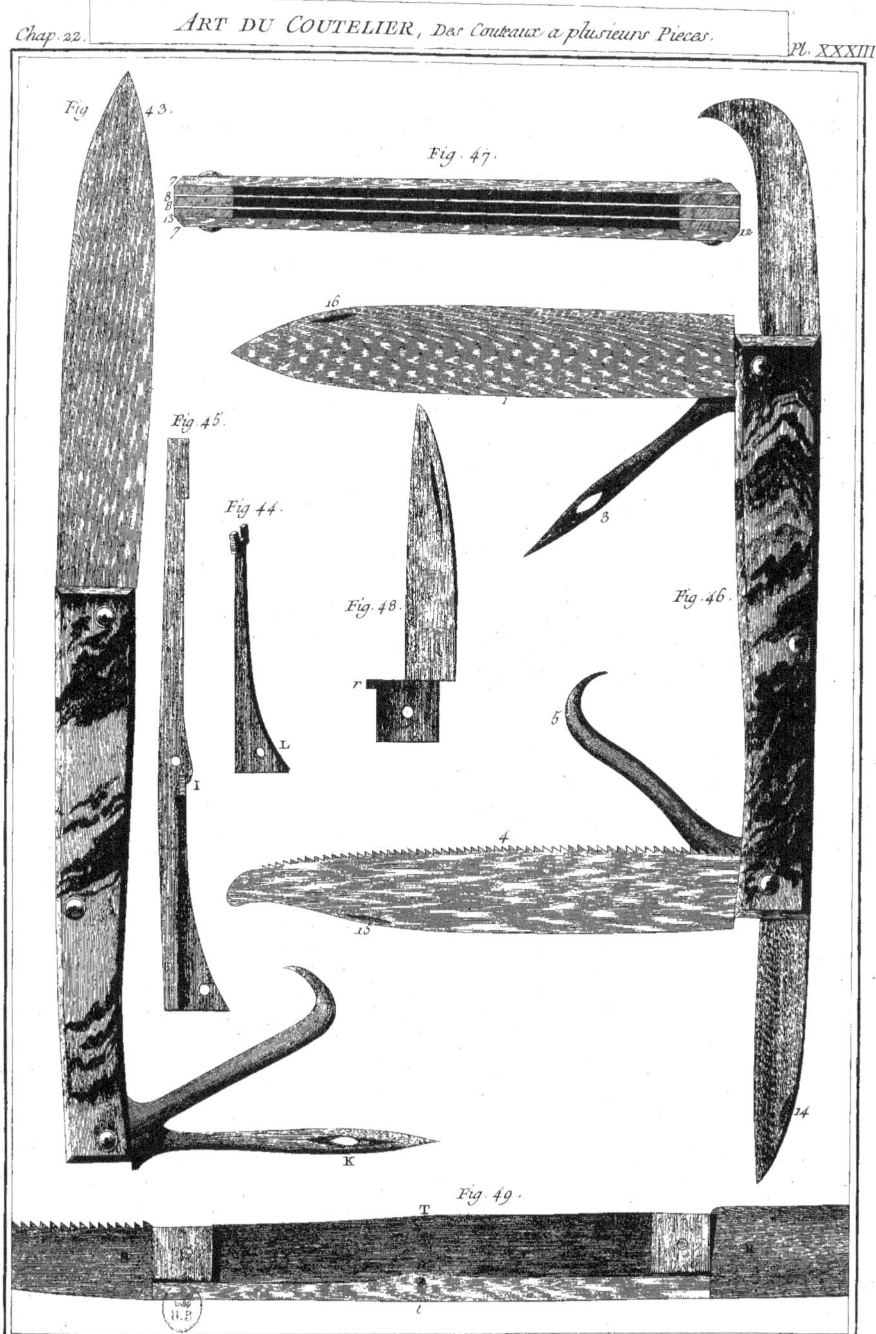
Fig. 43.
Fig. 47.
Fig. 45.
Fig. 44.
Fig. 48.
Fig. 46.
Fig. 49.

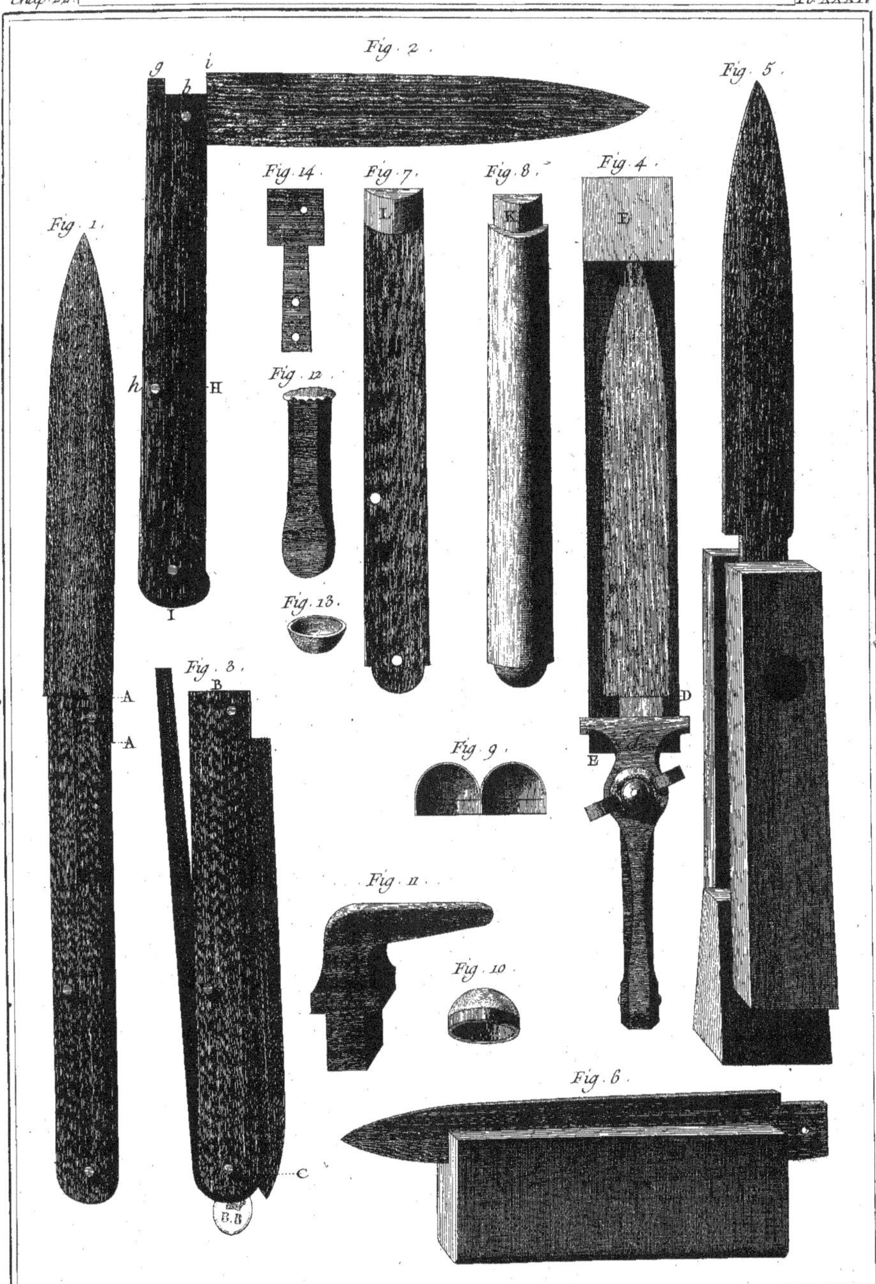

Fig. 1.
Fig. 2.
Fig. 3.
Fig. 4.
Fig. 5.
Fig. 6.
Fig. 7.
Fig. 8.
Fig. 9.
Fig. 10.
Fig. 11.
Fig. 12.
Fig. 13.
Fig. 14.
g
h
i
h
H
I
A
A
B
B.B
C
D
E
E
K
L
E

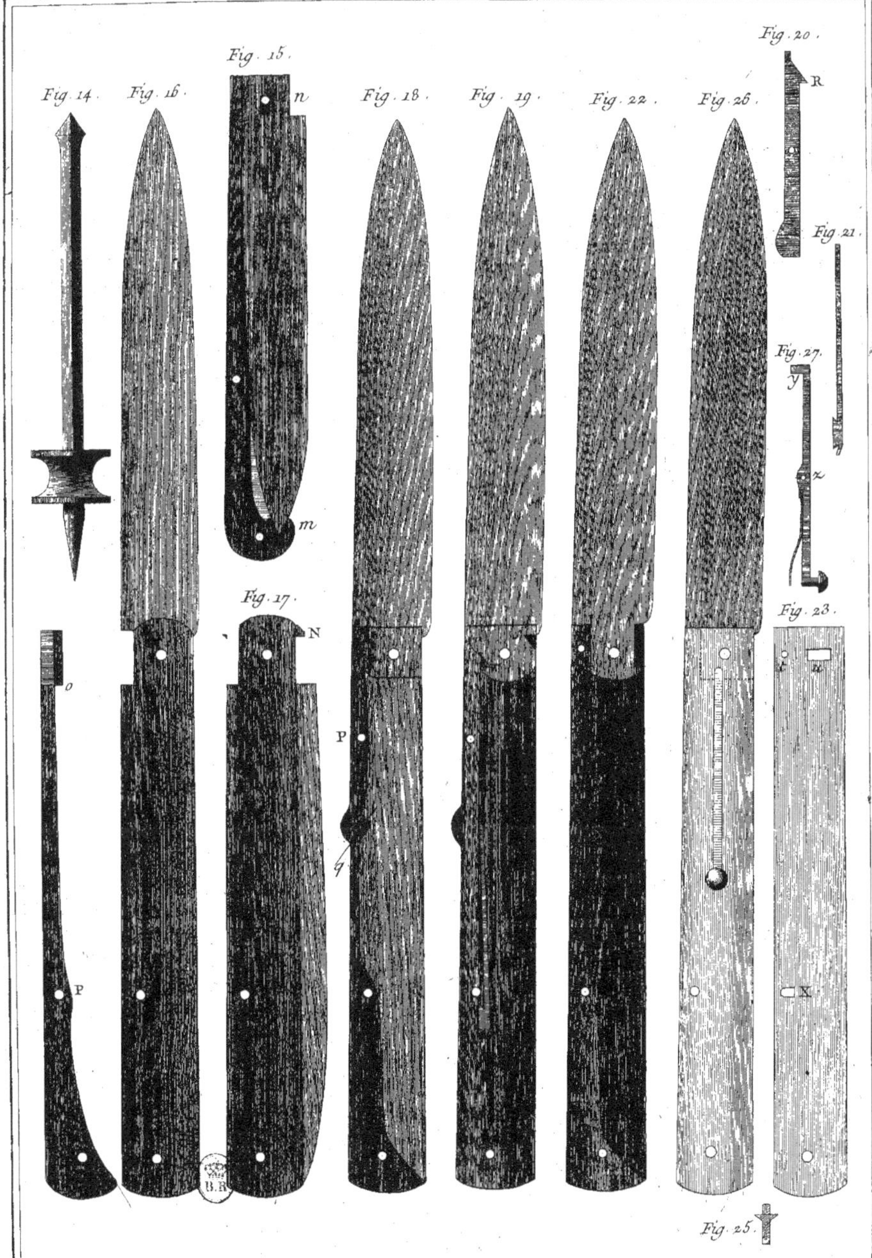

Fig. 14.
Fig. 16.
Fig. 15.
n
Fig. 18.
Fig. 19.
Fig. 22.
Fig. 26.
Fig. 20.
R
Fig. 21.
Fig. 27.
y
z
m
Fig. 17.
N
P
q
o
P
P
Fig. 23.
X
Fig. 25.

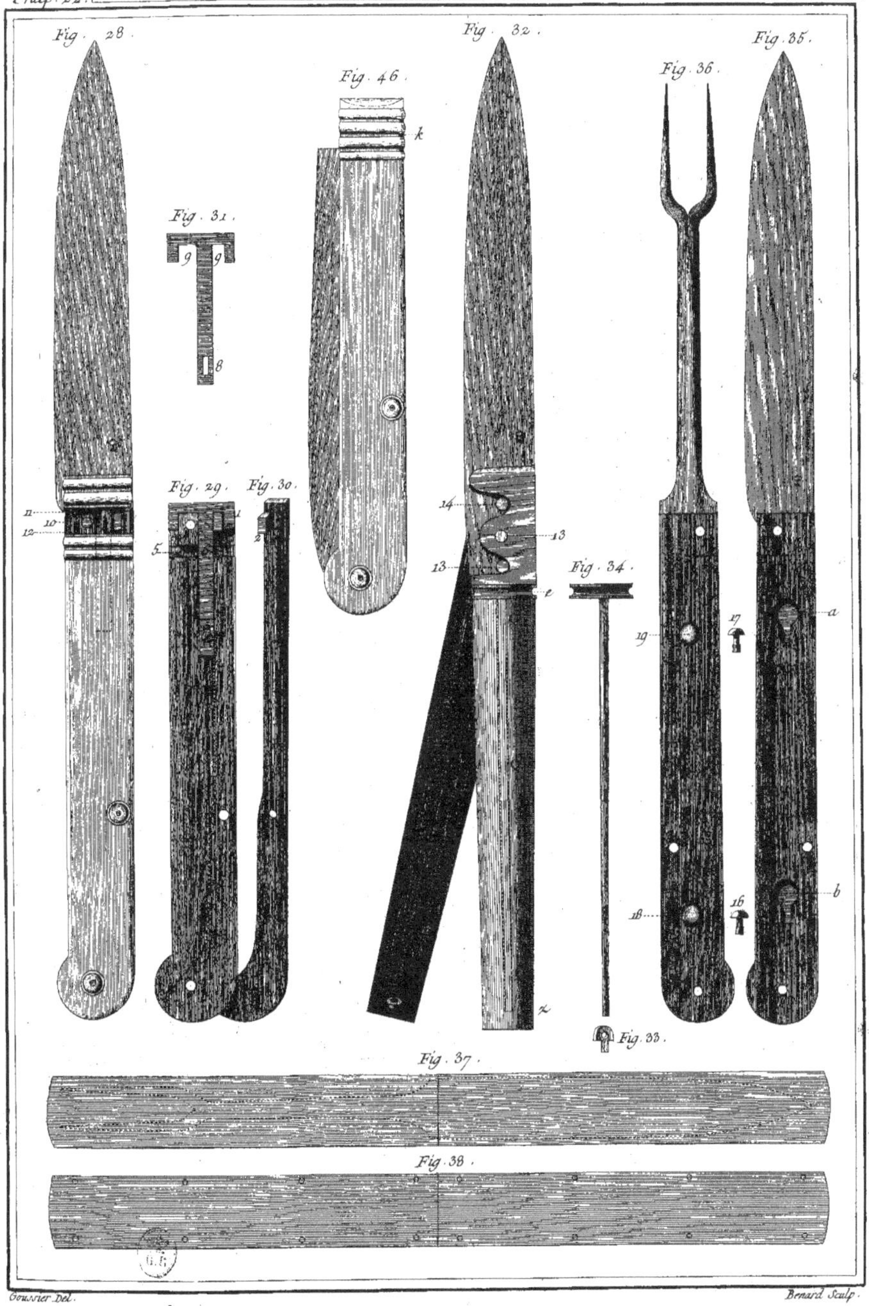

ART DU COUTELIER, Couteaux a Secrets.

Fig. 28.

Fig. 31.

Fig. 46.

Fig. 32.

Fig. 36.

Fig. 35.

Fig. 29.

Fig. 30.

Fig. 34.

Fig. 33.

Fig. 37.

Fig. 38.

Goussier Del.

Benard Sculp.

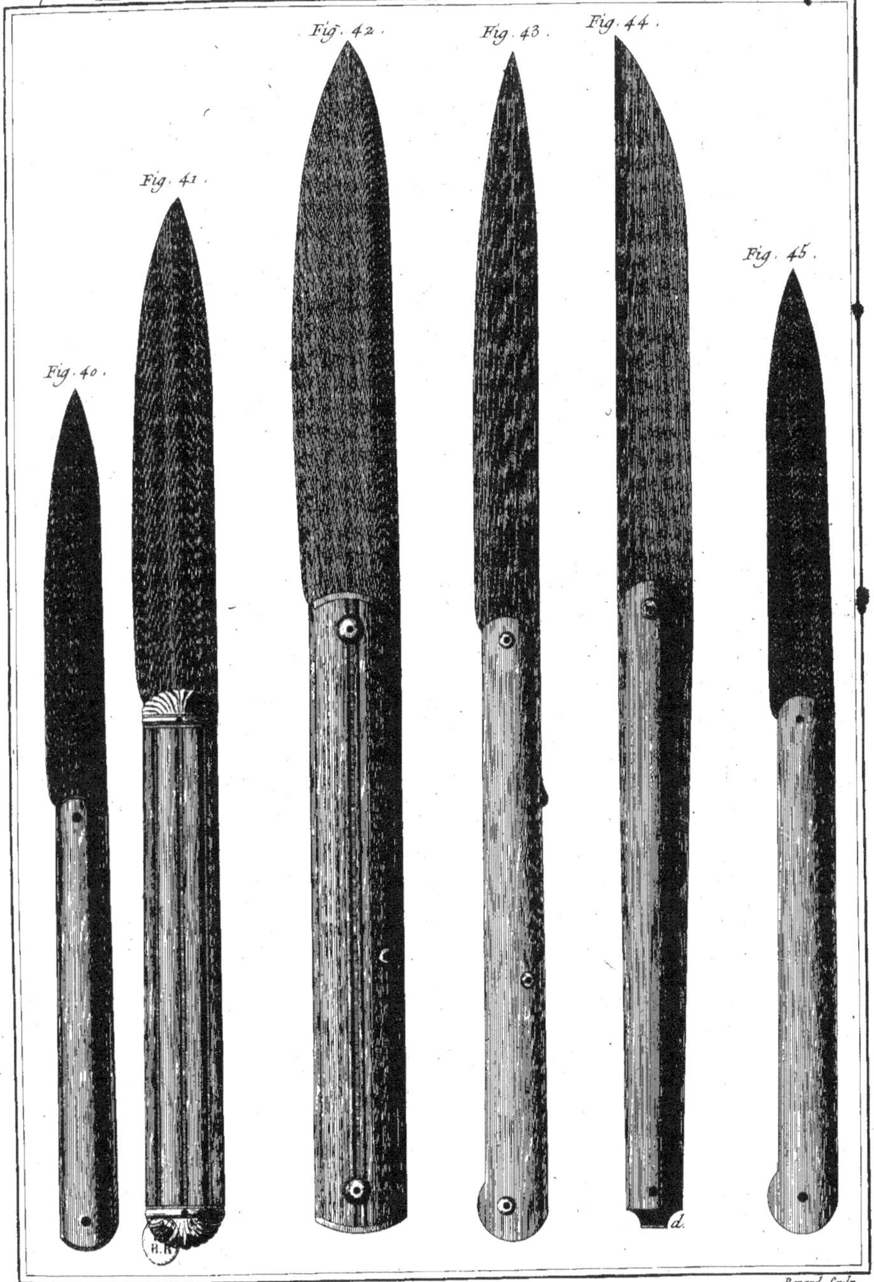

ART DU COUTELIER, Couteaux a Ressort.

Fig. 40.

Fig. 41.

Fig. 42.

Fig. 43.

Fig. 44.

Fig. 45.

d.

Goussier Del.

Benard Sculp.

ART DU COUTELIER, Couteaux fermant a deux Lames.

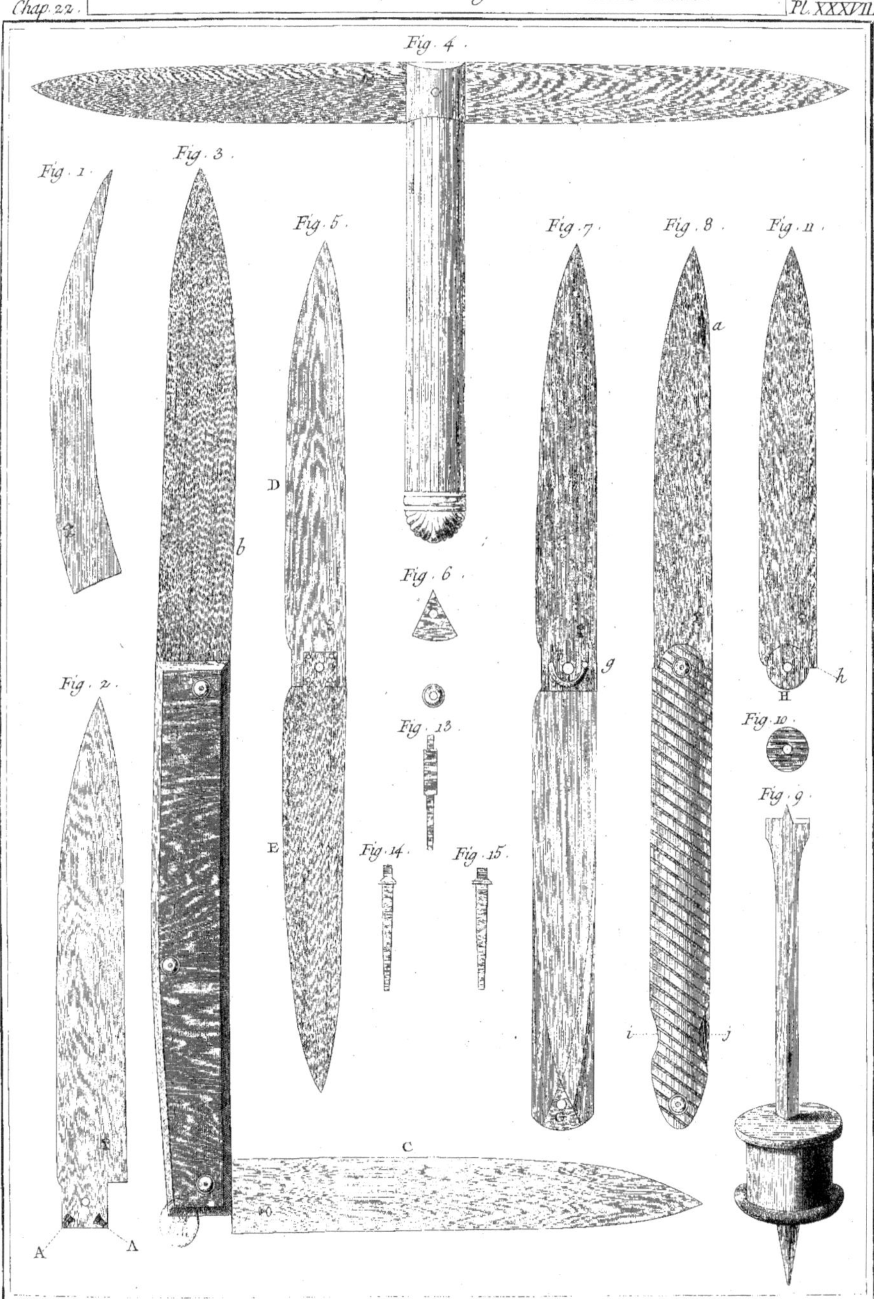

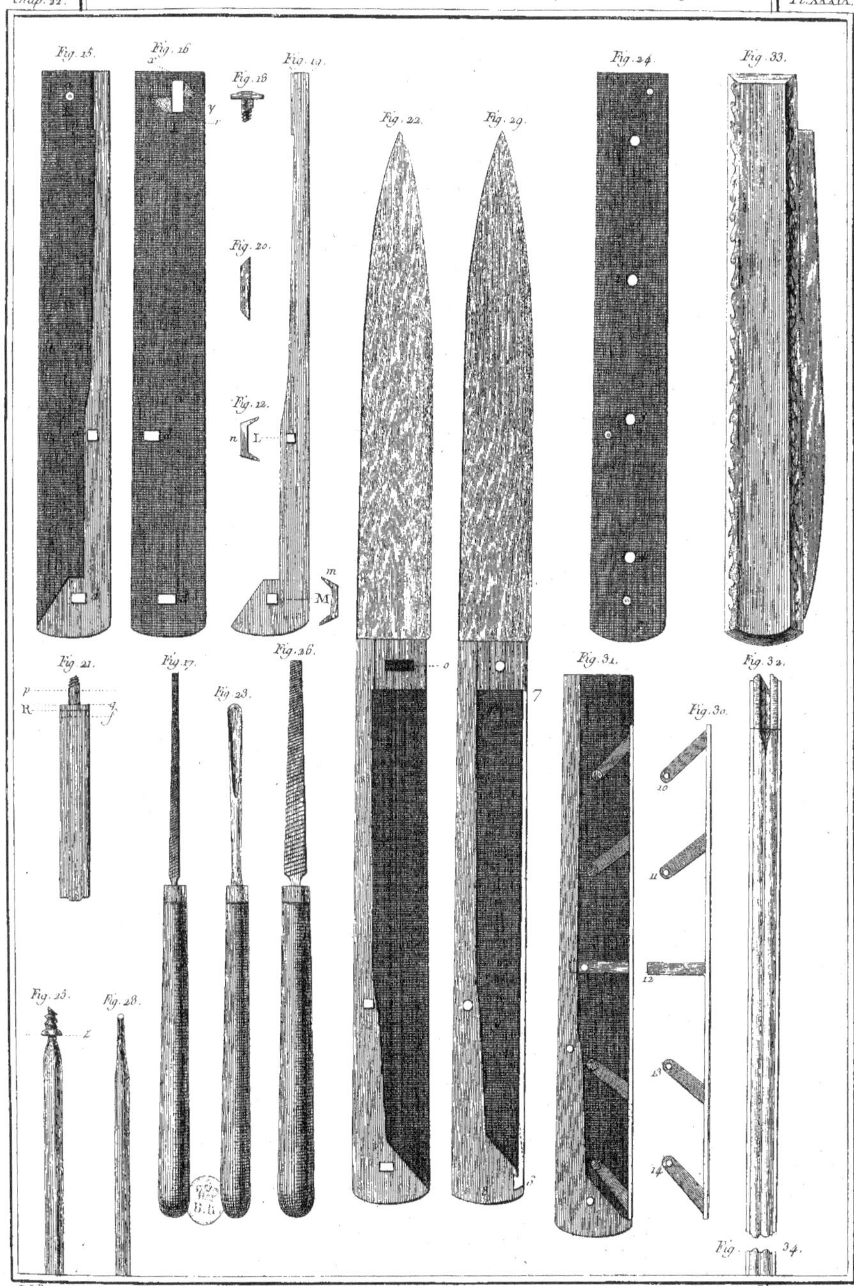

Chap. 22.
ART DU COUTELIER. Des Couteaux sans cloud et a double joints
Pl. XXXIX.
Fig. 15.
Fig. 16.
Fig. 18.
Fig. 19.
Fig. 20.
Fig. 22.
Fig. 29.
Fig. 24.
Fig. 33.
Fig. 12.
Fig. 21.
Fig. 17.
Fig. 23.
Fig. 26.
Fig. 31.
Fig. 32.
Fig. 30.
Fig. 25.
Fig. 28.
Fig. 34.
J. J. Perret Inv.
Ele Haussard Sculp.

Goussier Del.   Benard Sculp.

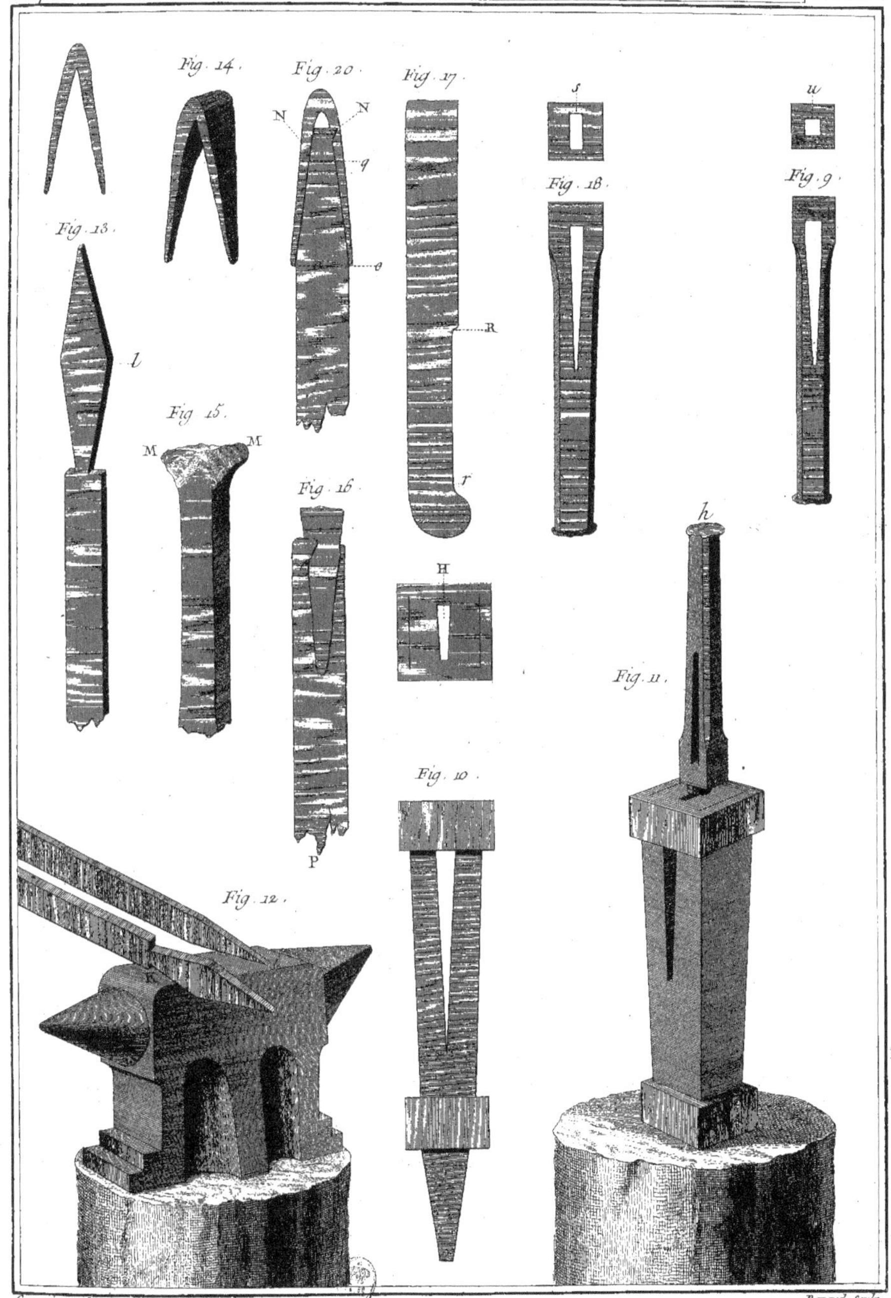

Fig. 14
Fig. 20
Fig. 17
s
u
Fig. 13
N
N
q
e
Fig. 18
Fig. 9
l
Fig. 15
M
M
R
Fig. 16
r
H
h
Fig. 11
Fig. 10
P
Fig. 12

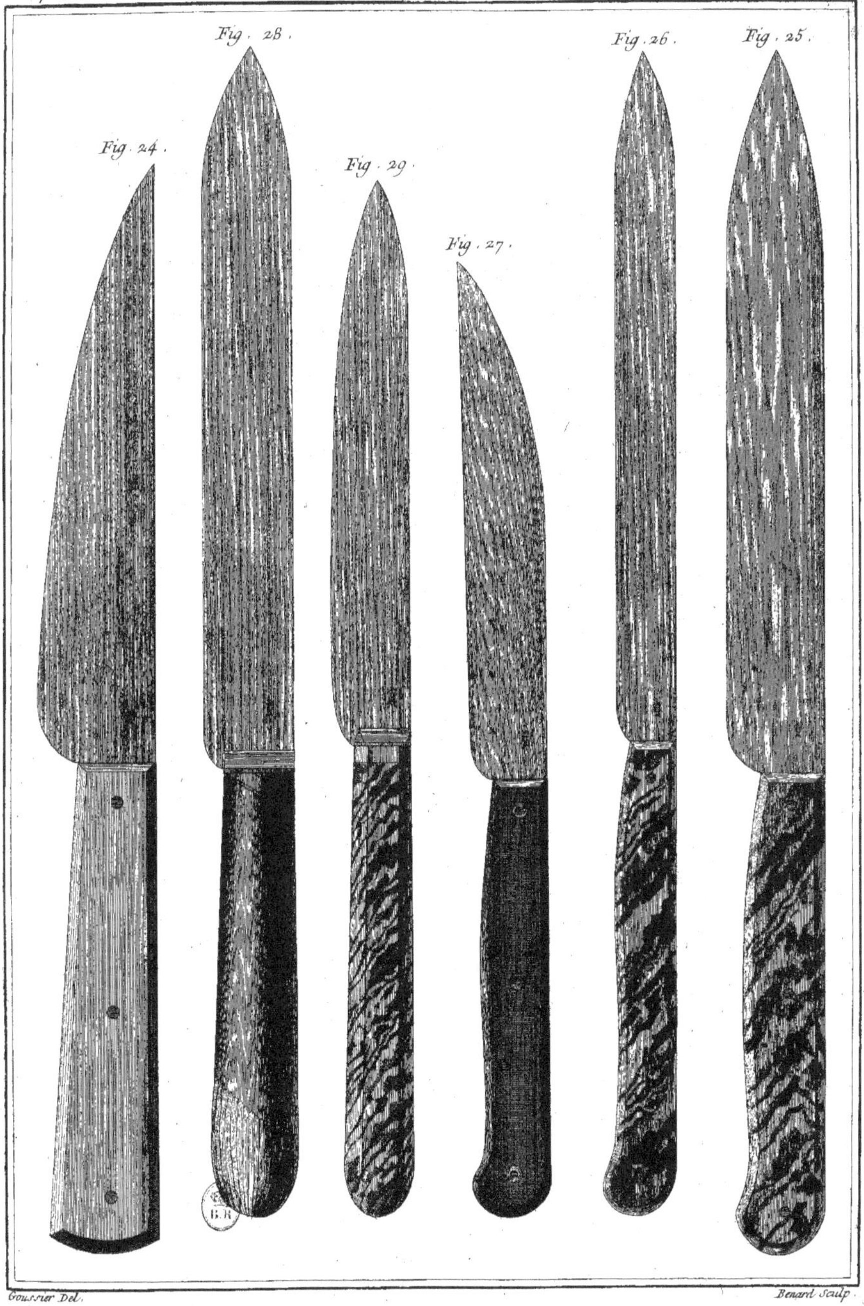

ART DU COUTELIER, Couteaux de la Cuisine.

Fig. 24.

Fig. 28.

Fig. 29.

Fig. 27.

Fig. 26.

Fig. 25.

Goussier Del.

Benard Sculp.

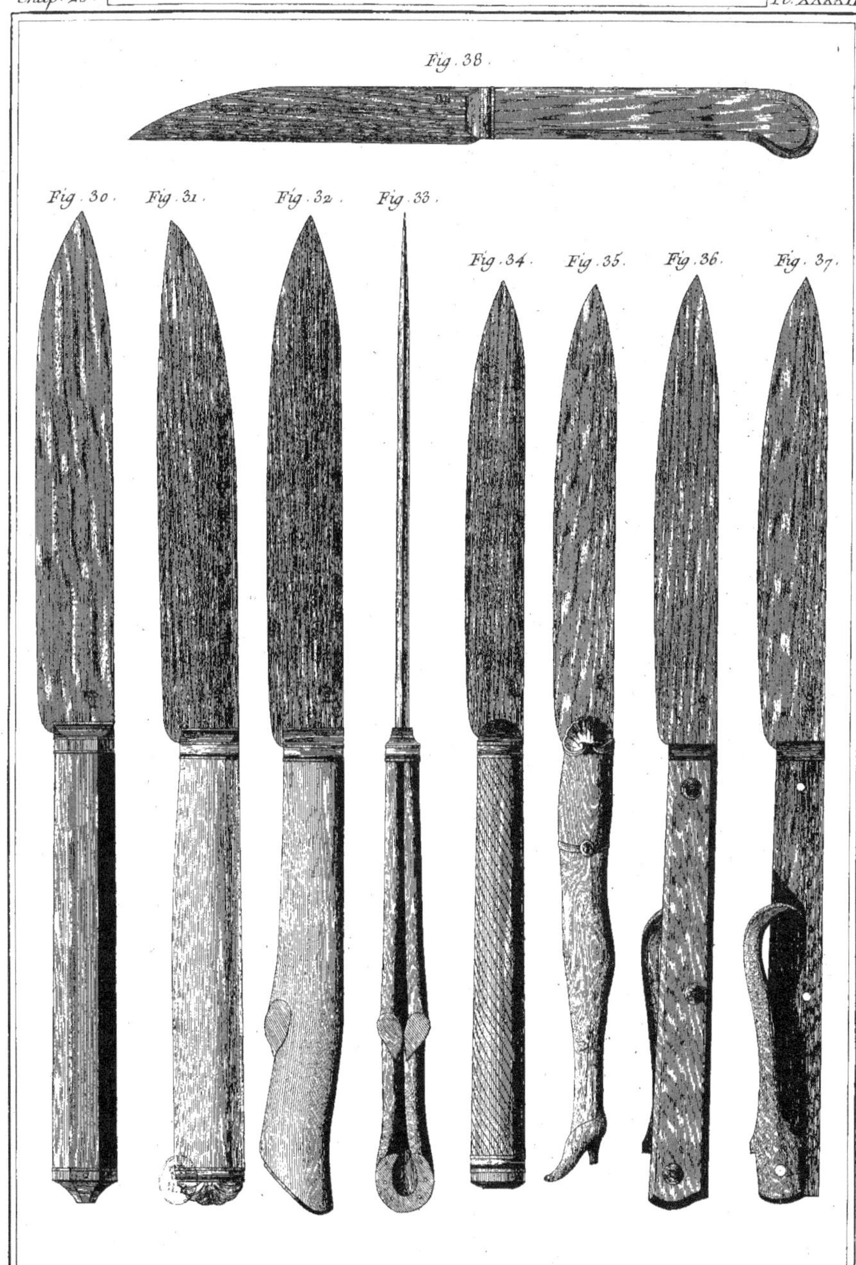

Fig. 38.
Fig. 30.
Fig. 31.
Fig. 32.
Fig. 33.
Fig. 34.
Fig. 35.
Fig. 36.
Fig. 37.
Goussier Del.
Benard Sculp.

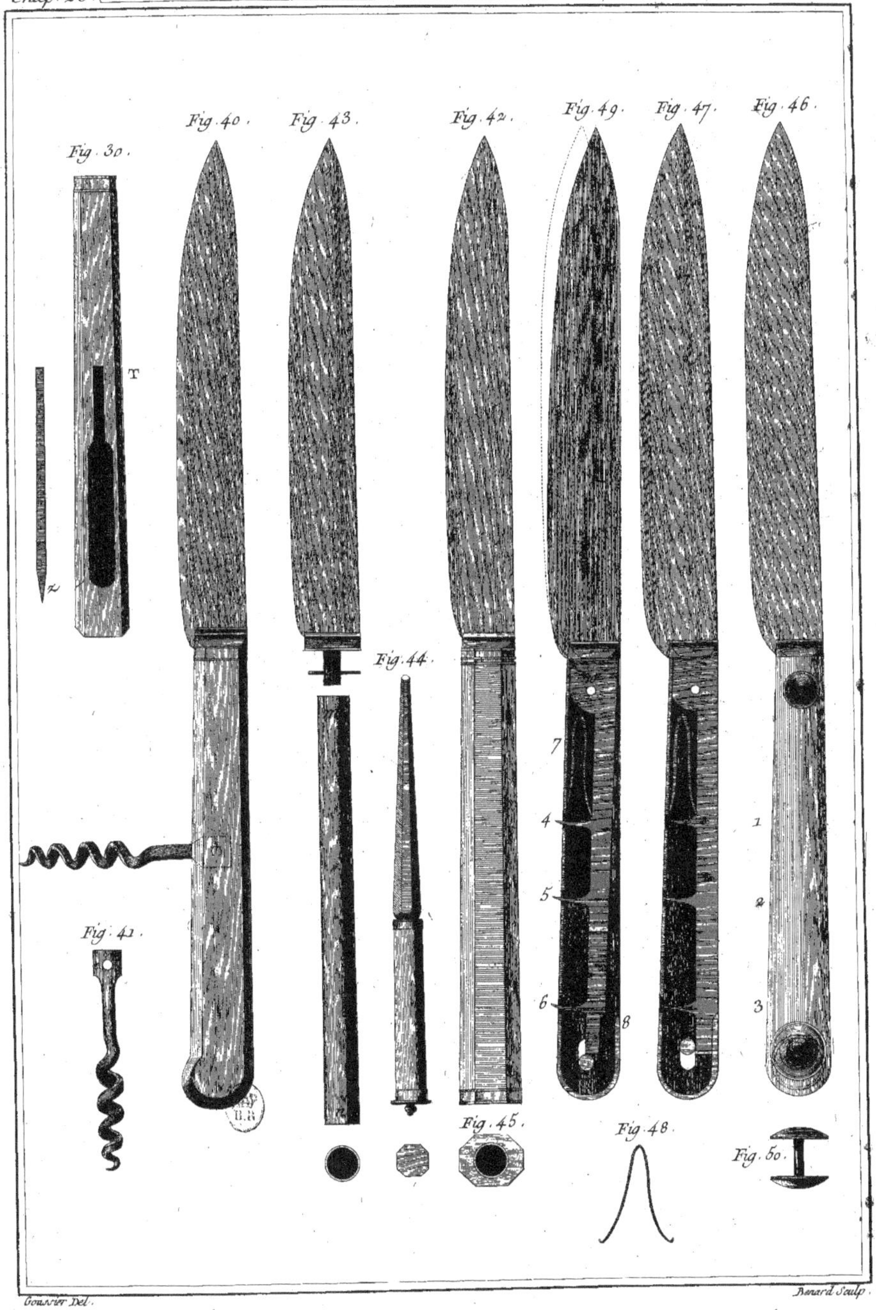

ART DU COUTELIER, Couteaux Mécaniques.

Fig. 30.

Fig. 40.

Fig. 43.

Fig. 42.

Fig. 49.

Fig. 47.

Fig. 46.

Fig. 44.

Fig. 41.

Fig. 45.

Fig. 48.

Fig. 50.

Goussier Del.

Benard Sculp.

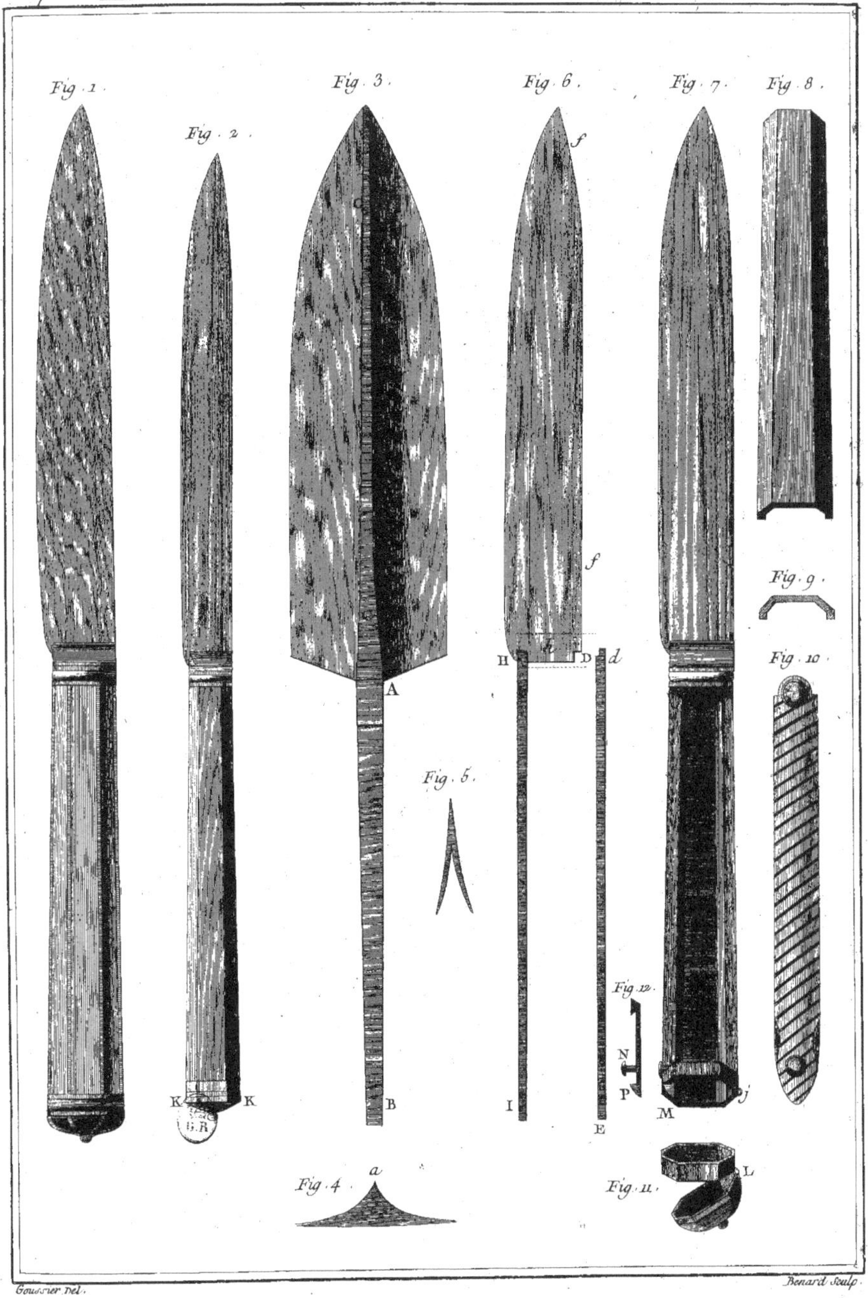

ART DU COUTELIER, Des Couteaux Creux.

Fig. 1.

Fig. 2.

Fig. 3.

Fig. 6.

Fig. 7.

Fig. 8.

Fig. 5.

Fig. 9.

Fig. 10.

Fig. 12.

Fig. 4.

Fig. 11.

Goussier Del.

Benard Sculp.

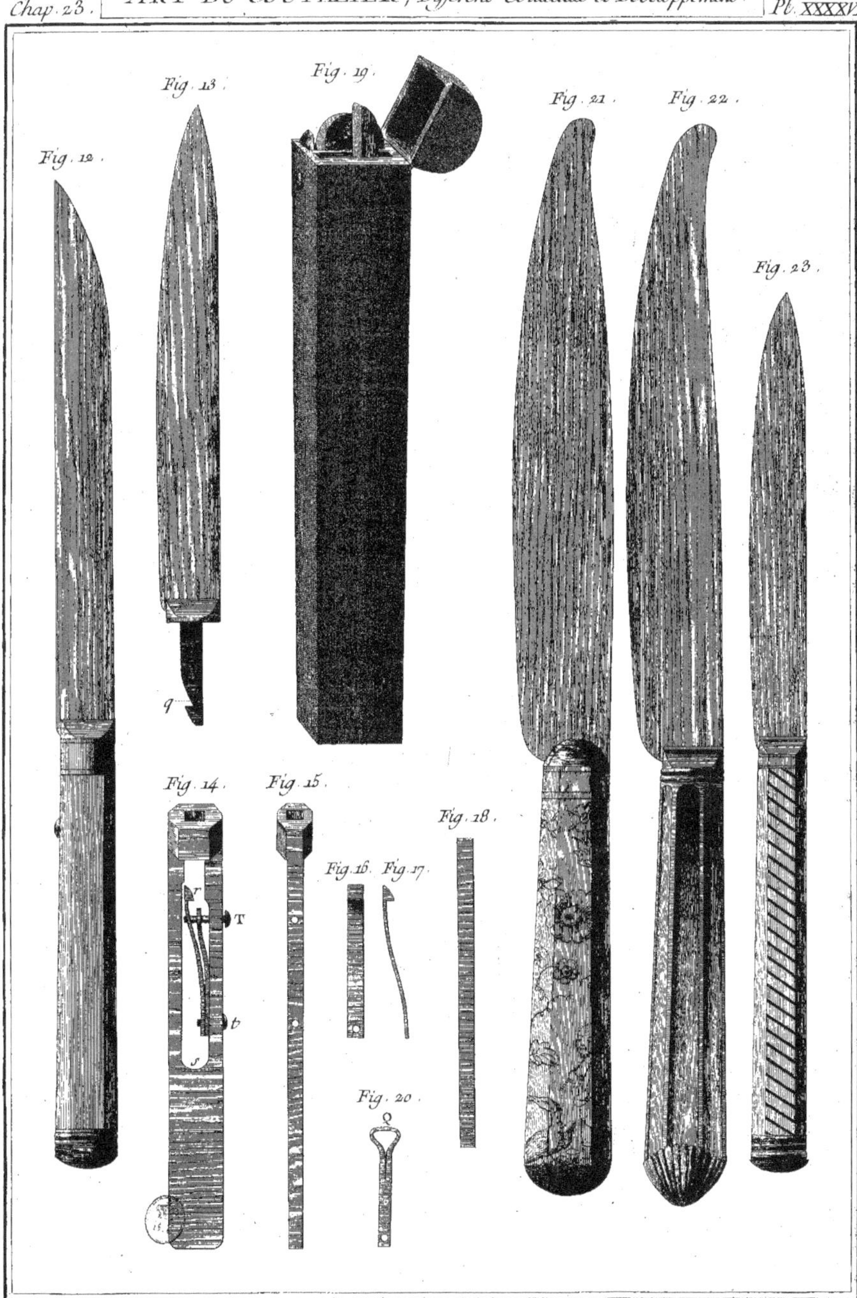
Fig. 12.
Fig. 13.
Fig. 19.
Fig. 21.
Fig. 22.
Fig. 23.
q
Fig. 14.
Fig. 15.
Fig. 16.
Fig. 17.
Fig. 18.
r
T
b
f
Fig. 20.

ART DU COUTELIER, Des Couteaux.

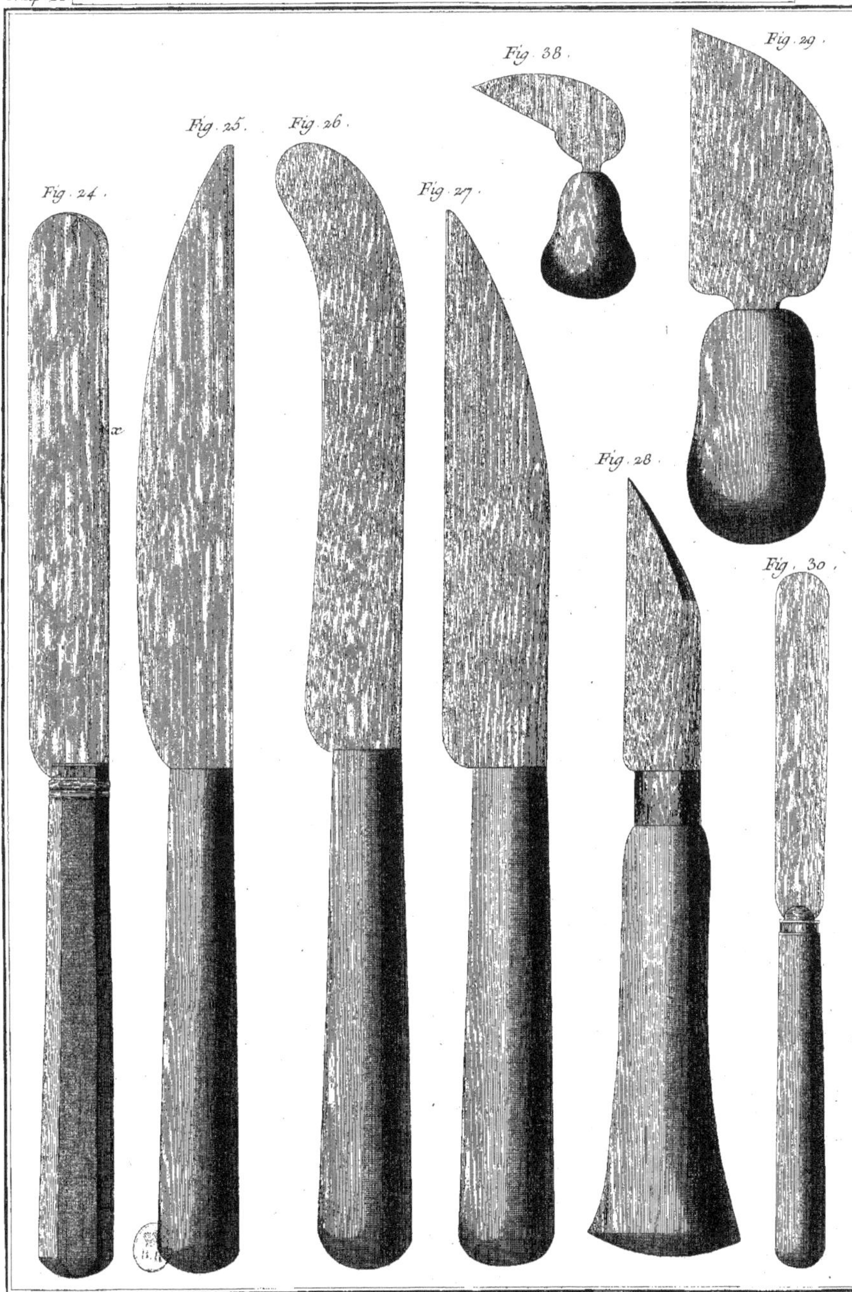

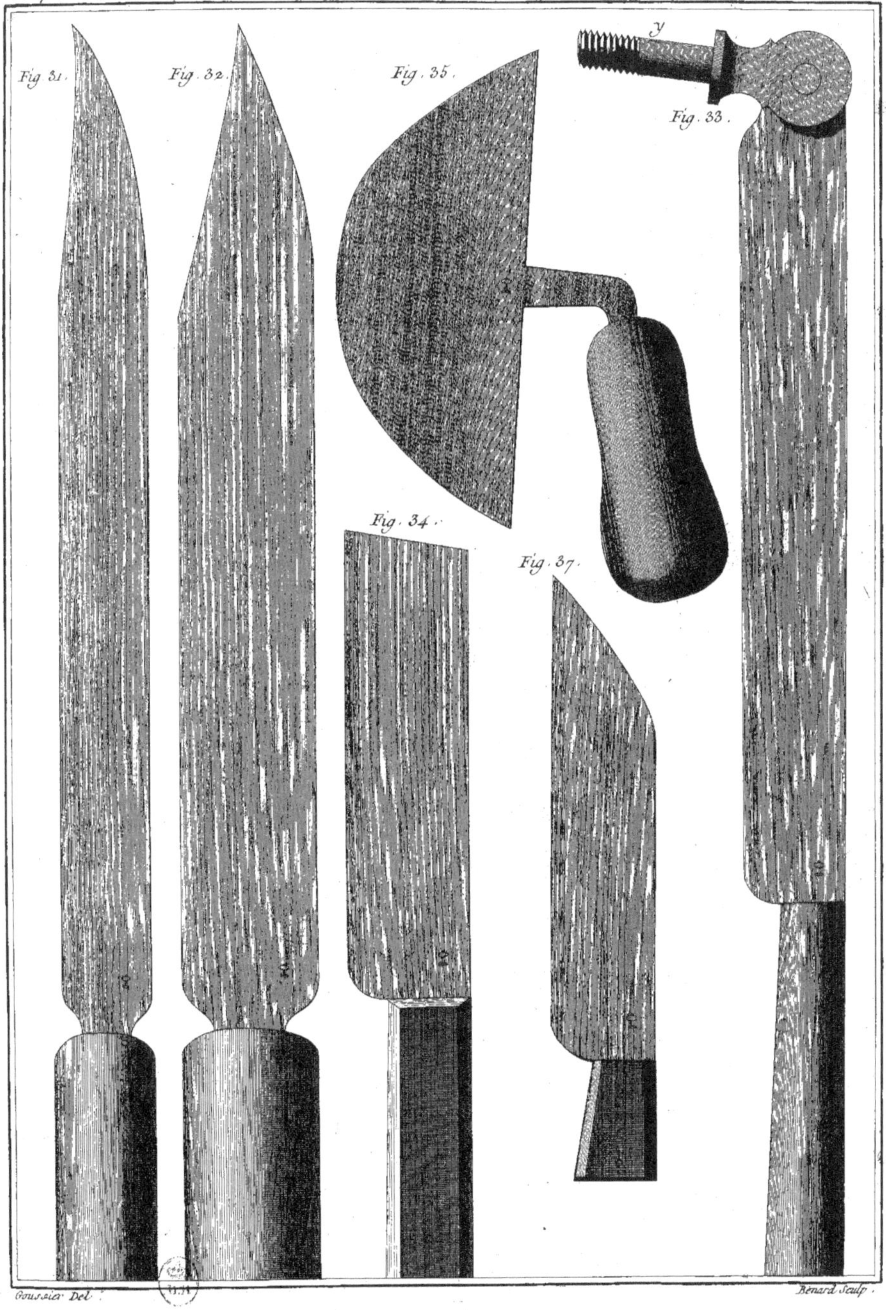

ART DU COUTELIER, *Différens Couteaux.*

Fig. 31.

Fig. 32.

Fig. 35.

Fig. 33.

y

Fig. 34.

Fig. 37.

Goussier Del.

Benard Sculp.

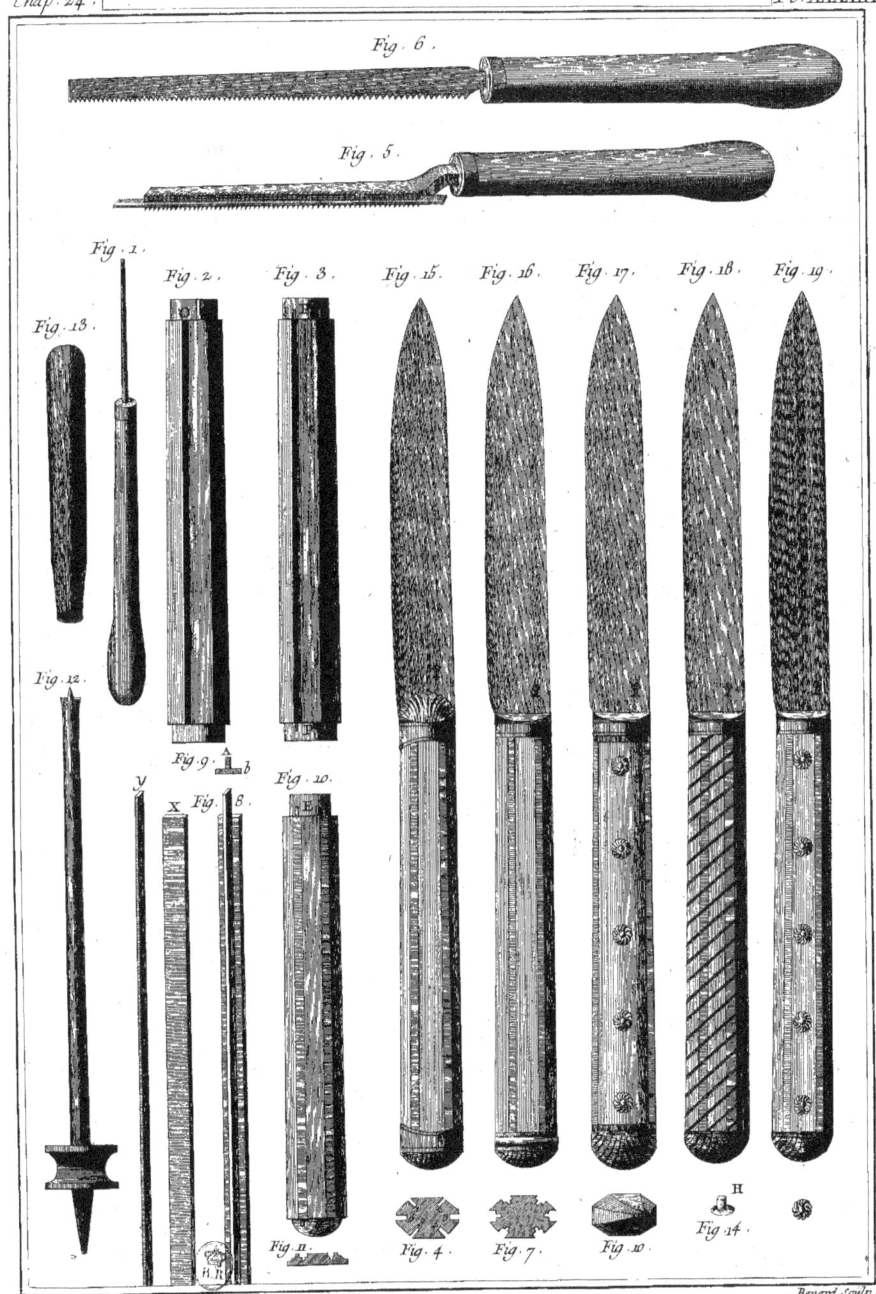

Fig. 6.
Fig. 5.
Fig. 1.
Fig. 13.
Fig. 2.
Fig. 3.
Fig. 15.
Fig. 16.
Fig. 17.
Fig. 18.
Fig. 19.
Fig. 12.
Fig. 9.
y
X
Fig. 8.
Fig. 10.
E
Fig. 11.
Fig. 4.
Fig. 7.
Fig. 10.
H
Fig. 14.
A
b
H.R.

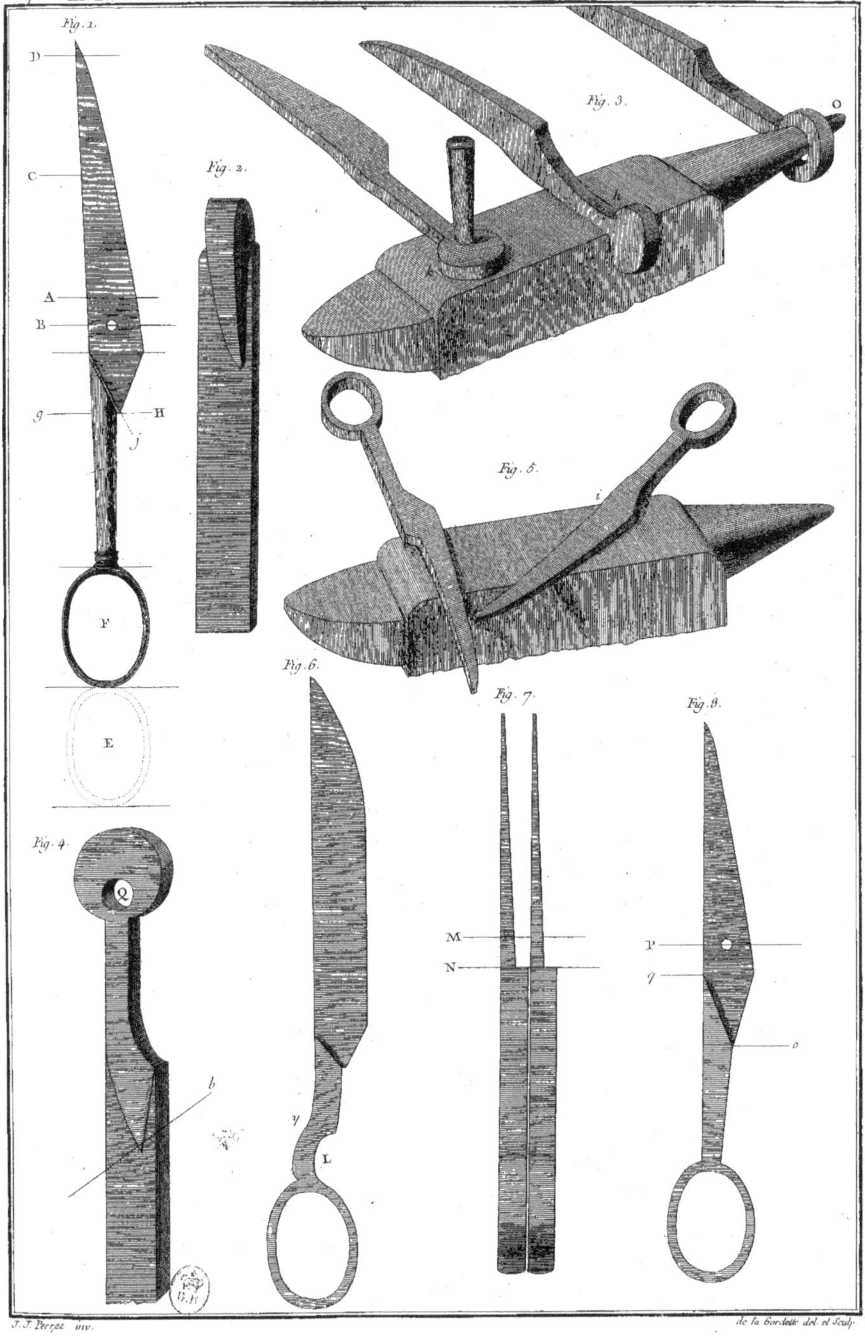

Chap. 25.
ART DU COUTELIER. De la Forge des Cizeaux.
Pl. L.
Fig. 1.
D
C
A
B
g
H
J
F
E
Fig. 2.
Fig. 3.
O
h
Fig. 5.
i
Fig. 6.
Fig. 7.
Fig. 8.
Fig. 4.
Q
b
M
N
P
q
o
γ
L
J.J. Perret inv.
de la Gardette del. et Sculp.

ART DU COUTELIER. De la Lime des Cizeaux

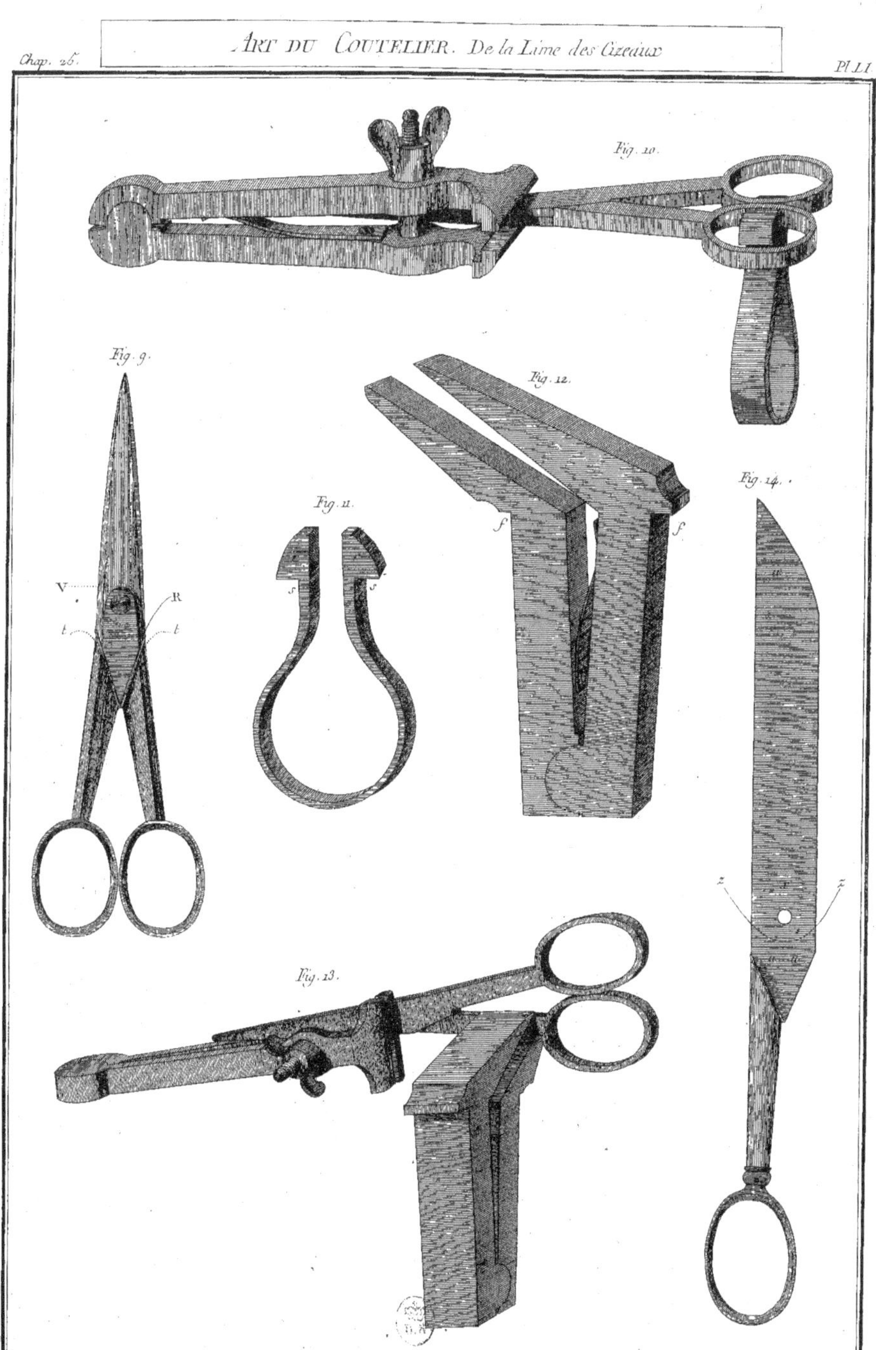

de la Gardette Del. et Sculp.

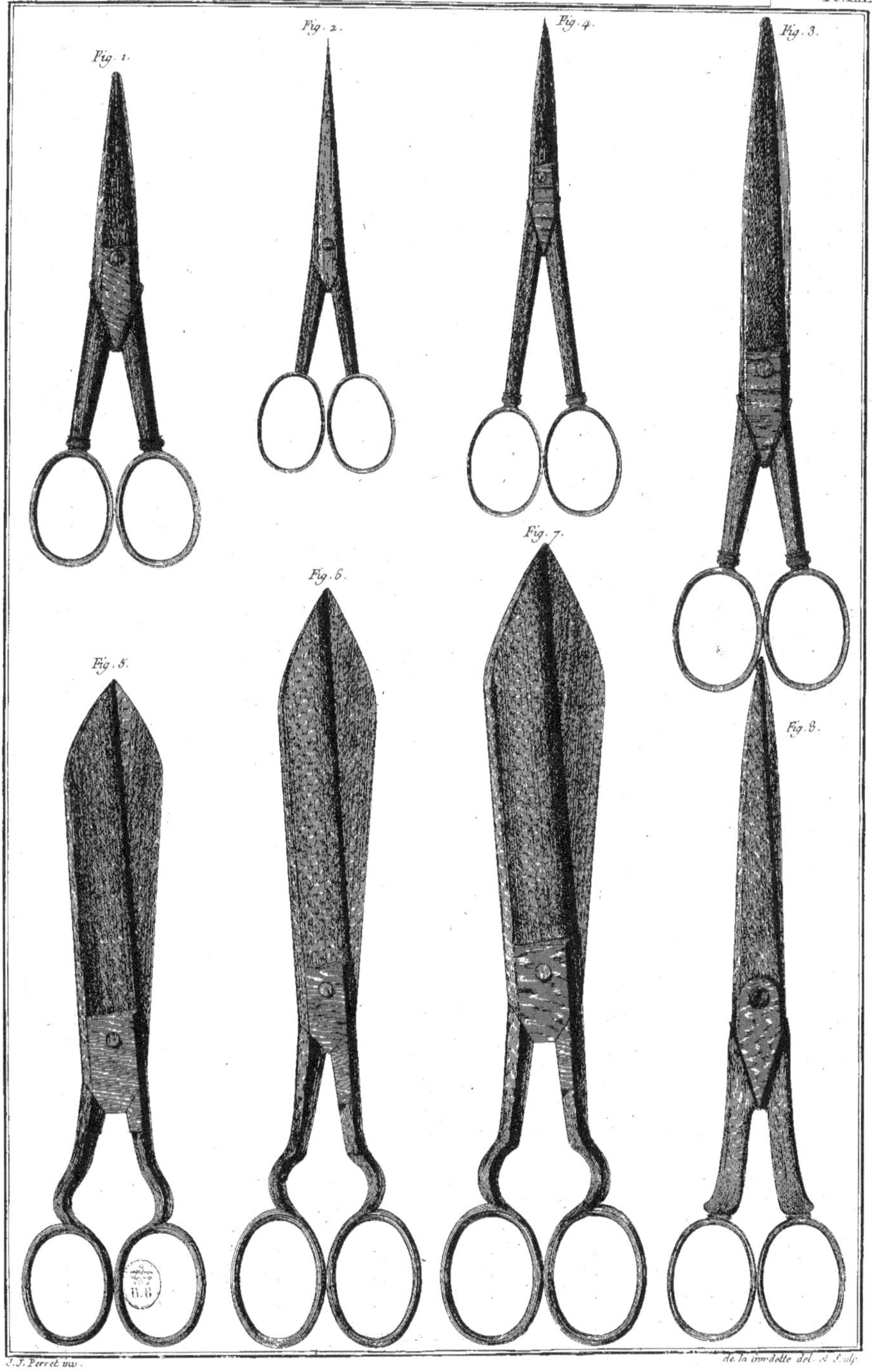

Fig. 1.
Fig. 2.
Fig. 4.
Fig. 3.
Fig. 5.
Fig. 6.
Fig. 7.
Fig. 8.

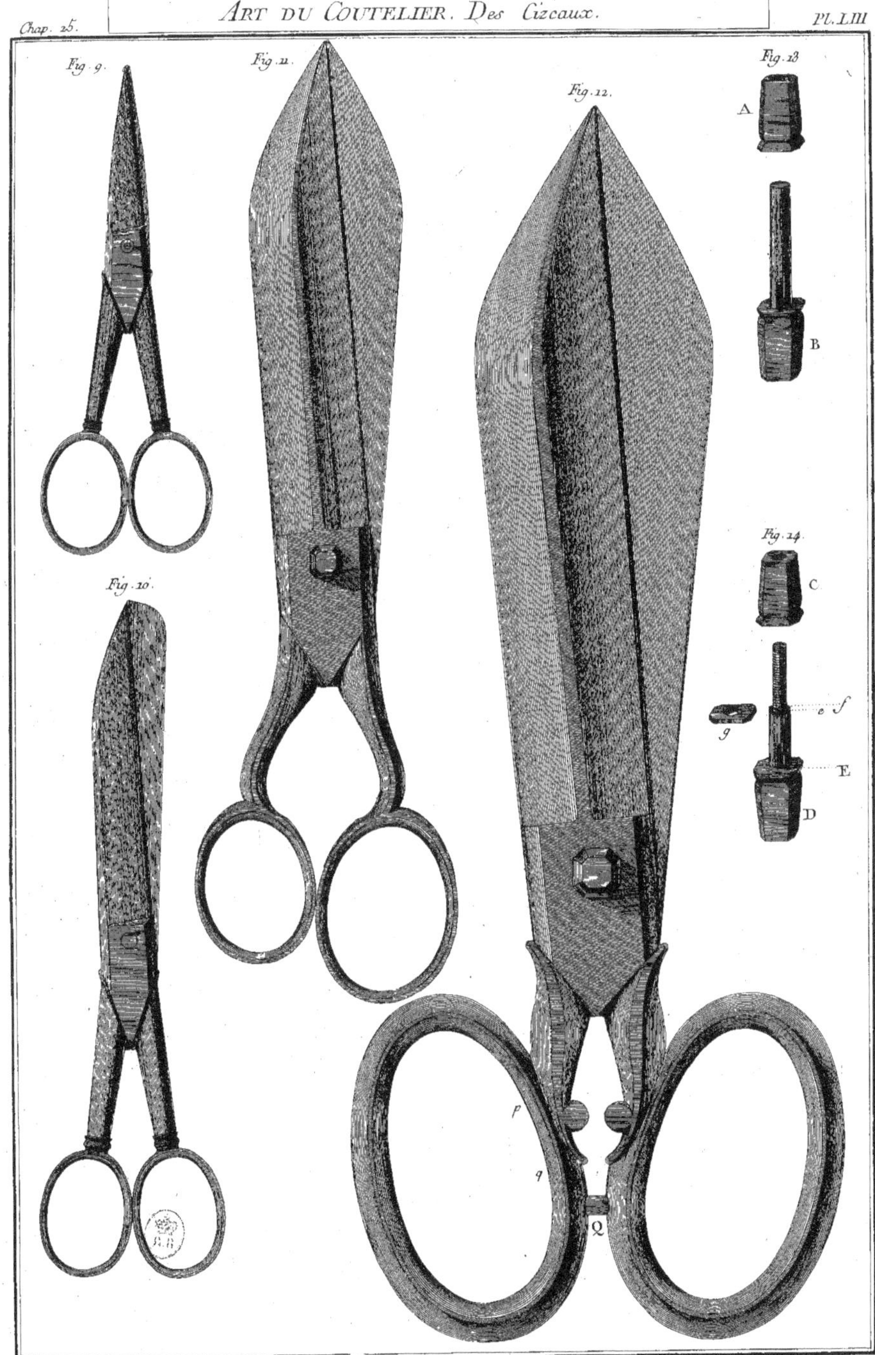
Fig. 9.
Fig. 11.
Fig. 12.
Fig. 13.
A
B
Fig. 10.
Fig. 14.
C
e f
g
E
D
p
q
Q

ART DU COUTELIER. Des Cizeaux.

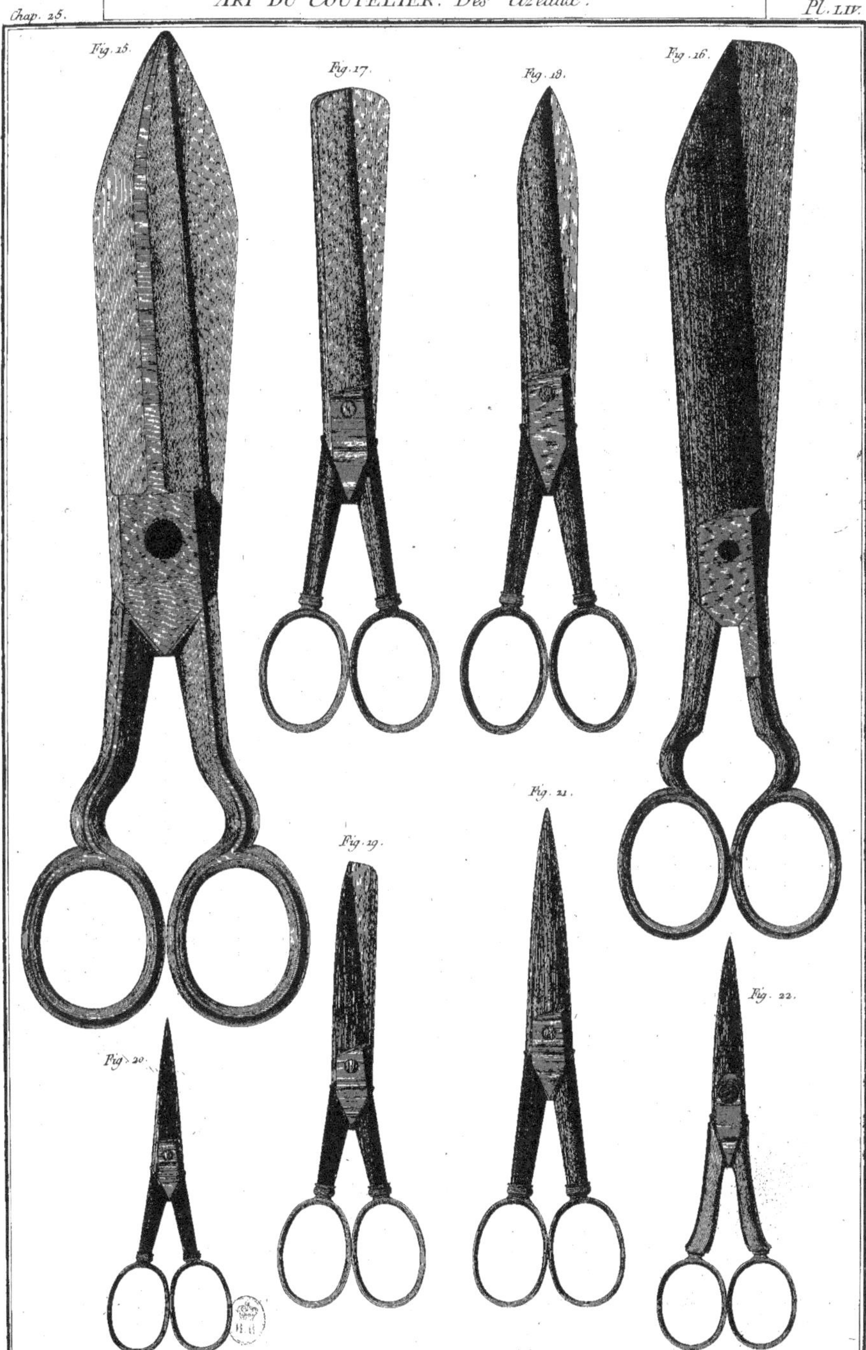

de la Gardette del. et Sculp.

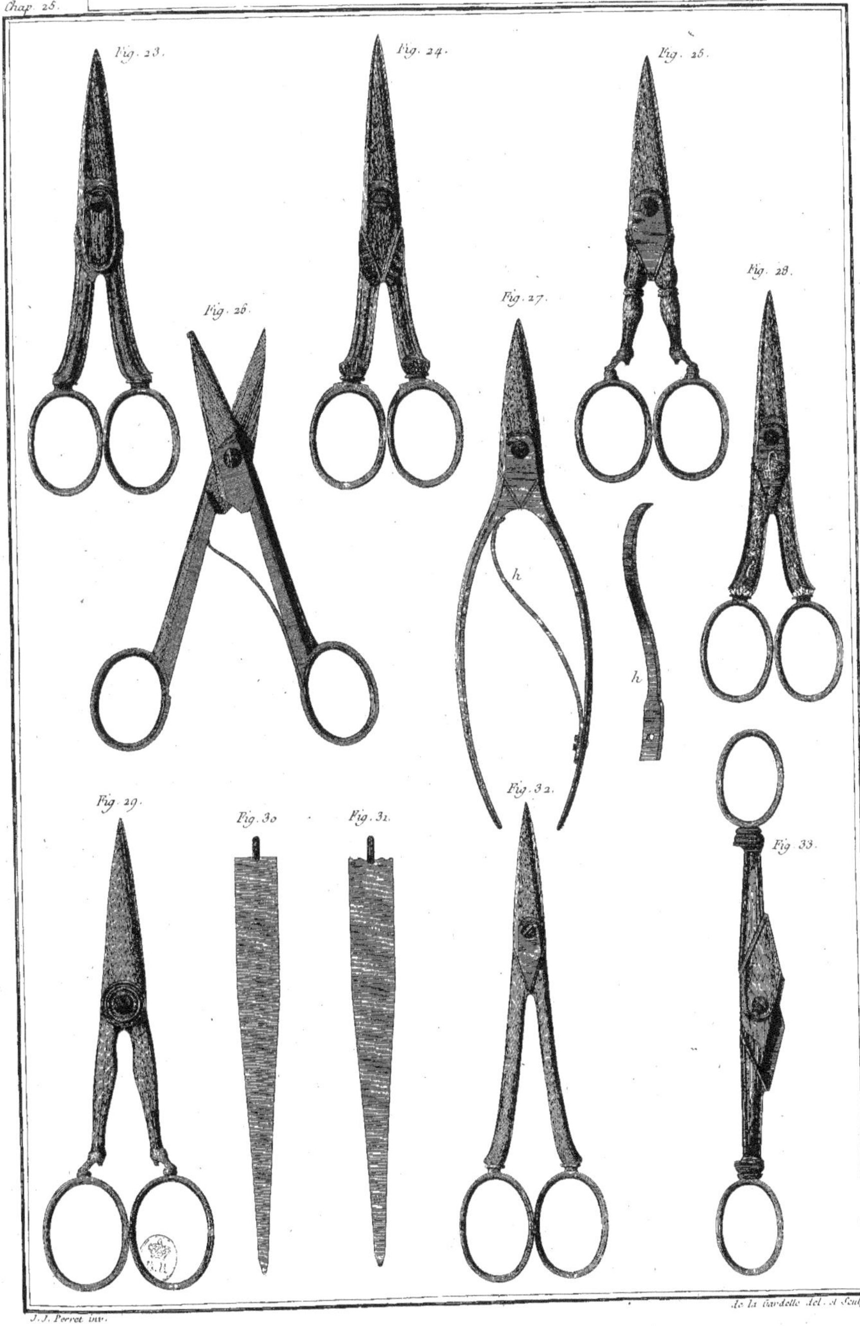
Fig. 23.
Fig. 24.
Fig. 25.
Fig. 26.
Fig. 27.
Fig. 28.
h
h
Fig. 29.
Fig. 30
Fig. 31.
Fig. 32.
Fig. 33.

J. J. Perret inv.

de la Gardette del. et Sculp.

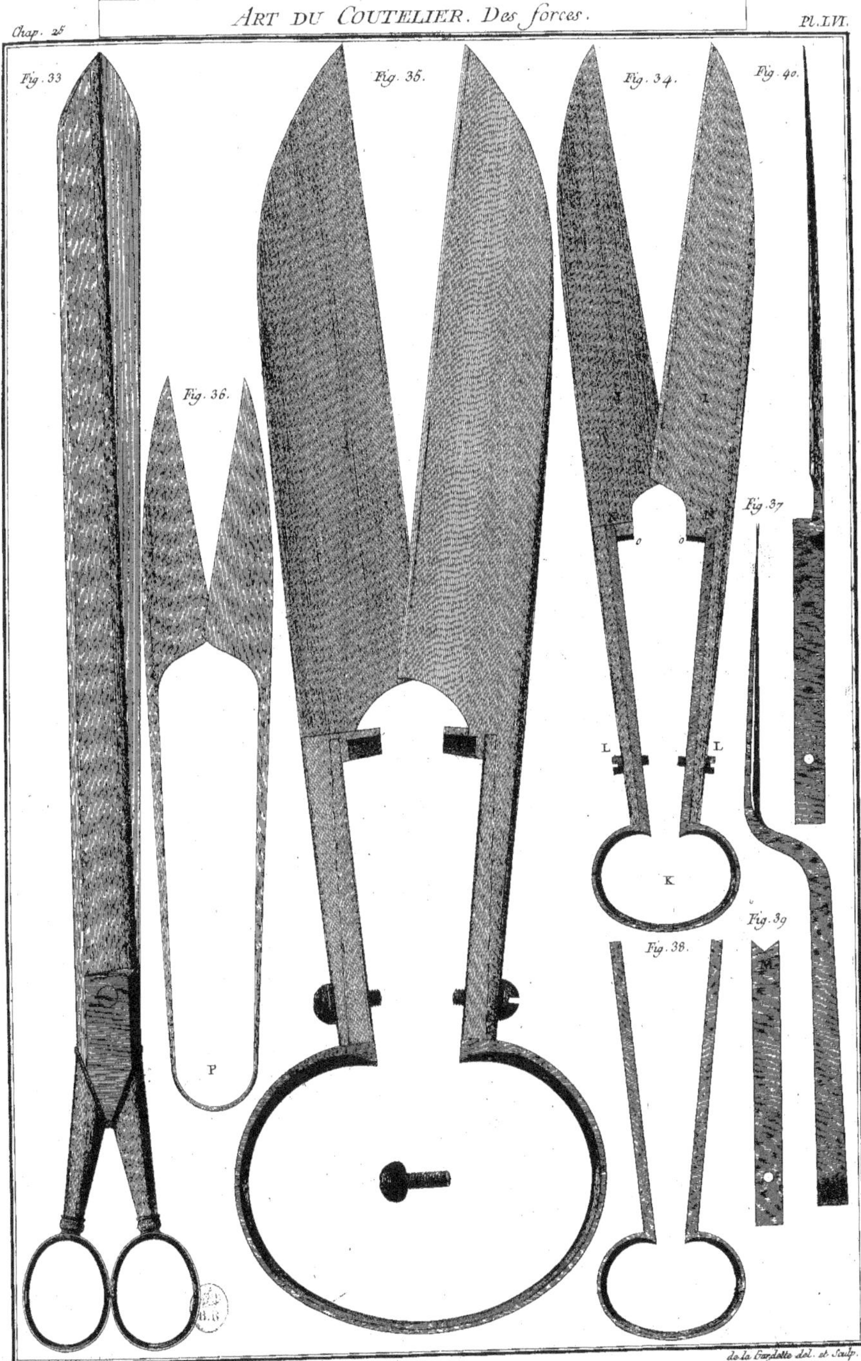
Fig. 33.
Fig. 36.
Fig. 35.
Fig. 34.
Fig. 40.
Fig. 37.
Fig. 38.
Fig. 39.
P
L
L
K
M
I
o
o

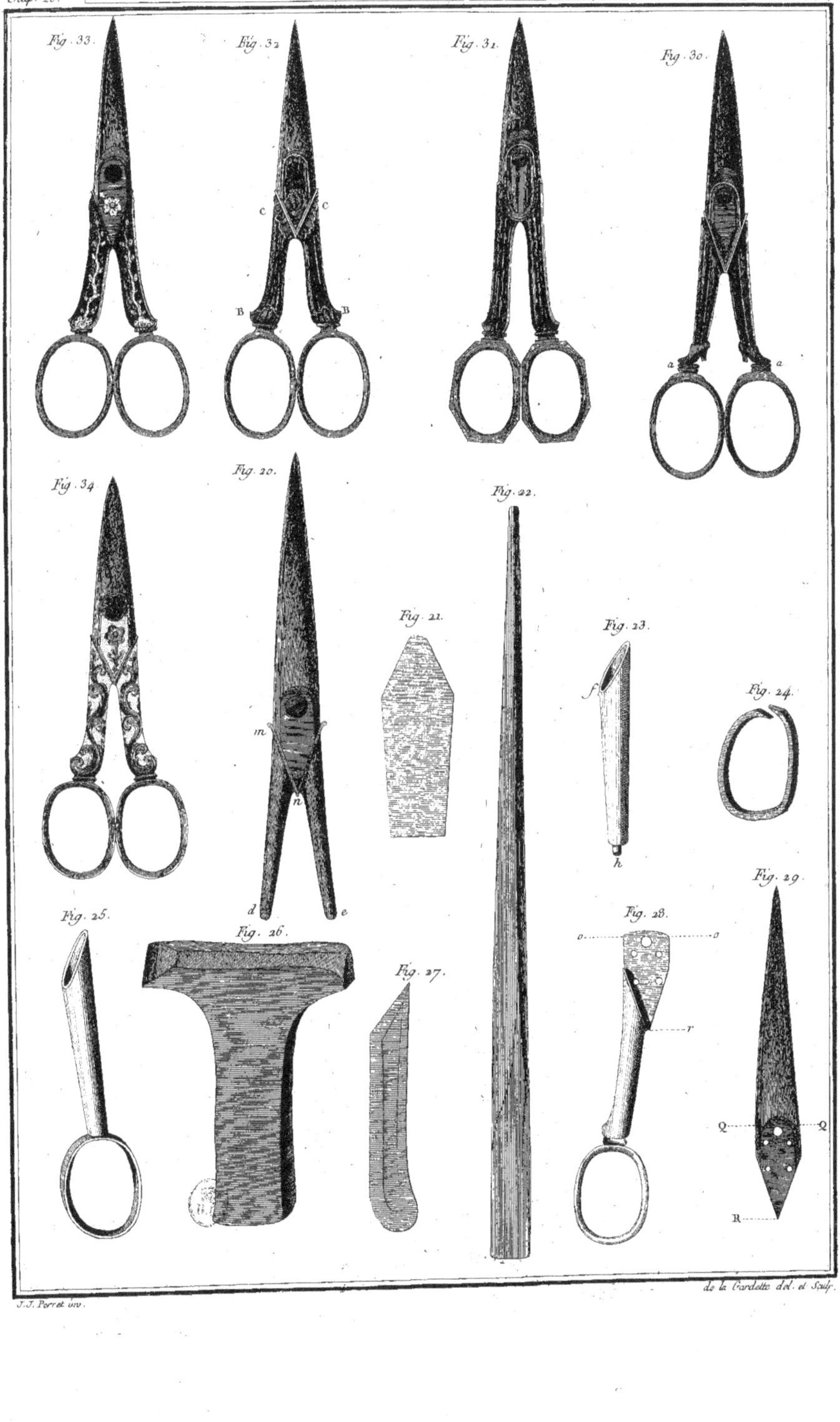

ART DU COUTELIER. Des Cizeaux a Branches d'or et d'argent.

Fig. 33.

Fig. 32.

Fig. 31.

Fig. 30.

Fig. 34.

Fig. 20.

Fig. 21.

Fig. 22.

Fig. 23.

Fig. 24.

Fig. 25.

Fig. 26.

Fig. 27.

Fig. 28.

Fig. 29.

J.J. Perret inv.

de la Gardette del. et Sculp.

ART DU COUTELIER de la Forge du Rasoir

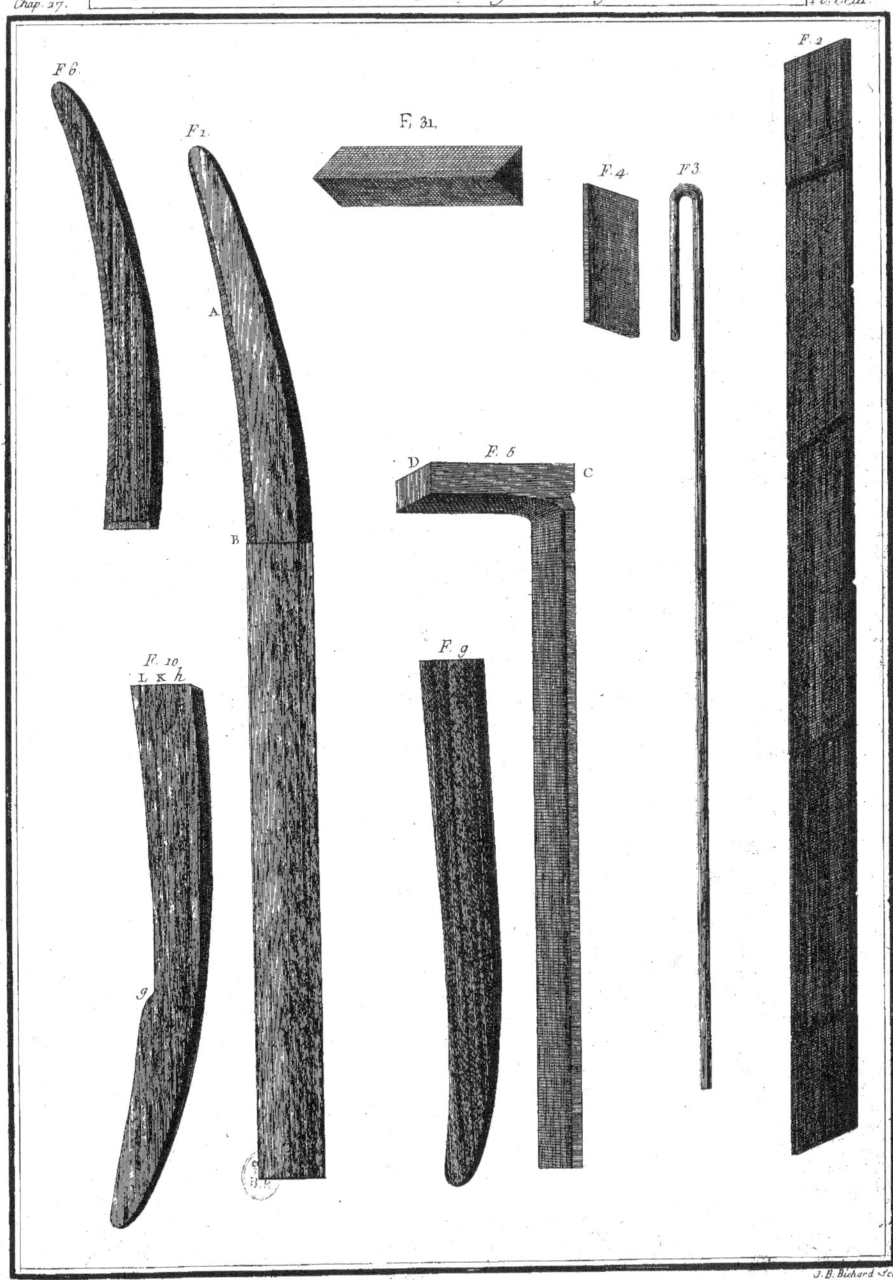

Perret del.   J. B. Biehard Sculp.

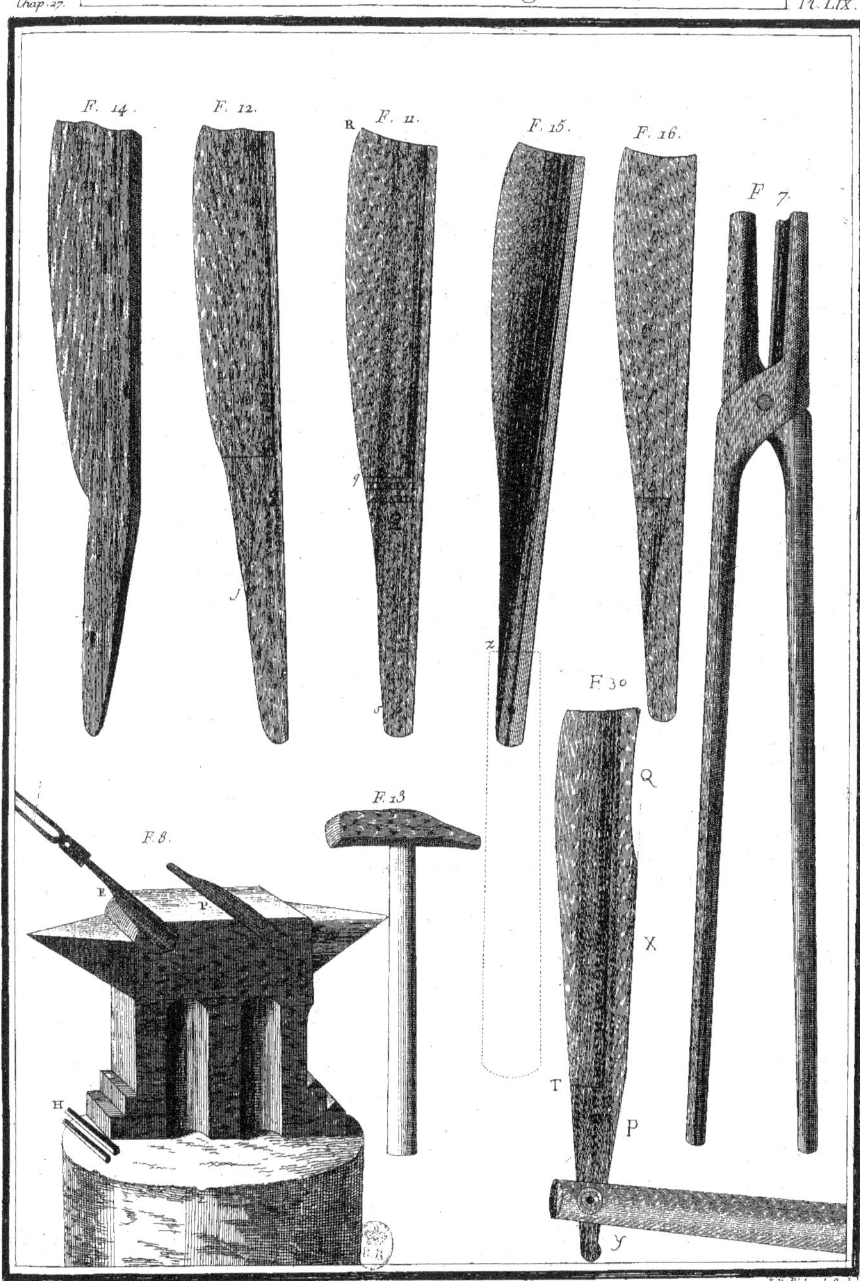
F. 14.
F. 12.
R   F. 11.
F. 15.
F. 16.
F. 7.
F. 30.
Q
X
T
P
Y
F. 8.
F. 13.
H
Perret del.
J. B. Richard Sculp.

ART DU COUTELIER *Du Rasoir et du Rasoir a Rabot*   Pl. LX.

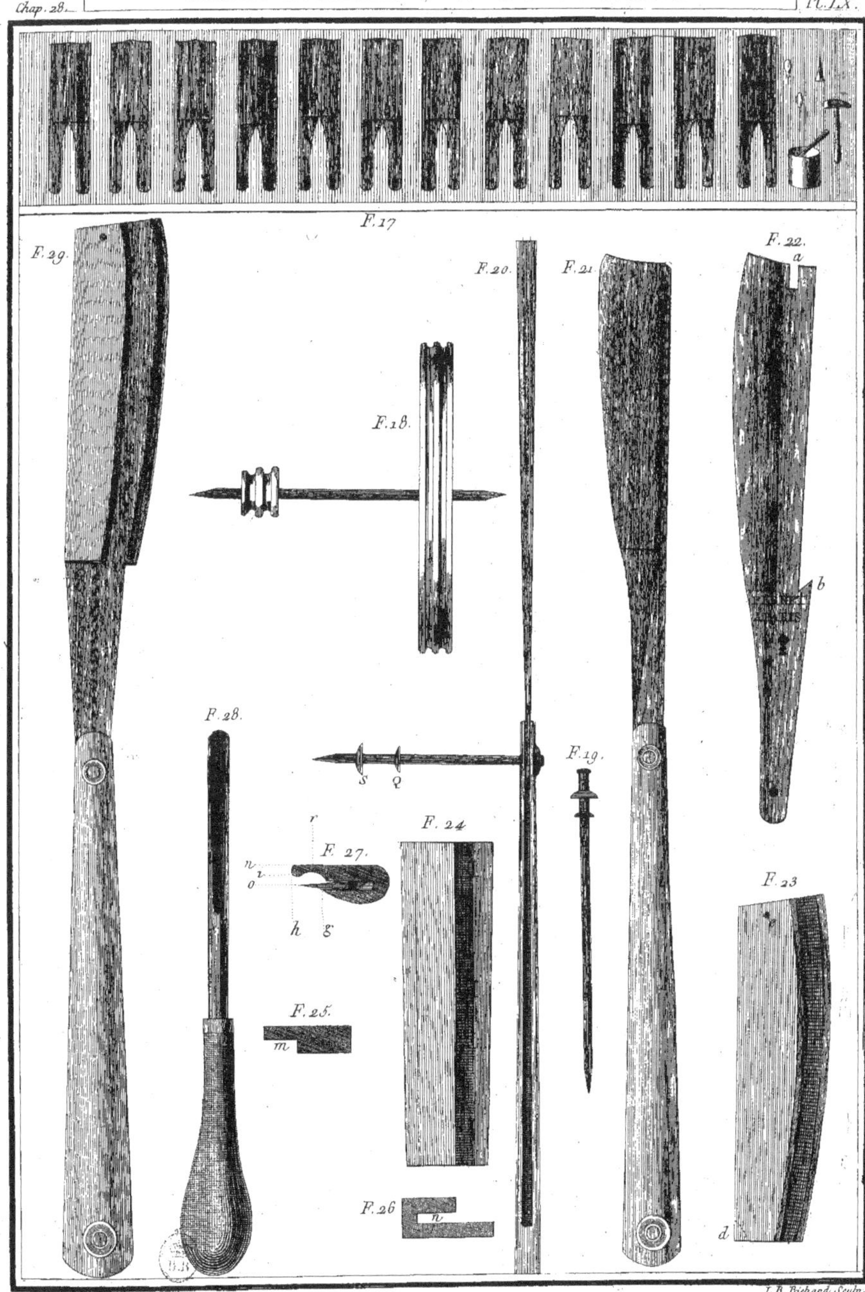

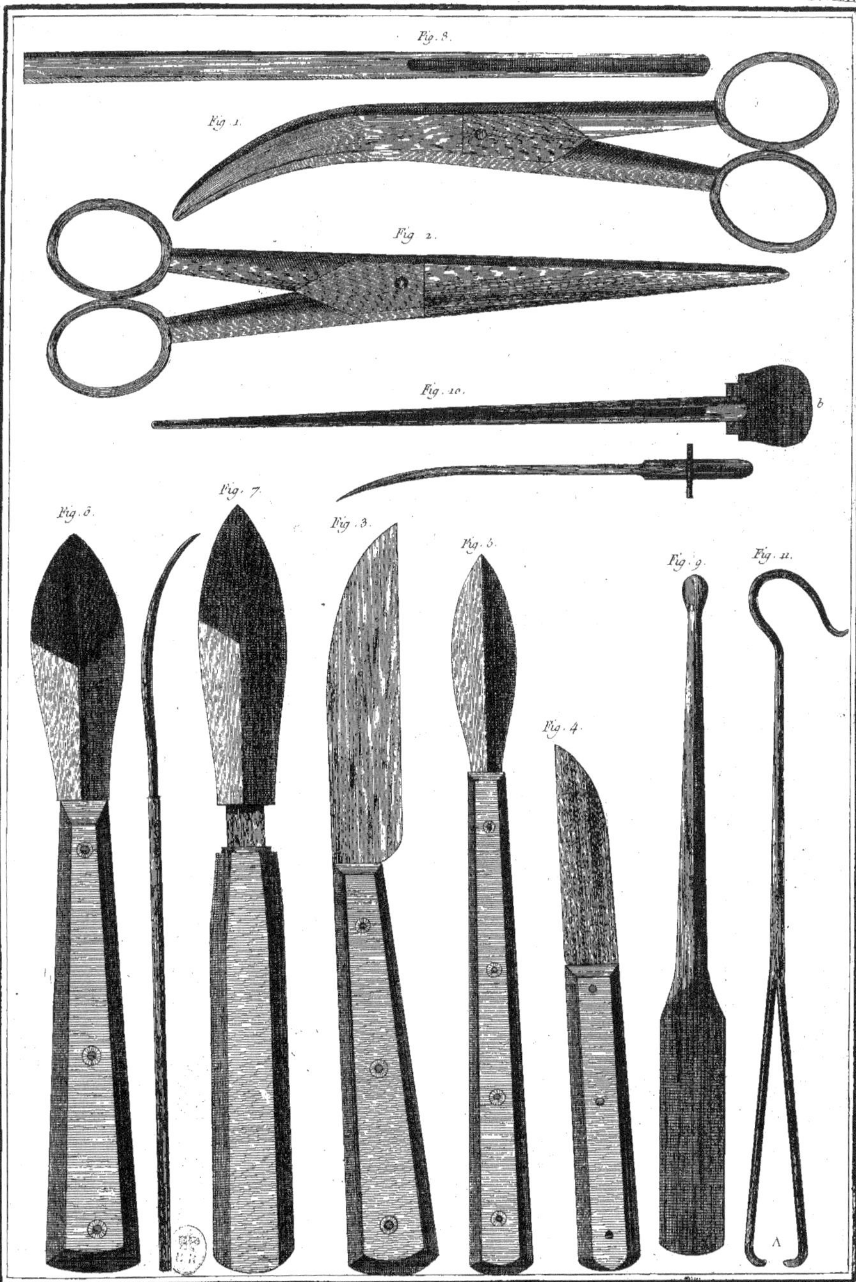

Fig. 8.
Fig. 1.
Fig. 2.
Fig. 10.
b
Fig. 6.
Fig. 7.
Fig. 3.
Fig. 5.
Fig. 9.
Fig. 11.
Fig. 4.

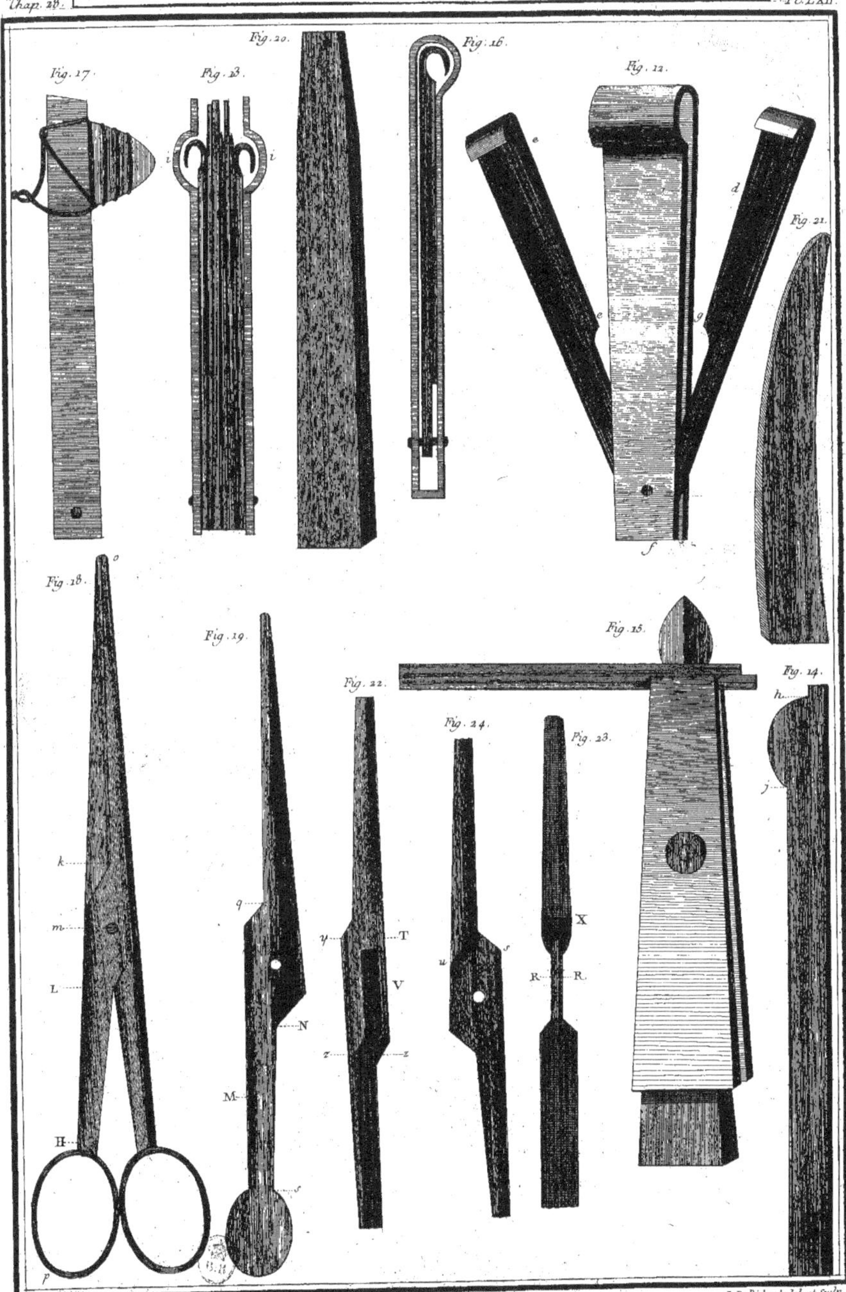

ART DU COUTELIER. Des instrumens de Marechalerie.

J. J. Perret inv.

J. B. Bichard del. et Sculp.

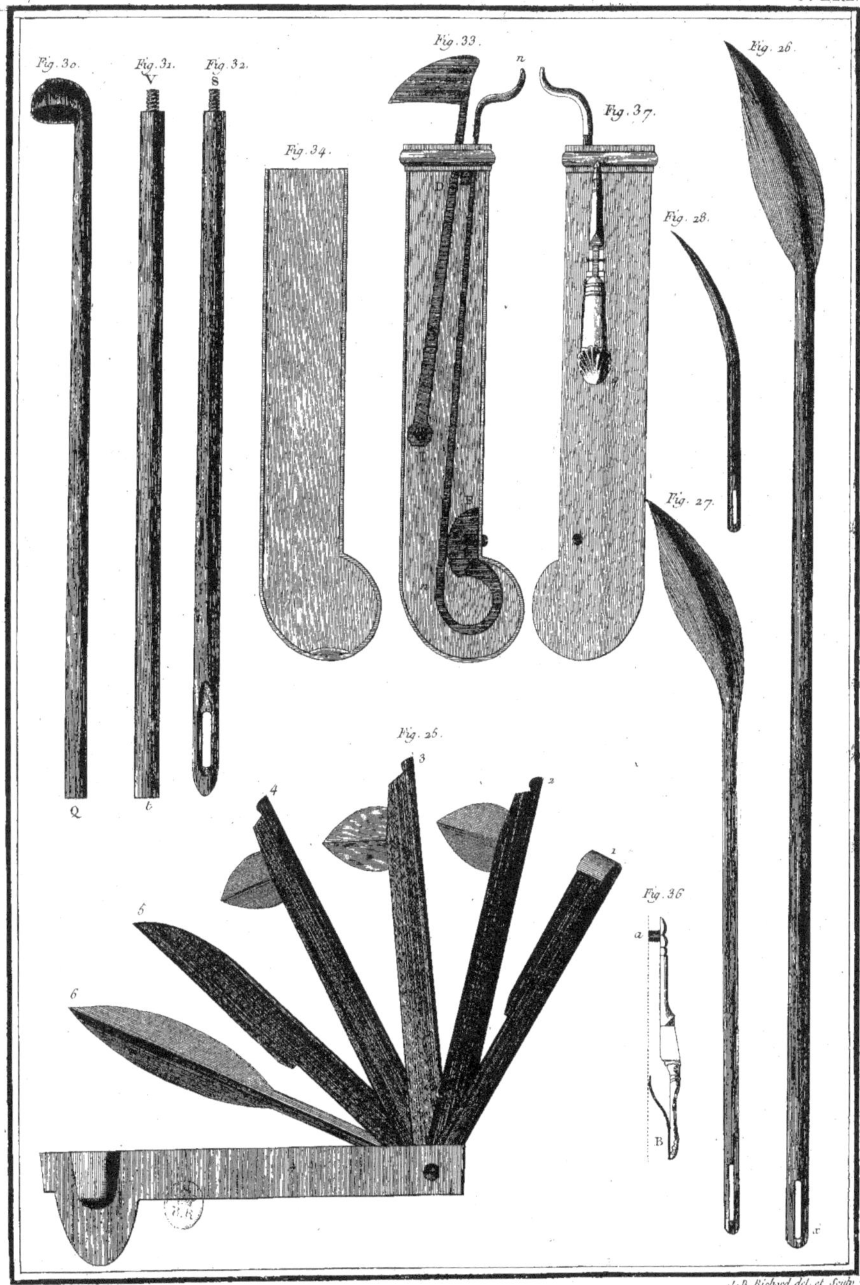
Chap. 28.
Pl. LXIII.
Fig. 30.
Fig. 31.
Fig. 32.
Fig. 33.
Fig. 34.
Fig. 37.
Fig. 26.
Fig. 28.
Fig. 27.
Fig. 25.
Fig. 36.
Q
b
n
D
E
3
4
5
6
2
1
a
B
J. J. Perret inv.
J. B. Richard del. et Sculp.

ART DU COUTELIER. De l'Acier de Damas.

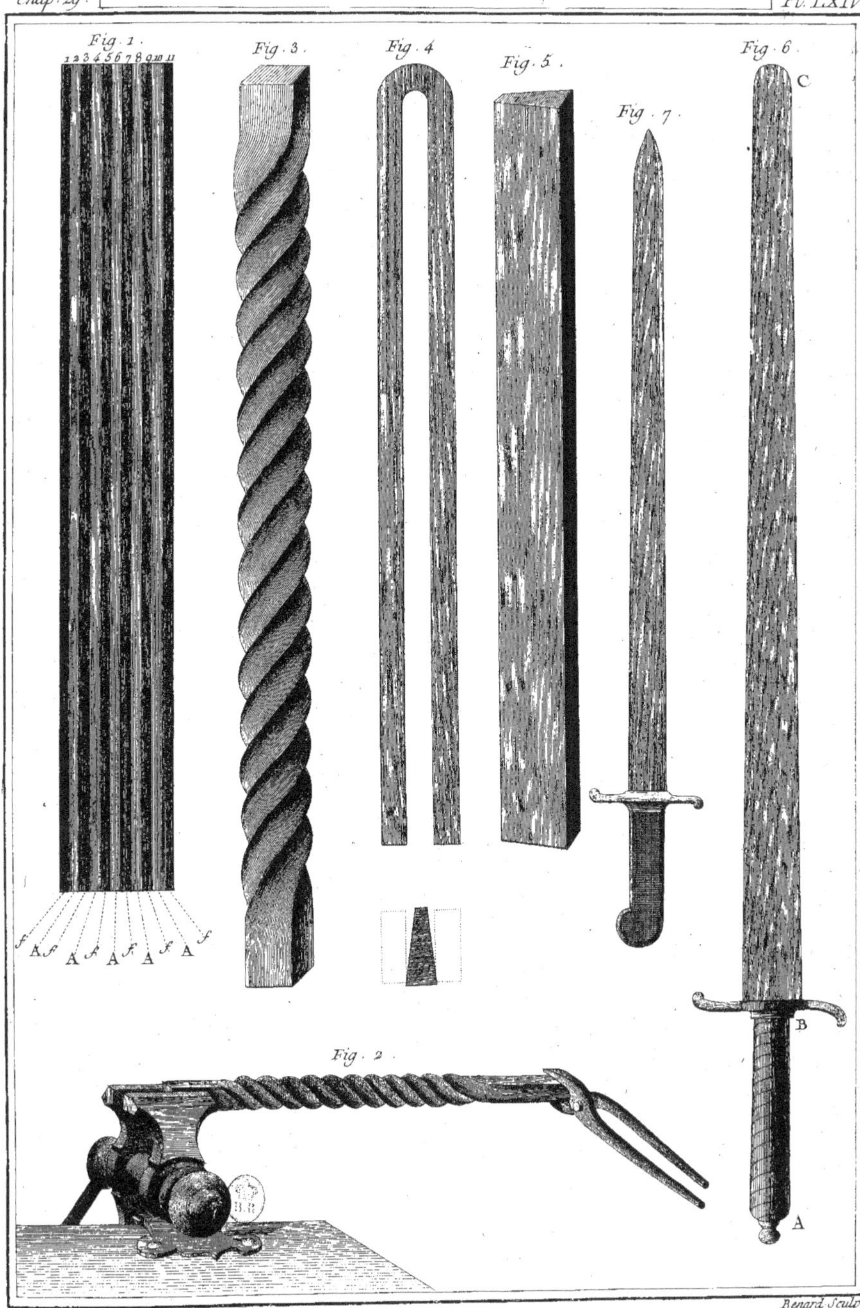

Goussier Del.

Benard Sculp.

ART DU COUTELIER, *Des Tirebouchons et Forets.*

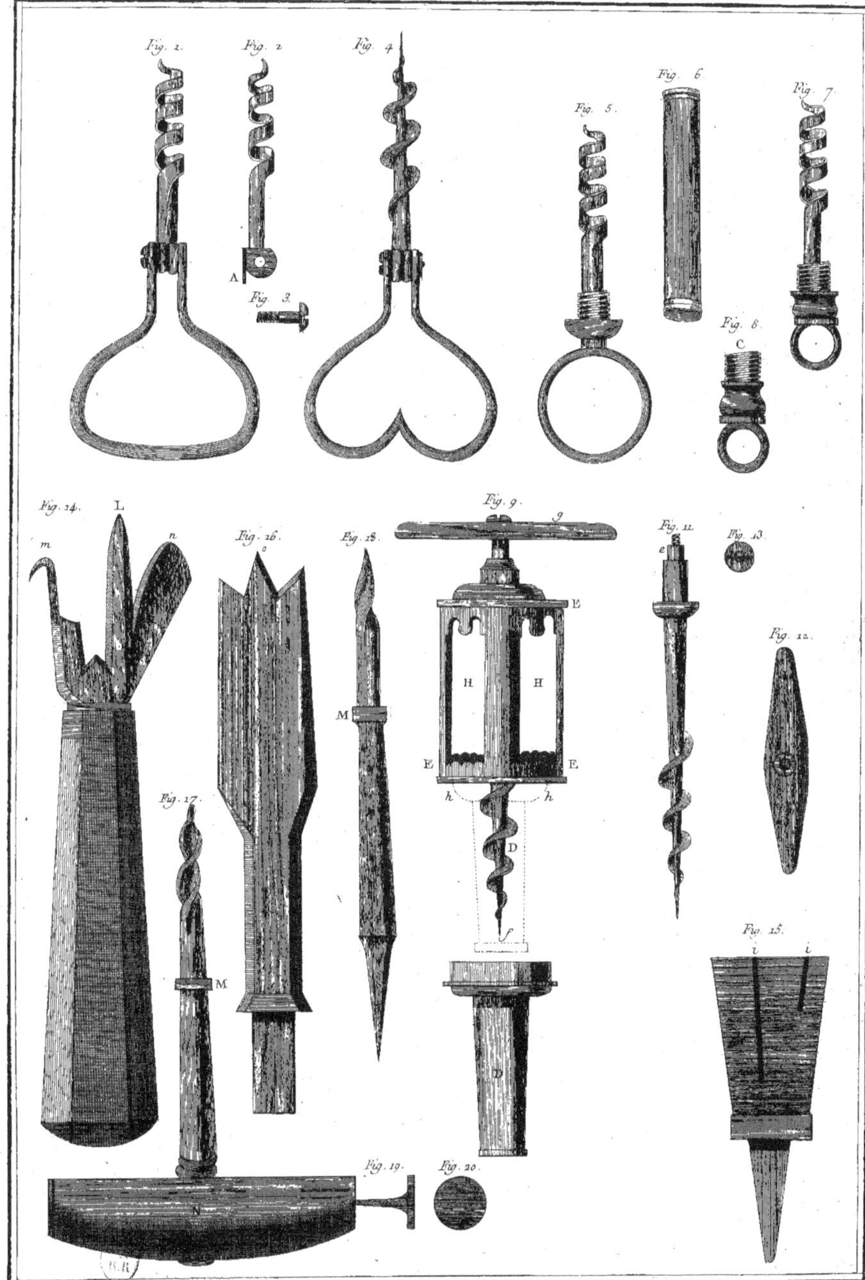

ART DU COUTELIER.

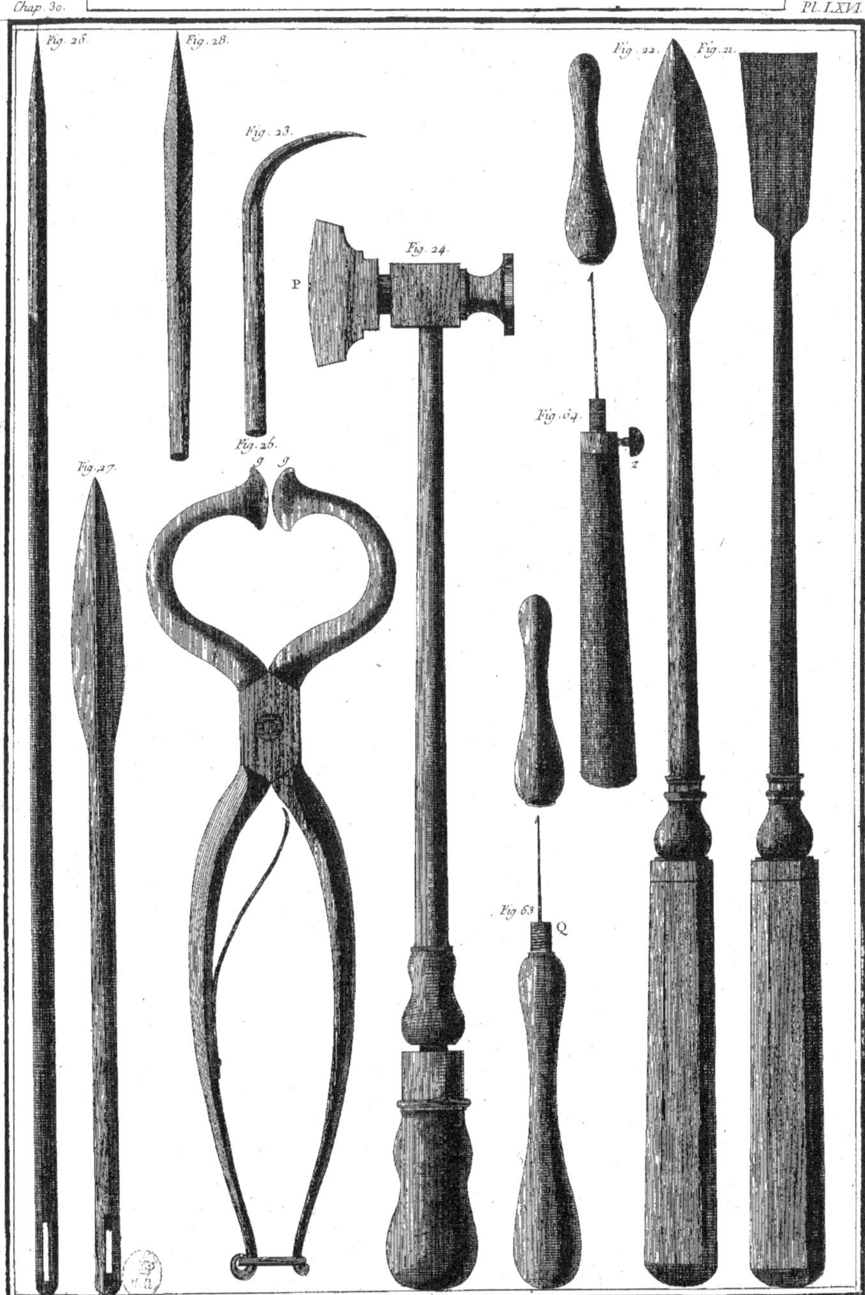

J. J. Perret inv.

J. B. Richard del. et Sculp.

ART DU COUTELIER.

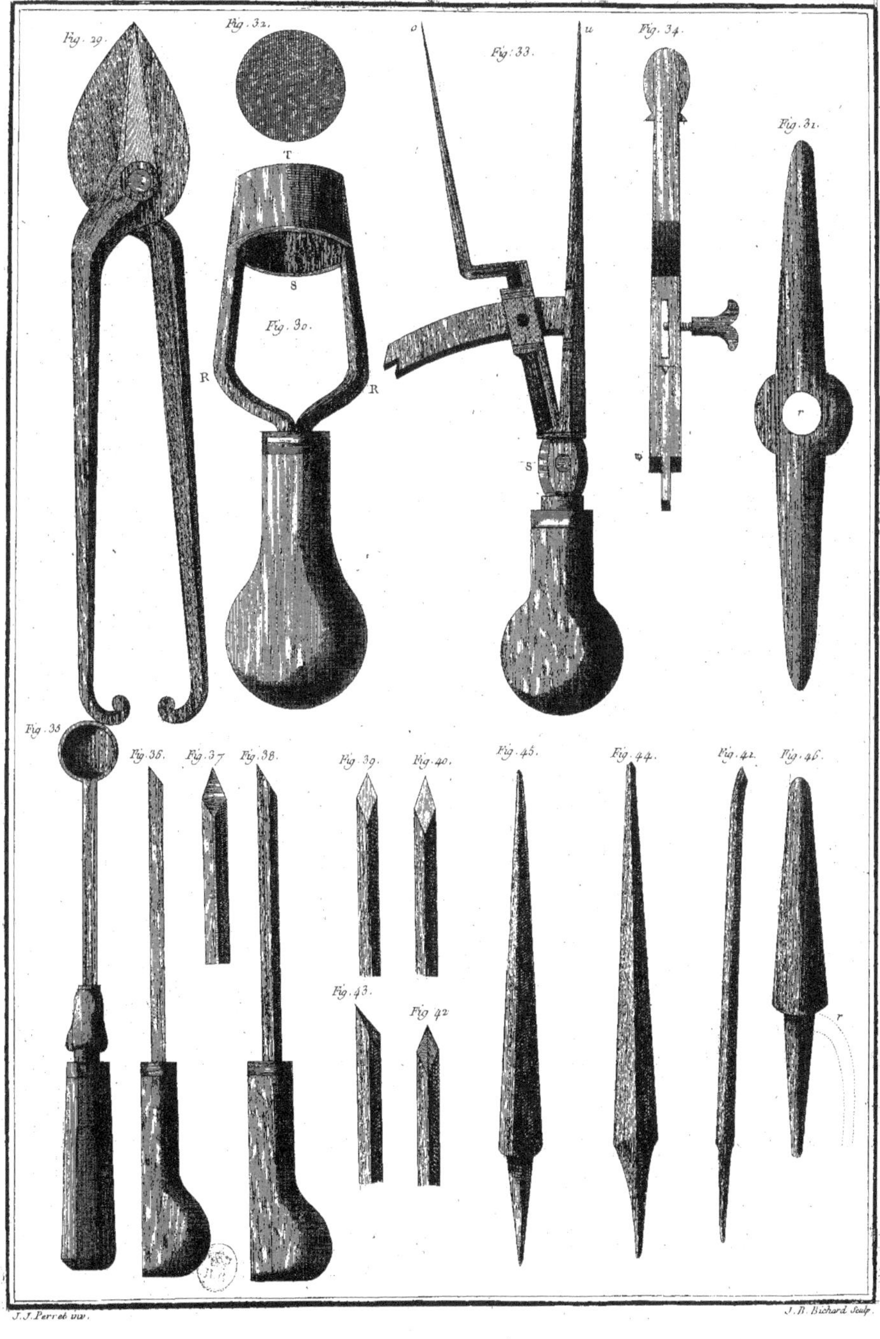
Fig. 29.
Fig. 32.
T
S
Fig. 30.
R
R
o
u
Fig. 33.
S
Fig. 34.
Fig. 31.
r
Fig. 35
Fig. 36.
Fig. 37
Fig. 38.
Fig. 39.
Fig. 40.
Fig. 45.
Fig. 44.
Fig. 41.
Fig. 46.
Fig. 43.
Fig. 42
r

J. J. Perret inv.

J. B. Bichard Sculp.

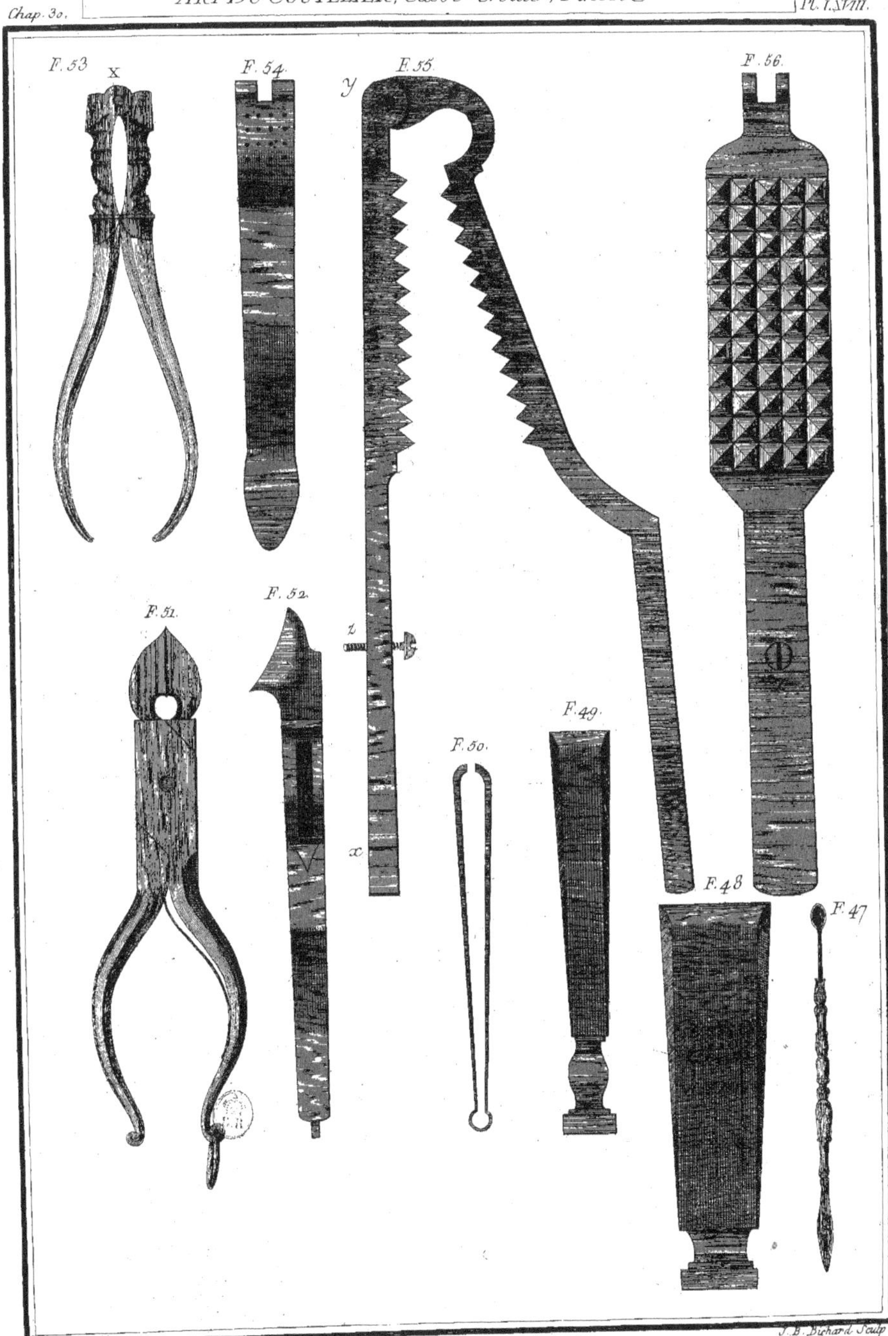
F. 53.   x
F. 54.
F. 55.   y
F. 56.
F. 51.
F. 52.
z
F. 49.
F. 50.
x
F. 48.
F. 47.

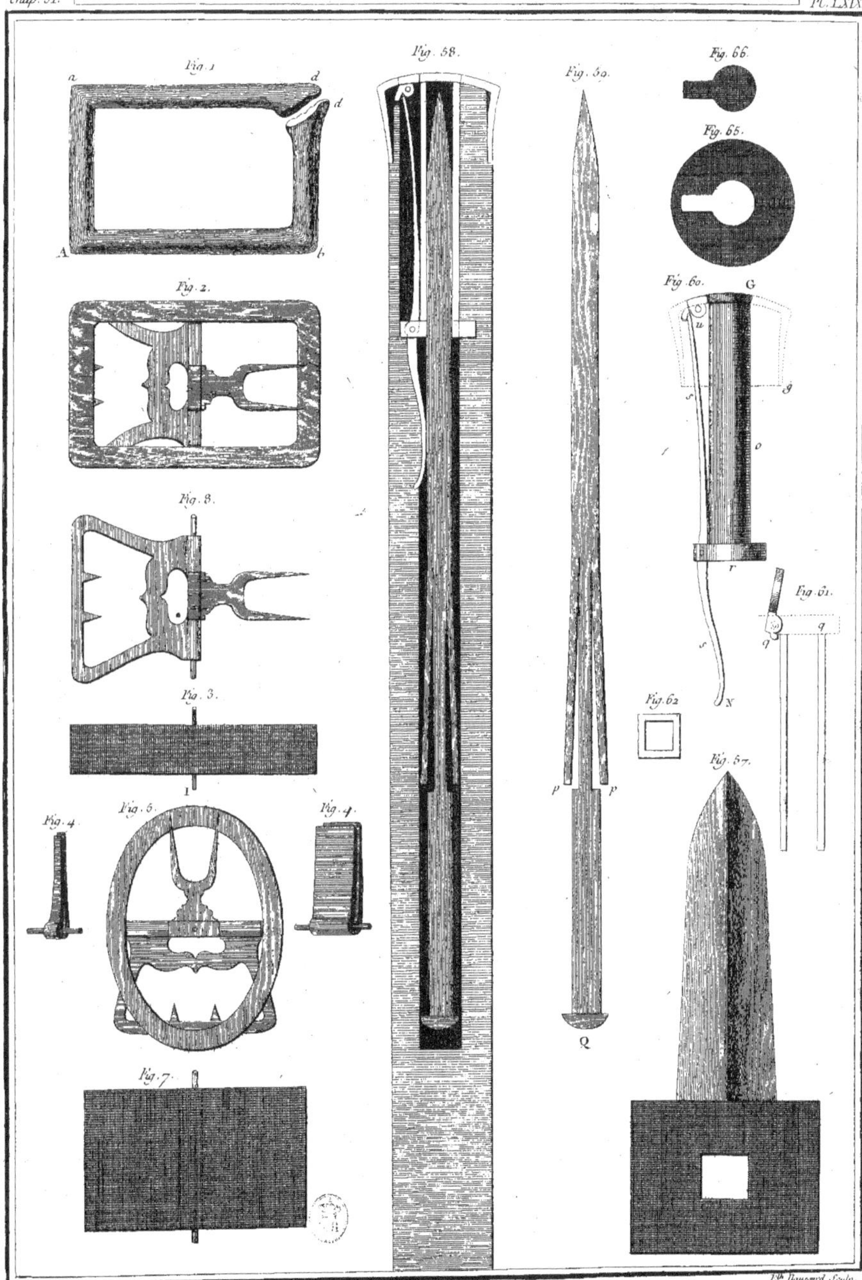
ART DU COUTELIER. Des Boucles, et de la Cane a Dart.
PL. LXIX.
Fig. 1.
Fig. 2.
Fig. 3.
Fig. 3.
Fig. 4.
Fig. 5.
Fig. 4.
Fig. 7.
Fig. 58.
Fig. 59.
Fig. 66.
Fig. 65.
Fig. 60.
Fig. 61.
Fig. 62.
Fig. 57.
J. J. Perret inv.
J.^a Houssard Sculp.

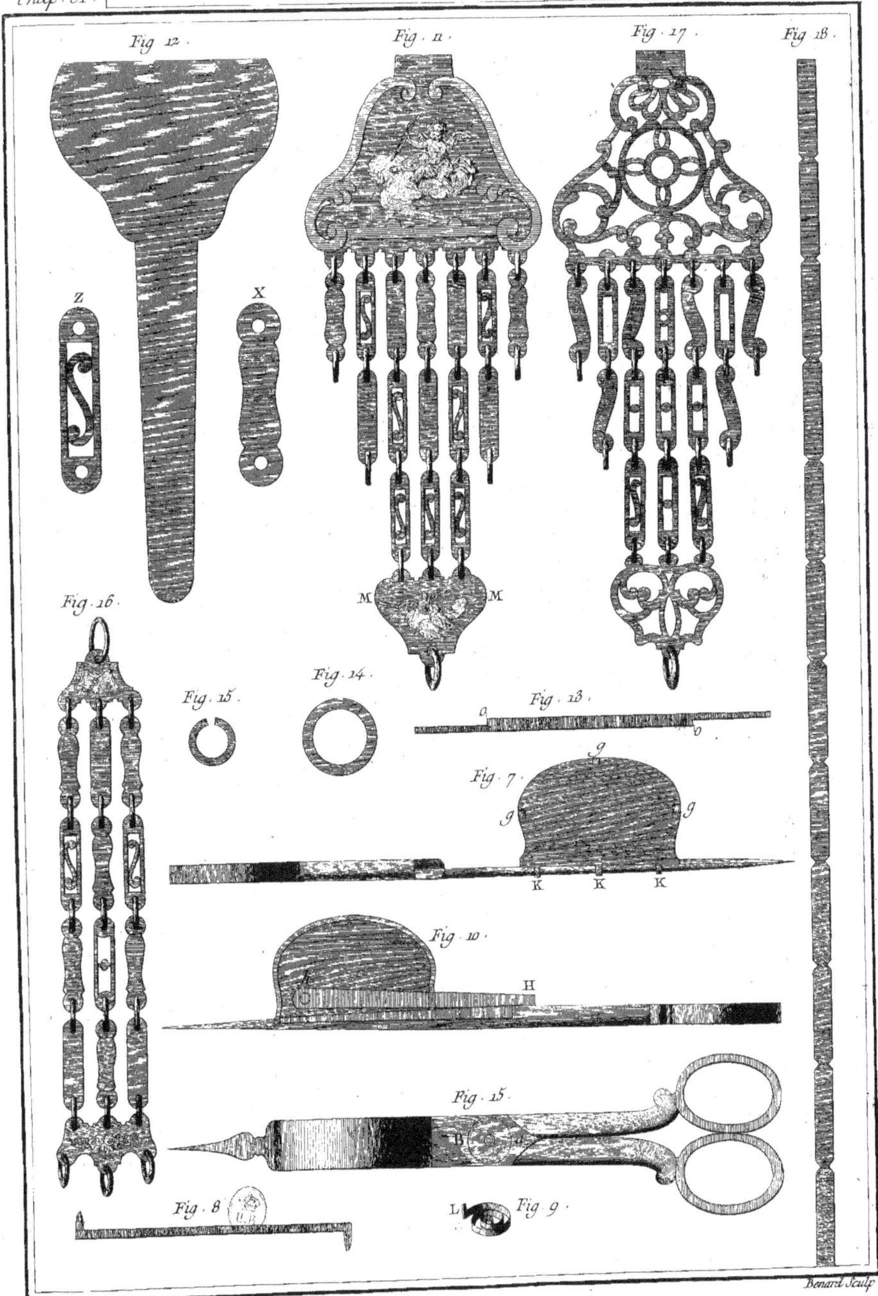
Fig. 12.
Fig. 11.
Fig. 17.
Fig. 18.
Z
X
Fig. 16.
Fig. 15.
Fig. 14.
Fig. 13.
M   M
Fig. 7.
Fig. 10.
Fig. 15.
Fig. 8.
Fig. 9.

ART DU COUTELIER, Du Poli au bois.

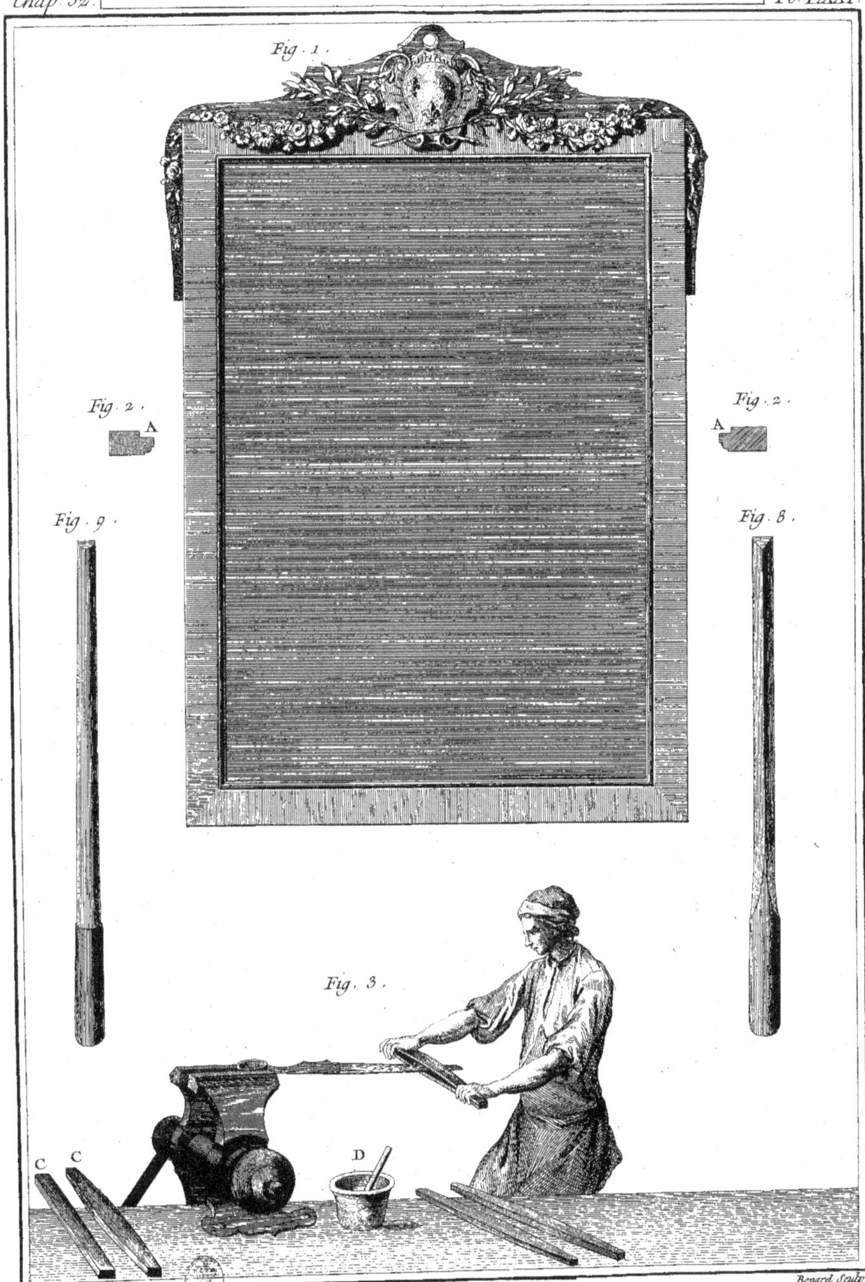

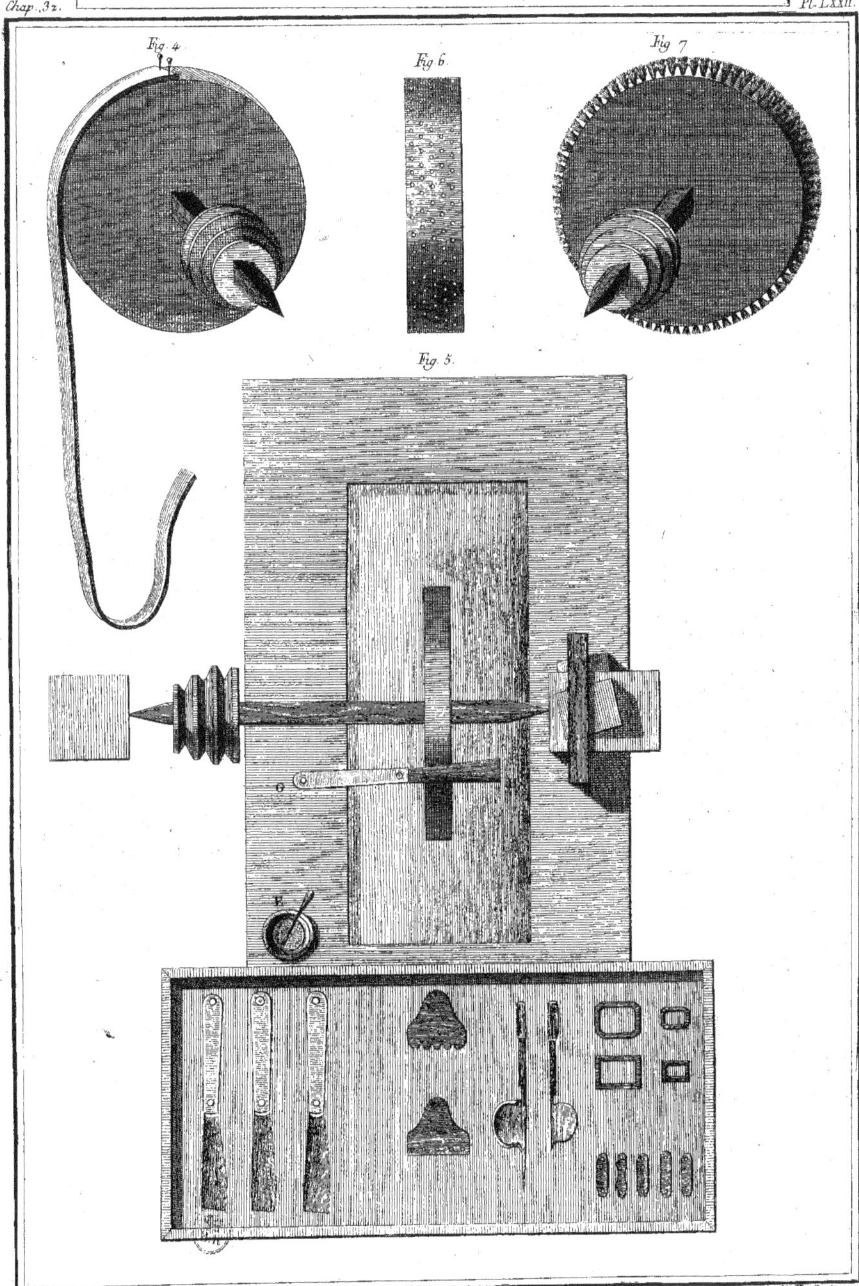
Chap. 32.
Pl. LXXII.
Fig. 4
Fig. 6
Fig 7
Fig. 5
E
J. J. Perret inv.
C.te Haussard Sculp.